国家杰出青年科学基金资助项目(编号:40125003)

服务业与城市发展丛书

大都市服务业区位理论与实证研究

闫小培　主编

方远平　闫小培　著

商务印书馆

2008年·北京

图书在版编目(CIP)数据

大都市服务业区位理论与实证研究/闫小培主编;方远平,闫小培著.—北京:商务印书馆,2008
(服务业与城市发展丛书)
ISBN 978-7-100-05666-3

Ⅰ.大… Ⅱ.①闫…②方… Ⅲ.城市—服务业—经济发展—研究　Ⅳ.F719

中国版本图书馆 CIP 数据核字(2006)第 120899 号

所有权利保留。
未经许可,不得以任何方式使用。

服务业与城市发展丛书
大都市服务业区位理论与实证研究
闫小培　主编
方远平　闫小培　著

商　务　印　书　馆　出　版
(北京王府井大街36号　邮政编码 100710)
商　务　印　书　馆　发　行
北 京 民 族 印 刷 厂 印刷
ISBN 978-7-100-05666-3

2008 年 7 月第 1 版　　　开本 880×1230 1/32
2008 年 7 月北京第 1 次印刷　印张 14 3/8

定价:35.00 元

目　录

总　序 ··· i
前　言 ··· vii

第一章　总论 ·· 1
　第一节　研究背景 ·· 1
　第二节　服务业定义及其分类 ································· 7
　第三节　区位概念及理论体系 ································· 23
　第四节　研究设计 ·· 32

第二章　服务业区位研究进展述评 ····························· 43
　第一节　服务业区位理论研究回顾 ·························· 43
　第二节　国外服务业区位研究综述 ·························· 64
　第三节　国内服务业区位研究综述 ·························· 103
　第四节　国内外服务业区位研究对比 ······················· 126

第三章　大都市服务业结构特征与发展趋势 ··············· 129
　第一节　国际大都市服务业结构特征与发展趋势 ······ 129
　第二节　我国大都市服务业结构特征与发展趋势 ······ 144

第四章　服务业区位因素体系理论 ····························· 167

第一节　服务业区位因素体系……………………………………… 167
　　第二节　经济因素…………………………………………………… 181
　　第三节　空间因素…………………………………………………… 188
　　第四节　科技因素…………………………………………………… 198
　　第五节　人文因素…………………………………………………… 204
　　第六节　服务业区位动力机制……………………………………… 212

第五章　服务业区位选择模式和布局规律……………………………… 216
　　第一节　生产性服务业区位………………………………………… 217
　　第二节　分配性服务业区位………………………………………… 228
　　第三节　消费性服务业区位………………………………………… 245
　　第四节　社会性服务业区位………………………………………… 259
　　第五节　服务业区位类型与布局规律……………………………… 269

第六章　服务业区位选择实证分析……………………………………… 280
　　第一节　指标设计与问卷调查、处理……………………………… 280
　　第二节　服务业区位总体评价……………………………………… 292
　　第三节　服务型企业（单位）区位因素评价……………………… 305
　　第四节　服务业区位因素的合理性评价…………………………… 327

第七章　大都市服务业区位演变及布局特征…………………………… 332
　　第一节　服务业发展历程分析……………………………………… 332
　　第二节　服务业空间演化及区位特征……………………………… 346
　　第三节　服务业区位形成的原因与机制…………………………… 386
　　第四节　服务业布局的总体特征…………………………………… 401

第八章　研究结论与展望 ··· 406
　第一节　本书的主要结论 ··· 406
　第二节　本书的贡献及问题的讨论 ································· 414

参考文献 ·· 419
后　记 ··· 441

总 序

服务业(service industry)是目前经济学界最具有争议的一个经济学概念,至今还没有形成一个统一的概念。一般认为服务业是指生产服务产品或提供服务的经济部门或企业的集合。西方学者普遍将第三产业等同于服务业,我国经济学家和政府统计部门也常常将第三产业等同于服务业,虽然两个概念存在一些细微的差别,但所包含的内容基本一致。

近年来,全球服务业发展很快,发达国家绝大多数已进入服务社会,正如马克思·韦伯(Max Web)所言,后工业社会产生了特定的"服务经济时代";美国著名哲学家丹尼·贝尔(Deny Bell)也认为,随着知识经济时代的到来,服务业在整个经济活动中逐渐取得主导地位。与此同时,服务经济的到来,如同工业革命对人类社会产生的影响一般,将对全人类的发展产生深远的影响,在经济全球化的今天,这种影响所覆盖的区域更加广阔,所产生的效果更加深远。对发展中国家而言,为了在全球经济格局中占有一席之地,并把握新的发展机遇,服务业是其经济发展的重要内容之一。

对于服务业的研究在经济学中已有相当长的历史,17世纪末的威廉·配第(William Petty)就提出了服务业发展的一些思想,但服务业成为主导经济部门却在第二次世界大战以后。20世纪60年代以来,西方国家的经济结构开始由工业经济向服务型经济转变,主要表现在两个方面,一是服务业发展迅速,增加值比重逐步超过了制造业部门;二是服务部门的就业比重上升很快。1968年,美国经济学家富克斯(V. Fuchs)在其经济学名著《服务经济》一书中"宣布"美国在西方国家中率先进入"服务经济"社会。20世纪80年代中期,由于服务业成为1973年石油危机后创造就业岗位的重要源泉和各国占领世界市场的重要手段,服务业的研究进一步受到区域学家、区域经济学及经济地理学者的重视。20世纪90年代以来,信息技术的发展加剧了经济全球化进程,服务业的发展更代表了整个经济发展的主导方向,也因此出现了大量服务业经济学方面的研究,有学者提出了一门新的学科——服务业经济学。然而,这些研究主要涉及服务业内部结构方面,对服务业的空间规律少有研究。作为以空间为研究核心要素之一的地理学,尽管近年来也有些属于服务地理的分支发展很快,但它们都是局限在单一的服务行业内研究,从某种意义上来讲,割裂了这些服务行业内部的有机联系。因此,从地理的角度探讨服务业的空间发展规律,并剖析其与产业发展的内在联系,成为迫切需要的研究课题。

近年来,国外地理界开展了一系列与服务业相关的研究,主要是将服务业置于全球经济中,研究了以下几方面的问题:①后工业社会或服务社会的特征,②从生产与就业的角度研究服务业在经济发展中的地位和作用,③生产性服务业发展对城市和区域发展的影响,④技术变化影响下服务业贸易与城市和区域功能的转变及其对全球化的影响,⑤社会极化与服务阶层的形成等。总体上看,国外相关研究已有不少,但比较零散,系统性不强;多为描述性研究,解释性欠缺;关于区位的研究多为区域尺度,大都市内部的研究较少;个案研究较多,规律总结不多,需要认真梳理和开展新研究。

总　序

在中国,近年来产业结构也在朝着服务业占主导地位方向发展,服务业内部剧烈分化,服务业在国民经济的发展中扮演的角色日趋重要。一方面,我国的服务业发展还有较大的空间,及时的归纳总结和评估具有重要的现实意义。从服务业(通常所指的第三产业)占GDP的比重看,改革开放以来,我国服务业产值占GDP的比重有较大的增长,由1980年的21.4%上升到2003年的33.2%。但这个比重不仅低于65%左右的发达国家平均水平和60%左右的世界平均水平。在拥有巨大的发展空间的同时也将面临相应的挑战,急需在理论和相应的战略上有所储备。另一方面,服务业内部构成的多样化和复杂性使现有经济地理学和城市地理学的理论和方法难以解释和解决区域和城市发展中出现的新现象和新问题,难以对发展趋势作出预测,同样,迫切需要在实证的基础上,对服务业发展进行系统和深入的理论研究。中国地理工作者有关服务业的研究成果不多,且以实证分析为主,理论分析较欠缺。

基于上述背景,在对服务业地理学及其相关领域开展了一系列预研究的基础上,2001年底,经国家自然科学基金委员会批准立项,本丛书主编闫小培教授获得了"服务业地理学的理论与方法研究"项目的研究资助,该项目成为我国人文地理界获得的第二个国家自然科学基金杰出青年基金资助项目。2002年1月,本项目正式启动,迄今本基金项目资助下已经发表了学术论文60余篇,通过该项目以及完成博士学位论文8篇,待完成1篇;完成硕士学位论文6篇,待完成1篇。本丛书正是在上述研究的基础上,结合研究者长期以来在城市地理领域所做的研究工作,进一步整理提炼形成。

本丛书在服务业地理学方面作了研究尝试,旨在抛砖引玉,引起同行们对该学科领域的关注和重视。本丛书所探讨的服务业地理主要研究服务业结构及空间组合、过程和规律,并探讨服务型经济社会和新技术支撑背景下的人文地理学方法论变革。

本丛书及其相关研究成果涉及了服务业地理学的七个重要领域,包括:服务业地理学的基本理论问题、服务业区位的理论与实证、中心城市生产性服务业对城市和区域发展的影响、大城市服务业的发展及其社会分化、服务业发展的区域差异和区域服务业合作发展模式、转型时期的城市空间规划和转型时期中国城市公共服务业管治等方面。在探讨了服务业地理学的基本理论问题的基础上,重点以广州市、珠江三角洲和广东省为例,分专题展开实证研究,并进行理论总结。

本丛书已经出版和即将出版的具体选题包括以下几个。①在服务业地理学的基本理论问题方面,出版《服务业地理学》,探讨服务业地理的理论发展、研究对象、内容、和方法等。②在服务业区位的理论与实证方面,出版《大都市服务业区位理论与实证研究》、《城市商业业态空间研究》、《金融服务业与城市发展》、《港口服务业与城市发展》和《CBD发展与城市商务活动》等,探讨服务业分类方法、服务业区位等问题,总结和分析大都市服务业发展的特征与趋势,和不同类型服务业的区位选择特征、因素、模式及区位类型,并以广州为案例,研究广州的服务业空间演变及区位类型以及重点行业的空间特性,包括广州商业的业态空间、CBD发展、金融服务业、港口服务业等与城市发展的关系。③在中心城市服务业对城市和区域发展的影响方面,出版《区域中心城市与生产性服务业发展》,着重研究中心城市生产性服务业对城市和区域发展的影响。④在转型时期的城市空间规划方面,出版《城市居住流动与城市社会空间》、《城市空间结构性增长》、《转型时期的城市空间规划》等,分别以社会经济转型为背景,研究探讨城市社会空间和实体空间的演化特性及其相关规划思路。⑤在转型时期中国城市公共服务业管治方面，出版《中国城市公共服务业管治》，研究公共服务业管治问题及其未来发展。

本丛书的主要写作和参加人员包括：闫小培教授、吕拉昌教授、陈忠暖教授、王爱民副教授、薛德升副教授、曹小曙副教授、叶岱夫副教授、林耿副教授、周素红副教授、柳意云讲师、李志刚博士、方远平博士、钟韵博士、刘筱博士、林彰平博士、易峥博士、魏立华博士、吕传廷博士，以及王云璇、刘蓉、周锐波、胡敏、陈再齐、张润朋和刘逸等已经毕业或即将毕业的硕士生。他们都为本项目的开展和本系列丛书的写作付诸了心血。本研究的开展得到中山大学城市与区域研究中心同行们的支持，得到国家自然科学基金委员会的帮助，得到国内外部分高校和科研机构同行知名专家的指导，在此一并致以深切的谢意！此外，本丛书的写作过程中得到了众多同行学者的帮助，也借鉴了相关的研究成果的经验，特此谨向他们致谢！

本丛书力图通过理论与实证案例研究相结合，探讨服务业地理学的理论与方法等问题，并希望具有系统、全面和创新等特点，为加强经济地理学和城市地理学的理论建设和揭示服务型经济社会城市和区域地域运动规律，以及指导服务业布局和经济建设等奉献绵薄之力。错漏与不足之处，敬请指正！

闫小培

2006 年 5 月 1 日

前　言

区位论是经济地理学、城市地理学、区域经济学等学科的核心理论。自从19世纪杜能的农业区位论、20世纪韦伯的工业区位论和克里斯塔勒及廖什的中心地理论等三大经典区位论诞生以来，农业、工业及城市区位理论及应用研究逐渐成为西方学界关注的重点和热点课题，有力地推动了区位论学科的发展。

"二战"以后，西方发达国家服务业的产值和就业迅速增长，开始进入"服务经济社会"或"后工业化社会"，这一现象在信息技术和经济全球化的影响下，逐步向世界范围内扩展。1960年以来服务业区位研究受到西方学界的普遍关注，并持续到现在。1990年以来，我国工业化和城市化的快速发展，带动了城市服务业的迅速增长，沿海大都市服务业增长和经济结构转型导致了经济社会"服务化"特征的出现，服务业尤其是生产性服务业成为我国沿海大都市发展的新驱动力。大都市内部服务业区位问题引起了我国地理学者的关注。

西方服务业区位的早期研究集中于以中心地理论为指导的零售业商业领域，"二战"后，零售商业区位理论与方法进一步发展，成为学术界持续关注的热点课题。1960年以来生产性服务业区位研究开始受到西方学界的重视，并取得丰硕的成果。此外，消费性服务业和社会性服务业区位问题也在同一时期受到学界的关注。总体而言，西方关于服务业区位的文献主要集中在零售业及商业区位、生产性服务业(办公活动、信息产业)等领域,研究者侧重于从区域一城市尺度探讨服务业集聚区位与分散区位等问题,对大都市内部服务业区位的研究明显不足,研究领域相对分散,理论模型多样化,综合研究较少,服务业区位科学急需整合与提升。我国学界对服务业区位的研究始于改革开放以后,起步明显滞后于西方,主要集中在零售商业区位、生产性服务业和信息产业区位(办公活动)等领域,消费性服务业、社会性服务业的区位研究则刚刚起步。由于服务业区位研究文献数量较少,研究范围较窄,理论发展滞后,描述性研究占主流、解释性(定量)研究薄弱,对城市内部服务业区位的综合研究不足,致使服务业区位研究仍处于早期阶段。

从学科理论发展来看,服务业区位论是服务业地理学的核心内容,相对于成熟的农业区位论和工业区位论,中心地理论一直被认为是服务业区位理论的基本理论。随着信息技术的发展和产业结构的转型,服务业内部的多样化和差异性越来越明显,建立在一系列假设条件上的中心地理论在解释不同类型服务业区位选择及布局特征时遇到了无法克服的困难,传统的服务业区位论需要创新和发展,而服务业地理学的发展也需要加强服务业区位理论综合研究。从服务业的聚集场所看,国内外经验表明,国际性大都市或区域中心城市是服务业高度集聚的中心地和区域发展的核心,服务业对城市的经济、空间和社会产生了深刻影响,但国内外对于城市内部服务业区位研究明显不足,难以揭示城市内部服务业区位布局规律并指导其合理布局。因此,开展大都市内部服务业区位的系统、综合研究,不仅是科学指导大都市服务业区位选择和优化布局的需要,也是发展服务业区位论、推动服务业地理学学科建设的需要,具有重要的理论和现实意义。

前　言

基于上述背景,本书在延续城市地理学将城市作为"面"的研究传统基础上,运用西方服务业四分法(生产性、分配性、消费性和社会性服务业),将研究视角着眼于大都市内部,运用系统、综合的方法,重点构建和探讨服务业区位理论(区位因素体系、区位选择模型及空间布局规律等理论与模型),并将一般服务业区位理论应用于广州市的案例实证研究中,检验理论的适用性和科学性。总之,本书的最大特色在于从综合的角度初步构建了服务业区位的一般理论框架,并将其应用于实证研究中进行检验,以期为服务业区位研究提供一种新的尝试。

本书共分八章。第一章,总论。分析本书的研究背景与研究意义;梳理了国内外服务业的分类研究;分析了区位基本概念及理论体系;阐明了本书的研究设计与研究框架。第二章,服务业区位研究进展述评。对国内外服务业区位相关经典理论进行了回顾与述评;从生产性服务业、分配性服务业、消费性服务业和社会性服务业四个方面对国内外相关文献进行了综合评价。第三章,大都市服务业的特征与趋势分析。总结了国际大都市的服务业特征及发展趋势,分析了1990年以来我国北京上海与广州的服务业结构特征及发展趋势。第四章,服务业区位因素体系的构建。构建了服务业区位因素体系提出了经济因素、空间因素、科技因素和人文因素四要素及八小类,提出了服务业区位因素菱形构架。总结出服务业区位四大机制政府控制力、市场驱动力、技术推动力和交通引导力。第五章,服务业区位选择模式和布局规律。分析了生产性、分配性、消费性服务业和社会性服务业的区位特征、影响因素和区位选择模式,总结出不同类型服务业的一般区位因素体系、区位特征与空间区位类型。第六章,服务业区位选择实证分析。构建了服务业区位评价指标体系,运用特尔菲法确定权重、设计问卷、建立评价模型,对广州市服务业区位选择进行总体评价。第七章,大都市服务业区位演变及布局特征。概括了广州市服务业发展的历史阶段与特征,比较分析了广州市服务业区位的历史演变、两次人口普查的空间变化及空间分布特征和基本单位的空间变化,归纳了广州市目前服务业区位的形成机制。第八章,研究结论与展望。总结了本书的研究结论,并对需要进一步深入研究的课题进行了分析。

第一章 总 论

20世纪60年代以来,以美国为代表的西方发达国家出现了经济服务化倾向,美国经济学家富克斯(V. Fuchs,1968)提出了美国进入"服务经济"社会,丹尼尔·贝尔(Bell. Daniel,1974)相继提出了"后工业社会"理论(黄少军,2000),服务业区位问题引起了西方学界的普遍关注。随着信息技术的发展,大都市服务业发展的多样化及高级化趋势日益明显,新兴服务部门不断涌现,经典区位理论已经难以科学完美地解释信息条件下错综复杂的大都市服务业区位选择及布局规律。在此背景下,从系统综合的角度研究服务业区位理论,以期对传统区位理论进行创新和突破,是服务业地理学研究的崭新课题,显得十分必要和迫切。

第一节 研究背景

一、"二战"以来的全球经济服务化趋势

第二次世界大战以后,西方发达国家服务业发展迅速,明显超过了工业,主要表现为服务业增加值比重和就业比重持续快速上升,并占据了主导地位。这种现象被经济学家富克斯称为"经济服务化"倾向。后来,丹尼·贝尔在《后工业社会的来临》一书中首次宣布美国

已经进入后工业(服务)社会,自此服务业受到西方经济学界的普遍关注。根据富克斯的观点,随着经济的增长,劳动力的分配从第一产业转流向第二产业,最后从第二产业流向服务业(图1—1),而当服务业就业比重超过50%就意味着"服务化"社会的到来。法国经济学家简·福拉斯蒂埃提出了著名的三部门模型,认为服务业的产值和就业比重随着经济的发展而超过第一产业和制造业,成为主导部门(图1—2)。

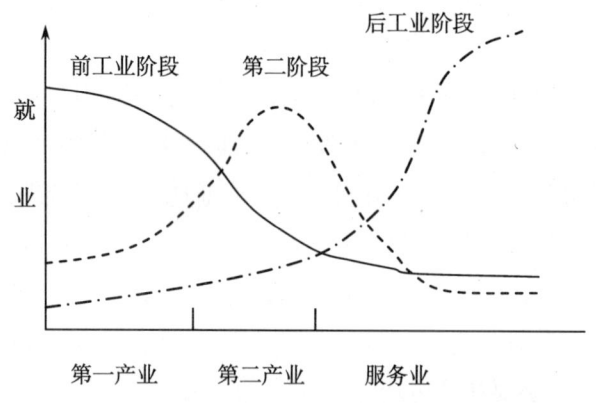

图1—1 经济增长阶段与主导部门就业的关系

(资料来源:Gershuny. J. & Miles. I. ,1983)

根据世界银行的统计,大部分OECD国家的服务业增加值比重从1960年的45%～55%稳定上升到1995年的65%～75%,就业比重则上升幅度更大,从35%～50%上升到50%～75%(黄少军,2000),这说明西方大多数国家已经进入了服务经济时代(表1—1)。不仅发达国家如此,发展中国家和欠发达国家业也出现了同样的趋势。从全球来看,1998～2000年,全球的服务业产值比重从56%上

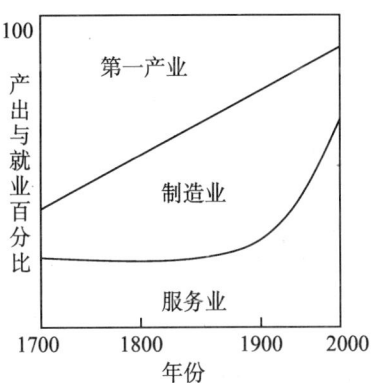

图 1—2 Fourastié 三部门模型

(资料来源：Daniels. P. W. ,1985)

升至 66.3%;低收入国家服务业增加值比重从 32% 上升到 53.4%,中等收入国家则从 46% 上升至 56%(1998 年),高收入国家比从 59% 上升到 70%。数据分析表明,世界服务业产出和就业比重呈持续增长的态势,"经济服务化"趋势正由西方发达国家向发展中国家波及和扩散,许多经济学家称之为"全球经济服务化"。

表 1—1 高中低收入国家服务业增加值和就业比重 单位:%

地区	1965年 增加值	1965年 就业	1970年 增加值	1970年 就业	1980年 增加值	1980年 就业	1989年 增加值	1989年 就业	1998年 增加值	1998年 就业	2003年 增加值	2003年 就业
低收入国	28	—	33	—	32	—	35	—	42	—	48.5	53.4
中等收入国	—	—	—	—	46	—	50	—	56	—	54.2	—
高收入国	55	45	58	54	59	58	65	62	68	—	71.3	69.5
发达国家	—	—	—	—	60	—	65	66	70	70	72	70
全世界	—	—	—	—	56	—	—	—	61	—	67.9	66.3

资料来源:世界银行,2000;中华人民共和国国家统计局,2005。

二、服务业成为大都市的主导产业和增长动力

城市是服务业高度集聚的中心地和区域发展的核心,现代城市经济是服务经济,当今发达国家的服务业主要集中在大都市区。城市向周边地区提供商品、货物及服务,通过辐射与扩散效应,带动区域发展。20世纪60年代以后,西方大都市服务业的增加值及就业份额在经济体系中的比重越来越大,并占据主导地位,表明服务业对城市发展的推动作用日益增强(表1—2)。

表1—2 世界主要大都市三次产业结构的比较 单位:%

项目 城市	年份	第一产业比重		第二产业比重		第三产业比重	
		增加值	就业	增加值	就业	增加值	就业
纽约	1989	0	—	13.0	13.3	87.0	86.7
巴黎	1988	0.3	—	27.0	22.1	72.7	77.9
东京	1988	0.2	0.6	27.3	29.4	72.5	70.0
新加坡	1988	—	—	36.0	35.2	64.0	64.8
香港	1999	0.1	0.3	14.3	21.1	85.6	78.6

资料来源:谢文蕙、邓卫,1996;李红梅,2001。

从纽约、巴黎、东京、新加坡和香港等国际性大都市产业结构的比较可以看出,服务业的增加值和就业比重均在60%以上,说明服务业在大都市经济中占据主导地位。服务业作为城市经济体系中最基本和最重要的组成部分,对城市经济实力、城市功能、城市就业与社会结构、城市土地利用与城市功能分区、城市形象等都有着直接或者间接的影响。事实证明,服务业是城市的"芯片"和内核,是推动城市发展的引擎,服务业特别是生产性服务业越来越成为城市经济乃

至区域经济增长的核心动力。

三、我国大都市正朝着服务经济迈进

建国后,我国进入了工业化建设时期,受计划经济时代"重生产,轻生活"左倾思想的影响,大多数城市选择了以重工业、轻工业为主导产业的发展方向。改革开放以前,工业在我国城市经济体系中占据主导地位。改革开放以后,城乡商品流通体制的改革,活跃了城乡市场,也促进了城市商贸服务业的发展。特别是1990年以来我国逐步建立起市场经济体系,为大都市服务业的发展创造了良好的市场环境。随着城市的产业升级和土地利用的空间置换,许多工业逐步由城市中心区搬迁至郊区工业园区或被淘汰,原有工业用地转为服务业发展用地,中心城区成为服务业聚集的核心区,服务业逐渐在中心城市占据主导地位。

1990年以来,信息技术的发展和推广应用推动了我国大都市信息产业的快速发展,信息服务业及生产性服务业的迅速发展,改变了大都市经济结构,同时也改变了大都市服务业内部结构。信息技术的应用大大提高了传统服务业的生产率,并拉动着服务业经济的快速发展,导致我国部分区域中心城市出现了经济服务化特征。

表1—3 2003年我国中心城市服务业发展水平的比较

指标＼城市	北京	上海	天津	重庆	广州	深圳	沈阳	武汉	南京	成都	西安
增加值比重(%)	62.2	51	45.5	41.4	53.9	40	47.2	49.7	47.9	45.9	47.2
从业人员比重(%)	55.4	48.9	40.8	31.1	43.2	42	52.6	43.6	44.1	35.9	37.3

资料来源:李江涛、蒋年云等,2005。

表1—3显示,服务业产值在我国中心城市或区域性中心城市

GDP中比重均在40%以上,就业比重也均在30%以上,大部分城市超过40%。这表明我国中心城市的服务业在产业经济体系中的地位越来越重要,近年来出现了所谓的"经济服务化"趋势,服务业已经成为城市经济的主导部门,中心城市北京、上海与广州则更加典型,服务业产值比重超过50%,其中北京高达62.2%。广州市是我国华南沿海地区传统的商业服务业发达的大都市,也是对外贸易的窗口。由于具备优越的区位条件、良好的商业服务业发展基础和政策支持,受惠于经济全球化和毗邻港澳、接近国际市场的优势,改革开放以来广州市服务业发展迅速,服务业增加值占GDP比重在1994年为47%,此后服务业增加值比重逐年提高,2005年服务业增加值比重达57.79%,说明广州市开始向着服务型城市迈进。

四、信息化给传统服务业区位研究带来的挑战

20世纪50年代以来,与西方国家的微电子(计算机)、信息技术革命同步的是经济服务化趋势,信息产业的迅速发展和信息技术的广泛应用,改变了传统区位因素如空间距离与交通等对服务业区位选择的影响,大城市内部服务业区位及布局发生变化。20世纪60年代以来,信息时代的服务业区位问题开始引起了西方地理学界的关注。20世纪90年代以来,由因特网和无线通信技术的广泛应用引发了新一轮信息技术革命,把世界带进了信息时代。网络技术和各种现代化信息传输手段的应用,使得个人之间、企业或组织之间的联系更加快捷方便,面对面接触的减少、交通成本的节约、效率的提高等等,改变了传统的距离对企业行为、个人行为等影响方式,使时空压缩,公司、个人、政府、机构等空间组织行为发生了变化,使企业或单位在区位选择时对交通设施的依赖性、对顾客依赖性等降低,服

务业企业在城市内部区位选择灵活性大大增强，这为服务设施或企业在接近最优区位布局提供了可能。信息技术的发展与应用，改变了传统服务业的区位选择与空间格局，不同类型的服务业在大都市内部空间重构，形成新的服务业空间格局。

服务业和信息技术的发展，推动了城市产业结构的高级化和社会分工的深化，直接产生了信息产业和新兴服务业，传统服务业由于受信息技术的影响也发生了分化，两者共同导致了服务业的多样化。服务业类型及特征的多样化与差异性决定了不同类型服务业在城市内部的区位选择与布局的多样化和差异性，中心地等经典区位理论已经难以完美地解释上述现象。信息技术的发展和应用解除了服务业区位选择的空间约束，传统区位因素如自然、运输等主导因素等重要性下降，另一些传统区位因素如劳动力、市场和集聚等被赋予了新的内涵；信息技术因素、创新环境、风险资本和高级专业人才等新区位因素不断出现，使得传统的服务业区位论面临挑战。

第二节 服务业定义及其分类

一、服务业的概念及特征

服务业作为社会经济部门在人类社会经济体系中已经存在很长时间，且国内外学者对服务业概念已经进行了很多的研究和探讨，但学术界始终没有形成关于服务业的统一定义。

（一）一般语义中的服务及服务业解释

《现代汉语词典》中，"服务"被解释成："为集体（或别人的）利益或为某种事业而工作。"《辞海》对服务的解释:"服务即劳务。"可见,一般汉语语义中的"服务"并不包含准确的经济学定义,但已经阐明服务是一种工作或劳务活动。

单词"service"在《牛津英汉双解词典》中解释:①仆人(服务者),仆人(服务者)职位;②公共事务部门或机构,政府雇员;③做某事帮助别人或使别人受益;④提供公共需求的安排体系。相对于中文解释而言,英文中的对"service"的解释内涵更加广泛,提到了服务是公共事务部门等,也指出服务是为别人做某事,是一种活动。

《现代汉语词典》中的"服务行业"解释为人服务、使人在生活中得到方便的行业,如旅馆业、理发业、修理生活用品的行业等,但没有与提供服务业的经济部门联系起来。可见,服务及服务业在一般语义上,并非十分严谨的经济学定义,只是对服务活动及现象的一般描述。

(二) 经济学对服务和服务业的解释

1. 服务的定义

经济学中的"服务"是舶来品"service"的中译词,其在经济学领域长期使用中,便具有了经济学的含义,变成了约定俗成的经济学术语。关于服务的定义多种多样,经济学界迄今尚无统一的定义。

最早给服务下定义的是法国古典经济学家萨伊,古典经济学家巴斯夏在《和谐经济论》定义了服务。此后,马克思也对服务进行了定义。经济学家希尔的定义为经济学界广泛采用。此外,《企鹅经济学词典》、《新帕尔格雷夫经济学百科全书》中 P. 佩蒂、美国经济学家 V. 富克斯、前苏联经济学家沙洛特科夫、瑞德尔等均先后对服务进行了定义(表1—4)。黄少军(2000)对服务的定义是:"一个经济主体受让另一个经济主体的经济要素的使用权,并对其使用,所获得的运动形态的使用价值。"笔者倾向于黄少军的定义,它阐明了三个服务的重要经济特征:第一,服务是运动形态的使用价值;第二,服务是交换对象;第三,任何经济要素在使用过程中提供的运动形态的使用价值都是服务。

表1—4 服务的定义及比较

定义提出者	具体内容	评价
萨伊	服务同样是人类劳动的果实,是资本的产物	混淆了生产劳动与服务的差别
巴斯夏	劳务是一种付出的努力,对于接受者则是需要和满足	抹杀了服务与商品的界线
马克思	服务劳动提供特殊使用价值,不是作为生产活动,而是提供服务的,是劳动的直接使用价值	将一般的生产劳动与服务劳动区分开了,概念比较清晰
V. 富克斯	服务就是在生产的一刹那消失,它是在消费者在场参与的情况下提供的,它不是不能运输、积累和贮存的,它缺少实质性	该定义阐明了服务的基本特征,属于特征性定义;但没有涉及服务活动的经济学含义
企鹅经济学词典(1972)	服务是不可捉摸的,往往在生产的同时就被消费的消费品或生产品	将服务与一般消费品或商品混淆
P. 佩蒂	一种服务表示使用者的变形或使用者的商品的变形,服务只是改变经济人或其商品的特征	强调了服务所产生的效果,没有阐明服务活动的经济特性

续表

定义提出者	具 体 内 容	评 价
希尔(1977)	服务是指状态的变化,可以发生在某个人身上,也可以发生在属于某个经济主体的物的身上,这种状态的变化是另一经济主体的劳动结果	经济学界广泛采用,仍没有将服务与一般生产劳动区分开
M. 沙洛特科夫(1980)	劳务作为活动所消耗的劳动的一种特殊使用价格;如果同收入进行交换,劳务可理解为非生产性劳动的形式	强调了服务劳动的特殊使用价值,以及服务的可交换性
瑞德尔(1986)	服务提供时间、地点和形态效用的经济活动。服务是靠生产者对接受者有所动而产生的,接受者提供一部分劳动;和接受者与生产者在相互作用中产生服务	强调了服务的运动形态,以及服务的可交换性,提供者与接受者的相互作用
黄少军(2000)	一个经济主体受让另一个经济主体的经济要素的使用权并对其使用所获得的运动形态的使用价值	明确指出了服务是运动形态的使用价值,并且可以交换;任何运动形态的使用价值都是服务

资料来源:Jean-Claude Delaunay and Jean Gadrey,1992;黄少军,2000;陈宪,2000;作者整理。

2. 服务的基本特征

服务与一般的商品相比,具有显著的差异性,主要因为其具有如下特性。

首先是无形性,即非实体性,服务业是不可直接触摸的,没有固定的几何形态。其次是服务的生产与消费往往同时发生和进行,要么与生产不可分,要么与消费者不可分,这使得服务提供者与购买者在时间或空间上无法与服务活动分开。第三是不可储存的(或不可传递性),即服务一旦生产出来,就被消费,不可能处于库存状态,但随着信息技术的广泛应用,某些领域的服务产品已经具有商品的性质。第四是服务的异质性,即同一种服务在质量上或效用上存在差别,主要由于服务提供者的技术水平、态度和消费者对服务的要求及感受等。此外,服务还具有较强的经验特性与信任、心理情感特征,知识性等等(陈宪,2000)。

服务的这些特性使它与其他商品、劳务和生产活动区分开来。当然,随着高科技、信息技术的发展和生产的软化,服务转化成信息产品,与商品、劳务等的界线正在逐渐模糊,越来越难以区分了。

二、国内外服务业的分类

服务业在许多国家被称为第三产业,虽然所包含的行业基本相同,但其定义的标准是不同的。服务业是根据所提供服务产品的特性来定义的,而第三产业则采用排除法进行定义(除了第一、二产业以外的其他行业)。服务业(service industry)一般定义为生产或提供各种服务的经济部门或企业的集合。服务业是一个涵盖十分广泛的社会经济部门,随着技术进步与经济发展,服务业的差异性与多样化趋势越来越明显,关于服务业的分类也在不断变化,正如布莱逊和丹尼尔(Bryson & Daniels,1998)所说的"有多少服务理论研究者就有多少服务业的分类方法"。

(一) 国外的服务业分类及评述

1. 国外服务业分类

国外经济学家对服务业(第三产业)的分类由于其目的和标准不同,不同分类之间差异十分明显。目前国际上服务业分类的标准主要有:根据服务活动的功能划分、根据服务业在不同经济发展阶段的特点划分、根据服务的供给(生产)导向型分类法、根据服务的需求(市场)导向型分类法等,比较流行的服务业标准分类方法主要有辛格曼分类法、联合国标准产业分类法(1990年)、北美产业分类体系(1997年)等。

(1) 按服务活动的功能与性质的分类

联合国标准产业分类法(ISIC)。联合国于1958年制定了第一种国际标准产业分类(ISIC),1968年进行了一次修正,基本框架没变。其中一级分类有4种:商业,交通仓储通讯业,服务业,其他;二级分类有14种;第三次修正发表于1990年,修正后的分类结构发生了很大变化,其中服务业大类有11类,包括商业及零售业,酒店旅游业,交通仓储、通讯业,金融中介,房地产、租赁和经济活动,公共行政与国防,教育,医疗及相关社会服务,其他社会社区服务,家庭雇佣服务,国际及跨国组织;小类有19类。这反映了服务业发展及其在经济活动中重要性增强的国际背景。联合国标准产业分类的修正与变化恰恰表明了服务业随着经济的发展而出现日益多样化趋势,因而服务业分类需要不断调整与变更。

布朗宁——辛格曼服务业分类。经济学家布朗宁和辛格曼(Browing & Singelmann)于1975年根据联合国标准产业分类(SIC)的规则,将商业产业和服务产业加以分类。其产业分类标准是根据商品与服务的产品性质、功能。从表1—5中可以看出,布朗宁和辛格曼将服务生产部门大致分为三类:消费者服务业、生产者服务业和分配服务业,很明显他们没有将政府行政管理部门作为产业加以考虑。尽管他们的分类不是那么完善,但为后来西方学者普遍接受的服务业四分法的提出奠定了基础。

表1—5 辛格曼的商品产业与服务产业的分类

商品生产部门		农业、制造业、建筑业、采矿业、石油与煤气业、公共事业、林业、渔业与捕获业
服务生产部门	消费者服务业	招待与食品服务、私人服务、娱乐与消遣服务、杂项服务
	生产者服务业	企业管理服务、金融服务、保险与房地产
	分配服务业	运输与贮藏、交通与邮电、批发与零售

资料来源:陈宪,2000。

辛格曼的服务业四分法。1978年,经济学家辛格曼在1975年分类的基础上,根据服务的性质、功能特征,对服务业重新进行了分类,将服务业分为流通服务(distributive services)、生产者服务(producer services)、社会服务(social services)和个人服务(personal services)四类,这种分类同时也反映了经济发展过程中服务业内部结构的变化(黄少军,2000)。以上四类服务业内部所包含的具体行业如表1—6所示。

(2) 按服务业在不同经济发展阶段的特点分类

库兹涅茨(Katouzian,1970)根据罗斯托的经济发展阶段理论,提出了的一种服务业的三分法:新兴服务业、补充性服务业和

表1—6　辛格曼分类法与西方服务业四分法、我国第三产业的分类比较

辛格曼分类法		西方国家服务业分类法		中国第三产业分类法	
生产者服务	银行、信托及其他金融业	生产者服务业	金融业	第二层次	金融业
	保险业、房地产		保险业		保险业
	工程和建筑服务业		不动产业		地质普查业
	会计和出版业、法律服务		商务服务业		房地产业
	其他营业服务				咨询信息服务业
				第三层次	科研和技术服务
流通服务	交通仓储业	分配性服务业	交通运输与仓储业	第一层次	交通运输
	通讯业、批发业		邮电通讯业		邮电通讯
	零售业(不含饮食业)		商业		商业
	广告业以及其他销售服务		公用事业		物资供销与仓储
				第二层次	公用事业
个人服务	家庭服务	消费性服务业	餐饮业	第一层次	饮食业
	旅馆和饮食业		旅馆业	第二层次	居民服务业
	修理服务、洗衣服务		娱乐与消闲业		旅游业
	理发与美容		私人服务业		
	娱乐和休闲				
	其他个人服务				
社会服务	医疗和保健业、医院	社会性服务业	行政服务业	第三层次	教育文化广播电视
	教育		教育		卫生体育社会福利
	福利和宗教服务		健康	第四层次	国家机关
	非营利性机构		福利		政党机关
	政府、邮政		国防		社会团体
	其他专业化服务和社会服务		司法		军队和警察
			军队和警察		

资料来源：黄少军,2000;闫小培,1999。

传统服务业。

　　新兴服务业一般出现在工业化的后期,相当于罗斯托所谓工业产品的大规模消费阶段,与费雪的"第三产业"和贝尔的"后工业社会"的主导产业相似,是指工业产品的大规模消费阶段以后出现加速增长的服务业,如教育、医疗、娱乐、文化和公共服务等。补充性服务

业是相对于制造业而言的,是中间投入服务业,它们的发展动力来自于工业生产的中间需求,主要为工业生产和工业文明"服务",这类服务业主要包括金融、交通、通讯和商业,此外还有法律服务、行政性服务等。传统服务业有两层含义,其一是传统的需求,其二是传统的生产方式。这类服务通常是由最终需求带动的,主要包括传统的家政服务、商业等消费性服务,随着经济的增长,传统服务业的重要性和地位逐渐降低。很明显,这种分类法深受罗斯托经济发展阶段理论的影响,该分类方法的科学性仍然存在争议(黄少军,2000)。

(3) 从生产(供给)角度,依据生产技术的分类

北美产业分类体系(NAICS)以美国为首,美国、加拿大、墨西哥于1967年制定了一种新的产业分类法,称为"北美产业分类体系"(North American Industry Classification System, NAICS)。这种分类方法主要从服务的生产(供给)角度依据生产技术分类,反映了20世纪80年代以来服务经济理论发展的新成果,其结构变化主要表现在:第一,计算机和电子产品制造部门作为一个新的信息产业的硬件部门被列入制造业;原来的出版业则列入了新设的信息业;服务业中的弹性生产被列入制造业。第二,独立建立了"信息业"。第三,原来的服务业细分为11个一级部门(黄少军,2000)。

2. 评析

(1) 服务业类型与性质的多样性是导致服务业分类多样化的根本原因。

服务业内部行业的多样性十分明显,对服务业准确科学的分类比较困难,加上不同研究者分类的依据和角度不一样,导致服务业分类呈现多样化趋势,至今尚无统一的分类法。纵观从上述几种分类

法,研究者主要从服务活动的功能与性质、不同阶段服务业的发展特点、服务生产与供给角度、服务产品使用的对象与提供者的特性等来进行分类,但大多数研究者主要依据服务业的性质与功能来进行分类。西方主流服务业四分法也是基于辛格曼分类基础上提出的。

(2) 技术进步推动着服务业的发展,需要对服务业分类进行调整与修正。

国际标准产业分类的数次修改、北美产业分类体系的修正等均表明,随着经济的发展和生产技术的进步,新兴服务业不断涌现,服务业出现明显的多样化趋势,旧的分类法无法反应服务业的发展情况,推动着原有的分类法不断修正。

(二) 国内对服务业的分类

我国主要的分类标准有国家统计局1985年公布的四层次划分法、1994年公布的第三产业职工行业构成分类和2002年公布的新《国民经济行业分类法》等。

1. 1985年国家统计局的第三产业分类及其评价

建国以来中国的产业分类一直是在原苏联和东欧国家实行的物质产品平衡体系(MPS)下进行产业分类,核算范围仅局限于物质产品,即实物产品和第三产业中的物质生产部门。随着经济的发展与国际经济的比较研究的增加,该核算体系的缺陷日益显现(李冠霖,2002)。1985年国务院批准建立国内生产总值和第三产业统计的《国民经济行业分类与代码》,从此,我国产生了自己的第三产业分类体系,共四个层次:①流通部门;②为生产与生活服务部门;③为提高科学文化水平与居民素质服务的部门;④为社会需要服务的部门(表1—7)。

表1—7 1985年我国建立的《国民经济行业分类与代码》中第三产业分类

产业层次	包含的下一层次产业
流通部分	交通运输业,邮电通讯业,商业饮食业,物资供销和仓储业
为生产与生活服务的部门	金融业,保险业,地质普查业,房地产业,公用事业,居民服务业,旅游业,咨询信息服务业和各类技术服务业等
为提高科学文化水平与居民素质服务的部门	教育事业,文化艺术事业,广播电视事业,科学研究事业,卫生事业,体育事业,社会福利事业等
为社会需要服务的部门	国家机关,政党机关,社会团体,军队及警察等

资料来源:李江帆,1990。

总体来看,原来第三产业内部四个层次划分依据不是十分科学,存在划分笼统、界线模糊、行业交叉等问题,将为生产服务和为生活服务等差异显著的服务部门放到同一类别中,不利于体现服务业的内在特征及其产品的本质;同时,科学研究事业主要是为生产服务,却归入第三部门,等等。总之,我国服务业四层次分类法由于无法与国际产业分类接轨,因而影响到与国际的比较研究。随着我国经济技术的发展,新兴服务业的不断涌现,1985年制定的第三产业四分法越来越暴露出其局限性。

2. 1994年和2002年国家统计局的第三产业分类及其评价

(1) 1994年和2002年国家统计局第三产业分类比较

1994年,中国国家统计局在《中国统计年鉴》中首次通过细分行业统计公布我国在业职工人数等指标,对第三产业作了两级分类,共有11个二级分类和51个三级分类。2002年10月1日,中国国家统计局正式公布了新《国民经济行业分类与代码》,同时公布了《第三产业划分规定》,其中第三产业共有15个二级分类,48个三级分类,1985年制定的关于三次产业的划分同时废止。

2002年新《国民经济行业分类与代码》与1994年《国民经济行业分类与代码》相比,在第三产业门类方面有如下变化(表1—8)。

表1—8 1994年和2002年《国民经济行业分类与代码》中服务业分类与国际比较

1994年服务业二级分类	2002年服务业二级分类	国际标准产业分类
F 地质勘查业、水利管理业	F 交通运输、仓储和邮政业	
G 交通运输、仓储和邮电通信业	G 信息传输、计算机服务和软件业	G 批发和零售贸易;机动车辆、摩托车和私人及家用商品的修理
H 批发和零售贸易、餐饮业	H 批发和零售业	H 饭店和餐馆
I 金融、保险业	I 住宿和餐饮业	I 运输、仓储和通讯
J 房地产业	J 金融业	J 金融媒介
K 社会服务业	K 房地产业	K 房地产、租赁和商业活动

续表

1994年服务业二级分类	2002年服务业二级分类	国际标准产业分类
L 卫生、体育和社会福利业	L 租赁和商务服务业	L 公共管理和防卫；强制性社会保险
M 教育、文化艺术及广播电影电视业	M 科学研究、技术服务和地质勘查业	M 教育
N 科学研究和综合技术服务业	N 水利、环境和公共设施管理业	N 卫生和社会工作
O 国家机关、政党机关和社会团体	O 居民服务和其他服务业	O 社区、社会和私人的其他服务活动
P 其他行业	P 教育	P 有雇工的私人家庭
	Q 卫生、社会保障和社会福利业	Q 域外组织和机构
	R 文化、体育和娱乐业	
	S 公共管理和社会组织	
	T 国际组织	

资料来源：http://www.oecd.org/dataoecd/32/25/33982328.pdf.

第一，增加了六个服务业门类：信息传输、计算机服务和软件业；租赁和商务服务业；住宿和餐饮业；水利、环境和公共设施管理业；教育；国际组织。第二，调整了有关服务业门类的名称和内容：交通运输、仓储和邮政业；批发和零售业；金融业；居民服务业和其他服务业；卫生、社会保障和社会福利业；文化、体育和娱乐业；公共管理和社会组织。第三，取消了以下两个门类：地质勘查业、水利管理业；其他行业。将这些活动分别划入科学研究、技术服务和地质勘察业，水利、环境和公共设施管理业，以及其他相关行业。

（2）简要评价

首先，与1994年相比，新标准按照国际通行的经济活动同质性原则划分行业,进一步打破了第三产业部门管理界线,对原标准中不符合这一原则的分类进行了调整。第二,根据我国社会经济活动的发展状况,重点加强了第三产业的分类,新增了大量服务业方面的活动类别,反映近年来我国经济发展中新兴的服务活动,并实现与国际标准产业分类(ISIC/Rev.3)的转换。根据我国的实际情况,新标准对1994年国民经济行业分类中部分服务门类的名称和内容进行了调整。第三,对新标准的服务业中每一个行业小类,全部与国际标准产业分类的最细一层分类建立了对应关系(表1—8),即通过软件可使我国的新标准直接转换到国际标准,实现了与国际标准的兼容。

3. 我国服务业分类的总体评价

(1) 国家统计局所公布的1985年、1994年和2002年国民经济行业分类所包含的服务业分类,是适应不同时期社会经济发展条件而制定的,因而在一定时期是合理的。

(2) 技术的进步使新兴服务业不断涌现,服务业的多样化趋势日益明显,原来的第三产业分类和统计标准逐渐难以准确反映服务业发展的真实情况,因而需要不断进行调整。新标准的实施反映了我国服务业的快速发展及日益明显的多样化趋势。

(3) 2002年新产业分类标准基本上与国际标准产业分类建立了对应关系,有利于我国服务业与国际之间的对比研究,并将有利于我国更好地借鉴国外的经验,促使我国第三产业分类更加科学合理。

三、本书所采用的服务业分类

本书所采用的服务业分类法主要依据闫小培(1999)在《信息产业与城市发展》中引用的西方具有代表性的服务业四分法,即分配性服务业、生产性服务业、消费性服务业和社会性服务业四类。

(一)服务业四分法

生产性服务业(producer services)又称为"中间投入服务业",是指主要为生产、商务活动和政府管理提供服务的部门(而非直接向个体提供最终服务);其服务的对象主要是生产企业、政府和事业单位等,体现了中间投入性质,而服务提供者往往是企业。此外,该行业是信息、知识和技术密集型产业。

分配性服务业(distributive services)是指为商品流通和增加能源利用提供辅助性服务的部门,主要包括为第一产业、第二产业与最终消费者之间提供联系的活动,特征是为商品流通提供服务。

消费性服务业(consumer services)是指直接为个体消费者提供最终消费服务的部门,提供最终消费服务是其显著特征。

社会性服务业(social services)是指为整体社会群体提供各类公共性服务的部门与机构,其提供主体为政府或者非营利性组织,具有一定的政治色彩,目的并非以营利为主,而是以社会福利为主。

(二)简要评价

首先,该分类方法主要依据服务产品的功能与性质、所面向的使用对象的特性、服务的层次以及提供服务的主体等来划分的。各个类别之间差别明显而又层次清晰,构成完整的服务业体系,既具有科学性、便于理解和接受,又具有实际可操作性。

其次,该分类很好地解决了我国第三产业内部四个层次划分过于笼统、界线模糊、行业交叉等问题,避免了生产性服务业和生活消费服务业混为一谈、不加区分的缺陷,能更科学、客观地反映服务业再次,服务业四分法是西方国家普遍使用的服务业分类法,根据各类服务业的特征及性质,可以将我国 2002 年颁布的《国民经济行业分类》中第三产业 15 个门类归入其中(表 1—9),从而有利于探讨各类服务业的经济规律及空间布局模式特征,也将促进服务业的国内外比较研究,并推动我国服务业经济学和服务业地理学的发展。

表 1—9　西方服务业四分法与我国第三产业分类的整合

服务业分类	2002 年国民经济行业分类中的服务业内部构成
生产性服务业	金融业,房地产业,信息传输、计算机服务和软件业,租赁与商务服务业,科学研究、技术服务和地质勘查业
分配性服务业	交通运输业、仓储业、邮政业、通信,批发、零售业*
消费性服务业	住宿与餐饮业,居民服务业和其他服务业,娱乐业
社会性服务业	水利、环境与公共设施管理业,教育,卫生、社会保障和社会福利业,文化体育业,公共管理与社会组织,国际组织

* :国内外不少学者将零售业划入消费性服务业中。
资料来源:作者依据西方服务业四分法和 2002 年新《国民经济行业分类》整理得出。

研究表明,由于服务业内容复杂,且随着经济的发展与技术的进步,社会分工越来越细化,新兴服务业的不断涌现,给服务业的分类研究带来挑战,加上世界各国的经济发展水平差异显著,迄今为止尚没有适用于世界各国的统一的服务业分类体系。随着经济全球化和国际经济一体化,我国经济逐步与西方接轨,因此服务业分类体系也需要与西方国家对接。2002 年我国国民经济行业分类标准在最细层次上基本与西方服务业分类建立对应关系,因此可以将我国国民经济行业分类中服务业的 15 个门类纳入服务业四分法中,这既有利于研究和探寻不同类型服务业的发展规律、布局特征及其差异性,也将推动服务业发展的国际比较研究,可以为我国服务业发展政策的制定提供借鉴与启示。

第三节 区位概念及理论体系

一、区位基本概念

(一)区位

"区位"一词来源于德语的"standort",是由 stand(站立场所、立脚地、站立之意)与 ort(位置、点、场所)组成的复合词。1886年首次译成英文为"location"一词,意为定位置、场所。日文译为"立地",中文则译为"区位",也有"布局"、"配置"等译法(刘继生、张文奎等,1994)。

关于区位的定义有多种,从静态的角度看,有人将其解释为事物存在的场所或位置;从动态的角度看,也有人认为是确定某事物活动场所的行为,具有动词性质,相当于"空间布局";还有人定义为某事物占据场所的状态,类似于"空间分布"。日本的江泽让尔曾认为:"把区位理解为社会人类行为的场所,或者说是人类行为的某种选择对象","这种行为不仅仅是经济行为,也包含着政治行为、文化行为等"。日本另一位学者西冈久雄曾说:"区位不是简单的场所,而是某事物占有的场所"。地理学者把区位理解为空间的概念(张文忠,2000)。区位的含义应该从两方面来理解,一方面是静态的理解,即某事物占据的场所或空间;另一方面是动态的理解,即人类根据一定的目的确定某事物场所或空间的行为。

(二) 区位主体

区位主体就是这里所指占据特定场所的事物,一般特指与人类社会经济活动密切相关的对象物,是人类有目的的行为活动的产物,它们在空间上都占据一定的位置和场所,而且具有排他性,它们所占据的空间位置是人类有目的的空间选择行为的结果,作为区位主体的某事物与空间或场所相互依赖,构成区位论研究的主题。按不同的产业部门分,区位主体可分为农业、工业和服务业。按其区位主体的经济属性和社会属性,可分为企业、政府(或组织)或个人等。

区位主体的特性不同,其所占据的场所或者空间的大小也不同,可以大到一个大区域(城市、省、国家)尺度称为宏观区位,小到单个具体事物(或企业)的位置或空间称为微观区位,介于中间层次的城市内部空间尺度称为中观区位。

(三) 区位条件

人类选择某事物场所或空间的要求就是区位条件。根据区位主体和区位空间的不同,区位条件也不尽相同。一般而言,区位条件可以分为自然条件、社会经济条件、文化历史条件、政治条件与政策背景、信息与技术条件、交通条件等。对于不同的区位主体,不同的区位条件所起的作用和影响也不一样。区位条件可分为有利条件和不利条件。评价这些条件主要考虑经济性、社会性和人类的满意性。区位条件还可分为当地条件和地域关系条件,前者主要与生产设备、工程设施和操作有关,后者主要与原材料获取和商品贩卖有关。

(四) 区位因子(因素)

影响区位主体分布的原因称为区位因子,或称区位因素。最早给区位因子(因素)定义的是韦伯(阿尔弗雷德·韦伯,1997)。在《工业区位论》中,韦伯解释道:"区位因素,是指经济活动发生在某个特定或若干点上,而不是发生在其他点所获得的优势。优势是成本的节约,即在这个点上工业生产一定产品比其他地方生产的成本都低,在一地方实现一定工业产品的整个生产过程和分配过程比其他地方更为廉价。"事实上韦伯所指的区位因素是某一特定区位主体所在的最优区位具有的区位因素组合所产生的区位效用最大化。

区位因素与区位条件有一定的相似之处,区位条件是区位主体的基本环境条件,但并非所有区位条件对区位主体的选择都起决定性作用,只有少数关键因素才对区位主体起决定作用,才成为区位因素。区位因素就是对区位主体的区位选择起决定性作用和影响的因素,它们往往会给区位主体带来成本的节约或效用。

(五) 区位决策(选择)

区位决策又指区位选择,是指个人、企业或政府(集体)的经济或社会事务与活动区位的决定行为过程,它一般建立在科学的区位分析与预测的基础之上,并受区位条件和区位因子的影响和制约。区位决策一旦作出,便开始对区位主体和周围的区域产生影响,如果区位决策是科学的,则会加速区位主体的发展,实现效用、利益或价值的最大化,并带动区位主体所在区域的发展;反之,则不利于区位主体的存在与发展,无法实现效用、利益或价值的最大化,甚至妨碍区域的发展(张文忠,2000)。当区位主体与区位决策主体一致时,区位主体的区位选择是自主的;反之,如果不一致,则区位主体的区位选择是由外部决策所决定(苏重基,2002)。

在不同的社会经济制度背景下,影响区位主体的区位决策的因素是不同的。一般而言,在计划经济制度下,由于国家控制着经济命脉,区位主体往往与区位决策主体不一致,区位选择的行为要受到来自政府的强大影响,区位选择是不自由的,这时区位选择的规律难以真正体现。在市场经济制度下,市场规律成为支配资源和生产要素的主要力量,这时区位是可以经营的,是各种区位要素综合在一起的有价值的产品,区位主体的区位选择行为往往是在市场规律的支配下进行的,因此市场机制成为不同产业区位形成的内在机制。

(六) 区位竞争

区位竞争是指不同区位主体对同一土地上的区位的争夺。一般而言,区位是区位主体与各种社会经济要素和自然环境要素在特定空间上相互作用所形成的特定空间与场所,它依托特定的土地而存在的,因而是固着在特定空间上而不可移动,但区位对特定区位主体而言又可以带来利益,这就赋予了区位以价值或商品的性质,这种特殊的商品是有限的和需求的相对无限,必然导致区位主体之间对特定区位展开竞争。而最终决定区位主体获得这一区位的衡量标准是竞标地租所形成的地价,支付更高地价的区位主体最后获得该区位。城市内部不同产业区位类型和功能分区正是不同区位主体之间区位竞争的结果。

(七) 区位类型

区位类型一般是指特定区位主体为了实现和满足自身的目的和

要求,在空间上寻求最佳区位过程中,受到区位条件和区位因素的制约,在其自身与区位因素相互作用下形成的占据特定场所与空间、具有相同或相似属性的空间复合体。区位类型是区位主体在一定目的与动机驱使下区位决策的结果,是资本在空间的沉淀所形成的(张文忠,2000)。

一般而言,不同的区位主体由于属性不同,可以形成不同的区位类型,称为主体区位类型,如农业区位、工业区位和服务业区位等等。而同一类型区位主体由于规模、层次的不同,也可以形成不同的区位类型,不同属性的区位主体也可以形成同一区位类型,可称为空间区位类型,如集聚型区位、均衡型区位、分散(离心)区位和随机区位等。

(八)区位效用

区位效用是指区位主体在特定的场所与空间上所获得的利益的实现程度和满意程度,也指受到的影响和损害的程度。前者称为正效用,有利于区位主体的发展,而后者为负效用,不利于区位主体的存在与发展。

人类社会各种社会经济活动一般都有趋利避害的本能,区位选择是为了实现利益最大化、满意最大化或成本最小化。但区位主体的最优区位选择只是一种终极目标和理想状态,现实中往往不存在最优区位,任何区位主体都需要通过支付一定的成本来克服或回避区位不利条件所产生的负效,以寻求收益与成本之差的最大化。当区位主体所在区位带来的正效用大于负效用时,收益大于支出的成本,区位才有可能成立;正效用小于负效用时,收益小于成本时,区位不能成立。

二、区位论

(一) 区位论的定义

1. 广义区位论。区位论即区位理论,广义区位论认为,区位论就是研究世界各国各地区人类各种活动区位的选择、形成和发展的科学,分析其形成的原因与条件,预测其将来的发展(刘继生、张文奎等,1994)。该定义不局限于人类经济活动,而是更广泛地关注到了人类各种活动,自然包括了人类的社会、文化、政治、军事等活动,具有综合性特点,同时也能够更广泛地为学术界所认同。唯一的缺陷是,该定义没有强调区位选择的最优化原则,这似乎又背离了区位选择的最基本原则。从人类活动来看,并非所有的活动都是经济活动,也并非所有事物或活动的区位选择都是为获得最大的经济利益,因此人类活动的区位选择并不仅仅关注经济利益,还必须考虑到社会效益、文化效应和心理效应等综合效益,广义区位论符合上述要求。

2. 狭义区位论。它是指关于区位研究的理论。区位论是指通过地球表面的集合要素(点、线、面)及其组合实体(网络、地带、地域类型、区域),从空间或地域方面研究自然和社会现象,主要是经济现象的,是关于人类活动特别是经济活动空间组织优化的学问(杨吾扬、梁进社,1997)。张文忠认为区位论是研究经济行为的空间选择及空间内经济活动的组合理论,即是研究经济活动最优的空间理论。张文忠还将区位论分为布局区位论(即经济行为的空间选择)和经营区位论(即空间内经济活动的有机组合)(张文忠,2000)。上述两种定义都十分强调区位论的经济学特性,而后者则更加明确地指出区位论就是研究经济活动最优的空间理论,属于狭义区位论。从区位论的发展历程中我们不难找到其理论依据,古典区位论、农业区位论和工业区位论均诞生于经济学家之手,同时也是经济学的重要理论,对成本与利润关注最多。

3. 本书的定义。广义区位论没有明确指出区位论的核心与关键所在,即区位选择的最优原则,而且在定义中加上"世界各国各地区"、"人类各种活动"似有画蛇添足之嫌,不简洁。狭义区位论只强调人类的经济活动,而对社会、政治、文化、军事等活动没有涉及,未免过于狭隘,也不符合人类区位选择活动的实际。为了回避上述问题,根据研究的需要,笔者给出一个定义:区位论就是研究人类活动及其相关设施最优场所或空间(位置)的选择及组合理论,目的是实现综合效益(利润、效用或福利)最大化。

(二) 区位论的理论内涵与分类

1. 区位要素关系

区位是特定的场所与空间,是区位一切过程赖以存在和发生的根本。区位主体是区位活动的核心与主角,是区位中的能动主体,一切因区位主体的存在和活动而发生,离开主体来谈区位将毫无意义。区位条件和区位因素是影响区位主体的区位选择和区位效用,形成不同区位类型的基础条件和决定区位主体的区位选择的关键因素,它们往往决定区位主体的位置,从而导致不同的区位类型与区位效益的产生。区位决策是区位主体根据目的和要求,在区位条件与区位因素制约下的空间行为过程(张文忠,2000)。区位竞争是不同区位主体为了争夺最优区位而展开的相互争夺,是有限空间内区位主体相互作用的必然结果。区位类型是不同类型区位主体的区位选择结果的空间表现;区位效用是特定区位综合体对相关主体产生的影响与作用,也是区位选择的结果。它们都有着各自的规定性内涵,是区位理论不可缺少的有机成分,其相互关系可以表示如图1—3。

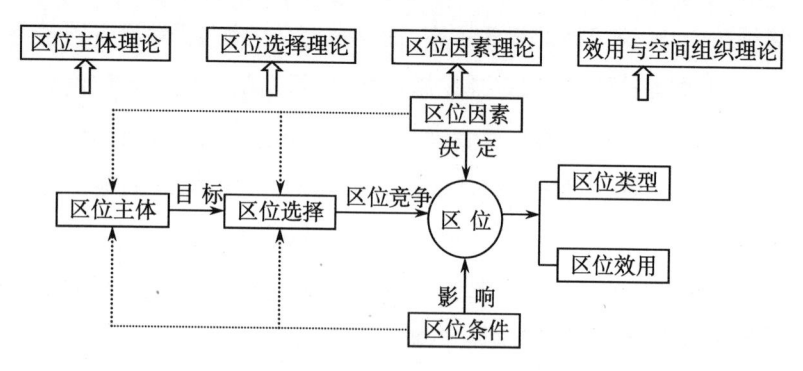

图1—3 区位要素关系及其对应的区位理论

2. 区位理论体系构成

上述八大区位要素在区位动态过程中,受到相关理论的指导,各个环节相对应的理论是不同的。不同的区位主体所对应的是区位主体理论。区位选择过程对应区位选择理论,区位因素的影响对应区位因素理论,而区位类型与效用对应空间组织区位效用理论等。

由此可见,区位理论体系一般包含区位主体理论(农业区位理论、工业区位理论和服务业区位理论)、区位选择理论(行为理论等)、区位因素理论(市场理论、空间理论、创新理论与制度理论)和区位效用与空间组织理论。其中,区位选择理论与区位因素理论是区位理论体系中的核心组成部分(图1—4)。

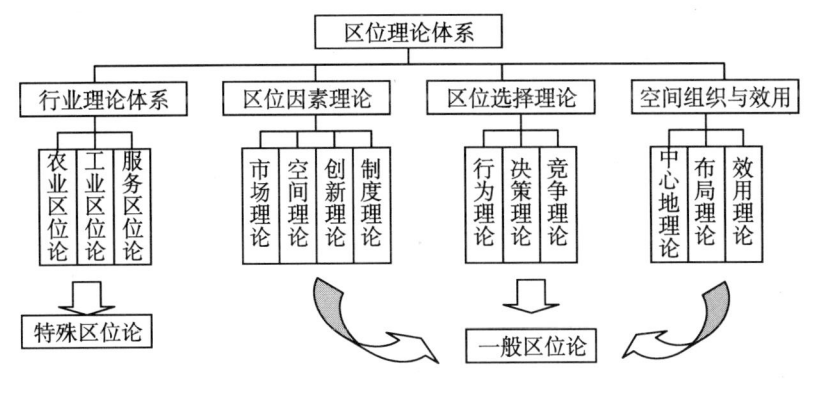

```
                    ┌─────────────┐
                    │ 区位理论体系 │
                    └──────┬──────┘
      ┌────────────┬───────┴───────┬────────────┐
┌───────────┐ ┌───────────┐ ┌───────────┐ ┌───────────┐
│行业理论体系│ │区位因素理论│ │区位选择理论│ │空间组织与效用│
└─────┬─────┘ └─────┬─────┘ └─────┬─────┘ └─────┬─────┘
```

图 1—4　区位理论体系层次结构

三、服务业区位论

对于不同产业部门,其区位条件、区位因素、区位选择要求、区位选择过程及其区位布局规律差异明显。服务业作为三大产业之一,在大都市全球经济体系中的地位越来越重要,服务的特性使其与农业和第二产业存在明显区别。

关于农业和工业的区位理论已经有杜能的古典农业区位论、韦伯的古典工业区位论。中心地理论虽然作为服务中心地等级体系与空间组织理论而被视为服务业区位理论,但服务业的多样性与差异性,使得中心地理论难以对所有的服务活动区位现象进行合理地解释,因而从综合的角度探讨服务业区位理论体系显得十分必要。

参照区位论的定义,本书将服务业区位论定义为:研究人类社会服务活动、服务部门及其服务设施最优场所或空间(位置)及其选择的理论。拟在建立服务业分类体系的基础上,探讨不同服务行业区位选择的影响因素及其组合和区位决策过程与区位布局规律,试图构建服务业区位理论体系(图1—5)。

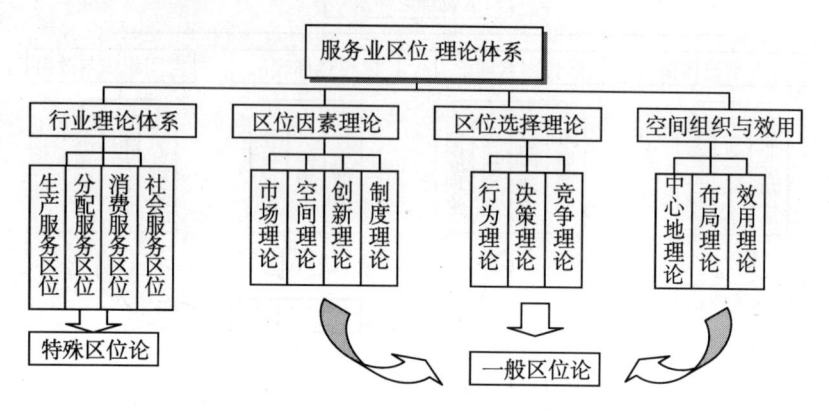

图1—5 服务业区位理论体系框架

第四节 研究设计

一、选题意义

(一)理论意义

1. 时代的发展需要进一步加强城市服务业区位的研究

区位论是地理学的基础与核心理论。1990年以前,我国关于区位论的研究主要集中在工业领域。1990年以来我国大都市经济结构出现了服务化,引起了少数学者对城市服务业区位与布局问题的关注。虽然中心地理作为经典的服务业区位理论,在分析与解释城市商业网点及商业地域结构等研究中被广泛应用,但随着信息技术和网络技术的发展,理论的基本假设条件已经发生了根本性的变化,并且由于信息技术影响下服务业的多样化和差异性,使得中心地理论及模型对于新兴服务业的指导作用受到限制,传统服务业区位理论急需更新和发展,而新的服务业区位理论尚未建立起来。近年来国内学术界出现了许多研究服务业的成果,但服务业区位研究文献并不多见,与国外相比存在较大差距。服务业区位论的研究是服务业地理学研究的核心,进一步加强对服务业区位的综合研究,是推动服务业地理学发展的需要。

2. 系统研究大都市服务业区位问题,有助于发展国内服务业地理学

综观国内外服务业区位的研究文献,许多学者仅从区域或城市体系的角度或服务业各行业为出发点研究服务业区位问题,相关成果显得零散,缺乏系统整合与提升,研究内容的综合性不强,对大都市内部服务业区位研究不多,不利于服务业地理学学科的发展。有鉴于此,从系统、综合角度研究大都市服务业区位理论问题显得十分必要。本书拟运用定性与定量相结合的方法,理论与实证相结合,探索服务业区位因素及区位类型的一般性理论体系,通过服务业区位选择的问卷调查及访谈等手段,对服务业区位选择进行综合评价;总结出广州市服务业区位演变及布局特征,将一般服务业区位模式、特征与类型与广州实际情况进行对比,对理论进行检验和修正,可以丰富、完善服务业区位研究的理论体系,推动服务业区位的理论研究向前发展。

（二）实践意义

1. 关于广州服务业区位综合系统研究有待加强

20世纪80年代以来，学术界关于广州市服务业区位研究已经取得较丰富的成果，主要集中在以下几个方面。①关于广州市区分配性服务业区位研究。如吴郁文对零售商业中心区位与布局的探讨；林耿等对广州市商业业态形成机理的综合研究、商业功能区探讨；杨瑛、林耿等对广州市大型百货商店空间布局、区位选址、空间拓展等方面的研究；陈文娟对广州市肉菜市场空间布局的研究等；蔡国田等对广州市老城区零售商业区位类型的探讨。②关于广州市区生产性服务业区位研究。包括闫小培关于信息产业对广州城市发展影响的系统研究；王玲关于广州市生产性服务业发展与空间布局的系统研究；姚一民、张润鹏先后对广州市办公活动、写字楼等空间分布研究等。③关于消费性服务业区位研究。1994年徐险峰对广州市快餐连锁企业的区位选择进行了研究。广州市消费性服务业区位研究主要集中在房地产和住宅区位研究方面，如张蓉关于广州市商品住房空间布局对城市发展影响的研究；邓世文关于广州市1990年代以来商品房开发与分布研究等。④关于服务业区位综合研究，如林锡艺对广州市服务业的综合研究等。

从上述分析可以看出，关于广州市服务业区位研究已有相当的基础，研究成果主要集中在零售商业区位、商业业态区位与空间布局方面，以及关于信息产业、办公活动与生产性服务业方面和商品住宅区位的探讨等方面。但对广州的服务业区位研究仍然比较零散，需要进一步加强对广州服务业区位的系统综合研究。

2. 大都市服务业的合理布局需要区位理论指导

目前,服务业在我国经济发展中发挥了越来越重要的作用,地区或城市政府逐步认识到服务业在经济发展中的重要性,为推动服务业的快速发展,纷纷编制"服务业发展规划"、"现代服务业发展规划"、"城市商业网点发展规划"、"CBD 发展规划"、"总部经济发展规划"等各类规划,甚至在城市总体规划等国家法定规划中,也有服务业发展及空间布局规划的相关内容。上述规划虽然对服务业的发展及空间布局有一定的指导作用,但由于规划编制人员对服务业区位选择规律及机制认识不足,又缺乏系统、完整的服务业区位理论指导,并且在规划过程中容易受政府意志的干扰,服务业空间布局难免出现失误,如许多城市由于盲目规划"CBD"造成巨大损失,教训是深刻的。因此,加强大都市服务业区位研究,不仅是引导城市服务业合理区位选择的需要,也是指导城市服务业科学布局的现实需要。

3. 以广州为案例的研究具有实践指导和借鉴意义

广州市是我国沿海经济发达省份广东省的省会,也是我国经济最发达地区——珠江三角洲的核心城市,改革开放以来经济发展迅速,经济总量连续多年位居全国城市第三位,自 1994 年以来,广州市的服务业增加值已经超过了第二产业,出现了经济服务化倾向。作为华南地区高端服务业集聚中心、研发与创新中心,广州市的服务业发展水平位居全国前列。因此,以广州市为案例,总结出服务业区位选择规律、空间布局特征及其影响动力机制,从而总结出大都市服务业区位理论模式及空间布局规律;可以揭示服务业发展、服务业区位演变对城市土地利用、城市功能分区、空间结构等带来的影响程度、方式及内在机制,从而为城市规划与城市建设提供科学依据,以实现服务业合理布局和城市可持续发展的双赢局面。

二、研究目标与研究区域

(一)研究目标

在界定服务业区位相关概念的基础上,全面总结国内外关于服务业区位理论与实证研究,归纳出服务业区位理论的一般影响因素和区位类型,并对广州市服务业型企业(事业)的区位选择行为进行问卷调查与实证分析,用以印证理论分析,并归纳出符合实际的理论模型或规律,最后对广州市服务业区位趋势及其调控提出建议。具体目标如下。

1. 全面总结国内外服务业分类、区位理论与实证研究的成果,并对其进行客观评述,为研究寻找切入点。

2. 综合归纳概括出大都市服务业发展的特征及趋势,为本书针对广州的实证研究提供背景支撑。

3. 基于服务业的总体特性,构建服务业区位因素体系和影响机制,并深入剖析各因素对不同类型服务业区位选择的影响程度、机制与途径等。

4. 结合不同类型服务业行业特性、区位要求,归纳总结出服务业区位的一般特征、影响因素和区位模式,然后进行总结与归纳,建立服务业的一般区位理论框架。

5. 通过对广州市服务业型企业区位选择的问卷分析,概括总结出影响不同类型服务企业(单位)区位选择的区位因素类型与组合,用以验证一般服务业区位因素体系和不同类型服务业区位选择影响因素、模式等,并进一步修正服务业区位理论。

6. 总结出广州市1990年以来不同类型服务业区位演变趋势、空间布局特征,并对其进行解释,对比理论研究,进行修正与说明。

(二) 研究区域

1. 面上数据分析区域

为了更好地对比分析广州市服务业发展及其空间布局与演变趋势,拟选取传统意义上的市区,2000年广州市行政区划调整以前的市区(老八区)作为面上统计数据分析区域,含越秀区、东山区、荔湾区、海珠区、芳村区、天河区、黄埔区、白云区,总面积为1 434.6平方千米(不含2000年撤市设区的花都区和番禺区)。主要是考虑到老八区是传统的城市中心区,服务业相对集中,而且可以与以前关于广州的服务业区位研究成果进行对比(图1—6)。

根据研究的需要,参照1993年《广州市国有土地使用权出让金标准》和1995年《关于实行成本价出售公有住房的计价办法》两个政府文件关于广州市区的划分,将广州市区划分为老中心区(越秀区、东山区、荔湾区)、新中心区(天河区)、内城区(海珠区、芳村区)和外围区(白云区、黄埔区),其余为一般市区。

2. 问卷调查区域

为了考察广州市服务业企业(事业)单位的区位选择与空间位置变化情况,将问卷调查区域扩大到广州十区,即2000年以前市区越秀区、东山区、荔湾区、海珠区、芳村区、天河区、黄埔区、白云区,加上花都区和番禺区。

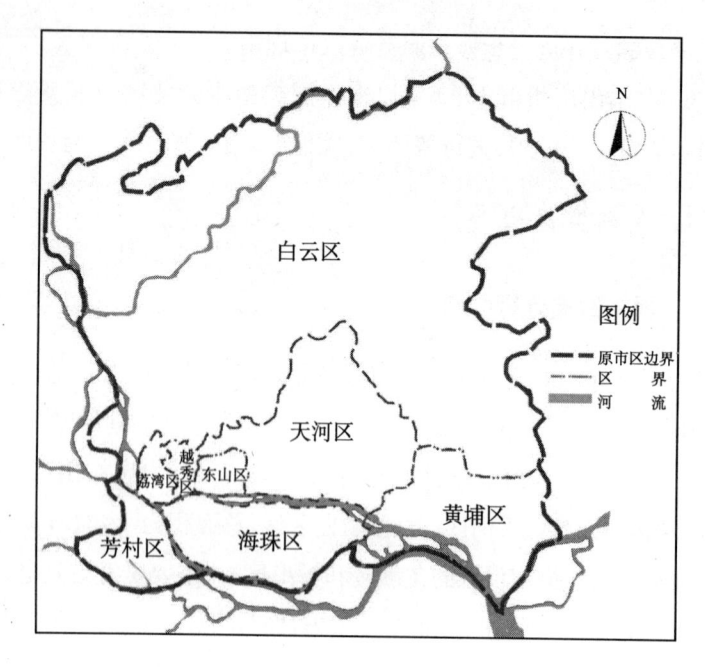

图 1—6　研究区域

三、资料来源与研究方法

（一）资料来源

1. 文献资料。文献资料来自于国内外的学术专著、学术期刊的学术论文、硕博士学位论文和会议论文、研究报告等；电子文献来源于国外的 PQDD（硕博士论文数据库）、Elsevier science 和国内的中国学术期刊网（cnki）。主要用于理论综述、理论构架、模型设计和实证研究。

2. 统计数据。来源于公开出版的统计年鉴、普查资料、政府内部统计数据等,如综合统计年鉴中国统计年鉴、广东省统计年鉴和广州市统计年鉴等;专业统计年鉴如广州市第五次人口统计汇编、广州市第一、二次基本单位普查资料汇编统计公报、电话黄页调查等,用于比较研究、证明观点、阐述现状、分析问题和验证理论模型。

3. 第一手资料。来自于问卷调查与深度访谈等。问卷调查包括"服务型企业(单位)位置选择调查问卷"和"广州市生产性服务业企业(单位)调查问卷"两项调查,深度访谈是在问卷调查的基础上有选择地抽样调查,归纳总结出广州市服务业区位选择模型和影响因素,验证服务业区位理论与模型。

(二) 研究方法与技术手段

主要分为理论研究和实证分析两大部分,具体采用了以下方法和技术手段。

1. 研究方法

(1) 演绎法与归纳法。在服务业区位的理论综述与总结的基础上,提出一般服务业区位理论假设,构建服务业区位理论体系,归纳服务业区位选择规律。从广州服务业区位演变中,归纳出服务业区位特征,验证区位选择规律,并检验服务业区位理论与模型。

(2) 实证研究方法。运用抽象逻辑推理,构建服务业区位因素体系及区位选择模型,经过实地调查及问卷分析的实践检验,修正服务业区位理论模型,总结服务业区位理论,并将其应用于实际。

(3) 综合研究法。本书运用技术经济学、产业经济学、地理学、数量统计学(SPSS 软件)、城市规划等多学科交叉的理论知识与方法,对服务业区位进行定性和定量的综合研究;突破了传统服务业区位研究方法,具有创新性和推广应用价值。

2. 技术手段

(1) 多元统计与分析法：AHP 层次分析法、主因子分析法等。AHP 分析法、因子生态分析法在国内外地理学和区位论研究中已经相对成熟,并且可以依托相对应的软件来完成。如线性规划法和 AHP 分析法、因子生态分析法可以依托 SPSS 统计软件来实现。本书运用 AHP 法,主要用于评价信息技术影响下服务型企业区位选择的合理性、科学性,判断不同因素对服务业区位选择的影响程度。运用主因子分析方法,分析影响不同类型服务业区位选择及空间布局的主要因素及其相关性,用以解释信息技术影响下不同类型服务业企业的区位选择特征及在大都市内部的区位空间格局。

(2) GIS 分析技术：可以通过 GIS 软件如 Mapinfo7.0 和 ArcGIS9.0 等软件来完成。应用 GIS 技术主要用于分析广州市服务业就业人口、基本单位等空间分布特征及区位演变,并运用空间叠加分析法对广州市服务业空间布局进行优化。

四、研究思路流程

首先,在探讨服务业分类及服务业区位基本理论概念的基础上,通过较全面检索与分析国内外关于服务业区位的理论与实证研究成果,总结出其成就与不足,为研究提供切入点及突破口。其次,总结与归纳出国外大都市服务业的结构特征及发展趋势,并着重分析 1990 年以来我国大都市服务业发展趋势及结构特征,通过国内外城市的对比研究找出大都市服务业发展的共性及我国城市服务业发展的特征与趋势。再次,运用经济学理论与方法,在服务业区位理论指

第一章 总　论

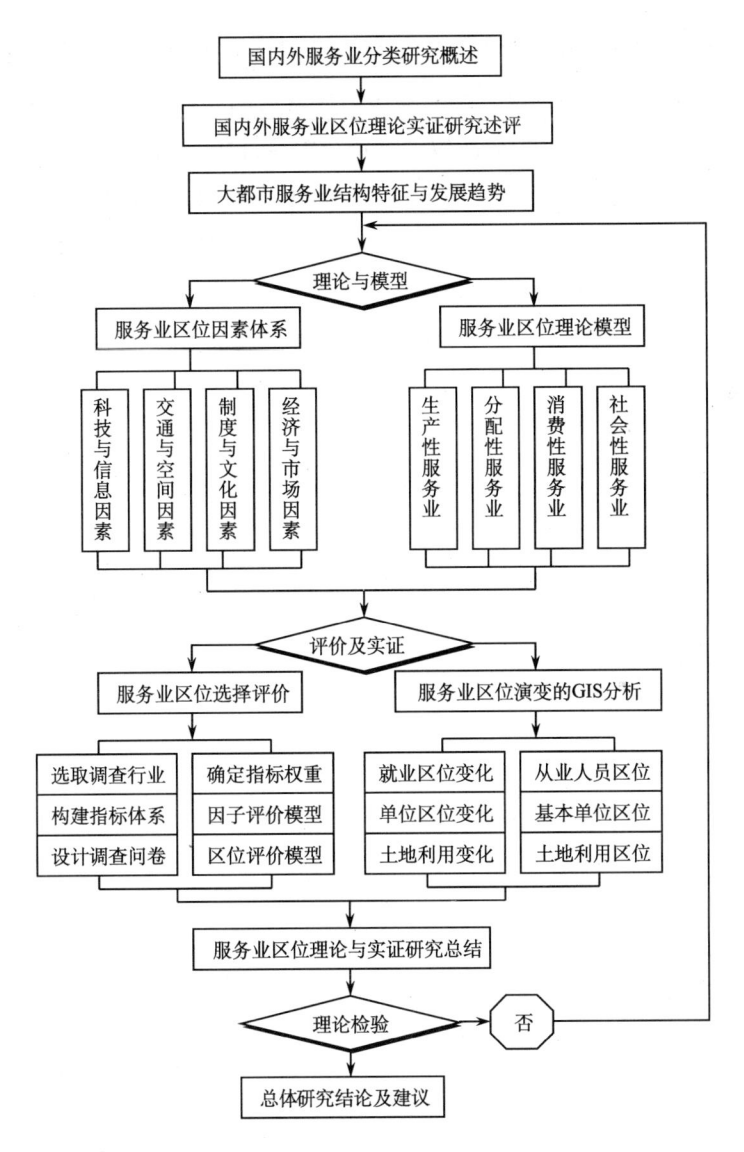

图 1—7　基本研究框架与流程

导下构建服务业区位因素体系理论,并对不同类型服务业进行逻辑演绎。第四,通过对服务型企业实地考察与问卷调查,运用 AHP 和主因子法对服务型企业区位选择进行综合评价,比较不同类型服务业企业的区位因素的异同。第五,运用 GIS 技术总结出广州市 1990 年来不同类型服务业区位演变特征及规律,并从信息技术、制度、市场及交通等角度进行综合解释。最后,总结本书研究的主要结论及贡献,并对需要进一步深入讨论和研究的问题进行分析(图 1—7)。

第二章 服务业区位研究进展述评

第一节 服务业区位理论研究回顾

西方国家关于市场区位的相关研究最早始于19世纪末,早在1885年经济学家龙哈德(Launhardt,W)就研究了区位与市场地域之间的关系。但在中心地理论诞生以前,大多数的研究主要集中在市场地域方面,未曾出现产生重大影响的经典服务业区位理论模型。1933年,克里斯塔勒中心地理论的诞生,标志着服务业区位研究进入一个全新时期。20世纪50年代以后,由于西方发达国家进入服务经济社会,服务业的区位选择及其空间布局问题受到越来越多的关注,特别是进入信息社会以后,传统的服务业区位理论受到越来越多的挑战。

一、新古典区位论——中心地理论

(一)克里斯泰勒的中心地理论

中心地理论的创立归功于德国地理学家克里斯塔勒(Christaller,W)。1933年,德国地理学家克里斯塔勒其在博士学位论文的基础上,出版了《南部德国的中心地》,创立了完整的中心地理论体系。

由于中心地理论是基于城市等级规模及其空间秩序的理论,故称城市区位论。中心地的等级规模划分主要依据中心地向周围腹地提供的货物和服务的范围,因此也被服务业区位研究者视为服务业区位论的经典理论。克氏认为每一个服务中心地都有特定的供给范围,范围的最大极限称为货物供给的上限,最低下限称为货物的供给下限。当上限和下限相等时,服务型企业布局在中间获得正常利润;当下限小于上限时,服务型企业在中心布局获得超额利润;当上限小于下限时,企业在中心地布局无利可图(张文忠,2000)(图 2—1)。

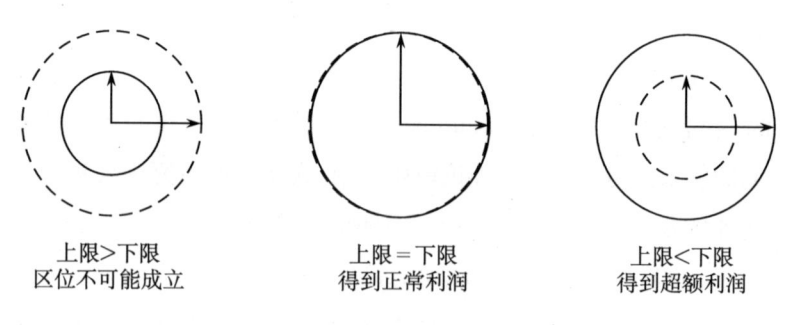

上限>下限
区位不可能成立

上限=下限
得到正常利润

上限<下限
得到超额利润

图 2—1 中心地服务供给的上限和下限与企业利润
(资料来源:张文忠,2000)

克氏认为,中心地是提供货物与服务如贸易、银行、手工业、行政、文化和精神服务(教堂、学校、剧院)等的城镇,是周围地区的中心,向周围提供所需的物资和服务,并且也是与外部联系的商业集散地。克氏所指的中心地理论,在方法论上突破了地理学者过去传统的归纳法,运用演绎法来研究服务中心的等级秩序,根据中心地对周围地区供给货物和服务的范围(服务半径)将其划分为高级和低级不同等级的中心地体系,按照市场原则、交通原则和行政原则三大影响因子,又可将中心地分为组织结构和空间形态不同的三角形聚落体系和六边形市场地域体系(图 2—2)。

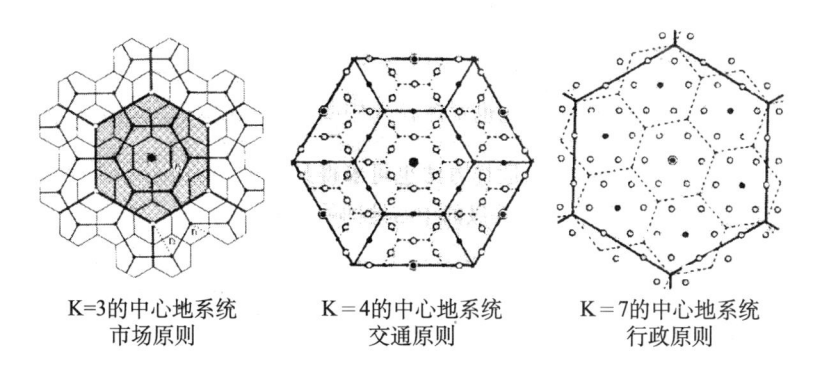

K=3的中心地系统
市场原则

K=4的中心地系统
交通原则

K=7的中心地系统
行政原则

图 2—2 克里斯塔勒的中心地空间模型

(资料来源:张文忠,2000)

由于中心地理论是关于商品(货物)与服务的供给范围的理论,所以它也能满足城市内部服务业设施、人口规模、城市等级显著相关的服务业(零售业、咨询代理业等)的空间布局规律。尽管由于其假设与现实相差太远,并随着技术的进步和社会的发展表现出越来越明显的局限性,仍为西方学者广泛应用,并不断修正。因此,中心地理论被视为服务业区位研究的经典理论。

(二) 廖什的中心地理论(市场区位论)

经济学家廖什(August Lösch)在克氏中心地理论发表七年后,于1940年出版了《经济区位论》一书,他基于最大利润原则将区位选择与产品销售范围相联系,研究了区位选择中的市场作用,从而将古典区位论发展为近代区位论。其理论主要包括市场区、市场网和廖氏经济景观模型。廖氏的市场区位论与克氏的六边形市场区位论有着惊人的相似。与克里斯泰勒的中心地理论不同,廖什的中心地理论是基于市场理论。他认为产品的价格随距离变化而变化。而商品的需求基本上决定于商品的价格。在一系列的假设条件下,他推导出单一产品的需求圆锥体、六边形市场区和多种商品(厂家)的市场竞争的市场网络,以及在交通运输网影响下的所谓"廖什经济景观"(许学强等,1997)(图2—3)。

单一货物的需求圆锥体

六边形市场区和市场网

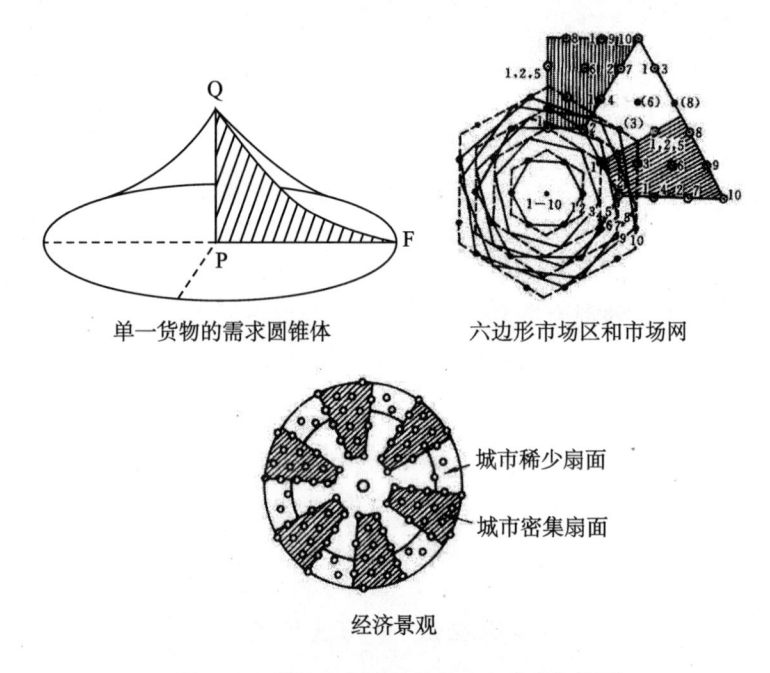

经济景观

图2—3 基于市场区的廖什中心地空间模型
(资料来源:许学强、周一星、宁越敏,1997)

廖什的市场区位中的中心地并不是严格按照人口的规则分布来确定中心地等级体系,而是依据人口与需求来研究不同商品所需的市场范围而确定的不规则中心地等级体系。与克氏相比,廖氏的市场区位论更加接近实际,理论上更进一步(表2—1)。

表 2—1 经典服务业区位理论的比较

	产生时代背景	研究对象	假设条件	主要理论模型	区位因子	空间尺度	研究方法	所属学派
克氏中心地理论	帝国主义时代,商业与零售业比较发达,城市化进程加速	中心地、城镇等级体系与服务业	均质平原,平原上的经济活动可在任何时候任何地点进行,居民及其购买力是连续均匀分布的,消费者活动的空间合理性,即按最短距离原则进行	门槛理论、服务半径、六边形中心地等级体系理论	市场、交通、行政、人口规模	微观、中观、宏观	抽象的演绎法,再通过实证进行检验	新古典经济学的最大利润学派现代区位论
廖氏市场区位论(中间,心地理论)	第二次世界大战时期,帝国主义时代	市场区、市场网、市场网系统(廖什景观)	均质平原、运输条件一致、原料一致,分布均匀;消费行为相同,农业人口均等分布,最初为自给自足的农场;所有人都接受普及技术,所有都有生产机会;只考虑经济作用	商品需求圆锥体、六边形市场区、市场网络模型、廖什经济景观	货物数量、种类、人口分布、需求等	微观、中观、宏观	抽象的演绎法	新古典经济学最大利润学派现代区位论

资料来源:作者根据相关内容整理得出。

(三)贝利—加里森的中心地模型

1958年,美国地理学者贝利和加里森(Berry, B. J. L & Garrison, W. L)论述了中心地的等级性、商品供给的范围和中心职能的成立过程。他们首次采用计量手段来研究中心地,并且提出了门槛人口,对中心地理论给予新的解释。

门槛人口(threshold population),是指某种中心职能在中心地布局能够得到正常利润的最低限度的人口,也就是说某中心职能在中心地布局成立的最低限度人口。门槛人口的概念类似于克里斯泰勒的理论中所讲的商品供给范围的下限,但前者是指被供给的人口,是人口数的概念;而后者是指被供给的范围,是距离的概念。贝利和加里森是通过下式才决定回归曲线中的参数A和B,式中N=1时的B值就为门槛人口。

$$P=A(B^N)$$

式中:N为中心地职能的设施数;P为中心地的人口。

贝利和加里森按照上式详细计算了美国当时一些职能的门槛人口,如加油站为200人、小学为300人、教堂为250人、理发店为400人、牙医为410人、律师为510人等。一般门槛人口大的中心职能,供给的市场区域范围也大,通常在等级高的中心地布局,相反则在等级低的中心地布局。由此可见,中心职能的等级性可反映中心地规模的等级性。贝利和加里森根据上式求出各中心职能的门槛人口,然后再按照门槛人口进行中心地等级划分。

贝利和加里森进一步从动态角度分析了中心地规模扩大对中心职能布局的作用。他们认为随着中心地规模扩大,中心职能数会增加,每个中心职能得到超额利润的可能性就会减少。同时,随着中心地的人口增加,市场区域规模扩大,各中心职能因规模经济而扩大,最终趋于适当的规模。在成立阈人口的研究基础上,贝利和加里森进一步探讨了中心地的布局过程。他们认为,克里斯塔勒和廖什两大理论就人口和需求均等或有规律分布的假定是非现实的,根据商品供给的上限和门槛人口的概念,即使取消这些假定中心地的等级空间结构也存在。而且他们主张这种等级结构不仅适用于区域水平的中心地系统,同时也能适用于城市内部的中心地系统。

贝利和加里森的模型建立的前提条件不需要人口和需求均等分布的假定,这无疑比克里斯塔勒和廖什的模型更接近于现实。另外,门槛人口通过人口和事务所的回归分析比较容易求得,因此,该模型也便于实际操作。但他们的模型也存在着一定的问题,如门槛人口的概念不太明确,不能完全说它就代表了商品供给范围的下限。同时区域形状、人口密度、购买力等都影响到该模型的解释力。

(四)评价

服务业区位理论之所以成为经典,是因为不仅代表着该领域的当时最高理论成就,且由于其理论的系统性、实证的严谨性、方法的数量化、应用的广泛性,为后来区位论的研究与实践打下了坚实的基础。随着时代的发展,社会经济条件发生了巨大变化,经典理论存在以下不足。

1. 两大理论的假设条件是在理想的均衡状态下归纳演绎而得出的,与当时的现实情况相差甚远,与当今经济全球化背景与网络化社会相差甚远。目前,社会生产方式、交通通讯方式、人们的生活方式、思维方式、政府政策与管理方式等均发生了巨大变化,城市土地利用模式和城市的服务业区位均出现了与以前完全不同的特点与趋势。这在一定程度上制约了区位理论的实践应用,因此必须对三大经典理论进行调整、修改与创新,不能照搬照套。

2. 两大理论均没有十分强调技术发展的影响。当时技术条件下可能是合适的,但是当今科技发展日新月异、信息技术高度发达的时代,区位条件与区位因子发生了明显的变化,古典区位论的现实应用价值也就相应越来越小,原来的传统区位因子被赋予新的内涵,或被技术主导的新区位因子所代替,因而新时期区位理论、模型与因子期待创新与发展。

3. 两大理论均在属于静态的区位论,没有考虑全球化背景下跨区域之间、国家之间甚至洲际之间的贸易。实际上,区际或国际贸易对服务业区位的影响十分明显,尤其是经济全球化背景下更为突出。

4. 两大区位论的分析一般只关注商品销售等经济活动,缺乏对服务业系统的综合思考。但在当今信息化社会经济环境中,产业之间的分界线日益模糊,尤其是服务业多样化越来越明显,因而区位论的分析与应用往往并不是用单一的模型理论就能够解决,而需要用综合的方法进行分析。

二、区位选择的经济学理论

(一)竞租理论

地租理论源于经济学,由古典经济学家大卫·李嘉图(David Ricard)首先提出,其原意是任何一块土地经过利用都可以得到纯收益,后来农业区位论的创立者杜能(Von Thönen,1826)在此基础上提出了级差地租的概念,马克思在《资本论》中也论述了地租与资本的关系。这一概念在20世纪得到了很大的发展,级差地租认为,一定位置、一定面积土地上的地租的大小取决于生产要素的投入及方式,只有在地租最大时才能获得最大的经济利益。城市内部土地使用的分布在很大程度上是根据对不同地租的付租能力而进行竞争的结果。在完全竞争的市场经济体系中,城市土地必须按照最高、最好的用途进行分配。

后来对城市地租理论作出重要贡献的是阿龙索(William Alonso),他于1964年提出了竞租理论。该理论是根据各类经济活动距离市中心不同距离的地点所愿意承担的最高限额租金的相互关系来确定这些经济活动的区位。而竞租就是人们对不同位置上的土地愿意支付的最大数量的租金,出价最高者得到相对应的地块。根据阿龙索的调查,零售商业由于付租能力较高,所以靠近市中心的位置,随后依次是办公楼、工业、居住和农业(图2—4(a)),由市中心向郊

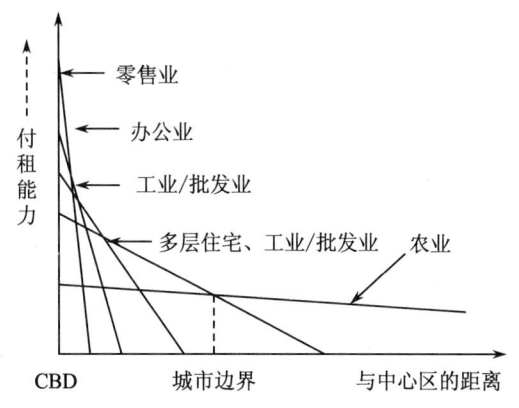

(a) 城市内部各种土地付租能力距离衰减曲线

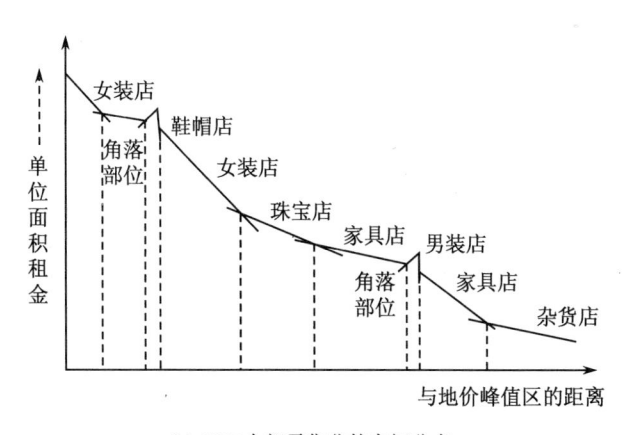

(b) CBD内部零售业的空间分布

图2—4　城市内部用地类型与距离衰减曲线

(资料来源:江曼琦,2001;许学强、周一星、宁越敏,1997)

区逐步递减。根据这一理论,得到城市的业态结构呈同心圆模式。

斯科特(Soctt,1959)先后对澳大利亚州府的CBD进行了研究,发现CBD内部结构由零售业内圈、零售业外圈和办公事务圈三个层次构成,并运用竞标地租曲线进行解释(图2—4(b))(许学强等,1997)。由于城市是服务业的主要集聚地,因此,地租理论也是服务业区位选择与空间布局的基础理论。一般而言,付租能力较高的高级生产性服务业和分配性服务业中的大型零售业等等往往布局在区位条件最优的城市中心区或CBD,而占地面积大、付租能力较低,对信息区位和市场区位不敏感的服务业一般布局在城市的近郊区。

(二)聚集理论

聚集理论的最早提出者是著名的工业区位论创始人阿尔弗雷德·韦伯(Alfred Weber,1909)。在《工业区位论》中,韦伯系统地阐述了聚集经济理论。按韦伯的理解,聚集实质上是工业企业在空间上的一种生产力布局形式。韦伯认为,把存在着复杂的内外联系的工业按一定规模集中布局在特定地点,可以获得最大限度的交通运输成本的节约。很明显,韦伯的聚集经济是与厂商的规模和集中联系的内部与外部经济。聚集经济可以视为一种规模经济,专业化分工使得同类或异类企业在相互接触或接近时产生了溢出效应,使其中的所有厂商共同受益。西方经济学者提出的范围经济(economy of scope)可以进一步解释聚集经济的种种现象。美国经济学家斯科特(Scott,1983、1986)提出的交易成本理论并将其引入空间范畴,他认为交易成本在生产过程中空间纵向分解或者纵向一体化中起着决定性作用,纵向分解导致交易费用的增加,受其影响的企业就有可能通过空间聚集而减少交易费用,从而在聚集中分享范围经济利益。

在城市内部,服务业在空间上的集聚现象与程度更有胜于工业,比如城市的 CBD 区往往集中了许多高等级生产性服务业。聚集既有同类行业的相互集中,也有具有互补性质的不同行业的空间聚集。一般而言,服务业在空间上的聚集,主要是追求快速的信息交流、商务往来、合作的便利性和业务的互补性,还有对创新活动和高级人才的共享等等,形成规模效应,降低交易成本,提高效率。根据韦伯的区位理论指向,服务业在城市内部的聚集可以分为三类:一是聚集利益指向,即为了降低交易成本、获得外部经济效应、减小不确定性的风险而集聚;二是劳动力指向性,即为了共享高密度人才库和智力库,而聚集;三是信息区位指向,即为了快捷方便地获得信息,使企业快速作出反映,及时调整战略,赢得市场等(江曼琦,2001)。英国学者亚历山大(Alexander,1979、1980)曾对伦敦、悉尼、多伦多等国际大都市的咨询服务业调查发现,企业经营者追求集聚的目的有以下几种:第一,便于与外部组织接触;第二,便于与政府和各机关的接触;第三,接近顾客和可进入性(accessibility);第四,接近关联企业;第五,接近于其他相关服务业;第六,决策者集中,等等。

三、行为理论与企业地理理论

(一) 区位选择行为理论

在经济学理论中,一般假设从事社会经济活动的行为主体为"经济人",追求经济利益的最大化和费用最小。但现实社会中,理性"经济人"并不存在。对区位决策行为作出重大贡献者是普雷德(Pred,1967),他提出了著名的行为矩阵。他考虑到了不完全信息和非最佳化行为对区位选择的作用,构建了包含信息水平和信息利用能力的行为矩阵(图 2—5)。行为地理学家沃尔普特(Wolpert,1970)认为现实世界的决策者并非是经济学中假设的"经济人",而是"满意人",因为个人所掌握的知识、所具备的能力和所获得的信息和利用信息的能力都是有限的,因而在区位决策时难以达到经济学中的最优程度,满意人则更符合现实。

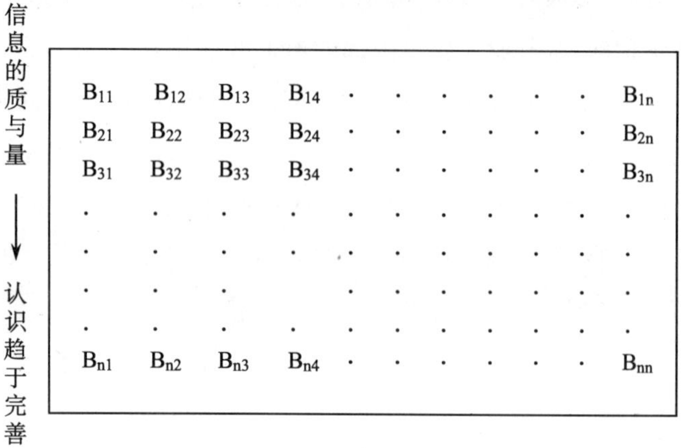

信息的质与量 → 认识趋于完善

B_{11}	B_{12}	B_{13}	B_{14}	·	·	·	·	B_{1n}
B_{21}	B_{22}	B_{23}	B_{24}	·	·	·	·	B_{2n}
B_{31}	B_{32}	B_{33}	B_{34}	·	·	·	·	B_{3n}
·	·	·	·					·
·	·	·	·					·
·	·	·	·					·
B_{n1}	B_{n2}	B_{n3}	B_{n4}	·	·	·	·	B_{nn}

图 2—5　普雷德的行为矩阵

(资料来源:张文忠,2000)

在行为矩阵中,越是接近于右下方,各行为者所作出的决策越接近最优化。一般而言,随着时间的推移,各区位决策行为人由于知识的增加、经验的积累,对信息的判断和把握能力增强,从而能够作出快速准确的决策,从左上方(B11)向右下方(Bnn)移动。行为理论开始导入了利润的空间边际概念,承认次佳区位选择行为存在的可能性,并引入不确定性与决策动态的想法,认为个人考虑的重要性可能在部分状况下会超过一些传统的区位要素。应该指出,区位选择受到决策主体的兴趣和空间偏好的影响,区位选择的结果往往不是利润最佳区位,更多情况是最满意的区位。在市场经济背景下,服务业区位决择主体往往是与区位利益主体相统一的,因而,不同区位主体的区位选择行为决定了城市内部不同服务业的区位特征与空间结构(张文忠,2000)。

(二) 企业地理理论

行为研究法强调的是决策的过程常会受到许多人为因素的影响,然而在现代社会中,决策已经不再是由个人,通常是由大型组织或者企业的决策阶层下最后的决策,这些组织包括政府部门(如中央及地方政府)及私人组织。尼克尼(NcNee,1960)在研究企业地理时认识到这类大型组织存在的意义,并将此类团体命名为地区或空间组织机构。

使用企业地理学来研究大型企业的热潮是在20世纪60年代末到20世纪70年代初期,其中心概念在于"厂商对于其所处的环境多少有能力去加以改善及利用"(Hayter and Watts,1983)。该学派不只局限在研究区位决策如何造成区位分布的结果,更进一步探讨非空间的一些决策所造成在地理上的效果,故该方面的研究最大的贡献在于将传统区位研究重视经济环境空间因素的影响,转换为重视企业活动可能对环境所造成的冲击及改变。

四、区位选择的结构主义理论

结构主义学派发展自20世纪60年代晚期到20世纪70年代早期。结构研究法或结构主义学派,属于社会科学中马克思学派的应用。

其整体性观念认为,个人行为受制于社会、政治及经济发展过程。所以经济活动空间现象和社会结构关系有关。该理论探讨结构性因素如何影响到厂商区位的选择,尤其注重劳工市场的影响。对于区位决策的讨论皆遵循着资本主义内容,由全球体系及相互分工的宏观角度出发,解析产业区位在整体政治、经济及社会发展过程中的演进,并强调总体经济面对个别厂商的影响,认为区位是所处结构之产物。主要的观点为资本主义经济体系里的投资行为乃基于扩增利润并藉以积累资本;在此逻辑下加速了专业的分工并导致空间专业的分工现象。

结构学派是从观察实际现象、建构理性的假设为前题,进行产业区位选择的解释与分析,可以说是从旁观者的角度,提出片面合于事实的理论。该理论认为经济乃至空间的改变,不仅是因个别厂商的决定而变,亦是因资本主义社会的隐含结构转变而至。因此,该理论最大特色为强调非实质环境对空间的影响,如阶级劳工问题、中心与边缘间依赖与控制关系(Dicken & Lloyd, 1990)。而其最主要的贡献,在于其从社会政治体制等非实质环境的变因,解释企业体对于区位选择的考虑。

结构主义学派与新古典理论相同之处在于都是以追求利润为关注的焦点。而不同之处在于结构主义学派侧重于描述及解释真实世界厂商的行为模式,不是透过各样的假设去预测厂商的行为模式。其对于区位及土地使用决策的制定主要在阐明:企业若不是透过寻求低成本区位,即是寻求可销售更多的区位,以试图保持其利润。结构主义研究法从社会学角度探讨各种社会结构下对于企业所产生的影响,并且探讨专业与空间的分工现象,为服务业区位研究提供了非经济学的分析工具,有助于更加科学合理地解释服务业区位选择的现象。

五、社会生态学派的空间结构理论

20世纪20年代以来,以美国芝加哥大学社会生态学派为代表,先后提出了经典的城市内部三结构理论:即同心圆理论、扇型结构理论和多核心结构理论(顾朝林、甄峰等,2000)。三大经典城市空间结构理论虽然是从城市土地利用的空间布局角度出发的,但它们都涉及中心商业区的布局问题,指出中心商业区是大型零售店、办公楼、剧院、旅馆等服务设施高度集聚的场所,同时还提出了郊区商业中心、批发业空间布局、不同类型住宅区的分布等问题,因此其对于服务业区位研究有着十分重要的参考价值。

(一)同心圆理论

伯吉斯(Burgess,E.W.)在1925年对芝加哥城市土地利用空间结构分析后提出了同心圆理论。他是基于社会生态学里的入侵和承继概念来解释土地利用在空间上的排列形态。基本模式为城市各功能用地以中心区为核心,自内向外作环状扩展,共形成五个同心圆用地结构(图2—6(a))。从城市中心向外缘依次顺序为:第一环带是中心商业区(CBD),包括大商店、办公楼、剧院、旅馆,是城市社交、文化活动的中心。第二环带为过渡地带,是围绕市中心商业区与住宅区之间的过渡地带。这里绝大部分是由老式住宅和出租房屋组成,轻工业、批发商业、货仓占据该环带内一半空间,其特征是房屋破旧,居民贫穷,处于贫民窟或近乎贫民窟的境况。第三环带是工人住宅区,这里租金低,便于乘车往返于市中心,接近工作地,工厂的工人大多在此居住。第四环带是高收入阶层住宅区,散布有高级公寓和花园别墅,居住密度低,生活环境好。第五环带为通勤人士住宅区,约距中心商业区 30~60 分钟乘车距离范围内。

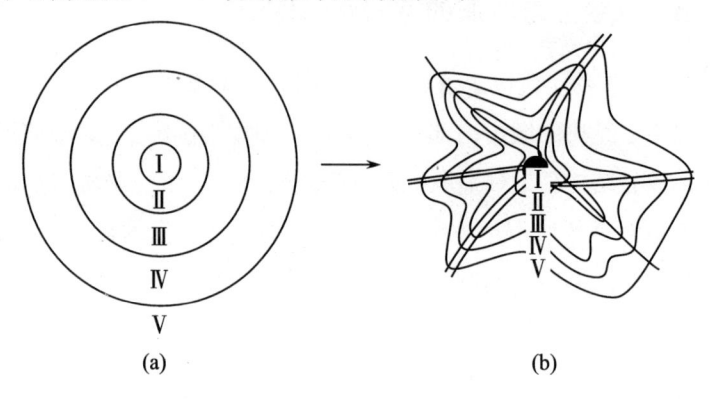

Ⅰ——中心商业区，Ⅱ——过渡地带，Ⅲ——工人阶级住宅区，
Ⅳ——中产阶级住宅区，Ⅴ——高级或通勤人士住宅区

图 2—6　伯吉斯的同心圆理论

伯吉斯对同心圆土地利用模式进行的动态分析，仍然是从生态学"入侵和承继"的观点出发。他认为，当城市人口的增长导致城市区域扩展时，第一个内环地带必延伸并向外移动，入侵相邻外环地带，产生土地使用的演替。如商业中心区的进一步发展，入侵过渡地带，吞没贫民的住房，迫使住在这里的低收入居民不得不向外环地带转移，致使高收入居民把其旧的住房转给低收入居民，搬入新的高档住宅中。英国城市经济学家巴顿（Button，1976）将此现象称为"渗透"，伊文思（Alan W. Evans）则称为"过滤"。正是基于这种思想，美国在 20 世纪 60~70 年代里，以此作为城市更新政策的基本原则，把过渡地带的一部分扩展为商务用地，而陈旧的低收入住房改建为中产阶级住宅区，改善了各阶层的住房条件，而位于该区域的大部分工厂则跃过以前限制制造业扩展的居住区，搬迁到被伯吉斯称为通

勤人士住宅区中,形成新的土地利用空间格局。

伯吉斯的同心圆理论的弱点同冯·杜能理论一样,忽略了交通道路、自然障碍物(河、湖等)、土地利用的社会文化和区位偏好等方面的影响,与实际有一定的偏差。1932年,巴布科克(Babcock,F.M.)考虑到交通轴线的辐射作用,将同心圆模式修正为星状环形模式(图2—6(b)),使这一理论更接近单中心小规模城市的真实情况。

(二)扇形理论

扇形理论是霍伊特(Homer Hoyt)于1939年创立的,来自于他对美国64个中小城市及纽约、芝加哥、底特律、华盛顿、费城等城市和住宅区的趋势分析。该理论的核心是各类城市用地趋向于沿主要交通线路和沿自然障碍物最少的方向由市中心向市郊呈扇形发展(图2—7)。

土地利用区域:
1——中心商业区
2——批发和轻工业区
3——低收入住宅区
4——中收入住宅区
5——高收入住宅区

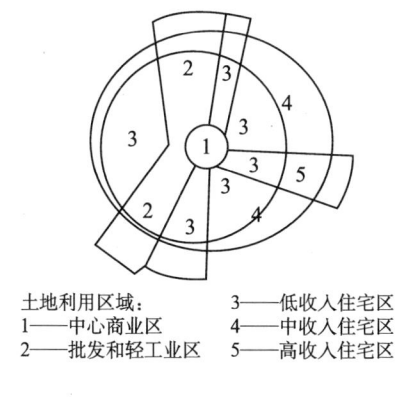

图2—7 霍伊特扇形理论

他认为,由于特定运输线路线性可达性和定性惯性的影响,各功能用地往往在其两侧形成。他还把市中心的可达性称为基本可达性,把沿辐射状运输主干线所增加的可达性称为附加可达性。轻工业和批发商业对运输线路的附加可达性最为敏感,多沿铁路、水路等主要交通干线扩展;低收入住宅区环绕工商业用地分布,而中高收入住宅区则沿着城市交通主干道或河岸、湖滨、公园、高地向外发展,独立成区,不与低收入的贫民区混杂。

当城市人口增加,城市用地需要扩大,高收入的人就从原居住区搬迁到新的声望更高的地方,原来的高收入住宅区的房产变为低租金的住宅,供贫民居住,出现土地利用的演替。但大部分低收入阶层,由于经济和社会因素的理智的内聚力,很难进入中产阶级和高级住宅区居住,只能在原有贫民区的基础上向外作条带扇形状延伸发展。因此,城市各类土地利用在空间上呈现出扇形结构。

(三) 多核心理论

多核心理论最先是由麦肯齐(Mckenzie, R. D)于 1933 年提出的,然后被哈里斯和乌尔曼(Harris, C. D. and Ullman, E. L)于 1945 年加以发展。该理论强调城市土地利用过程中并非只形成一个商业中心区,而会出现多个商业中心。其中一个主要商业区为城市的核心,其余为次核心(图 2—8)。这些中心不断地发挥成长中心的作用,直到城市的中间地带完全被扩充为止。而在城市化过程中,随着城市规模的扩大,新的极核中心又会产生。

哈氏和乌氏指出,城市核心的数目多少及其功能,因城市规模大小而不同。中心商业区是最主要的核心,另外还有工业中心、批发中心、外围地区的零售中心、大学聚集中心以及近郊的社区中心等等。

第二章 服务业区位研究进展述评

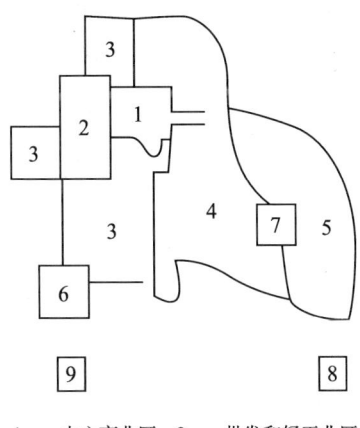

1——中心商业区　2——批发和轻工业区
3——低收入住宅区　4——中收入住宅区
5——高收入住宅区　6——重工业区
7——卫星商业区　8——近郊住宅区
9——近郊工业区

图2—8　哈里斯和乌尔曼多核心理论

他们还进一步指出形成城市多中心的区位因素有四个：①某些活动需要彼此接近，而产生相互依赖性；②某些活动互补互利，自然集聚；③某些活动因必须利用铁路等货运设施，且产生对其他使用有害的极大交通量，因此就排斥其他使用而自己集结在一起；④高地价、高房租吸引较高级的使用，而排斥较低品质的使用。而上述区位因素对于解释生产性服务业在CBD集聚也具有重要意义。

多核心理论模式虽然复杂，但仍然基于地租地价理论。支付租金能力高的生产性服务业布局于城市中心部位，其余是批发业和工业以及高密度的住宅区。多核心理论没有假设城区内土地是均质的，所以各土地利用功能区的布局无一定顺序，功能区面积大小也不一样，空间布局具有较大的弹性，尤其是那些由几个小市镇扩展合并而成长起来的城市。总之,三大结构理论实际上是基于地租理论的不同产业的空间区位的总结,其中包括了服务业的空间布局及区位特征,对服务业的区位研究具有参考价值和借鉴作用。

六、中心商务区理论(CBD 理论)

自伯吉斯在他的同心圆理论中提出中心商务区(CBD)的概念后,很多学者从地价、交通便捷性等方面对 CBD 中的地价及土地功能布局进行了较深入的研究。1954 年,墨菲和万斯(Murphy, R. E&Vance, J. E)在对美国九个城市 CBD 的土地利用进行深入细致的调研后,认为地价峰值区(PLVI)是 CBD 最明显的特点,在 PLVI 内的用地称为商务用地,并提出界定 CBD 的两项重要指标:

$$中心商务高度指标(CBHI) = \frac{中心商务区建筑面积总和}{总建筑基底面积} \times 100\%$$

$$中心商务强度指标(CBH) = \frac{中心商务用地建筑面积总和}{总建筑面积} \times 100\%$$

把 CBHI>1,CBII>50% 的区域界定为 CBD。

斯科特(Scott,1959)运用报价地租曲线的概念进一步说明了 CBD 内部结构中零售业空间分布(王朝晖、李实秋,2002)。

赫伯特·卡特与罗利(Herbert Cater and G. Rowley,1966)进一步提出中心商务建筑面积指数比率(CBI)的概念,综合应用 CBHI、CBII 和 CBI 三项指标对英国加的夫市的 CBD 进行分析,收到较好效果,为以后的研究奠定了基础。

在 CBD 内部土地结构研究方面,墨菲、万斯等认为,由于不同土地区位的便捷性不同,获得的产业利润相异,因此地价不同,是造成 CBD 中商务活动空间分布不同的主要原因。他们并把 CBD 的土地利用空间结构分为四个圈层:①以大型百货商场和高档购物商店为

第二章 服务业区位研究进展述评

主的零售业集中区;②以底层为金融、上层为办公的零售服务业多层建筑集中区;③以办公为主的区域;④需要占用较大面积低价土地的商业活动区,如家具店和超级市场。

1972年,戴维斯(Davis,R.L)又对CBD中的零售业布局提出了一个结构模式(图2—9),认为零售业为主的区位用地选择除了空间距离的影响外,还受三个相互独立的交通可达性的影响:城市中心区传统性的购物活动受一般可达性影响,因而它们的区位常与顾客的分布有关;其他商务,如汽车修理厂、咖啡馆等受交通干线可达性的影响最大;一些特殊性功能受特殊可达性的影响最大,如娱乐设施、家具展销店等的分布与区域发展的历史文化背景和环境条件有关(王朝晖、李实秋,2002)。

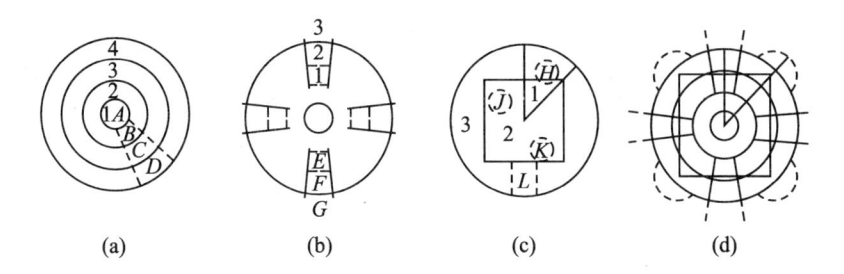

(a) 呈圆形布局的零售业布局:
    1——核心　2——地区中心　3——社区中心　4——邻里中心
    A——服装店　B——各种商店　C——礼品店　D——食品店
(b) 受干线可达性影响的零售业布局:1——传统街道　2——干线地带　3——郊区
    E——银行　F——咖啡馆　G——汽车修理厂
(c) 受特殊可达性影响的布局:1——高档商店　2——中档商店　3——低档商店
    H——娱乐场所　J——市场　K——家居展销店　L——器械店
(d) 综合布局模式

图2—9　CBD零售业布局模式

(资料来源:王朝晖、李实秋,2002)

以上各种观点都从某一侧面分析并解释了 CBD 的内部服务业空间结构。但实际上,影响 CBD 内部空间结构的因素复杂多样,特别是在现代大都市的 CBD 中,随着世界经济贸易的发展,金融贸易、办公事务、信息服务占据更重要地位,人流、信息流、物流的交换在此更加频繁,这都引起 CBD 内部结构的分化和重组。因此,还需从动态、多元的角度去分析 CBD 内的土地利用变化和业态组合规律。CBD 理论对于大都市服务业的布局有着密切的关系,CBD 一般是跨国公司总部和生产性服务业高度集聚的中心地带,研究 CBD 内部生产性服务业的区位特征及其因素有助于了解生产性服务业的区位选择规律及布局特征。

第二节 国外服务业区位研究综述

一、生产性服务业区位研究

国外生产性服务业区位研究起步相对较晚。20 世纪 60 年代以来,生产性服务业在西方发达国家中创造的产值、就业所占的份额越来越大,并成为西方国家增长最快、最重要的经济部门之一,但对生产性服务业区位的研究是 20 世纪 60 年代末以来才受到地理学和城市经济研究的关注(Sabourin Paul David,1998)。

(一)生产性服务业的载体——办公活动的区位研究

办公(活动)区位研究是国外最早进行区位研究的生产性服务业领域。办公场所或办公室是生产性服务活动的载体与空间,是生产性服务活动赖以存在和发展的必须物质基础设施,而办公活动一般包含了多种生产性服务活动或功能,因此办公(活动)区位的研究基本上可以代表生产性服务业区位研究。

1. 办公活动区位研究的发展

第一阶段:办公活动区位研究的萌芽(1920~1950年)。关于办公业研究的最早文献产生于1927年的纽约地区规划研究,这一研究指出和描述了集中于在这一行业区位模式的强烈中心性倾向,如华尔街经营全国和国际金融市场的企业占据了该地区最中心的区位;研究还指出,尽管办公业布局在纽约市中心区占绝对优势,但更常规和地方化的办公活动在整个都市区显得比较分散(Haig,1926、1927)。

第二阶段:战后办公活动区位研究的扩展(1950~1970年)。20世纪30年代的经济大萧条和第二次世界大战,强化了工业生产,抑制了办公活动的发展。20世纪50年代后,办公业重新获得发展并发生新的变化(Armstrong,1972)。这一时期对办公区位研究的重要文献是1959~1960年进行新一轮纽约地区规划研究,证实了早期关于办公区位等级与中心性研究和通讯的作用。传统研究中尚未涉及的区位因子,如声誉、传统、风险或租用设施的可获得性等开始引入办公区位中心性的分析中(Hoover,and Vernon,1959;Lichtenberg,1960;Robbins and Terleckyj,1960)。

1960年以来,英国也掀起了办公活动区位研究的热潮。这一时期这些研究主要是为了证明分析与办公活动中心性倾向相关的因子。为了将这些因子分类,而出现一种分类观点:中心集聚—分散,高等级—低等级,CBD—郊区(Lyssa Jenkens,1996)。这一时期对办公区位研究的两个焦点是:办公活动的中心性和通信的作用影响,并成为主导20世纪80年代研究主流方向,并持续到现在。

第三阶段:办公活动区位研究的深入与兴盛(20世纪70年代初期至中期)。1970年,约翰(Vahaly,John,1970)研究了纳什维尔和戴维森县的办公区位和服务活动;同年,美国纽约出现了研究60个国家100个国际城市的办公空间研究成果。1971,高德戴德(Goddard,J.B)研究了办公通讯和办公区位等问题。不久,阿姆斯特朗(Armstrong,1972)在所著书中研究了办公业增长的模式与区位等一系列问题,取得了开拓性成就。布鲁斯(Burrows,1973)研究了办公就业与区域问题。

这一时期,出现了两部具有总结性的办公区位研究文献。美国在1972年出版了第一本重要的办公区位专论——《美国纽约地区规划研究》关于办公活动区位研究的内容,著作描述了60年代以来纽约都市区办公活动的区位与结构,总结了办公在城市之间和城市内部强烈的等级中心倾向性(Armstrong,1972)。另一系统性的成果是1975年英国利物浦大学的丹尼尔斯(Daniels)的《办公区位》,该书系统地研究了办公的起源、就业的增长、场所的供给与需求、城市内部的办公区位,通信与办公区位、离心化模型、办公区位模型变化的影响等内容。该书是70年代中期办公区位研究的典范,标志着办公区位的研究走向成熟。

第四阶段:后工业时代的办公区位研究(20世纪70年代中期至末期)。美国20世纪70年代以来后工业时代出现服务与信息主导的转型趋势,促使70年代办公服务业区位的文献集中在后工业时代变化中的城市之间办公业中心化趋势的动力。城市内部的办公区位研究的不足,影响了它的定义和鉴别,在更细层次的区位空间分析时越来越复杂。城市内部办公区位研究最初关注后工业时代的办公业所涉及的城市土地利用问题,学者们使用了很多办公区位的方法,但使得结果的评估与比较更加困难。这些研究运用了专门关注法来分析办公业在城市间中心性倾向的力量,如CBD和郊区一样描述和分析办公区位(Manners,1974;Goddard,1975;Rees,1978)。

第五阶段:办公业区位研究的深入与成熟(1980年以来)。20世纪80年代引领美国进入一个办公业史无前例的发展时期(Pivo.Gary,1990)。这一时期办公区位研究一般集中在证明办公活动的快速扩张与更低层次的城市和郊区的办公结构,大大超过了原来占支配地位的中心化讨论。20世纪80年代出现关于郊区或非CBD办公节点的研究(Clapp,1980;Daniels,1982)。在英国和西方其他发达国家前十年已经进行了大量关于办公区位离心化的研究(Daniels.P.W,1983)。80年代办公业爆炸式发展,引起了美国学术界转向于实证和描述性的研究。这一时期,焦点在拥有主要办公活动的非CBD区位环境的城市内部规模分析和扩张序列(Cevero,1989;Pivo,1990)。

90年代以来西方办公区位的研究主要集中在后工业时代办公区位的系统深入研究和不同城市之间办公区位模型的比较等方面。美国得克萨斯州立大学达拉斯分校的利沙·金肯斯(Lyssa Jenkens,1996)研究了后工业城市环境中的办公区位。1998年加拿大温莎大学的莎内齐(Sarnecki,Candice—Kristi)比较研究了伦敦、汉密尔顿办公区位模型与多伦多、安大略办公区位模型。斯文·伊列拉斯(Sven Illeris,1996)以办公活动区位为例,探讨了办公活动区位中心性特征与原因,指出随着信息技术的进步和私人小汽车的普及,面对面接触需求的影响在减弱,办公区位活动开始从CBD向郊区扩散。认为真实的办公区位受各类区域的声望、适宜性等因素的影响。

90年代末以来,受信息技术和网络技术发展的影响,办公区位出现了一些新的特点,这一时期办公业区位的研究主要集中在通信技术日益取代面对面接触(face to face contact)引发办公区位的扩散(W. Richard Goe,2000),而出现后方办公区位特征(Back office),以及面对面接触的变化对办公区位的影响等。

2. 办公区位理论研究

(1) 办公室均衡理论

该理论是从厂商活动的接触模式(contact pattern)、接触次数、接触成本等角度,分析大都市内办公室区位(O'hare,1977;Clapp,1980)。该理论假设厂商经由CBD才能与其他厂商接触,因此接触成本曲线会因厂商距CBD的距离而增加,但地租成本会随着距离增加而减少。所以厂商在选择区位时,将考虑厂商本身与其他厂商或消费者接触的需求程度与所需成本。而艾德沃兹(Edwards Lynne,1983)则延伸此概念提出二阶段办公区位选择模式,其中"信息的充分与否"是决定区位决策正确与否的关键所在。该理论存在的缺陷在于未能考虑聚集经济会使得接触成本降低,如位于市郊的办公室区位若产生了聚集现象时,虽然距离市中心较远,接触成本却会因为聚集的效益而下降,因此在应用时也有加以修正(Daniels,1985)。

(2) 西方关于办公室区位理论的三种流派

第一种流派是办公区位研究的主流,理论来源于工业区位论与零售业区位论的集聚经济和规模不经济理论,主要关注影响办公区位集聚与扩散的因素——通信、接近劳动、接近支撑性商务、接近消费性服务,同时还有声誉、空间因素的考虑。这一思想流派最关注后工业时代办公业的区位模型变化的方方面面(Goddard,1967；Alexander,1980；Clapp,1980；Daniels,1975；Kutay,1986；Matthew,1993；Tauchen & Helen,1983)。

第二种办公区位思想流派的主要观点:由投机的办公空间提供者、最初的房地产发展商和金融机构的强加给办公区位的制约和偏见影响办公区位的选择与发展,这一流派处在发展的早期阶段。这些工作的基础是办公区位既是办公空间提供、也是需求者所需的一项功能。研究主要集中于如建筑循环、资金流和区位保守主义或在这一发展的行业中的讨厌冒险的人(Barras,1983；Bateman,1985；Clapp,1992)。

第三种办公区位思想的流派主要观点:区位决策是具有高度任意性,尤其在当今的电信时代,它们最初是决策者异想天开的表现。这一流派的分析家认为办公功能可选择区位的成本差异是如此的小,以至于难以评估传统经济理论对这一现象提供一点点洞察和了解。因此,他们对这一问题推广了一种行为学家的方法,如制定决策的过程模型(Edwards Lynne,1983)。

3. 企业总部的区位选择

斯科瑞内(Schriner,1999)提出由于电子商务的发展已经对于企业选择实体区位的决策造成了影响的论述,如提供一般便利性商品的企业,会选择于交通便捷或运输便利的地点所在来设立公司,以利于产品能够在最短时间内送达消费者手中,但对于电子商务企业来讲,公司区位的选择则更加复杂,电子商务型企业的信息中心,生产机构、客户服务机构都有相异于传统产业的选择因素,选择所要考虑的区位因素:①容易取得专业服务;②邻近资金市场;③邻近政治中枢；④容易取得冒险性资本之处；⑤当公司经营失败时容易找到雇用原本员工的企业之处。

（二）生产性服务业内部各行业的区位研究

1. 商务服务区位研究

国外学者对商务服务的界定并不是十分清晰，一般认为它是一种综合性的生产性服务活动，是建立在知识、信息与技术等之上的现代商务交易服务活动。20世纪80年代后国外开始出现关于商务服务区位的研究，20世纪90年代以来有逐步增加的趋势。

关于商务服务区位限制与空间竞争的研究有西特陈斯等（D M W N Hitchens，P N O'Farrell，C D Conway，1996）对北爱尔兰、爱尔兰两个边缘区域中的商务服务办公的竞争性和业绩表现的研究。作者分析了相对的力量、弱点、提升生产力的限制和位于边缘区位的竞争性，并对市场服务、市场空间结构、区位限制和设备与资质的充足性给予了特殊的考虑，指出办公机构提供高质量的专业化服务能力以及实现这一目标的可供选择的政策是影响竞争的一个重要因子。

罗伯特·班尼特和科林·史密斯（Robert，Colin Smith，2002）等人研究了区位与距离对商务咨询供给的影响。探讨了小型商务顾客咨询机构与它们商务顾问的外部供给者之间的地理区位关系，认为顾客—顾问关系模式完全符合标准地空间相互作用模型，咨询顾问提供者的区位模型是最主要的发现，尤其是顾问咨询布局的商务中心规模，是区位选择的一个决定性因素，必须同时考虑距离影响需求的作用，目的是解释商务咨询者的区位选择模式。

商务服务的区位研究从空间尺度上看,逐渐从区域宏观研究逐步转向供应者和顾客层次的微观研究,而区位类型和影响因素也日益复杂化。

2. 广告、会计、法律等咨询服务区位研究

国外关于广告业区位的研究文献较少,美国学者黛博拉·莱斯利(Deborah Leslie,1997)研究了纽约市区广告代理业的区位扩散特征与动力原因。明尼苏达州立大学的保罗·大卫(Sabourin, Paul David,1998)以明尼苏达州的明尼阿波利斯和圣多美和普林西比为案例,系统研究了广告服务业在李城大都市内部的区位特征。作者通过实证调查,研究了广告代理上和它们的供应商在空间上的前向链接和后向链接的区位特征。

周宇(Yu Zhou,1998)在研究洛杉矶华人生产性服务业区位时,发现会计工作室聚集在华人中心商务区,主要原因是受华人顾客导向型网络的明显影响。这一类服务业的布局更多地考虑中心性和接近顾客,其次是通信技术的使用与信息的交换与反馈。

3. 银行、证券、保险服务区位研究

国外对金融服务活动的区位研究比较零散,周宇在研究洛杉矶华人生产性服务业区位时,也关注了华人银行业的区位,发现许多大型银行总部区位往往倾向于选择洛杉矶市中心区,因为它们寻求国际的认同和与商务机构的主流更紧密地整合,表现出强烈的中心性区位特征。而银行分支区位聚集在次一级华人中心商务区是受华人顾客导向型网络的影响,显示出顾客依赖性特征(Yu Zhou,1998)。

4. 计算机服务区位研究

从检索的文献看,国外研究计算机服务区位的文献较少。塞缪尔·纳恩(Samuel Nunn,2000)研究表明高端计算机服务就业如数据处理与维护服务就业仍然主要集中在核心区,而较低层次的计算机就业开始向外围扩散。周宇 1998 年研究了洛杉矶华人计算机公司的区位问题,一般布局于华人聚居社区的边缘,而且与其他华人计算机销售者聚集在一起,是为了参与到一个产品池中,以便零部件可以更快地交换(Yu Zhou,1998)。

(三) 生产性服务业的区位因素特征

1. 生产性服务业的中心区位偏好

勒尔·布克兹(Lale Berkoz,1998)从综合的角度研究了伊斯坦布尔的生产性服务业的中心集聚区位偏好问题。认为高等级生产性服务业一般而言都强烈地依赖于面对面的频繁接触,如法律公司、管理与公共关系咨询,银行与其他金融机构等服务活动,高等级"全体决策人员"功能要求面对面的接触,这样保持区位的中心化倾向,而一般生产性服务的接触则越来越被现代通信与信息技术手段所取代,区位选择出现了离心化倾向并节省了交易成本。

2. 生产性服务业区位中的接触需求

接触需求被定义为需要接触服务的频率,服务传递接触的平均持续时间,用来承担服务传递的每一次事例所需的资源(人力和技术)(Phillips David,2001)。理查德·戈依(W. Richard Goe,2000)

探讨了生产性服务公司区位趋势中接触需求的作用与地位。经验证据表明,供应商和顾客之间紧密接近性是要求签订协议的,包括频繁的买方—卖方相互作用(面对面链接)。这种类型的合同表现出很低的持久性、本质上是低成本的。相比之下,更多先进的(而且经常是更昂贵的)服务如管理咨询与工业设计显示出低水平的接触敏感性。

菲利普·大卫(Phillips David,2001)对生产者接触需求服务的传递频率、每一次传递的持久性以及动力的影响强度进行了研究。作者通过对机械修理专家的顾客分配模型的研究,探讨了接触需求是如何影响制造者和顾客之间的外部支出的成本与价格,进而决定顾客与服务组的区位,最终将导致市场区域规模和区位结构的不同。

3. 生产性服务业的区位决策

1997年,福吉圣(Ferguson)研究了美国耶鲁镇生产性服务业公司的区位决策问题,分析了耶鲁镇的环境与特征在生产性服务业区位决策中扮演重要的角色,其他影响区位决策的因素有地租、顾客临近性、服务临近性等,说明一个具有吸引力、声誉和独特特征的区域环境是影响生产性服务企业区位决策的重要因素。

(四)生产性服务业的区位研究

1. 丹尼尔斯对生产性服务业区位的综合研究

1985年,英国著名的服务经济学家丹尼尔斯(Daniels,1985)从服务业产生、发展,在经济体系中的作用、基础理论、部门依赖、中心性区位、动力机制、服务业在CBD与郊区区位变化等方面研究了生产性服务业及其区位问题。指出生产性服务业一般聚集在城市CBD或城市中心区,随着信息技术的普及与交通条件的改善,部分低级生产性服务业开始扩散到郊区,形成低一级的区域性服务业聚集中心。他的研究主要是从宏观区域角度展开的,更多地关注了生产性服务在国家、区域层次的区位等级体系和分布特点,城市内部生产性服务的区位关注较少。丹尼尔斯的综合系统研究为后来生产性服务业区位的研究起到了重要的推动作用,成为后来生产性服务区位研究的重要文献。

2. 其他学者对生产性服务业的相关研究

(1) 生产性服务业的区位特征。生产性服务业多以信息获得或信息流通之便利性等因素决定其产业区位,因而在空间分布上产生极化的趋势,且有集中于都会区的趋势。戈伊(Goe,1990)认为大型、不同的企业团体组织之间的联系,造成大量生产者服务业聚集经济,而大型企业多位于都会区中,生产者服务业也因利益而聚集于都会区中。但是因都会中心有租金高、交通拥挤、薪资较贵等缺点,加之都市外围可以较有弹性地规划建筑物及郊区工作环境,使日后的发展趋势朝向郊区发展,即由集中转变成分散发展(张雅雯、谢静琪,2004)。

(2) 生产性服务业的区位因素。空间的聚集并非单一因素组成的,米克拉克与费尔贝尼(Michalak and Fairbairn,1993)利用实际调查法,在1993年提出生产者服务业多位于都会区的原因有:①接近消费者的环境;②方便取得市场与生产者与竞争者之间的信息;③接近互补性专业行业;④交通的便利优势;⑤专业技术人员的集中地区;⑥靠近一些企业的总管理中心。

（五）评述

1. 国外研究表明,大都市内部生产性服务业的总体区位特征是具有强烈的中心性倾向,往往集聚在城市的 CBD。受信息技术的影响,高级生产服务对面对面接触的依赖十分强烈,更加聚集在大都市 CBD 核心区,而一般接触则为信息技术所取代,低层次生产服务开始出现由中心区向次区域中心和郊区中心扩散趋势。影响其区位选择的因素有集聚（顾客临近、专业服务临近、创新临近）、信息技术、可达性与声誉,面对面接触等。

2. 生产性服务区位研究自 20 世纪 60 年代末兴起。办公活动区位研究出现最早、也是生产性服务区位研究的核心领域,持续时间最长,理论体系较完善,已进入成熟发展阶段。80 年代以后生产性服务业区位研究涉及的领域不断拓宽,开始出现多样化、综合化和微观化。特别是 90 年代以来越来越关注信息技术条件下城市内部的新兴服务业区位理论及区位因素,商务服务、咨询服务、金融服务和计算机等行业区位研究逐步兴起,但研究的行业仍然不够宽泛,生产性服务业区位的综合研究较少。总之,国外生产性服务业区位研究的行业有待进一步拓展,关于城市内部生产性服务业区位研究有待进一步加强,信息技术和网络技术影响下的生产性服务业区位应该成为今后关注的重点之一。

二、分配性服务业区位研究

（一）零售业（商业）区位研究

商业零售业是区位研究中最早关注的领域,早在中心地理论诞生以前,美国学者就对市场区位范围与零售业空间竞争进行了研究,而且服务业初始理论中心地理论就是关于服务业中心地等级体系和服务范围等研究,另外从国外的文献检索中发现,关于零售业区位的文献最多。

1. 零售业的区位研究进展

(1) 早期零售业空间竞争与市场区研究

1924年,费特提出了"市场区经济法则",主要讨论了两个市场竞争下均衡区的形成过程(张文忠,2000)。1929年,美国学者霍特林(Hotelling)假设消费者光顾最近的零售设施,运用线性市场细分的方法对零售业设施的区位竞争进行了探讨,创立了霍特林模型。

美国学者赖利(Reilly)1931年在调查了美国150个都市的基础上,归纳出类似牛顿万有引力定律的零售服务引力法则,即A、B两城市之间有C镇,距A、B分别为D_a、D_b,AB两城市对C镇的零售吸引量B_a、B_b与两城市的人口P_a、P_b,则三者关系为:

$$\frac{B_a}{B_b}=\frac{P_a}{P_b}\cdot\left(\frac{D_a}{D_b}\right)^2,当 B_a/B_b=1时,得到 D_b=\frac{D_{ab}}{1+\sqrt{\frac{P_a}{P_b}}},D_b 即为$$

范围边界点。

上述公式是在两个零售商的空间竞争模式的基础上扩展而来,它既可以适用微观层次的零售商店的市场区位研究,也可以用来分析城镇之间的零售业空间竞争,为后来的零售业空间竞争研究者所广泛采用(Converse,1949)。

早期的零售市场区位研究为后来零售业区位的深化打下了理论基础,尤其赖利模式在后续研究者所广泛引用,推动了零售业区位研

究的不断完善

(2) 20世纪50～60年代商业零售业宏观区位研究的兴起与繁荣

中心地理论在20世纪50年代传入美国后,推动了美国商业、零售业区位研究地兴起和繁荣。①以美国芝加哥大学地理系教授贝里和加里森(Berry,Garrison,1958)为代表。贝里等(Berry,Tennant,1963)对芝加哥大都会区的零售业、商业等级结构与区位类型进行研究,提出了中心、地带和专业功能区三种商业地域结构形态。贝里等人的研究标志着中心地理论走向实证应用的开始,对后来学者开展商业、零售业区位研究影响深远。②1964年,西蒙斯(Simmons)等研究了商业中心的区位、商店区位和商店模式、零售业区位的变化模型等。③英国学者波特(Potter,1981)利用多变量功能方程对零售业的区位类型和商业区关联的性质进行了客观分析,并运用统计分析和图示法,得出不同零售类型区位的影响因子主要包含区位、易接近性、功能性质、形态、规模、发展周期和社会经济属性等。

(3) 20世纪60～80年代以消费者行为为导向的微观区位研究

这一阶段的零售业区位研究逐渐摆脱"价格"和"距离"的束缚,开始涉及微观的零售业空间结构研究。①贝里等(Berry,1967)根据消费者行为特征等将芝加哥的商业中心划分为四个等级:CBD、区域中心、社区中心、邻里中心等,是美国学者运用消费者行为观点去研究城市零售业商业空间结构的倡导者(Golledge & Stimson,1997)。②格力奇(Golledge, Stimson,1967)提出了以消费者和经营者两者连续性行为变化为基础的区位选择模型。③戴维斯(Davies)1972年提出了"购物中心层次性系统发展模型"。④此后,英国学者波特1982年在其著作《城市零售系统:区位、认知和行为》中,完全从消费者的知觉和行为的角度探讨了零售区位的分布问题(Potter,1982)。⑤贝里(Berry and Parr,1988)提出了一个更符合实际的零售区位理论,考虑到人口特征、消费者行为和服务人口三方面的影响,将中心地与周围地区的人口密度、收入、教育水平、职业结构等联系起来,推论出中心地层次的改进模型。⑥英国威尔士大学地理系戴务生(Dawson,1980)提出了"零售地理的制度性研究框架"。

(4) 20世纪70~80年代以数量统计与空间竞争行为为核心的研究

本阶段的研究以经验性行为推理和统计预测相结合,运用多元回归分析等方法对商业零售业区位选择、商圈和多种零售设施区位模型进行了研究(Barry Lentnek, Mitchell Harwitz, Subhash C. Narula,1981)。李育(Lee. Yu,1979)分析了不同类型零售商店之间的区位影响。格力奇等提出多停留、多目的购物出行零售设施需求模式(Golledge,Stimson,1967)。高什和克瑞依格(Ghosh & Graig,1984)提出了区位—分配模型。伯格斯和蒂莫曼斯(Borgers & Timmermans,1986)提出了消费者出行的描述性模型。此外,高什和麦拉夫惕(Ghosh & Malaffety,1986)研究了多目的出行购物对零售企业之间的空间竞争影响。塔米·德瑞兹内(Tammy Drezner,1998)运用数量方法首次建立了在连续市场链空间内预算限制条件下的多种零售设施区位模型。该阶段的核心之一是商圈的划分,相关模型先后运用了引力模型、赫夫法则,卡德瓦拉德(Cadwallader,1975)认为商圈应该由3个因素决定:商店的吸引力(由数量、质量和价格)、消费者购物的实际距离与感知距离、消费者信息量。

(5) 20 世纪后期以来以社会空间因素与行为感知因素为重点的研究

随着后工业社会的来临,城市商业系统随着消费者出行方式、道路系统的完善和社区的发展,零售业区位研究越来越侧重于社会空间因素和行为感知因素的微观化,遥感和 GIS 开始运用到研究中。

20 世纪 90 年代以来,主要研究从人本感知角度,揭示城市宏观条件下(道路交通系统),社区居民的兴趣行为引力区(工作与消费地)、交通载体(车)与社区商业区位(场所)(零售店、餐馆等)的和谐关系规律(Luigi,1996;Melaniphy,1992;Langston,Clarke,Clarke,1997;Louise,2000)。詹姆士·哈林顿(James W. Harrington,1995)从微观区位的空间相互作用模型出发,提出了顾客数量进行数量预测的方程式。

2. 零售业(商业)区位选择及因素

尼尔·卡恩(Neil Carn,1986)对零售市场区域类型分为地区、社区、邻里,整理如表 2—2。

研究表明,零售连锁便利店选择因素中,外部因素重要性高于内部因素。企业外部因素包含人口密度、出入人潮、客源分散、拦截作用、进入障碍,在企业外部因素中,又以进入障碍重要性较高。研究结果显示,综合内外部所有因素,在连锁便利店区域内展店数的考虑上,进入障碍优于其他评估准则,其次是营业净利润;而零售店的预期营业获利及竞争者占有率,则会影响在商圈内合理零售店数(林美淑,2000)。

表2—2　Neil 零售区位模型

市场区域类型	区位形态	主要区位特质	商品组合
地　区	中央商业区	地区道路中心；近街商业及住宅人口的中心	百货公司,各类型商店,个人选逛和特殊商品及服务,小吃冷饮、休闲
	地区购物中心	在两个或者更多地区的交叉路口,接近主要邻里,但远离工作地	百货公司,各类型商店,选逛品及服务,小吃冷饮,休闲及娱乐
	特殊购物中心	依附在地区商业区或地区购物中心；在区位上和地区中心相似	流行服饰,驻外代理店；小吃冷饮,专门化产品及服务
社　区	社区购物中心	在主要地区道路的交汇口,方便服务两个或更多的邻里,有休闲游憩、个人商业及服务的业种	百货公司；一家或数家的平价商店；个人选购品、速食店、汽车服务
	平价中心	与社区购物中心或特殊购物中心相类似	平价商店、驻外代理店,个人选购品,便利店；速食店;休闲娱乐;其他
邻　里	邻里购物中心	接近主要道路口,至少邻近一个邻里	超级市场,便利店,个人选购品,个人服务及商业财务服务,速食店,休闲娱乐,汽车服务,其他
	便利购物中心	在主要道路或次要道路,邻近一个邻里	便利商店,便利品,汽车服务,个人服务,修理服务

资料来源:Neil Carn,1986。

罗力仁(2001)认为,店址选择之评估准则,可分为商圈评估及店址选择评估。其中人口统计变数、商圈吸引力、社区发展性因素属于商圈评估准则；而交通力因素、竞争因素、商店特性、商店的近便性及商店组合等属于店址选择的评估准则。

（二）批发业区位研究

1. 关于专业批发市场的研究

相对于零售业区位研究,地理学对批发业区位研究明显不足,而时间也要晚一些。最早关注批发业市场的学者是罗伯特(Deupree Robertg G,1937),他在博士学位论文中系统研究了美国巴尔的摩州的新鲜水果蔬菜市场问题。1963年,麦克赛来斯特(Lupul,MaxErast)对美国圣费朗西斯科的奥克兰的冷冻水果蔬菜批发市场进行了类似研究。1958年,摩根(Meador, Rowe Morgan)对小石城都市区的批发市场中的批发活动进行了关注。

2. 关于批发业区位的理论研究

1973年,约翰·哈特瑞基在其硕士论文中系统研究了美国1929~1967年美国批发贸易的区位问题,取得阶段性成果(James Hartridge III,Underwood,1973)。批发业区位的理论最早来源于相关学科。霍尔提出的"交易总数最小化"说明批发业的区位模型受生产者和消费者区位模型的影响(张文忠,2000)。二战前胡佛的运费理论同样也为批发业区位提供了重要借鉴。而万斯在1970年研究美国批发业区位形成和发展过程基础上,建立了独立的批发区位理论,从国家批发区位、都市内批发区位等空间层次探讨了批发区位的类型和特征(Vance,1970)。

(三) 物流(仓储业)区位研究

1. 物流业区位的理论基础

国外迄今尚未出现系统完整的物流企业区位理论体系。物流业区位的理论支撑是相关的经典区位论,如杜能(Von Thünen,1826)的农业区位论阐明了距离与运费的关系,韦伯(Alfred Weber,1909)的工业区位论中也讨论最小运费问题和原料的失重和产品的增长等问题;龙哈德(Launhardt,1872)论证设计了运输吨公里最小地点的区位决定公式、市场地域大小与运费之间关系的公式、市场总需要量的计算公式,成为后来物流设施区位选择的重要理论。

高兹(E. A. Kauts,1934)的海港区位论也是物流区位的支撑理论,认为港口的第一因素是腹地,第二因素是海洋运输条件,第三因子是资本指向,为物流设施区位研究拉开了序幕。紧接着纳布珍和皮拉特以韦伯理论为基础讨论运输区位问题,全面论述了运费和集聚的问题,他的观点促成了"当地持有模型"理论的出现(王冠贤,2003)。上述古典区位理论成为物流业区位的核心理论基础。

2. 物流企业与设施区位因素

影响物流企业与设施的因子随着社会技术的进步,尤其是交通、通信技术的进步而不断变化的。20世纪60~70年代以前的物流企业或设施的区位选择主要关注距离与交通成本,空间距离是主要的区位因子(Heskett, W. E. Sasser, L. A. Schlesinger, 1996)。70年代末随着技术的进步和社会的发展,储存成本变得越来越重要,与运输成本两者的重要性甚至可以等同,研究人员开始使用时间尺度来权衡物流企业的空间布局。随着市场的发展,物流系统中日益重要的内容是提供完善的消费者服务,创造时间与空间效用成为主要标准。全球化的趋势促使了物流公司把汇率作为战略依据(Abraham & C. William Schroth,1991)。综上所述,距离与运费、地价、时间距离、汇率、国家政策及交通与通信技术等成为物流设施的主要区位因子。

3. 物流业的区位选择研究

物流业区位的研究核心是物流终端设施仓库选址和分销中心选址。设施的区位和规模的规划设计是一个传统的问题,而且学者们运用实证的方法进行过研究。与交通运输终端设施区位相关的最优化问题已经进行了模拟研究,结合商品的流通路线(Daganzo,1995)。1990年努瑞特克和克默瑞(Noritake,Kimura)提出了一种使用分离设计技术的海港最优区位规模的验证模型。

公共物流终端是一个具有许多功能的复杂设施,包括转载运输码头、仓库、批发市场、信息中心、展示厅和会议室等设施,通过运用先进的信息系统,可以设计公共物流终端城市物流系统。日本学者提出了公共物流终端的最优化模型,考虑到路网的交通条件,运用序列理论和非线性规划的方法建立数学模型,这一模型解决终端交通运输与设施成本之间贸易成本的问题,目的是使这两个物流因素的总体成本最小化(Eiichi Taniguchi, Michihiko Noritake, Tadashi Yamada,Toru Izumitani,1999)。

(四) 评述

1. 国外研究表明,分配性服务业各行业的区位特征、影响因素等不尽相同。零售业(商圈)区位因素有易接近性(距离、交通条件等)、功能性质、微观区位(形态规模)、消费者社会经济属性,批发和物流业的区位因素有易接近性、交通(距离与运费)、经济因素、国家政策及交通与通信技术等。

2. 分配性服务业区位研究是国外服务业区位研究中最成熟的领域,研究范围较广,涉及的相关领域主要有零售业商业区位、批发业区位、物流区位以及交通运输区位等。其中零售业商业区位研究是一个持续受关注的主题,文献数量最多,理论体系最完善,理论基础坚实,数量模型应用广泛,研究方法走向综合化,研究层次由宏观、中观到微观逐步深入。国外文献中对批发服务业、物流服务业的区位研究关注较少,这些方面的研究有待进一步加强。

3. 随着信息技术的发展,流通服务业赖以布局的交通条件大为改善,传统的流通服务业区位选择及其布局正在发生深刻的变化。网络信息技术的普遍应用和电子商务的出现,将使消费者行为出现革命性变化,同时也将形成新的流通服务业区位选择模式和新的空间布局特征。可以预见,基于信息技术条件下的流通服务区位选择及布局研究将是一个崭新的课题,有待更多学者深入研究和探索。同时批发服务业和物流服务业也将受到越来越多的关注。

三、消费性服务业区位研究

商品住宅作为居民生活特殊的基本消费品,国外一般将其划入消费性服务业中,消费性服务业区位研究出现较早,主要集中在住宅区位领域,其他领域文献极少发现。住宅区位的研究是消费性服务业区位研究一个持续受到关注的主题,从所得文献看,住宅区位研究主要集中在不同区位因素影响下的住宅区位特征方面。

(一) 不同因素影响下的住宅区位

1. 服务依赖与住宅区位研究

西方学者早在1960年就开始研究城市区域的居住区位问题，1981年詹尼弗·沃其(Jennifer R Wolch)研究了城市地区服务依赖型住户的区位问题，分析表明：第一，住宅成本与获取服务的交通成本是服务依赖型区位决策的关键考虑因素，因此使它们固定在提供服务的当地；第二，服务设施布局在邻近于城市的服务依赖区域，是为了使顾客的交通成本最小化；第三，服务依赖不足和它们的支撑设施在区位选择时面对着严重的预算限制，作用于限制它们在受贫穷支配的中心城市的相邻社区(邻里)。

2. 区位与历史对住宅区位选择的影响

威廉·雅库卫斯和克理福德(William Yacovissi & Clifford R. Krn, 1995)研究了区位与历史对城市居住密度的决定性作用，运用城市居住区位的动力模型来证明城市居住密度问题，指出区位和历史基础是影响城市居住密度的重要决定因素，并通过实证修改了动力模型，证明了其具有更加优越的解释能力。

3. 工作区位影响下的居住区位研究

理查德·麦克(Deitz, Richard Mark, 1995)探讨了市区住宅和公司的结合模型，认为家庭和公司单独决策并非彼此相互独立，居住决定不可避免地考虑到家庭的工作区位，公司区位决定因素中考虑就业者的居住选择，两个区位决策程序相互依赖。作者研究发现就业接近工人居住区对公司区位有决定性,相反,公司区位对居住区位几乎不产生影响。

科威卢和吴(Cervero & Wu K-L,1997)从上下班通勤距离的角度研究了美国旧金山海湾地区多中心都市区的住宅区位,发现多中心发展与郊区和城市通勤距离——时间的差异紧密相连。住宅实用性和价格对工作在城市和郊区中心的通勤者的住宅区位选择产生影响。

4. 政府补贴政策影响下的住宅区位研究

麦克尔·约翰逊和亚瑟·霍特(Michael & Arthur,1998)研究了大都市区补助性住宅的最优区位模型,补助性住宅的区位影响了补助性住宅的居民、附近单身家庭住宅的所有者、雇主和广大社会等群体,影响范围限于当地化。模型的第一阶段为许多小的地理区域产生潜在的区位模型,第二阶段使用了地区利益通过平衡的考虑补助住宅的地理影响来推动大都市区的区位计划,用来平衡网路社会的利益。

5. 信息技术影响下的住宅区位弹性研究

随着信息技术的发展,信息时代的城市空间结构出现新的变化,住宅区位出现了灵活性和弹性,近年来受到了一些学者的关注,沈晴(Qing Shen,2000)认为新电信技术对住宅区位的影响主要体现在,信息技术通过替代出行而影响人们的通勤方式,同时刺激产生新的出行活动,从而导致了住宅区位的弹性化和灵活化,作者通过模拟大都市信息技术条件下的居住区模型,探讨了城市规划如何调控信息技术条件下的住宅区位。

6. 休闲娱乐需求影响下的住宅区位研究

彼得·科威尔、卡罗林·都玲(Peter, Carolyn, Geoffrey, 2002)等人研究了休闲娱乐需求与住宅区位的关系,通过运用竞争区位平衡工具研究休闲需求与主要的住宅区位。特殊区位的休闲和就业导致均衡的汇聚,消费者根据他们对休闲娱乐的偏爱而定居。一般地,喜欢休闲娱乐程度越强,临近休闲娱乐而居住的吸引力就越大,对其他商品的需求就越少,包括住宅。作者探究了出行频率、出行时间长度和休闲娱乐成本对消费者空间分布的影响,同时也考虑了工资水平对休闲娱乐及其区位需求的影响。

(二)大都市边缘区住宅区位研究

布恩雷和墨菲等人(Burnley & Murphy, 1995)研究悉尼大都市区边缘区的住宅区位选择问题,通过调查悉尼周围600户家庭的居住区位,他们认为澳大利亚城市的大都市区周围区域已经成为低收入居民的主要移民居住点,都市区周围区域可以被认为是由外围郊区、城市周围、城市远郊区居民住宅点等构成,其中每一类型区域体现出不同的住宅价格和环境适宜性的结合特征,并影响居住者的特性。

(三)评述

住宅区位研究产生于20世纪20年代的芝加哥生态学派提出的三大经典城市内部结构理论。至今仍然是消费性服务区位研究的核心之一,理论体系和模型相对系统化和成熟化。早期的理论主要是社会学和生态学,近年来越来越体现后工业社会的人本主义精神,关于服务依赖性住宅区位、工作区位影响下的住宅区位和休闲娱乐需求影响下的区位选择等研究成果越来越多;同时信息技术对住宅区位选择的影响也日益受到关注;城市福利补助政策对住宅区位选择的影响也有所涉及。

总体而言,国外消费性服务业区位研究领域相对较狭窄,仅有住宅区位受到较多的关注,理论体系和数量模型不够完善的问题。大力拓展消费性服务业区位研究领域,完善理论体系是当务之急。

四、社会性服务业区位研究

西方学者认为,社会性服务业所提供的服务产品具有公共产品或者半公共产品的性质,社会性服务业依托特定的公共设施而存在,公共设施区位体现了社会性服务业的区位。公共设施类似于福利经济学中的公共产品,免费提供服务、实现效率与公平的最大化是公共服务设施区别于私人服务设施或私人产品追求利润最大化的最根本特征,并且一个消费者使用公共设施提供的服务的同时,不会对其他使用者造成干扰(Samuelson,1954)。自从1968年麦克尔·忒兹创立城市公共设施区位理论以来,引发了地理学领域一股研究公共设施区位问题的潮流,包括理论的创新、数量模型的构建与模拟、具体公共服务设施区位问题的验证等等,成为不同时期公共设施区位研究的主题。

(一)公共服务设施区位理论的产生

1968年,麦克尔·忒兹(Teitz Michael)发表了"走向城市公共设施区位理论"这一标志性的论文,首先提出了公共设施区位理论,考虑效率与公平平衡的条件下如何最好地布局城市公共设施。他指出公共设施区位决策从根本上区别于个人设施区位决策,从此开创了地理学中区位研究一个新领域。

忒兹的区位模型建立在假设上,目标是在一个限制的预算中优化存在的服务设施消费,达到一种有效率的情形。使用一个比较静止状态的途径,他假设一种不同的服务空间上分布着一个假设的人群。该模型中有五个组成数据:设施的数量(N)和规模(S);在固定预算(K)的条件下整个服务系统的所有成本(C_t),以及所有的消费或需求(Q),忒兹将它们的关系定义如下:

- 个人设施(N);规模同样大小,位于一个大型的供给系统;
- 系统的效率是通过整体需求(Q),规模的功能(S)和设施的数量(N)来测度的;
- 系统的整体成本(C_t)是系统成本(C_s),数量 N 与 S_t 与运行成本 C_o,服务总需求的一个功能(Q)。
- 在一个给定的数量和设施规模的空间设施模型是:Q 是最大化,在预算 K 限制条件下。

当 $Q=Q(S,N)$ 是最大值时,$C_t=K$,使用效率达到最大化。忒兹同样为动力系统给出了初步的模型。例如,当城市增长的时候,公共设施的数量与区位必须改变。

他首先注意到了公共设施与私人设施区位决策的根本差异,特别是他联系了新古典福利经济学中的公共设施区位分布的平衡模型假设,并将其纳入一个标准化和数量化的简单理论框架中,最后他还看到了将政治变量纳入区位理论中的潜在价值。尽管忒兹的理论模型看起来过于简单,而且存在一些缺陷,但后来的研究一直没有超出他开拓的范围(Dear and Taylor,1982)。

(二) 公共设施区位理论的发展

建立在忒兹最初的系统理论构架基础上,数量地理学家和区域科学家根据距离、模型、易接近性、影响和外部效益,研究主要集中于运行效率和公平上。城市公共设施的传统理论在后数量化时代发展明显不平衡。城市公共设施传统区位理论作为标准化模型的一个嵌套序列,成长地越来越先进,随着时间的过去内容更加广泛,研究更加详细。然而,非营利性和私有化部门的出现,威胁并腐蚀弱化这个清晰的公共设施区位理论的存在(Geoffrey DeVerteuil,2000)(表2—3)。

表2—3 20世纪城市公共设施区位理论的演进

	第一阶段 (60年代)	第二阶段 (70年代)	第三阶段 (70~90年代)	第四阶段 (80~90年代)
主要研究范围	城市公共设施区位理论	城市公共设施区位理论与数量时代	反驳传统遗产:城市社会中成本与利益的分布	保留传统:在人文服务理论环境中重构服务区位理论
主要问题	如何关注效率与公平,如何布局城市设施	考虑到设施距离、模型、影响和外部性,涉及公平与效率如何能够实施?对于外部性,为什么社会反对公共设施	为什么国家寻求在当地社区布局公共设施?成本与效益是如何在城市社会分布的	公共设施模型如何在当地何城市范围尺度配置以达到平衡顾客和关注社区
主要理论与方法基础	新古典主义福利经济;数量方法;模型建筑;标准化合理性	行为主义;数量方法;模型建筑;标准化的合理性	政治地理学、国家理论;社会理论(差异,环境的种族主义)	规划与模型建筑范式;标准化合理性
设施类型	没有具体说明	通常没有说明,或大规模公共基础设施	环境的危险性	人文服务

资料来源:Geoffrey DeVerteuil,2000,经作者调整。

1. 数量时代的城市公共设施区位理论发展

在 20 世纪 60 年代末和 20 世纪 70 年代早期,伴随着区位分析的出现,实证主义假设和数量方法主导着地理学的实践活动。城市公共设施区位理论研究出现了大规模的前沿数量运动,运用创新的数量统计技巧和标准的假设来解决福利地理和公共产品分布的问题(Smith,1977)。这一时期公共设施区位研究有三大主题。

第一,关于效率与公平的数量假设研究。设施区位之效率与公平之间的紧张关系是贯穿数量时代一个突出的焦点问题,并且激发了学者们对距离的重要性、易接近性、设施影响、模式及其外部性的研究兴趣。效率导向型设施很大程度上受到了韦伯区位理论的影响,即假设历史的、无特色的(无摩擦的)空间上作出个人的区位决策(Gregory,1988),这一途径得到那些专注于公共设施区位的操作与工程研究者的支持(McAllister,1976;Bigman & ReVelle,1978;Adrew,1979)。

第二,将设施距离的行为角度、行为模式、易接近性和影响引入空间概念进行研究。面对基于新古典经济学的数量模型存在一些限制,地理学家们开始强调环境中人类行为的复杂性。行为地理学家通过强调真正的顾客行为、设施定位的社会观念及其影响等对区位理论产生影响。在行为理论与数量模型的结合使用下,行为地理学家和区域科学家需要改进忒兹的初始概念,强调距离、模式、易接近性和影响等(Austin,1974;Church & ReVelle,1976;Orloff,1977;Bigman & ReVelle,1978)。

第三,有害公共设施的区位问题及批判。传统的区位理论没有考虑公共设施区位决策的外部社会与经济影响。但是,有害设施如污水处理厂、火葬场、垃圾处理站、高等级公路等设施对城市居民存在着负面影响,行为地理学家认为这些设施为传统的区位理论增加了关于区位理论新的矛盾,恶化了效率与公平之间的紧张关系(Wolpert,1970),因而受到社会学家和行为学家的批判。

2. 后数量时代的城市公共设施区位理论归宿

到了70年代中期后,数量和行为地理学受到了越来越多的攻击。大卫·哈维的论文"社会公平与城市"激起了马克思主义地理学家对空间科学的相关性提出了质疑,并举出了数量地理学的许多缺陷。而作为地理学分支领域的公共设施区位理论也不可避免受到批判和挑战。可以从两个方面进行分析。

第一,关于城市社会中公共设施区位的成本—效益分配的外部批评与挑战。公共设施区位理论基于实证主义的认识论和模型的构建,它所依赖的数量方法等都受到了批评。政治地理学的外部批评和科文·考克斯(Cox,Kevin,1973、1982)的内部批评推动着设施区位理论转向政治的、基于阶级的和国家中心的城市矛盾的研究。通过政治地理学、国家社会理论中的解释,雷克(Lake,1987)等地理学家放弃了城市公共设施区位的基本假设。平衡社会系统的新古典假设被冲突的国家中心分析框架所替代;标准的模型转向真实案例分析;而抽象的数量与行为主义方法让步于更加符合社会现实的社会嵌入过程分析(Geoffrey De Verteuil,2000)。

第二,人文服务区位理论背景下设施模式的重构。后数量时代地理学家并没有完全抛弃数量方法与模型构建的研究方法论,迪尔(Dear,1978)重新考虑了数量区位理论,他与后来由沃琪(Wolch and Geiger,1983)和其他学者所作的研究清楚地证明了一套人类服务设施模型,既扩展了又细化了以前的传统设施区位理论。关注设施结构和影响将引起一些同类领域的共鸣,包括医学地理学,以及正在出现的关于环境影响的 GIS 分析领域。

在医学地理学领域,迪尔首先总结了美国精神卫生保健的空间研究,他以宾夕法尼亚的兰喀斯特为案例,详细研究了精神卫生保健需求中的区位因子,指出影响精神卫生保健需求的区位因子包括易接近性变量:自然可达性;能见度(可视性)、确保公共知情性;行政管理的易接近性、避免服务程序的障碍;经济易接近性;心理的易接近性、确保舒适方便等(Dear,1977)。

预测设施公平与效率模型也引起了 GIS 这一新领域的共鸣。GIS 领域的技术创新,有潜在可能从两个方面来维持城市公共设施区位理论:一是从技术上增强了传统数量模型,在多样化数据存储的综合、管理和可视化方面有着特别强大的功能;二是作为一个分析工具,在规定模型上有着特别强大的力量。尽管 GIS 技术是先进的,但它却不能产生任何关于区位的新理论,而且极少关注以前所关注人类服务的特性(Geoffrey De Verteuil,2000)。

(三) 20 世纪 90 年代以来公共设施区位研究的新动向

1. 关于公共设施区位理论、模型与方法的进一步发展

20 世纪 90 年代以来,公共服务设施区位理论模型发展进入更加综合化的时代。

(1)基于弹性需求下的公共设施区位研究。学术界已经较多研究了应急公共设施的区位模型。在布局的目标和弹性需求下,非应急公共设施的区位问题不同于前者,基于弹性需求下确定的区位目标、消费者剩余最大化的假设,构建消费者剩余目标,分析不同需求功能相对应有不同的需求行为,提出消费者剩余最大化区位问题的整体规划方程,在弹性和非弹性需求下计算分析与比较区位行为,研究了需求功能对于区位行为的影响(Jossef Perl&Peng-kuan Ho,1990)。

(2) 关于公共设施区位的影响因素分析。它包括公共设施的需求在空间上的分配、设施提供服务的最大范围与容量以及设施提供服务的距离等。距离反应是多种设施关键的区位标准,对于救急医疗单位和消防设备而言尤其是正确的。最大程度的覆盖成为公共设施布局的基本目标,一个现实的位置模型必须趋向于这一目标,即合理的设施负荷限制。门槛限制可以被应用于需求最小化的负荷,以确保每一个设施都以最低成本而维持。罗斯·埃伦(Gerrard, Ross Allen, 1995)提出和解决了最优覆盖的整合线性区位模型,将设施容量和设施门槛两者整合到一个最新分配规则中,从而使模型更加具有实用性和可操作性。此外,关于设施负荷量大,即拥挤的设施区位问题,也受到了关注。由于设施区位网络问题,引起设施的拥挤,消费者无法及时获得服务,引起设施效率下降,学者从交通的角度减少消费者交通和等待时间的总量,以降低设施固定和变量成本(Martin Desrochers, Patrice Marcotte, Mihnea Stan,1995)。

(3) 从经济学角度分析设施区位。这一研究继承了传统的设施区位理论。但是更强调从福利经济学角度来分析公共设施区位的成本—效益,在此基础上构建了区位—分配模型,从而实现公共设施区位的最优化(John Fortney, 1996)。基于有限数量的住户和公共产品的饱和公共产品区位模型,假设公共设施的数量及其区位都是内生的,公共设施的供给水平相同,次好的区位最适宜,所有消费者的使用水平相当,所有设施必须服务于同样多的消费者,这样的理想公共设施区位可能是聚集或分散的,这依赖于供给程度、通勤成本和住户的偏好参数(Marcus Berliant,Shin-Kun Peng&Ping Wang,2006)。

(4)从设施连接的角度研究公共设施区位。以往的设施区位理论虽然涉及了交通对设施区位的影响,但没有将其至于一个重要的影响因素来看待,这或多或少影响着设施区位的效率与公平的实现。运用网络区位模型设计设施区位能够有效地提高设施的服务水平,解决设施区位效率受到限制等问题。交通网络拓扑变化通常增加成本效率比来提高设施的服务水平,这一模型广泛应用于区域规划、布局和能源管理等领域,解决了设施与交通连接之间的资源分配问题(Melkote and Daskin,2001)。

2. 特殊公共设施区位研究

第一,关于医疗设施区位研究。首先,是医疗设施中最优区位模式的公平与效率交易模型研究。现有的医疗设施最优区位模型在理论上存在四个主要缺陷:依赖于最近中心的分配原则;忽视了一些设施的定性因素;对于公平与效率的考虑不足;以及服务提供的利益作为社会利益的组成部分而被排除。

韩国学者(Cho,Cheol-Joo,1990)构建了区位—分配模型,修正了现有模型的一些重大的缺陷,建立的效率—公平交易模型在三个变量的支持下实现:除了消费者过剩外还包括生产者过剩,运用一个生产限制模型代替吸引限制模型,综合各个不同领域分散的研究成果。他将模型运用于韩国 Chongju 都市区的三种服务类型中(妇科、整形科和外科)。作者还对区位模型进行了敏感性分析,以考察模型输出参数变量的影响。其次,是关于医院区位与服务的模拟结构研究。近年来出现了使用一般模拟结构对医院的区位和服务(含新的服务)的分配与再分配的研究,同时通过小规模数量的案例对它的计划使用目的进行了说明解释(Sydney,Chu,Lisa Chu,2000)。

第二,关于城市公园区位的相关研究。首先,关于公园易接近性区位的研究。城市资源分布的平等程度是一个被持续讨论的研究课题,但很少有人直接将设施的空间分布(以易于接近性为度量)与集群人口的空间分布联系起来,为评价公平问题作出努力。艾米丽·塔伦(Emily Talen,1997)使用了一种方法论和试验空间数据分析观点来评估设施分布的公平性,使用美国普韦布洛、科罗拉多、梅肯和乔治亚州的公园数据,分析了公园分布的公平性,比较公园易接近性空间集聚的得分(经过选择的社会经济变量的空间集聚评分)。事实证明,梅肯的低接近性空间模型与某些房地产价格很高而对于非白人比率很低的空间集聚是协调的。而相反的情况对普韦布洛是真实的即低接近性与低房价和高比率的西班牙人是一致的。

第三,是关于城市公共休闲服务及设施的分布研究。在城市规划和发展中,城市服务的提供是一个核心问题。这些服务(设施)的分布用来保证它们的利用率是另外一个关注的焦点。由于公民在特征上是不同的,他们利用城市公共设施受到服务空间分布的影响。就近利用固定设施的服务,受到服务(设施)区位的限制(Feyzan,Beler,Erkip,1997)。

(四)评述

1. 分析表明,影响公共服务设施区位(社会性服务业)的因素有距离(真实与心理)、易接近性(交通、管理、经济和心理易接近性)、外部影响(正负)、顾客行为模式、环境的舒适性等。

2. 公共服务设施区位研究经历了早期的新古典福利经济学的创始时代、行为主义与标准化数量模型时代和政治地理学、国家社会理论时期的后数量化时代,现代已经进入了规划模型建筑范式和标准数量模型的后现代时期。

3. 公共服务设施区位理论体系日益完善、数量模型层出不穷,研究角度逐步微观化,研究领域也逐步细化,研究方法也不断更新,如 GIS 技术的引入等。但公共设施是否能够完全代表公共社会服务仍然值得考虑,此外,关于政府服务区位的研究不多。

五、服务业区位综合研究

(一)服务业地理的系统研究

国外综合研究服务区位的成果(专著)出现较晚,而且很少。英国利物浦大学的服务业地理学家和经济学家丹尼尔斯(Daniels)在 1985 年基于地理学角度,从四个方面系统研究了服务业。首先探讨了服务业的定义、经济体系中的服务业和服务活动出现的原因与结构。其次论述了服务业区位的理论与模型,包括中心地理论与模型的介绍和中心地理论以外的区位理论模型的介绍。再次是关于个人与公共消费服务业、生产者服务业的基本特征、发展趋势与空间分布的特性以及它们的区位演变的动力机制等。第四是关于公共服务结构的特征及其区位的论述。最后讨论了新技术影响下的服务业地理学的发展趋势及其展望。

服务业区位研究是其核心内容之一。从传统的中心地理论与模型的介绍、相关理论在服务业区位分析中的应用、到服务业区位的影响因素、区位演变的趋势与动力等方面分别进行了讨论,研究尺度主要以宏观为主,关于城市内部微观尺度服务业区位较少涉及。

(二) 服务业就业区位的综合研究

江群(Jiang Qun,1994)从就业的角度研究了在 1977~1987 年间美国服务业就业的区位模型变化。这项研究表明,在美国的南部和西部地区服务业的就业方面显示出强烈的中心集聚。在大都市区许多服务行业持续增长,在一些中小城市服务业已经进入成熟阶段。这项研究同样也检验了一系列决定因子对服务业区位的影响,用以解释服务业区位模型的变化。这些决定因素有人口规模、人均收入和人口增长。研究揭示人口规模和人均收入是其中两个最重要的决定因子。论文对这两个变量的时空变化对服务业区位的影响进行了观测。结论表明,尽管先进技术的快速发展,集聚经济仍然将是服务业区位的一个重要的决定因素,但其研究的空间尺度为国家与区域层面,没有涉及城市内部空间。

(三) 服务业经济的地理学分析

丹麦的斯文·伊列拉斯(Illeris,Sven,1996)专著《服务经济:一个地理学分析》是继丹尼尔斯之后的又一本从综合角度对服务经济的地理学研究的著作。全书共分五部分,第一部分介绍了服务业的本质、特征与作用以及服务活动的分类;第二部分论述了服务业的发展,包括家庭服务的发展、生产率与效率、生产性服务业的发展和服务工作的资格与条件;第三部分分析了服务区位与区域发展,包括城市之间服务的分布、区位因素、服务在区域发展中的作用以及城市内部服务业的发展与区位等问题;第四部分分析了经济发达国家的服务业,探讨了服务业的国际变化和国际服务贸易等问题。

作者对服务业区位的研究主要是从宏观区域层面进行的,对于城市内部服务业区位问题仅进行了有限的探讨,仍然具有一定的借鉴作用。

六、国外服务业区位研究评述

区位本身是服务业发展极其重要的影响因素,而区位研究也是地理学研究服务业活动的核心与主流。通过对国外服务业区位研究文献的分析与概括,可以概括出以下特点(表2—4)。

表2—4 四类服务业区位研究基本情况

类别	研究领域	发展阶段	核心理论	经典模型	综合评价	发展趋势
生产性服务业区位	办公活动区位是核心,商务活动区位渐热;新兴服务业出现	始于20世纪60年代,盛于20世纪70年代后;80年代以来,进入多样化阶段;90年代以来信息产业区位研究受到关注	中心地理论、集聚理论、办公室均衡理论、地租理论、信息技术理论、中心性理论	办公区位平衡模型、等级序列模型	理论体系还不够完善,研究方法不够成熟,研究深度不足,没有建立统一模型,综合成果很少	关注信息技术对生产性服务区位扩散、面对面接触减少办公区位的扩散、后方办公区位等
分配性服务业区位	零售业商业区位是主流,交通区位、批发业区位研究较多,物流区位刚刚兴起	始于20世纪50年代,50~70年代数量运动兴起;60~80年代数量化与空间竞争;以后是人本主义和行为感知阶段	中心地理论;空间相互作用理论;不完全竞争理论、行为理论、人本主义、海港区位论	重力模型、霍特林模型、赫夫模型、中心地模型、空间相互作用模型、区位—分配模型等	坚实的理论基础,完善的内容体系;严密的数量模型,丰富的实证研究	研究层次由宏观、中观到微观逐步深入,GIS技术的广泛应用,越来越关注人本

续表

类别	研究领域	发展阶段	核心理论	经典模型	综合评价	发展趋势
消费性服务业区位	住宅区位占据绝对优势，其他领域研究较少	20世纪20年代人类生态学派；战后的城市社会学派；韦伯住房阶级学派	交换理论、居住空间分异理论；社会生态学、人本主义理论	同心圆、扇形、多核心模型；住宅区位模型；住宅—公司区位模型；住宅最优模型等	理论体系相对完善，数量模型层出不穷，但研究领域过窄，对住宅区位以外服务关注很少	体现人本精神，关注服务、工作通勤、休闲娱乐需求；关注信息技术影响，考虑政府因素
社会性服务业区位	公共设施区位占绝对优势，研究领域逐步深化、具体化	20世纪60年代末兴起，70年代是数量化时代；80年代是行为主义与社会理论阶段；90年代以来人文主义重构	福利经济学；行为主义；政治地理学、国家理论、社会学理论；公共服务理论；人文主义理论	区位—分配模型；标准化合理性模型、规划与建筑模型范式；成本—效益模型	理论体系日益完善，数量模型层出不穷，研究角度微观化，研究领域细化，研究方法综合化	20世纪末以来越来越关注信息技术影响下的公共设施区位，数量模型的重建；此外关注公共休闲设施

资料来源：根据前面的分析归纳总结得出。

（一）研究专题日益深化，研究领域逐步扩展

服务业区位研究大体上是兴起于战后20世纪50~60年代，每类服务业均有一个集中研究的核心领域，即分配性服务业中的零售商业区位、生产性服务业中的办公活动区位、消费性服务业中的住宅区位和社会性服务业中的公共设施区位。这四个核心领域区位研究经过近半个世纪的发展，已经进入成熟的阶段，内部分化越来越细，研究内容体系越来越完善，专题研究日益深化。

同时，研究领域的横向拓展从来就没有停止过。70年代以后，

随着经济的发展和技术的进步,西方开始进入所谓的后工业社会,各个领域的服务业均出现了新的分化和变化,即服务业多样化趋势,为了深入探究新兴服务业空间布局规律和区位选择倾向,不断有研究者置身其中,做出了许多开创性的研究工作、也开辟了许多新的服务业研究领域,使服务业区位研究的范围不断拓展。特别是20世纪末掀起的信息技术革命,催生了许多新兴服务行业,使区位研究者面临着新的挑战。

(二)理论发展与时俱进、研究方法不断创新

服务业区位经典理论的创始基本上是在20世纪上半叶和战后初期完成的。如中心地理论产生于20世纪30年代的德国,住宅区位经典理论——芝加哥人类生态学派也产生于20世纪20年代的美国,公共设施区位理论产生于1968年的美国,而生产性服务业中的办公区位理论的相关支持理论、中心地理论、地租理论等也出现得较早。由于技术的发展和社会进步,区位条件和区位因子发生了变化,其他学科如经济学、社会学、人类生态学、行为学等的理论不断注入了经典区位论中,使经典区位理论在指导实践中得到了不断地修正和补充;同时新的理论也层出不穷,推动着区位理论体系的不断完善和发展。

技术的发展推动着科学方法论的前进,同时也为区位研究提供了许多切实可用的技术手段。首先是哲学层面的方法论的变革,如战后20世纪70年代的后工业(后现代)社会理论、马克思主义理论、人本主义、全球化理论等哲学思潮的不断涌现,使区位论研究不仅仅局限于在经验实证主义,而引入了其他研究方法,其次地理学中GIS技术的广泛应用为区位论研究提供了有力的武器。

(三) 数量方法广泛应用,理论模型层出不穷

用抽象的数学语言精练、准确地归纳和表达客观世界的基本规律,使理论更加显得严谨、科学和完美,令人信服。严密的数学归纳和推理演绎是经济区位理论的传统。纵观杜能的农业区位论、韦伯的工业区位论和中心地理论,无不深深地打上了经济学和数量化的烙印。20世纪50年代北美掀起数量革命的高潮,中心地理论被运用于实践中并得到不断修正和补充,进一步将数量运动推向顶峰。国外关于服务业区位的文献,无一例外地运用了大量的数学方法,建立了许多数学模型,从而有力地推动了服务业区位理论的发展。随着技术的进步,区位理论存在的条件不断发生变化,已有的模型需要修正和补充,而新的模型不断涌现。

(四) 城市内部微观区位有待加强,信息技术关注不足

经典服务业区位理论更多关注了区域间和城市之间的服务业区位问题,如中心地理论所建立的中心地等级体系是针对国家或区域层次,而对于城市内部服务业区位研究相对较少。除了零售业商业区位、住宅区位和公共设施区位近年来主要集中在城市内部微观尺度的研究以外,其余研究更多关注了区域内或城市体系内部服务业的区位问题。服务业尤其是生产性服务业在城市内部的区位选择和空间布局对城市发展及空间结构影响深远,然而城市内部生产性服务业微观区位研究明显不足,没有很好地揭示其内在的规律,因而无法为行业发展和城市规划提供科学的理论指导。

此外,20世纪末掀起的信息革命和知识经济浪潮,给服务业区位理论带来了很大的挑战。它改变了传统的服务业区位条件和区位

因子,同时也影响了城市内部居民、企业和社会的行为方式。传统的区位理论已经很难解释新的区位现象和行为,而目前的研究仅有极少数文献注意到这一领域,无法全面反应信息时代服务业区位特征。

(五)学科整合有待强化,综合研究需要深化

学科的构建一般遵循:一般描述——定性和定量分析——经典理论和数学模型的创建——经典理论广泛应用与修正——研究领域扩展——理论体系与研究内容的整合——学科的形成等阶段。然而,服务业的多样化导致了区位理论模型的分支与流派的多样性,加上服务业内部各个领域差异十分显著,理论体系相对分散,相互之间的联系很弱,给学科整合带来巨大的困难。但只有经过学科的整合才能将其推上一个新的发展阶段,因此有必要从综合角度对生产性服务业、消费性服务业、分配性服务业和社会性服务业的区位理论及各个分支领域进行全面综合。

第三节 国内服务业区位研究综述

一、生产性服务业区位研究

生产性服务业区位研究在我国起步较晚,研究领域相对较窄,目前处于早期阶段,20世纪90年代中后期才开始出现,进入21世纪后逐步升温。

(一)信息产业区位研究

20世纪90年代以来,信息革命推动了经济全球化,信息产业在

城市内部的区位行为与空间布局突破了传统的区位模式,对城市发展及其空间结构产生了明显的影响,越来越受到学术界的关注和研究。

这一时期出现了以广州为例的信息产业发展、信息劳动力空间分布、以银行业为代表的信息网络对城市空间结构影响的研究(阎小培,1994)。经济全球化背景下信息技术的创新扩散,催生了信息产业,改变了传统区位理论模式,形成了新区位因素如决策者行为、劳动力因素、市场因素、集聚因素、技术创新信息的易达性、风险资本的可获得性、发达通讯网和运输网的易达性(阎小培,1996)。

信息网络的不断创新及其广泛应用使得大公司在不同地点设立分公司成为可能,发展成为多区位大公司。计算机网络的应用影响了多区位公司的空间组织,增大了区位弹性、深化了劳动空间分工(阎小培,1996)。

阎小培(1998)运用总和差异方法和区位商法,分析了改革开放以来广州信息产业发展水平的区际差异,并揭示出信息技术产业遵循由市中心向外扩散的规律而且在新区表现出集中布局的区位趋势,但城市中心区特别是中心商务区仍然是信息技术产业的首选区位。

(二) 办公活动区位研究

1. 办公活动(办公楼)区位

国内学术界对办公楼区位的研究始于20世纪末,比西方晚半个多世纪。20世纪90年代中后期以来,随着我国中心城市的生产性服务业迅猛发展,作为生产性服务业载体的办公楼在城市中心区域大量涌现,办公楼区位研究受到关注。

(1) 办公活动区位特征及演变。侯学钢、宁越敏(1998b)分析了上海市办公楼的分布、办公智能化网络对中心城规划的影响,认为办公楼东移趋势与中心城市规划培育有着密切关系,指出上海市办公楼分布基本上呈"一心为主,多心并存"的格局,集聚与分散并存等现象。宁越敏(2000)利用电话黄页研究了上海市区生产性服务业和办公楼的空间布局特征,发现办公楼区位出现多中心布局特点,并且与生产性服务业存在一定的空间错位。闫小培等(2000)以广州为例,在分析办公活动增长的基础上,深入分析了广州办公活动格局的变化特征,得出办公活动整体集聚程度下降,但市中心的办公就业集聚上升的结论。张润鹏(2002)研究了广州市天河中心区写字楼的功能及空间集聚分布特点,发现办公活动主要分布城市主干道两侧。李翠敏等(2005)在总结前人研究以及实地调查的基础上发现,上海已经形成了虹桥开发区、陆家嘴金融贸易区、静安南京路、卢湾淮海路和黄浦外滩5个办公中心,并预见上海的办公楼发展将呈现以下趋势:集聚和分散并存,办公关联性增强,行业分区明显,办公楼向轨道交通沿线集中。

(2) 办公活动区位因素。姚一民(1997)以广州为例,深入分析了影响办公活动空间分布的两大区位因素:一是办公活动本身的空间与区位需求;二是外部因素。侯学钢、宁越敏(1999)运用调查的手段重点分析了影响上海市办公楼的区位因素有政府行为,交通状况及通达性,接近高级住宅区、智能化程度、办公楼聚集规模、办公楼基础配套设施程度及接近CBD、周边环境(绿化、租金、容积率、治安、停车设施)等。闫小培等(2000)以广州为例,相比西方办公活动的自主区位选择,广州办公活动的区位选择中政策是主导因素。张润鹏

(2002)分析了广州市河区写字楼在中心区密集分布的区位因素有：政府行为、城市地价、办公活动的空间集聚特征以及租户对写字楼的需求等。李翠敏等(2005)认为上海办公楼形成多中心的格局主要受以下因子影响：政府政策、城市规划、配套设施、交通状况、历史等。

(3) 办公业的发展与规划。侯学钢、宁越敏(1998a)等探讨了生产服业、办公楼和城市空间结构三者的相互联系及耦合互动的密切联系,高度概况了国外办公楼区位研究所经历动态过程：传统中心区的集聚、空间选择性发展扩散研究、空间动态周期演化等。侯学钢、宁越敏(1998b)进一步分析了目前上海市办公楼发展过程中存在的诸如建设数量、速度和规模、办公楼集聚空间布局、环境生态等方面的主要问题,提出了三个上海市办公楼和办公业迈向21世纪的发展方略以及办公楼发展的规划设想：①从中心城总体空间未来发展的角度,办公楼(区)规划应立足"一心为主,多心并存"的发展格局,加强副中心和办公副中心的协调建设；②从办公区的发展角度,上海市未来办公区应规划"持续办公社区"的发展模式,始终贯穿"3R"的思想方为针；③从办公楼的发展角度,上海市面向21世纪的发展,应该有重点、分层次、多步骤地规划发展智能办公楼。

2. 公司总部办公区位研究

21世纪以来,我国受经济全球化影响日益深化,跨国公司总部在我国区域中心城市的中心区或CBD区域聚集形成的总部办公活动及区位现象引起了学术界的关注。

(1) 公司总部办公的宏观区位因素及模型。郑京淑(2002)从跨国公司地区总部职能特点入手,分析了影响总部办公职能的区位因素包括信息生产与传输、企业服务业集聚水平、地区中心性、高水准中央商务区的存在,并探讨了跨国公司亚洲地区总部的区位特点。戴胜德等(2005)以北京为例,分析了总部办公选址CBD的环境特征包括:涉外机构集中、商务服务业集中、交通可达性高、生活服务设施配套完善、政策优惠、地区形象好、会展设施集中等;认为其区位因素包括所选城市的政治环境、基础设施条件、区位条件、政策与制度环境、可达性高、及时获取信息、便于面对面接触(与关键人员)、现代服务业集聚、发达的劳动力市场(人力资源)、企业的形象(戴胜德,2006)。薛求知等(2006)结合城市经济学、地理经济学,建立并提出了跨国公司地区总部区位选择的网结模型,最后结合上海等中心城市的发展对网结模型的意义和实际应用提出建议。

(2) 总部办公的微观区位因素。戴胜德等(2005)总结了企业总部办公离心化或郊区化的区位因素包括:办公物业成本上升的压力(租金)、交通拥挤与交通污染导致的通勤成本上升、企业扩展的需要、与研发与生产接近的需要、突发事件的风险等(如9.11事件)。戴胜德等认为高科技公司选址中关村的区位因素包括:技术人才的可得性,生产程序相对分散、区位对中国高科技市场的把握、大型高科技跨国公司是管理公司,无须面对面接触客户因而在非CBD区域;成本优势明显、绿色办公环境的追求、有利于企业文化建设、创新文化、与军方的联系等。戴胜德等(2006)总结了企业总部微观择址的机制包括:靠近劳动力市场;通讯技术设施发达,市场信息充分;良好的可达性;面对面接触便利,建立良好的人际关系网络;特殊的地区形象提升企业形象。

(三) 其他生产性服务业区位研究

1. 银行业空间布局与区位

徐玮、张伟锋(2003)运用 GIS 技术研究了上海市国内、外埠和外资银行空间布局(分区、道路和乡镇—街道)与空间竞争问题,将银行分布的影响因素总结为两大因素:一是外部因素:经济环境和社会环境、政策环境;二是内部因素:安全及交通便利、银行定位与业务导向、形象营销。贾鹓鹏(2003)选取广州荔湾区为对象,研究了广州 C 银行空间分布特点及其与社会经济活动之间的关系,并深入分析了影响 C 银行选址的区位因素,并对 C 银行选址过程进行探讨。

2. 会展中心区位研究

陈建斌(2003)从国家宏观层次、城市内部微观角度等探讨了会展中心的区位选择与布局问题,认为会展中心的微观区位特点包括面积较大的独立功能区,配套的酒店、旅行社、写字楼、国际商务信息传播中心、银行、商务服务、体育馆等设施,靠近大型购物中心,有便利的交通终端和足够容量的停车场等等。

(四) 生产性服务业区位综合研究

王玲(1997)以广州为例,研究了生产性服务业的发展及其在城市内部地空间分布特征。闫小培(1999)对广州市区信息产业和生产性服务业的空间分布、地域类型和空间发展特征等角度进行了系统研究,揭示了生产性服务业的区位因城市出现双 CBD 现象,而呈现多核聚集分布的特征,随着信息技术普及、交通可达性提高、中心区成本上升等因素,开始出现从中心区向外扩散发展的趋势。

(五) 评述

我国生产性服务业区位的研究始于20世纪90年代,与国外相比明显滞后,在国内是一个全新的研究领域。纵观国内研究,可以发现我国关于生产性服务业区位研究目前尚处于早期阶段,主要有以下特征。首先,生产性服务业区位研究领域较窄,目前的文献主要集中在信息产业区位、办公活动(办公楼、写字楼)及总部办公区位、银行业区位、会展中心区位等领域的区位研究,其他生产性服务业领域研究较少,甚至无人涉及,说明国内的研究领域覆盖面不广,不具有多样性。其次,国内生产性服务业区位研究的理论深度不够,大多数成果停留在统计描述阶段,缺乏计量化的区位模型和成熟的数量方法,特别是办公活动和信息服务业区位研究与国外相比,差距甚远。总之,受生产性服务业发展水平的影响,国内的研究还处在早期阶段,无论是研究领域,还是研究方法、手段及研究理论的深化,都需要大力加强。近年来,随着生产性服务业的重要性被逐渐认识和重视,我国中心城市生产性服务业的快速发展,越来越多的学者已经开始关注生产性服务业的区位问题,生产性服务业区位的研究将进入持续升温阶段。

二、分配性服务业区位研究

(一) 零售业商业区位与商业空间结构研究

1. 20世纪80年代初商业区位研究的萌芽

我国分配性服务业区位研究最早起源于商业地理学领域,后逐步分化发展,研究尺度由宏观向微观逐步深化。改革开放以后,我国的商业发展开始进入快车道,同时商业地理学研究也迎来了春天。20世纪80年代初期,适应商业发展与科学研究的需要,商业地理学的研究对象和任务问题、学科性质等开始受到关注(陈佳骆,1984;陈福义、范保宁,1985),但理论上显得十分薄弱,局限于马克思主义关于商品经济理论框架之内,缺乏对西方商业地理理论的了解和借鉴,研究多以定性描述为主。尽管如此,商业地理学的研究是我国商业区位研究的萌芽。

2. 国外商业区位理论研究的介绍

对国外商业区位研究成果的介绍是推动我国商业区位研究发展的重要手段之一,也直接为我国的实证研究提供了理论借鉴。20世纪80年代后期,西方商业地理研究和商业区位理论逐步被引入我国,如西方消费者行为、商业活动的空间分析、市场研究的基本理论、商业区位研究、商业区位研究主题等内容体系受到关注(侯锋,1988)。20世纪90年代末以来,我国学者对西方商业活动空间结构理论研究进行了回顾与总结(仵宗卿,1999;杨瑛,2000;仵宗卿、柴彦威,2003;仵宗卿,2003)。进入21世纪,西方商业地理学研究再度受到关注,我国研究者从商业区位研究、零售业态和模式、购物环境和消费者行为、商业空间研究的空间尺度、商业郊区化等角度系统介绍20世纪90年代以来西方商业地理学的研究概况(管驰明、崔功豪,2003),指出商业区位是其一个长盛不衰的研究热点。对西方理论的介绍丰富和发展了我国商业区位理论的发展。

3. 零售区位与商业活动空间结构的理论与实证研究

国内关于零售商业区位、商业空间结构研究始于 20 世纪 80 年代早期，在 20 世纪 80 年代后期出现了繁荣的景象。20 世纪 90 年代以来，零售商业网点空间结构的研究成为主题。1995 年以后，零售商业区位与商业空间结构研究的理论与方法进入深化和创新阶段。根据不同阶段的特点，大致可以分为三个阶段。

(1) 第一阶段，是 1980～1990 年的早期研究，主要是运用实地调查、数理统计方法和中心地理论对大都市零售商业中心区的分布及特征、商业零售业区的等级体系划分、职能类型和中心性等问题进行验证。

徐放(1984)对北京的商业中心区的分布、等级与特征的研究。宁越敏(1984)以上海市为例，通过商业中心范围的确定、商业中心的分类，运用聚类统计法，划分出商业中心等级体系，并剖析了商业中心区位的影响因素等。吴郁文等(1988)运用类似的方法对广州城区零售商业区位布局进行了研究，并验证了中心地理论。李振泉等(1989)分析了长春市商业地域结构的历史演变，总结了现状特征和存在问题，并从规划的角度提出了调整与布局设想。安成谋(1988，1990)从中观层次的空间尺度研究了零售商业网点分类、布局原则和影响布局的因素，并首次运用空间相互作用模型和吸引力指数等数量方法研究城市商业中心区位问题。

(2) 第二阶段，是 1990～1995 年我国零售业商业网点研究的兴起阶段，商业网点区位格局、等级体系、演变趋势等成为关注的焦点，中心地理论仍然是核心的指导理论。

吴宇华(1991)对北京市新市区商业网点布局的研究中，分析了新市区商业网点的等级及特征、影响因素等。张丙军等(1993)分析了郑州零售商业网点的空间分布现状、存在的问题,并运用中心地理论探讨了郑州商业网点合理化布局的思路。杨吾扬(1994)运用中心地理论分析了北京市商服业网点的形成与历史演变、建国后商服网点的变迁及其空间结构特征,并使用统计方法对 21 世纪北京商服中心和副中心进行了预测。刘胤汉等(1995)在分析西安市零售商业网点结构与布局的现状与问题的基础上,运用中心地理论和系统论等原理,对城市商业网点的合理结构与优化布局进行了较全面深入的研究。

(3) 第三阶段(1995 年以来),商业空间结构与零售业区位研究逐步走向深入的阶段,出现了研究主题的多元化和研究方法的创新。

商业地域空间结构研究和商业区位研究的创新和深化、微观化,主要表现在研究方法的创新,出现因子生态分析法、统计指标测算法和 GIS 方法等,打破了中心地理论一统天下的局面。陈忠暖等(1997、1999、2001)首次将因子生态分析法引入城市商业空间结构研究,得出了昆明市区零售商业服务业的四种区位类型和六种地域结构类型,丰富和发展了我国商业区位研究。稍后,蔡国田、陈忠暖等(2002)运用类似的方法研究了广州市老城区零售商业服务业的区位类型特征。仵宗卿等建立商业活动空间结构的概念体系、构建研究框架和研究方法与评价指标体系,运用 Parato 公式、GIS 技术和因子分析等综合技术方法,全面研究了北京市商业活动空间结构、时空结构、地域类型结构和商业中心区位演化等问题,标志着我国商业活动空间结构研究进入了深化阶段和创新阶段(仵宗卿,1999,2000;柴彦威,2000)。随着研究的深入,零售业区位研究表现出从宏观向微观的转变,更加注重人本化,如零售设施的可视性与易接近性,操作

第二章 服务业区位研究进展述评

的便利性、区域安全性、区位的适停性等(孙鹏、王兴中,2002a,2002b)。

商业业态—零售百货商店的空间布局和商业功能区研究的兴起。杨瑛(1998)比较全面地研究了广州市区大型百货商店发展、空间分布格局与空间组合形式。林耿、闫小培等(2002)通过实际问卷调查,研究了广州市消费因素影响下的大型百货商店的选址、市场定位和空间拓展等空间区位特征以及广州市区消费的空间差异。同期,林耿(2002)对广州市商业业态空间结构特征、形成机制和商业业态空间效益评价等进行了全面系统地研究,丰富发展了商业业态的空间结构与区位研究。此外,仵宗卿等对商业业态、商业活动空间结构的影响进行了研究(仵宗卿等,2000;张水清,2002)。许学强、周素红等(2002)基于实证调查,运用 GIS 手段,研究了广州市大型百货商店的空间布局现状、影响因素及其发展趋势。林耿、闫小培(2003)研究了广州市多种商业业态组合的商业功能区位空间分布特征、形成机制及演化趋势。王德等(2001)从消费者购物出行角度对上海市商业空间结构进行了分析。时臻等(2003)研究了上海市的由大型超市、仓储式组成的大卖场布局的区位因子和区位选择特征。

关于外商投资零售企业的区位选择与空间布局研究。近年来,经济全球化使国外的零售业跨国公司大举进入中国,其在城市内部的区位选择与空间布局给地理学提出了新的课题。郭崇义等(2002、2003)首先关注了北京市和上海市外商投资零售企业的区位选择与空间布局问题,分析了外商投资零售业企业的特征、不同业态(仓储店、大型综合超市、百货店)的区位选择与空间结构、区位竞争等问题。

交通与电子信息影响下的零售业区位问题开始引起关注,代表着零售商业企业区位研究的新方向。交通对中观和微观尺度的零售业区位问题越来越受到重视。例如,干道交通对零售业区位的宏观效应和交通影响下的零售业微区位选择(曹嵘、白光润,2002)。随着电子信息技术的飞速发展,其对零售业商业业态的影响正在逐步显现,出现了电子商务企业配送中心选址模拟的研究(杨遴杰,2003)。

(二) 市场区与市场网络的研究

市场区相对于商业业态空间而言是更低一层次的中微观商业服务活动场所,国内对其的研究晚于商业空间结构,成果相对较少,主要体现在以下三方面。

1. 关于市场体系历史变迁与空间结构研究。高松凡(1989)研究了从元代到民国时期的北京城市场变迁历程,运用中心地理论对比了不同历史时期北京市市场的中心地等级体系及其影响因素。

2. 关于专业市场空间结构模式的研究。郭柏林(1993、1995)运用指数模型和中心地理论,先后研究了上海市发奶网络等级体系、服务范围与半径及其空间分布特征,奶业空间结构的演变、影响因素及其基于产销区划数学模型的优化方法,丰富发展了中心地理论。陈涛(1994)运用分形函数方法,建立了商品价格、人口与需求之间的函数关系,推导出城市商品销售的空间受限模型。随后,郭柏林(1996、1997)从区位指向、服务半径等角度分别研究了城市农产品购销网络空间结构模式、连锁超市空间结构模式。

3. 商品交易市场(集贸市场)的结构、分布特征与发展变迁研究。张素丽等(2001)从市场个数、规模、投资成本、成交额等方面总体分析了北京市各类商品交易市场的分布特征及发展趋势。而官莹等(2003)比较分析了不同时期北京市集贸市场的分布特征及其历史变迁。

（三）评述

国内地理学界对分配性服务业区位的研究表现为以下特点。

首先,是研究范围较窄,发展不平衡。国内研究主要集中在商业地理学、零售商业区位及其空间结构、商业活动空间结构和市场区等几个领域,其中零售业商业区位及其空间结构研究是主流,而批发业、物流业区位、交通通讯服务区位等领域鲜有涉及,说明我国流通服务区位研究呈现不平衡发展状态。

其次,理论创新薄弱,发展明显滞后。1995年以前,国内的研究大都是以介绍、应用、验证、修改西方中心地理论为主,理论创新十分薄弱。1995年以后才有学者陆续介绍了西方零售商业区位的最新进展,开始引入消费者行为理论,研究逐步转向微观区位理论。总体而言,国内的理论研究明显滞后于国外,基本上是介绍、应用、修改的研究模式,步西方研究的后尘,缺乏本土化原创理论。

第三,研究技术手段较落后。从文献看出,除了少数学者倡导数量化、模型化以外,其他学者都倾向于描述性研究,数量运动孤掌难鸣,尚未形成主流,整体研究水平较低,缺乏严密性和科学性;技术手段传统单一,早期研究停留在单纯的数量统计层次上,只有少数学者将因子生态分析、GIS等先进技术引入研究中,整体而言,与国外相比明显落后。

第四,研究对象的等级规模、空间分布不均衡,主要集中在北京、上海与广州等少数几个沿海中心城市,缺乏中小城市的个案研究,其他地区仅有西安、兰州、昆明等大城市,这使研究的成果难以具有普遍意义。

三、消费性服务业区位研究

(一) 城市住宅区位研究

1. 住宅区位的影响因素研究

从城市住宅空间演变看,现代大城市住宅区位呈现由中心区向郊区演变的趋势(杨盛元,1996;王启仿、闵一峰,2002)。影响城市住宅空间演变的因素有社会发展趋势的影响,如社会阶层分化趋势、中产阶级的出现与郊区化、外来人口的进入与城市中心的人口替代、邻里与社区的重新组织及特殊社区的形成;也有城市规划建设的影响,如城市边缘区与郊区商业中心建设、交通建设、旧城改造和城市解困房和廉价房的建设等等(薛德升,1995;张文忠,2001)。在经济制度方面有土地制度和住房制度的影响,经济因素如产业结构的调整、技术因素如交通通讯技术的影响以及自然环境等等(王启仿、闵一峰,2002)。

从房地产企业的角度分析,可以将住宅区位的影响因素分为硬区位因素和软区位因素,居住用房地产应考虑的因素有周围环境、交通通讯、社会文化环境、购物出行的方便程度和地租(程海燕、施建刚,2000)。

影响住宅区位选择的微观因素有安全性、交通可达性、服务方便性和环境的优美性、经济可行性和政策可行性等(杨盛元,1996;董昕,2001;张文忠,2001;吕飞、徐苏宁,2002)。影响居民住宅区位选择的基本因素一般可以分为宏观政治经济文化因素和个人社会经济因素,包括收入水平、家庭结构和生命周期的变化、生活方式、年龄因素和社会背景等(杜德斌、崔裹、刘小玲,1996;王益洋,1996;张文忠,2001)。

2. 城市住宅区位空间选择特征研究

从城市住宅开发商的区位选择看,住宅区热点开发区位倾向于接近通往市区的交通干道、自然环境优美、无工业污染源和服务配套设施完善、方便日常生活的外围边缘和郊区(薛德升,1995)。

从居民住宅区位选择特征看,工薪家庭趋向于选择地价较便宜、公共交通方便的地区;高收入家庭青睐环境优美住房设计现代、有良好交通设施的城市外围新开发区;而单身和夫妻家庭除了考虑上下班方便以外,还注重闹市区热闹繁华的都市气氛和丰富多彩的文化娱乐设施;老年"空巢"家庭趋向于选择购物和就医方便、生活设施状况和环境质量好的社区。城市外来人口则往往倾向于选择地价便宜、靠近工厂地段,对环境没有过高要求(杜德斌、崔裹、刘小玲,1996;张文忠,2001)。

3. 住宅区位模型研究

范炜(2001)以南京市为例,选取价格、交通和环境(社会和自然)构建了一种简单的住宅区位评价函数模型,并应用到南京市的实证分析中进行修正。

叶蜀君(2002)从城市居民出行的目的、时间、流量及其空间分布等变量建立了居住选址决策的函数模型,用以分析城市住宅区位选择的决策方案。

冰河、史永亮(2003)以城市居住空间为切入口,探讨了模型技术在居住空间分布格局分析与演进预测中的应用,建立居住空间分布区位—分配模型、居住空间规模分布的重力模型和居民个体居住空间选择模型等,他们的研究是将数量方法与模型技术应用到城市居住区位空间选择中的一种尝试。

(二) 餐馆(饭店)区位研究

区位是导致餐馆成功的重要因素。徐险峰(1994)以广州市区为例,运用 R-Q 型对应因子分析法研究了快餐连锁业的区位选址问题。台湾学者曾国雄、詹美华、陈君杰等(Gwo-Hshiung Tzeng, Mei-Hwa Teng, June-Jye Chen, 2001)运用 AHP 方法,建立了餐馆的多标准区位评价指标体系,构建多标准区位模型,对台北的日本投资餐馆区位选择进行了研究,得出影响餐馆区位的五个因素包括交通、商业区、经济、竞争与环境,最后总结出餐馆两个可能区位选择:第一个是在扩展的商业中心,两条地铁的交叉口;第二可供选择的是在新城市政治与管理中心。

赵新民(2002)从综合的角度研究了城市餐饮企业的区位选择评价过程,指出消费人口、交通因素、环境等是影响餐饮企业的最主要因素。认为高档豪华的餐馆区位选择应该注意交通条件、环境状况、顾客阶层和喜好等;大、中型餐馆则应注意流动人口密度、商务旅游活动等;普通餐馆应该接近居民小区等。胡志毅、张兆干(2002)以南京为例,研究了城市饭店的区位选择与空间布局,指出影响饭店布局的区位因素包括市场、交通、商业设施集聚(繁华度)、消费者因素和地价水平等。

李新阳(2006)以上海市中心城区餐饮业的区位选择为研究对象,从宏观、中观以及微观层面分别描述餐饮网点分布特征,分析各因素对餐饮网点分布的影响。在机制解析方面,从在宏观和中观背景影响下的成本和收益对于餐饮分布的影响角度全面阐释了餐饮网点分布、餐饮空间结构形成的作用机制。研究结果表明,经营者的选址决策行为是在消费者需求和构成的差异性、该地区原先的餐饮网点构成以及其他产业部门影响的多重制约下作出的不完全理性的选址行为。这种选址行为是周边社会空间、物质空间和产业空间共同影响的结果。社会空间结构、物质空间结构以及产业空间结构会最终共同决定餐饮空间结构。但在城市不同区位,针对于餐饮的不同类别,三大空间结构对于餐饮空间结构的影响力各不相同。

(三)娱乐服务设施区位研究

余向洋、王兴中(2003)从人本主义视角,运用行为和实证主义方法,在总结国内外商业性场所研究基础上,构建了商业性娱乐场所的空间形成与分布规律,指出影响商业性娱乐场所的区位因素有兴趣引力、区域知名度、场所的可视性和可进入性。

(四)评述

1. 国内对消费性服务业区位研究成果不多,研究范围较窄,各行业研究进展不平衡。国内对消费性服务业区位的研究主要集中在城市居住(住宅)区位研究方面,住宅区位研究在理论和实证方面相对较为成熟,其他行业的研究仅涉及酒楼餐馆和娱乐业,许多领域处于待研究状态。

2. 理论创新不足,技术方法落后。与国外相比,国内研究对基于人本主义的消费者行为、社会学角度研究关注不够,数量模型的应用也并不十分普遍,理论创新有待加强。

四、社会性服务业区位研究

(一) 公共设施区位研究

城市公共设施是为城市产品和要素的再生产提供一般公共条件和社会化服务的项目,包括城市基础设施和城市公共事业服务设施。它既具有一般公共物品的特点,也具有一般基础结构的特性。效率与公平是公共设施区位要考虑的两个最基本问题。城市的增长与土地增值显著地受城市公共设施的供给约束,具有外部效应的城市公共设施,如学校、医院等是影响社区生活水平的重要因素。

影响公共设施区位的决定性因素主要有人口的数量、分布及其密度、人口构成特征等,交通便利性或易接近性等。颜辉武、涂超等(2001)根据公共设施供给与规划的理论,提出了城市公共设施规划评价效应的数学模型。

程文、赵天宇(2003)探讨了城市大型公共设施布局在边缘区的特点,分析影响区位选择主要因素:地价低廉、土地供给充足、环境较好、投资成本较低等。

(二) 医疗设施区位研究

传统的医疗设施布局主要考虑了自然地理环境、交通便利等外部因素和医疗服务供给等因素。彭希哲、梁鸿(1995)基于人口预测和需求预测,对上海金桥区的医疗设施布局进行了规划分析。梁鸿(1995)分析了上海市医疗设施布局的基本情况,得出上海市医疗设施空间布局不均衡,基本格局是由市区—近郊—远郊逐步递减的分布趋势。韦惠兰、白建明(1996)从人口数量、人口密度和地域、职业分布等角度分析了白银市的医疗设施布局配套等问题。

黄锡缪(2003)探讨了特殊医疗设施——传染病和应急医疗设施的区位问题,指出这些医疗设施区位选择一般在城市近郊区,远离人口稠密区,自然环境和空气质量高,地势平坦、地基较好,同时交通便利、拥有必要的基础设施等。

(三)教育文化体育设施区位研究

首先是高等教育设施布局问题。罗守贵(2000)从宏观区位环境如区域经济文化发展水平,中观城市规模与经济科技发展水平和微观城市内部环境优雅、偏离闹市区、交通便利、信息集散高效和生活设施完善的区位等角度,研究高校布局的区位条件。肖玲、陈忠暖(2002)从宏观、中观和微观角度分析了广州大学城区位选择的合理性和可行性。

其次是文化设施区位布局问题。段成荣、谭砢(2002)根据人口数量与分布、人口对文化设施的需求等因素分析了宁波城市文化体育等设施的区位布局问题,认为这类设施一般随人口的分布与密度、居住区的区位等有着密切的关系。

(四)休闲娱乐设施——(主题)公园区位研究

主题公园是一种人造旅游资源和公共休闲空间,保继刚(1994)分析了主题公园的特点,进一步探讨了影响其布局的几个重要因素是城市感知形象、适宜的区位、适度的集中与分散等。同时,保继刚(1994)研究了深圳、珠海大型主题公园的布局问题,指出其区位的影响因素有主题公园的空间竞争和生命周期。葛公文(1999)分析了影响主题公园布局的因素分为区域经济发展水平、人口规模分布与客源市场、交通条件和当地旅游资源情况等。黄秀琳(1999)对主题公园布局进行了研究,除了上述影响因素外,还提到了良好的可进入性、足够的基础设施、地价等。傅军(1999)探讨了主题公园的区位选址问题,首先探讨了客源市场、区域经济发展水平。最后归纳了主题公园的区位条件为人口密度大、出游率高、居民收入高、消费能力强、人口素质高、爱好广泛,经济发达、基础设施完善,旅游资源缺乏和政府的支持等。

(五) 评述

国内对城市公共服务设施区位的研究在 20 世纪 90 年代以来开始出现,关于主题公园的区位研究是最早开展而且相对比较深入、成熟的领域,逐步形成了比较系统的理论与实证研究成果。其他领域则在城市规划中有较多探讨,但理论研究比较薄弱。相比国外而言,国内的公共设施研究的数量化和模型化程度很低,而国外已经出现了大量的数量化模型,其基础理论是福利经济学。随着城市经济的发展和市民生活水平的不断提高,对公共设施的需求将日益增大,如何引导公共设施科学合理布局是关系到公共设施实现公平与效率的关键,因此应加强对公共设施的系统研究,不断完善公共设施区位理论研究,以期更好地指导实践。

五、服务业区位综合研究

(一) 服务业区位的一般理论分析

国内从综合角度研究服务业区位问题的成果极少。张文忠(1999)首先将服务业分为个人和家庭服务业、以企业为对象的服务业、具有事务所性质的服务业和公共设施服务业四类,分析了四类服务业的区位特征:第一类服务业区位特征类似于零售业,第二、三类服务业具有城市中心区向心集聚的区位特征、而公共设施服务区位选择主要考虑公平与效率因素等。其次,阐述了服务业区位经典理论如中心地理论、地租理论集聚理论和公平与效率兼顾理论等。再者,介绍了美国、西欧和日本等发达国家服务业区位分布特征;最后探讨了我国大都市服务业区位的总体分布特征与趋势。

(二) 服务业区位实证研究

林锡艺(1999)从综合的角度对广州市八区的服务业发展及其空间分布特征进行了分析。按西方服务业四分法,将服务业分为分配性服务业、生产性服务业、消费性服务业和社会性服务业四大类别,在此基础上对广州市服务业的发展及其内部结构变动,服务业在广州市经济体系中的地位与作用等进行了剖析,然后从集聚度、服务机构和就业的空间分布及其增长的地域类型等方面进行了区域分析与比较,最后探讨了服务业空间分布的影响因素。该成果对服务业的分析较为全面,但理论深度不够,也没有进一步揭示不同类型服务业区位分布的内在联系、区位模型、及服务业区位的演变趋势。

总体而言,国内的服务业区位综合研究明显不足,基本还停留在一般分析层面,没有全面系统地总结出服务业各分支行业在城市内部的区位特征、空间模型,以及它们的内在联系与相互影响等,同时对信息技术影响下的服务业区位特征也有待深入研究。

六、国内服务业区位研究评述

我国的服务业区位研究是从介绍西方经典区位理论起步的,经过20多年的应用、发展和创新,服务业区位论逐步成为区位论中举足轻重的分支学科。然而,相比国外的服务业区位论研究,国内研究还不成熟,相比地理学其他领域的研究,服务业区位研究明显不足,发展水平相对滞后。可以从以下几个方面加以概括。

(一)国内研究起步较晚,发展不平衡,研究范围较窄

20世纪80年代以后,国内服务业区位研究才逐步展开,早期的研究主要集中在商业地理学的学科体系构建领域和城市内部零售商业区位与空间布局研究,信息产业和生产性服务业区位、住宅等消费性服务业区位研究和公共服务设施区位直到1995年以后才开始受到关注。各领域的研究不平衡,零售业商业区位与空间布局是研究的核心课题,文献最为丰富,学科理论体系相对成熟;住宅区位、信息产业区位也受到较多的关注,而其他新兴领域如生产性服务业区位、消费性服务业等区位研究刚刚起步,往往浅尝即止,缺乏持续性和连贯性。尽管随着信息网络技术的进步与推广,新兴服务业不断涌现,鲜有学者涉足,研究范围有待进一步拓展。

(二)理论发展明显滞后,学科体系尚未形成

纵观国内区位理论研究,基本还停留在介绍和应用西方服务业区位理论,循着西方的研究轨迹逐步跟进的阶段,实证研究是最大的特色。中心地理论早在1970年以来逐步退出了西方研究的核心领域,但国内仍然视其为核心指导理论大肆加以运用,极少有新的理论

与模型创建;服务业区位理论相对零散,尚未形成体系化,学科的整合与创新有待进一步加强。另外,学科之间的交叉与融合明显不足,国外已经越来越多地借鉴其他学科如社会学、行为学、经济学等学科的理论与方法来充实服务业区位理论,但国内研究很少吸收其他学科的成果,不利于学科发展。

(三)定性研究为主,数量化、技术手段不足

尽管国内服务业区位的研究论文越来越多,但真正经过严密的数学推导、既有理论深度又有应用价值的成果很少,大多数研究多以统计描述和定性分析最多,数量方法的应用和模型化难以推广。此外,研究的技术手段相对落后,对信息技术发展带来的新技术手段应用很少,GIS 技术还没有得到推广。特别是对新技术条件下交通通讯发展(地铁、电子商务等)对商业零售区位、生产性服务业区位影响的研究明显不足。

(四)城市内部微观研究有待深入,综合研究需要加强

20 世纪 80 年代国内服务业区位的研究如零售业商业、信息产业、住宅区位和公共设施区位等,主要从宏观区域尺度入手,研究区域或城市内部服务业的空间布局问题。但是从服务业内部行业的角度、甚至从企业的区位选择行为的微观区位研究较少,这难以从根本上揭示不同类型服务业在城市内部的区位选择规律和区位分布特点、及不同类型服务业的区位选择的影响因素,因而难以为服务行业的区位选择和布局提供科学的依据与参考。另外,国内服务业区位研究已经逐步深入到各个分支领域,专题研究不断深化的同时,许多新兴研究领域不断涌现,使得学科的内容变得庞杂、理论零散、不成

体系,学科的综合体系难以形成,在一定程度上影响了服务业区位学科的成长与建立,这也是服务业区位落后于农业区位理论和工业区位理论的原因所在。时代的进步推动着学科的发展,必然要求服务业区位研究向综合化、体系化方向发展。

第四节 国内外服务业区位研究对比

一、国内外服务业区位研究的总体对比

国外服务业区位研究远早于国内,研究体系相对完善,研究方法与技术手段数量化和模型化十分普遍,理论发展与社会发展同步;研究越来越多样化、微观化和人本化,研究主要集中于生产性服务业、零售服务业、居住区位及公共服务设施等领域,越来越关注信息技术对服务业区位的影响。

国内服务业区位研究起步很晚,远远落后于国外;研究主要集中在零售商业区位方面,相对成熟;生产性服务业区位研究处于早期,社会性服务业和消费性服务业区位等领域涉及很少,研究范围小、发展不平衡,体系不完善;理论创新不足,主要是借鉴国外已有理论,方法与技术手段较落后,对信息技术的影响关注明显不够。国内外均对城市内部空间尺度的服务业区位研究不足,理论系统综合化有待进一步强化。

二、国内外不同类型服务业区位研究比较

关于国内外不同类型服务业区位研究的总结和比较请见表2—5。

表 2—5 国内外不同类型服务业区位研究

类别	国外研究	国内研究
生产性服务业区位	研究始于 20 世纪 60 年代末,办公区位研究最早最成熟,成果最多;80 年代以来研究领域扩展,出现多样化趋势;90 年代以来信息技术影响下的生产性服务区位受到关注,商务服务、信息咨询服务区位研究日益增加;实证调查基础上的数量化、模型化研究和区位因素评价是主流;没有统一的理论模型和完善体系,综合研究有待加强。	国内研究始于 20 世纪 90 年代中期,明显落后于国外,信息产业是最早研究的领域,取得较为系统的成果;此外,办公活动是另一主要研究领域,但研究深度不够,系统性不强;研究领域狭窄,研究成果较少;理论和方法主要参照西方成熟理论,创新不足;研究领域有待进一步拓展,系统综合研究需进一步强化。
分配性服务业区位	始于 20 世纪 20 年代,零售业区位是研究最早、理论体系最完善、数量模型最多、成果最丰富的领域,信息技术的影响使其走向人本化和微观化趋势;交通设施、批发业、物流等区位研究也有涉及,理论与模型发展较为成熟;信息技术影响下的分配服务业开始受到关注,体系化与综合研究不够。	国内研究起步较晚,始于 20 世纪 80 年代初期,零售商业区位是研究最早、持续时间最长、成果最丰富的领域,早期的指导理论是中心地理论,近年来逐步引入西方理论出现微观化人本化趋势,理论创新不足、数学模型极少,技术手段落后;批发、物流和交通区位研究较少,学科发展不平衡。
消费性服务业区位	居住(住宅)区位是研究最多的一个领域,理论体系相对完善和成熟,数学模型比较丰富;早期的指导理论是社会学和生态学,后工业社会和信息社会人本主义理论影响显著,区位选择模型和住宅区位影响因素是研究的主体;研究领域狭小,综合研究明显不足。	国内关于住宅区位研究始于 20 世纪 90 年代中期,主要集中在区位因素、区位选址等方面的研究,以定性为主,数量模型极少,理论方法落后;此外,对餐馆和城市酒店区位、娱乐场所略有涉及,但研究成果少。总体而言,研究领域小,以描述性为主,理论创新明显不足,综合研究需要强化。

续表

类别	国外研究	国内研究
社会性服务业区位	公共设施是最核心的研究领域,始于20世纪60年代末,理论体系完善、数学模型丰富;研究领域涉及医疗、教育、公园、文化设施、有害公共设施等的区位、效率与公平与负面影响;由数量标准化时代走向了人文主义时代;综合研究需要强化。	国内对公共设施区位研究始于20世纪90年代,涉及的领域有一般公共设施、医疗设施、教育设施、休闲设施(主题公园)等,仅主题公园成果较为系统丰富。总体而言,成果少而且零散,研究方法落后,以描述为主,理论创新不足,系统、综合研究需要强化。
服务业区位综合研究	综合研究成果较少,仅有1985年P. W. Daniels从地理学角度研究服务业的成果;1994年Jiangqun对美国服务业就业区位的研究,1996年Illeris从经济学角度涉及了城市内部服务业区位问题,但上述研究缺乏系统、综合,理论体系分散,内容松散,联系不紧密;综合研究有待强化。	国内综合研究的成果出现在20世纪90年代末,主要体现为张文忠对服务业区位一般理论分析和林锡艺对广州服务业区位的实证研究,前者研究停留在简单的描述统计分析,而后者则侧重于广州市服务业空间分布特征的归纳。缺乏完整、严密的理论体系的构建和数学模型的应用,有待深入。

资料来源:根据综述资料整理而得。

第三章 大都市服务业结构特征与发展趋势

第一节 国际大都市服务业结构特征与发展趋势

一、全球服务业发展和内部结构新趋势

(一) 全球服务业的发展趋势

如第一章所分析的结论,20世纪80年代以来,全球经济普遍出现了"服务化"趋势。1990~2003年,发达国家服务部门的年均增长率为3.1%,发展中国家为3.8%。高收入国家服务业占GDP的比重从1990年的62%上升到2003年的70%,中等收入国家和低收入国家的这一比重分别从46%、41%上升到54%、49%。发达国家服务业对GDP和就业贡献的增长主要来源于金融、保险、房地产和商务服务业,这类服务业属于新兴生产者服务业,具有较高的生产率。而发展中国家服务业增长的主要动力是商业、酒店业、交通业和通讯业等相对传统的服务行业(万军、刘秀莲,2006)。

赵勤(2004)认为,世界服务业的发展有六大趋势:①知识密集型服务业迅猛发展;②服务业的信息化趋势增强;③服务业的生产化与

标准化趋势;④服务业的国际化趋势;⑤服务业的混合经营趋势;⑥环境服务业有较强的发展势头等。马春(2005)总结了世界生产性服务业四大发展趋势:生产性服务业的规模不断壮大,与制造业的关系日趋紧密,服务外包化趋势明显以及服务业集群化特点等。

(二)世界服务业内部结构变化趋势

20世纪90年代以来,新一轮信息技术革命将全球推进了知识经济时代,全球服务业内部结构发生了调整和变化,并出现了新的特征与趋势。

表3—1 发达国家服务业各部门在1987~1997年的变化

国家	批发、零售、餐饮和旅馆	运输、仓储和通讯	金融、保险、房地产和商务服务	公共管理及国防	教育、卫生、社会服务及其他
澳大利亚	0.9	−0.2	4.2	0	1.3
加拿大	−1.1	−0.5	2.1	0.8	1.7
法国	−0.2	−0.3	2.5	1.0	1.0
德国	0	−0.4	2.7	−0.3	0
日本	−1.4	0	1.3	−0.1	3.7
英国	0.8	0.2	3.5	−2.9	4.7
美国	−0.1	−0.4	3.1	−0.4	1.7

资料来源:李善同、华而诚,2002。

根据李善同、陈波等(2002)的研究,近年来世界服务业的内部结构出现了以下特征(表3—1)。①高级生产性服务业如金融、保险、房地产和商务服务等对经济增长的贡献越来越大。②现代服务业的就业比重增长幅度最大。生产性服务业如金融、保险、房地产和商务服务就业比重增幅最大,其次是教育、卫生、社会服务及其他。③知识密集型服务行业增加值和就业比重的增长幅度最为迅速。包括新兴服务行业中的商务服务业,还有金融、保险、房地产等行业增长最快,其次是教育、卫生、社会服务等。④技术创新越来越依赖于服务业,是服务业的主要使用者,也依靠服务业来推广应用,并促进技术创新项目之间的相互沟通。而服务业的发展也越来越需要研究与技术创新的支持。

二、国际大都市服务业结构特征及演变

城市是区域发展的极核,也是服务业集聚的场所和中心。服务业自产生以来,一直是古今城市经济体系中的基础产业,是城市生存的重要基础功能,服务业的高度集聚是城市经济的基本特征之一。20世纪60年代以来,在西方发达国家的大都市,特别是国际大都市中,服务业已经占据绝对主导地位,而随着信息技术的发展,国际大都市(世界城市)服务业内部结构及功能出现了新的变化。

(一)国际大都市的层次

由毕韦斯道克(Beaverstoch)和泰勒(Taylor)所代表的 GaWC(全球化与世界城市研究小组及网络)根据在银行业、会计业、法律业、广告业等领域所挑选的全球服务公司的活动频率和所占的比重,对世界城市进行定义和排序,从全球122个城市的数据分析中(1~12分之间),选出其中的55个为世界城市(Beaverstoch et al.,1999;Beaverstock,Smith,Taylor,Walker and Lorime,2000)分为 α、β、γ 三类(表3—2)。

表 3—2 世界城市分类表

类别	城 市	世界城市赋值
α	伦敦 纽约 东京 巴黎	12
	芝加哥 法兰克福 香港 洛杉矶 米兰 新加坡	10
β	旧金山 悉尼 多伦多 苏黎世	9
	布鲁塞尔 马德里 墨西哥城 Sao Paul	8
	莫斯科 汉城	7
γ	阿姆斯特丹 波斯顿 达拉斯 杜塞尔多夫 日内瓦城 休斯顿 雅加达 约翰内斯堡 墨尔本 大阪 布拉格 圣地亚哥 台北 华盛顿特区	6
	曼谷 北京 罗马 斯德哥尔摩 华沙	5
	亚特兰大 巴塞罗纳 柏林 布宜诺斯艾利斯 布达佩斯 哥本哈根 汉堡 伊斯坦布尔 吉隆坡 马尼拉 迈阿密 明尼阿波利斯 蒙特利尔 慕尼黑 上海	4

第一层次(α)是最重要的 10 个世界城市,如纽约、东京和伦敦、巴黎、芝加哥、法兰克福、香港、洛杉矶、米兰、新加坡等,它们位于全球城市体系中的最顶端,集中了世界上最重要的国际银行、金融机构和跨国公司总部等管理与控制机构,发挥着全球性的战略作用和影响;第二层次(β)约 10 个世界城市,如旧金山、悉尼、多伦多、苏黎世、布鲁塞尔、马德里、墨西哥城、Sao Paulo 等经济实力雄厚,功能相对齐全,能够在世界上几个主要地区和国家的经济、政治、文化领域发挥主导作用的城市。第三层次(γ)约 35 个国际或地区中心城市,主要是一些迅速崛起的国家和地区首要城市,一般为该国家或地区首位城市或政治、经济、文化、科技中心和对外联系的窗口,是主要的航空港或信息中心;如阿姆斯特丹、波斯顿、达拉斯、杜塞尔多夫、日内瓦城、曼谷、北京和上海等新兴准国际大都市。以上三个层次的国际大都市构成了全球城市体系的顶层,主宰和支配着世界的政治、经济、文化格局。

表3—3　国际大都市1990~2000年行业就业比重变化

单位:%

种类	城市类型	年份	建筑业	制造业	批发零售、酒店餐饮	公用事业、交通仓储、通讯、采矿	金融保险、房地产、商务服务	信息服务	其他	服务部门总和	非农部门总和
平均就业增长率	αWC	90年代	2.12	-2.58	1.39	2.29	4.91	2.23	4.61	—	1.24
	βWC	90年代	3.59	-1.22	5.33	2.29	6.38	5.03	4.21	—	2.50
	西方WC	90年代	2.43	-1.26	1.61	2.25	4.77	4.26	3.45	—	1.84
	亚洲WC	90年代	4.25	-2.67	8.34	2.37	7.95	—	6.19	—	2.39
各产业平均就业比例	αWC	90年代早期	5.22	21.18	21.96	7.68	18.77	3.03	24.18	75.62	100.00
		90年代末期	5.58	13.87	22.38	8.01	23.23	3.64	25.72	82.98	100.00
	βWC	90年代早期	5.78	20.00	21.28	7.49	16.33	2.18	27.95	75.23	100.00
		90年代末期	6.01	13.76	22.95	7.15	20.24	2.66	28.47	81.47	100.00
	西方WC	90年代早期	4.61	15.62	21.91	7.19	20.48	2.41	28.52	80.51	100.00
		90年代末期	4.69	11.13	21.41	7.10	24.77	2.93	28.88	85.09	100.00
	亚洲WC	90年代早期	7.49	30.08	20.78	8.31	10.77	—	22.57	—	100.00
		90年代末期	8.15	19.16	25.39	8.22	14.53	—	24.55	—	100.00

资料来源:Kim Hun-Min, 2004。

(二) 国际大都市服务业就业比重及内部结构

国际大都市的服务业就业占据主导地位。根据表3—3的数据显示,2000年国际大都市的服务业就业比重均在70%以上,其中α和β组城市、西方国际大都市的就业比重超过了80%,产值比重则更高。从1990~2000年的变化看,服务业就业比重呈显著的上升趋势。

从表3—3分析,国际大都市服务业一般的就业结构为:公共管理、医疗、社会工作、社区和个人服务业占有较大比重,其次是批发零售餐饮酒店服务业,再次是金融、保险、房地产、商务服务业,交通仓储通讯采矿业和信息服务业比重较小。但不同级别的国际大都市服务业就业结构差异较为明显。

从表3—4分析得出,α级国际大都市的金融保险、房地产、商务服务业和公共管理等就业比重较高,如纽约(28.88%、37.42%)、伦敦(33.03%、26.63%)、华盛顿(26.13%、39.1%)、芝加哥(24.01%、27.95%)、巴黎(23.72%、33.78%)、洛杉矶(20.06%、29.46%),其传统批发零售等服务业比重较低;而β和γ级国际大都市的批发零售、酒店餐饮等传统服务业就业比重较大,如汉城(33%)、香港(30.7%)、台北(30.25%)、休斯敦(23.3%)、波斯顿(20.83%)等,而金融保险等生产性服务业比重较低。这说明α级国际大都市的生产性服务业和社会服务业较发达,服务业结构层次较高,而β和γ级城市的传统服务业仍占有重要地位,服务业结构层次较低。

第三章 大都市服务业结构特征与发展趋势

表 3—4　1990～2000 年国际大都市服务业结构特征及变化

单位：%

城市	年份	建筑业	制造业	批发零售、酒店餐饮	交通仓储、通讯、采矿	金融保险、房地产、商务服务	信息服务	公共管理、社会工作、医疗、社区和个人服务
纽约	1990	3.20	7.44	17.42	5.54	27.73	3.57	35.09
	2000	3.23	4.75	17.11	4.53	28.88	4.07	37.42
芝加哥	1990	4.37	16.78	23.71	5.40	21.13	1.81	26.81
	2000	4.54	13.50	22.46	5.76	24.01	1.78	27.95
洛杉矶	1990	3.15	19.63	21.35	4.86	19.89	3.70	27.06
	2000	3.23	15.01	21.91	5.24	20.06	5.08	29.46
华盛顿	1990	6.07	3.50	20.31	4.09	22.26	2.71	41.04
	2000	5.54	3.05	18.92	4.14	26.13	3.10	39.10
旧金山	1990	3.51	19.63	21.35	4.86	19.89	3.70	27.06
	2000	3.23	15.01	21.91	5.24	20.06	5.08	29.46
波士顿	1990	3.19	13.64	22.59	3.34	21.65	2.46	33.13
	2000	3.77	9.49	20.83	3.65	25.99	3.07	33.19
休斯顿	1990	7.32	10.88	24.41	10.09	19.09	1.30	26.90
	2000	7.47	10.01	23.30	9.46	20.67	1.17	27.91
伦敦	1990	3.70	9.90	20.20	10.30	26.50	—	29.40
	2000	3.30	6.51	22.22	8.31	33.03	—	26.63
巴黎	1990	6.27	18.33	16.61	9.93	18.53	—	30.33
	2000	4.29	12.29	16.16	9.75	23.72	—	33.78

续表

城市	年份	建筑业	制造业	批发零售、酒店餐饮	交通仓储、通讯、采矿	金融保险、房地产、商务服务	信息服务	公共管理、医疗、社会工作、社区和个人服务
东京	1991	6.90	17.50	31.29	6.99	20.04	—	17.27
	2001	5.88	12.76	31.61	7.01	23.47	—	19.28
柏林	1990	6.91	25.36	16.63	8.01	11.34	—	31.75
	2000	7.94	12.61	16.47	7.52	20.55	—	34.92
米兰	1990	4.12	44.83	18.22	4.84	16.59	—	11.41
	2000	3.19	28.79	20.00	10.03	26.28	—	11.72
新加坡	1990	6.51	28.27	22.72	10.55	10.74	—	21.21
	2000	13.11	20.81	19.20	9.78	15.43	—	21.66
汉城	1990	7.36	41.64	14.49	10.45	17.13	—	8.93
	2000	6.62	15.90	33.00	7.90	17.58	—	18.99
香港	1991	8.41	27.94	26.16	10.70	7.76	—	19.04
	2000	9.43	10.43	30.70	11.68	14.16	—	23.60
台北	1990	6.38	19.44	32.02	8.83	9.48	—	23.85
	2000	5.64	14.90	30.25	7.58	16.31	—	25.31
北京	1993	13.41	34.22	9.82	6.03	7.57	—	28.96
	2000	11.81	23.68	14.23	7.06	9.48	—	33.73
上海	1993	4.45	56.24	8.79	6.80	2.75	—	20.99
	2000	5.47	42.82	15.02	6.42	4.60	—	25.68

资料来源：Kim Hun-Min, 2004。

（三）国际大都市服务业就业比重增长及结构变化

1. 服务业就业变化的总体趋势

世界城市的产业就业特征表现出大范围的差异性。汉城经历过就业人口增长速度最快的时期，高达11.7%。柏林、亚特兰大和新加坡也曾经拥有每年高过4%的高增长率。德国统一后，柏林成为首都是其快速职业增长的最合适的理由。汉城的就业过度增长可以解释为20世纪90年代汉城周边地区人口总量的快速增长，导致了汉城大都市区人口的空前聚集。

相比而言，巴黎、东京、洛杉矶、北京和上海的就业呈明显的负增长。就北京和上海而言，就业人口的下降归因于工业向服务业的产业转型时期在这些城市刚刚开始，制造业人口的大量减少所导致的结果。

2. 不同等级国际大都市服务业结构的变化

表3—3显示，比较西方与亚洲城市，亚洲世界城市拥有高得多的建筑业和制造业比重，而在金融保险、房地产、商务服务方面则低得多。正如希尔和肯（Hill and Kim，2000）所提到，世界城市发展水平模型亚洲不同于西方城市，如东京和汉城不同于纽约，由于最大的公司大多数是建筑公司和制造业企业，仅有少数是金融和生产性服务业领域。此外，如吉隆坡所显示的那样，生产者服务业大多数是当地市场指向型，依赖于国内市场和有限的国际交易（Morshidi，2000）。这些差异或许也适用于批发零售等服务部门，它们的份额在西方城市轻微下降，而在亚洲城市则是增长趋势。

90年代期间,α城市和β城市中产业结构均发生了显著变化,以至于建筑业、批发零售酒店餐饮、金融保险房地产商务服务和其他服务部门的比例呈增长趋势,而制造业比重则下降。公用事业、交通、仓储、通讯在α城市呈增长趋势,但在β城市则呈下降趋势。

从行业就业的增长率看,贸易、酒店、餐馆等部门的增长率在两类世界城市之间存在巨大差异,其次为金融,房地产和商务服务部门,除了这些产业部门外,亚洲国际大都市在医疗保健、社会服务、社区服务、个人服务和政府服务部门的增长率全部超过西方国际大都市。

平均增长率最高的行业是金融、房地产和商务服务等生产性服务业,其次是批发零售酒店餐饮服务业,再次是信息服务业和公共服务业等。

表3—3还显示,从不同等级国际大都市比较分析,服务业的就业增长率在α和β世界城市中均非常明显突出。但是,α类国际大都市的其他服务业在所有服务业比较中,有很高的增长率(4.61%)。β国际大都市在贸易、酒店、餐饮等方面有实质性增长(5.33%)。所有的国际城市在工业领域比重都呈下降趋势。在所有国际大都市中,亚洲国际大都市的服务业增长都很快,如新加坡、汉城、香港、台北和北京等,批发零售酒店餐饮等服务业增长速度最快,达8.34%,其次是金融保险房地产等生产性服务业(7.95%),其他服务业(6.19%),公用事业增长较慢(2.37%)。相反α类国际大都市的服务业就业增长率较缓慢,如纽约、伦敦、巴黎、东京、芝加哥、华盛顿、旧金山和波士顿等;β国际大都市的服务业就业增长率居于其次。

第三章 大都市服务业结构特征与发展趋势

表 3—5 国际大都市 1990~2000 年各产业就业年均增长速度

单位:%

城市	建筑业	制造业	批发零售、酒店餐饮	交通仓储、通讯、采矿	金融保险、房地产、商务服务	信息服务	公共管理、医疗、社会工作、社区和个人服务
纽约	0.53	-3.33	0.25	-1.46	0.87	1.92	1.13
芝加哥	1.88	-0.81	0.82	2.19	2.98	1.25	1.91
洛杉矶	-0.92	-2.47	0.11	0.62	-0.06	3.52	0.72
华盛顿	0.74	0.26	0.96	1.92	3.81	3.46	1.21
旧金山	-0.92	-2.47	0.11	0.62	-0.06	3.52	0.72
波士顿	3.23	-2.22	0.31	2.21	3.43	4.00	1.21
休斯顿	3.18	1.88	2.33	2.11	3.98	1.57	3.40
伦敦	1.00	-1.90	3.56	-0.06	5.36	—	1.16
巴黎	-3.71	-3.86	-0.59	-0.50	2.73	—	24.53
东京	-1.65	-2.85	-0.09	-0.17	1.49	—	0.95
柏林	6.61	-2.81	4.32	3.57	16.20	—	5.90
米兰	-1.05	-2.58	2.69	13.97	8.31	—	1.88
新加坡	19.64	0.14	1.80	3.04	10.83	—	4.50
汉城	9.45	-1.71	39.47	6.42	12.29	—	36.21
香港	3.35	-5.56	3.96	2.99	11.70	—	4.75
台北	-0.59	-1.84	0.06	-0.85	8.32	—	1.30
北京	-2.04	-4.66	5.88	2.02	3.14	—	1.91
上海	1.32	-4.63	7.40	-2.30	6.95	—	1.24

资料来源:作者整理。

注:N.A 为数据不可得。

三、大都市服务业结构、功能小结

通过上述分析,可以总结出国际大都市的结构特征、功能特征及其发展趋势。

(一)国际大都市服务业结构特征

第一,服务业高度集聚,并占据绝对主导地位。这是典型大都市的最基本特征,不论服务业增加值占 GDP 比重,还是服务业就业人口占总人口的比重,都占据绝对优势。如 1995 年东京的服务增加值比重为 72.3%,2002 年新加坡的服务业就业比重达 71.1%;香港 1999 年的服务业增加值比重高达 85.6%,就业比重为 78.6%(郑琴琴,2003;国际信息统计中心,2003)。

第二,服务业的结构完善,辐射功能强大,服务经济实力雄厚。不论生产性服务业、分配性服务业、消费性服务业还是社会性(公共)服务业,都得到充分发展,服务功能体系十分完善,服务业具有强大的经济实力、影响和辐射力(刘荣增,2002)。

第三,生产性服务业(综合商务服务业)高度发达,是全球高级生产性服务业集聚中心。如金融、保险、房地产和会计、法律、信息咨询等商务服务业的增加值比重占整个服务业的主导地位,这位跨国公司总部运营提供了重要保障(金建、杨希纯,1995;褚劲风,1996;郑琴琴,2003)。

第四,信息服务业与信息产业发展迅速,成为大都市经济增长的重要动力。信息服务业是信息技术在服务行业中广泛应用的结果,它大大提高了传统服务业的运行效率,形成新兴服务行业,进一步强化了典型大都市的控制能力和中心地位(金建、杨希纯,1995;国际信息统计中心,2003)。

(二) 国际大都市的功能特征

大都市是带动全球、区域或者国家和地区经济发展的引擎,一般都具有强大的政治、经济、文化、科技等综合功能,功能结构极其复杂。不同的学者对于国际大都市的定义及其指标或特征概括存在较大差异。

金(King,1990)指出,一个国际城市共有以下之特色:①位于世界经济和领土国家间的结合点,而连接世界经济与国家的是跨国企业与国际金融;②拥有相当量的全球五百强跨国企业总部与国际银行;③大量集中从事生产者服务业之高新国际精英;④全球运输、通讯、制造业和信息、文化之传送中心,而且扮演重要之意识形态和控制能力。

莎森(Sassen,1994)从产业类别与层级在城市中聚集的程度,作为判定城市全球化发展之依据,其对经济全球化下的城市,以"全球城市"的概念说明了为何生产者服务业以及金融业在城市中聚集对其在全球城市体系中的地位与位置有着决对性的影响。莎森提出并定义所谓"全球城市"的意义,并说明在20世纪80年代强化了全球城市的运作功能,显然不是企业的分区生产制度,而是随之而来的因应全球管理与控制能量的扩增。其将全球城市的功能概括为四点:①组织世界经济的指挥中心;②各类金融机构和专业化服务公司的主要选址地点;③金融及专业化服务产业生产创新其产品的地点;④金融机构及专业化服务公司的产品市场地。全球城市拥有上述功能,且集中了对大量资源的控制权。同时,金融及专业化服务产业也重构了城市的社会经济秩序。按照莎森的观点,金融业、市场服务业本身就是大都市国际功能或全球功能的组成部分,即全球城市既是跨国企业的控制中心，也是世界性的生产者服务业产品的创新地和市场地。

根据彼得·霍尔(Hall, Peter, 1966、1984、1998)、弗里德曼等(Friedmann & Wolff, 1982; Friedman, 1986、1995)、莎森(Sassen, 1994、1995)、泰勒、沃克等人(Taylor, 1995; Taylor, 2000; Taylor, Walker, and Beaverstock, 2002)等人提出的关于国际大都市的指标和观点,将国际大都市的特点概括如下。

第一,它是国家和国际政治权利服务中心,首都和国际政府组织或非政府组织所在地。拥有许多国际性政府组织和非政府组织的最高机构,为全世界提供组织、管理与控制、协调等世界公共管理服务,如纽约、伦敦、巴黎和东京等驻有许多国际组织、跨国机构。

第二,它是国际现代商务与生产者服务中心。主要表现在四个方面:首先是跨国公司总部集聚地全球性商业组织所在地;其次是国际贸易与国内贸易中心,如国际性专业交易市场;再次,是全球主要的银行、保险和金融中心,包括大型跨国银行、保险公司、大型投资公司等;最后是全球重要的专业化服务中心,如大型广告代理服务、会计公司、法律服务机构、信息咨询服务业等机构。

第三,它是国际交通运输节点服务中心,如具备完善发达的铁路枢纽、高速公路枢纽、港口和航空运输设施等,尤其是航空运输中心的作用更加明显,为全球提供高质量的完善的交通运输服务。

第四,它是全球信息汇集、处理、传播与扩散中心,拥有发达的通信基础设施、计算机网络和信息传播机构,并提供出版服务、广告服务、翻译服务、广播服务、电视和卫星资料服务等信息服务。

第五,它是国际文化、艺术和娱乐中心,拥有世界级国家剧院、歌剧院、电影电视、艺术中心,博物馆、纪念馆和展览馆等,集聚了一大批世界顶级文化艺术专业人才,以及大型文化传播公司。

第六,它是全球的研究与开发和科技创新中心,拥有高水平科研机构和高素质科研人员,知识密集型产业集聚,信息产业发达;一般劳动力充足、高级科技人才集中。

第七,它是举办大型全球性活动的候选地,具备先进的体育场馆、国际会议展览场馆和高级酒店等完善的配套设施,是国际体育运动中心、国际会议展览中心、全球会议备选地。

第八,它是全球性消费中心,拥有足够大的人口规模,消费需求与消费潜力巨大,消费性服务业发达,消费服务设施完善。

(三)国际大都市服务业发展趋势

近年来,随着世界科技进步和信息技术的飞速发展,经济全球化加剧,新国际劳动分工不断深化,国际大都市的服务业发展出现了一些新趋势,主要表现在以下几个方面。

(1)高级生产性服务业的集聚程度不断加强,在经济结构中的地位越来越重要,低层次服务业开始出现扩散趋势。主要体现在新兴生产性服务业如金融、保险、办公活动和商务服务等行业的最高管理控制服务出现了进一步强化,其在大都市的服务业产值及就业比重逐步上升(张文忠,1999;蔡建明、薛凤旋,2002)。

(2)新兴服务行业不断涌现,服务业的多样化趋势更加明显。由于信息技术的广泛应用,服务部门的分工进一步深化,对服务业的日益增强的需求产生了更多新兴服务业;其中如信息咨询与中介、代理服务业、商务服务等,娱乐消费服务,社会服务等(郑琴琴,2003)。

(3)服务业的专业化水平不断提高。受科技进步和信息技术发展的影响,大都市服务业内部分工进一步细化,而服务业的专业化水平进一步提高；包括会计、广告、管理顾问、国际法律服务、工程服务、信息生产和服务以及其他商务服务等内容,此外还有保证客流、货流在城市内外的安全、便捷地流动而提供的城市交通运输服务,通讯信息服务；为贸易发展提供的中介咨询服务,会务展示服务；为城市居民、旅游者提供的娱乐休闲服务(褚劲风,1996)。

(4) 知识与技术密集性服务业发展最快,并逐步占据主导地位。电子信息技术和互联网是知识与技术密集性服务业发展的核心推动力量,国际大都市的高层次科技人才充足,创新活动十分活跃,依托完善服务体系,知识与密集型产业集群快速发展,并逐步占据大都市服务业的核心地位(金建、杨希纯,1995)。

(5) 大都市服务业体系的国际化日益加深,高等级金融商务活动在全球的影响日益扩大,国际服务贸易占国际贸易的比重不断提高,新兴生产性服务业逐步成为大都市国际贸易的主导行业(褚劲风,1996;郑琴琴,2003)。

第二节 我国大都市服务业结构特征与发展趋势[*]

改革开放以来,我国的工业化进程不断加快,经济结构的开放度日益提高,参与经济全球化的程度不断深化。特别是我国沿海由于开放较早,进入21世纪后,沿海地区工业化已经进入中后期阶段,沿

---

[*] 本节作者已在《经济地理》2004年第5期上发表过,题目是"1990年以来我国沿海中心城市服务业特征与趋势比较研究"。

海地区的中心城市服务业发展迅速,开始出现经济服务化倾向。长江三角洲、珠江三角洲和京津唐城市群作为我国经济最发达、城市化水平最高的区域,其中心城市上海、广州和北京的GDP连续多年居全国城市的前三甲,三者的服务业结构特征及其变化趋势基本上可以代表我国大都市服务业的发展方向。对三个大都市服务业的发展进行比较分析,有利于总结我国大都市服务业内部结构特征、发展趋势及变化。

一、数据来源与研究方法

使用"服务业"这一概念,运用比较分析法对北京、上海与广州三大沿海中心城市的服务业结构特征及其发展趋势进行深入研究。根据西方服务业四分法,将2002年中国国家统计局颁布的《国民经济行业分类》中第三产业的内部各行业进行合并与调整,有选择地归入服务业的四大门类中(表3—6)。由于消费性服务业中的住宿餐饮业、居民服务业近年来才分开统计,"其他服务业"又无法进行归类,故采用"消费性服务业及其他服务业"。

表3—6 服务业分类及其内部构成

服务业分类	服务业内部构成
生产性服务业	信息传输、计算机服务与软件,金融保险业,房地产,科学研究、技术服务和地质勘查
分配性服务业	交通运输业仓储业邮政、批发与零售业
社会性服务业	水利、环境管理和公共设施管理业,教育,卫生、社会保障和社会福利业,文化、体育和娱乐,公共管理和社会组织
消费性服务业	住宿和餐饮业,居民服务和其他服务业

资料来源:闫小培,1999。

数据来源主要是上海、北京、广州三个城市与全国1990年以来主要年份的统计年鉴中关于第三产业内部12个行业增加值与就业人数,按照表3—6的服务业分类标准进行归并,形成生产性服务业、分配性服务业、社会性服务业和消费性服务及其他服务业等四大类别。

二、大都市的产业结构特征

(一)大都市服务业结构变化特征

服务业在我国大都市经济结构中比重不断上升,经济服务化趋势已经出现。改革开放以来全国经济的高速增长推动着产业结构的调整优化,全国第三产业增加值比重逐年上升。自1990年以来,大都市北京、上海和广州的第三产业产值比重上升明显(表3—7),三个城市的第三产业的增加值在GDP中初步占据了主导地位。2005年北京第三产业产值比重为69.1%,上海比重为50.5%,广州比重为57.79%,超过了第二产业而成为比重最大的经济主导部门(第三产业增加值超过第二产业的时间:北京和广州在1994年、上海在1999年)。从第三产业的从业人员比重看,近年来也成为比率最大的部门,2005年第三产业从业人员的比重:北京为66.6%、上海为55.60%、广州为46.19%,表明三个大都市的就业结构也出现了服务化趋势。总之,不论从产值结构还是就业结构,北京、上海和广州已经进入经济服务化阶段。

第三章 大都市服务业结构特征与发展趋势

表 3—7　1990 年来上海、北京与广州三次增加值产业结构变化

单位:%

年份	全国 一产	全国 二产	全国 三产	上海市 一产	上海市 二产	上海市 三产	北京市 一产	北京市 二产	北京市 三产	广州市 一产	广州市 二产	广州市 三产
1991	24.5	42.1	33.4	3.9	64.3	31.8	7.6	48.7	43.7	7.3	46.5	46.2
1992	21.8	43.9	34.3	3.2	63.6	33.2	6.9	48.8	44.3	7	47.2	45.8
1993	19.9	47.4	32.7	2.5	59.6	37.9	6.2	48	45.8	6.4	47.5	46.1
1994	20.2	47.9	31.9	2.5	58	39.5	6.9	46.1	47	6.2	46.8	47
1995	20.5	48.8	30.7	2.5	57.3	40.2	5.8	44.1	50.1	5.9	46.7	47.4
1996	20.4	49.5	30.1	2.5	54.5	43	5.2	42.3	52.5	5.6	46.7	47.1
1997	19.1	50	30.9	2.3	52.2	45.5	4.7	40.8	54.5	5.2	46.5	48.3
1998	18.6	49.3	32.1	2.1	50.1	47.8	4.3	39.1	56.6	4.8	44.9	50.3
1999	17.6	49.4	33	2	48.4	49.6	4	38.6	57.4	4.5	45.7	49.8
2000	16.4	50.2	33.4	1.8	47.5	50.7	3.6	38.1	58.3	3.79	40.98	55.23
2001	15.8	50.1	34.1	1.7	47.6	50.7	3.3	37.8	58.9	3.62	41.89	54.49
2002	15.3	50.4	34.3	1.6	47.4	51	3.1	35.6	61.3	3.22	37.81	58.97
2003	14.4	52.2	33.4	1.5	50.1	48.4	2.7	35.8	61.5	2.93	39.53	57.54
2004	15.2	52.9	31.9	1.3	50.8	47.9	1.6	30.6	67.8	2.63	40.18	57.19
2005	12.4	47.3	40.3	0.9	48.6	50.5	1.4	29.5	69.1	2.53	39.68	57.79

资料来源:国家统计局,2006;上海市统计局,2006;北京市统计局,2006;广州市统计局,2006。

(二) 我国大都市与国际大都市服务业比重的比较

北京等大都市服务业产值或就业比重远低于国际大都市,反映我国大都市服务业发展水平较低。服务业就人数比重一般略高于增加值比重。从表 3—8 可得,1990 年以来部分国际大都市的服务业增加值和就业比重超过了 60% 以上,发展水平最高的纽约、东京和伦敦等国际大都市甚至超过了 80%。与发达国家国际大都市服务发展水平相比,北京、上海与广州的服务业就业比重的差距则在

10%~30%左右,可见我国大都市服务业发展水平与国际大都市差距甚大。

表3—8　上海、北京、广州服务业比重与国际城市的比较　　单位:%

	北京		上海		广州		纽约	巴黎	东京	新加坡		香港	
	产值	就业	产值	就业	产值	就业	就业	就业	就业	产值	就业	产值	就业
年份	2005		2005		2005		2000	1999	1996	2002	1999	2002	1999
服务业	69.1	66.6	50.5	55.6	57.79	46.19	92.01	72.0	82.8	72.5	64.0	87	85.0

资料来源:上海、北京、广州各市统计年鉴,2006;中华人民共和国国家统计局,2005;李善同等,2002。

三、服务业增加值构成与变化趋势

(一) 大都市服务业结构特征

大都市生产性服务业增加值比重占主导地位,其次为分配性服务业和社会性服务业。

从四类服务业增加值构成分析得出(图3—1),首先,生产性服务业比重中居主导地位,北京、上海与广州的生产性服务业增加值比重分别为53.84%、47.95%和38.39%,在各自服务业中居主导地位,广州的生产性服务业比重低于北京与上海。其次,分配性服务业在中心城市服务业中的地位仅次于生产性服务业,广州的比重最高,为37.75%,上海的分配性服务业比重为30.81%,只有北京的比重较低,为22.23%。再次,社会性服务业在大都市服务业中仅次于分配性服务业,北京的比重较高,为18.31%,广州市比重为16.49%,上海略低,为15.81%。可见,生产性服务业正在逐步成为我国大都市服务业的主导行业,分配性服务业和社会性服务业亦占有重要地位,但三大都市服务功能有所差异,北京与上海的生产性服务业发展水平较高,广州市的传统分配和消费服务比重较大。

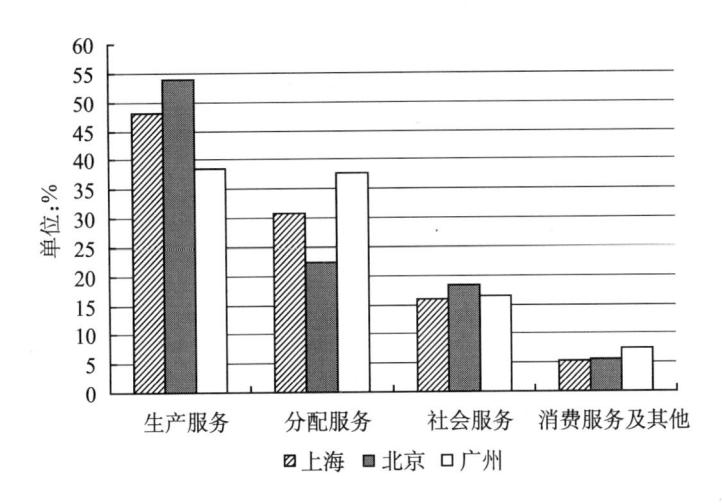

图 3—1 2005 年上海、北京、广州服务业产值结构比较

(二)大都市服务业内部各行业增加值构成特征

第一,在三市生产性服务业产值构成中,金融保险业、房地产业和信息、计算机及软件服务业等占有较大比重,租赁和商务服务及科研技术服务等所占比重较小。但不同城市生产性服务业结构存在差异,北京市的金融保险业(17.57%)和信息、计算机和软件服务(12.25%)占有较大比重,上海市的房地产业(14.63%)和金融保险业(14.61%)均在生产服务业中占重要位置,广州市生产性服务业中,房地产业(11.24%)和租赁与商务服务业(10.33%)占据较大比重,反映了北京市的生产性服务业发展水平最高,上海居于其次,广州市生产性服务业发展水平较低(图 3—2)。

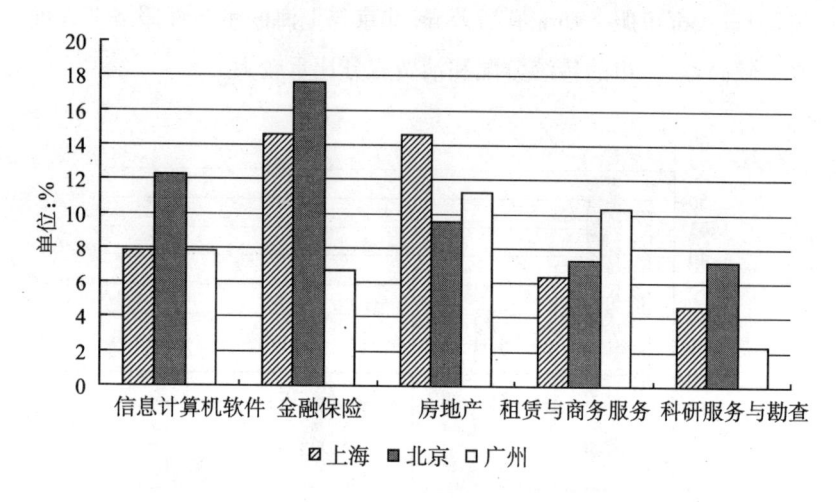

图 3—2 上海、北京、广州生产性服务业产值结构比较

第二,在三市的分配性服务业产值构成中,批发零售贸易餐饮业比重占有较大比重,交通运输仓储邮电通信业居次。从不同城市来看,广州市两类分配性服务业所占的比重均较高(批发零售餐饮占18.71%,交通运输仓储邮政占19.04%),上海和北京略低。

第三,在三市的社会性服务业产值构成中,产值比重从大到小依次是教育服务业、公共管理与社会组织、卫生社保福利、文化体育娱乐和水利、环境、公共设施管理等。北京的文化体育娱乐业比重较其他两市略高。说明社会服务业内部多样化明显,如教育服务和公共服务业近年来发展迅速,也体现了三大城市正在向服务型政府转型(图 3—3)。

第四,在消费服务和其他服务产值构成中,住宿与餐饮服务所占比重要高于居民服务和其他服务,这在三个城市基本是一致的(表3—9)。

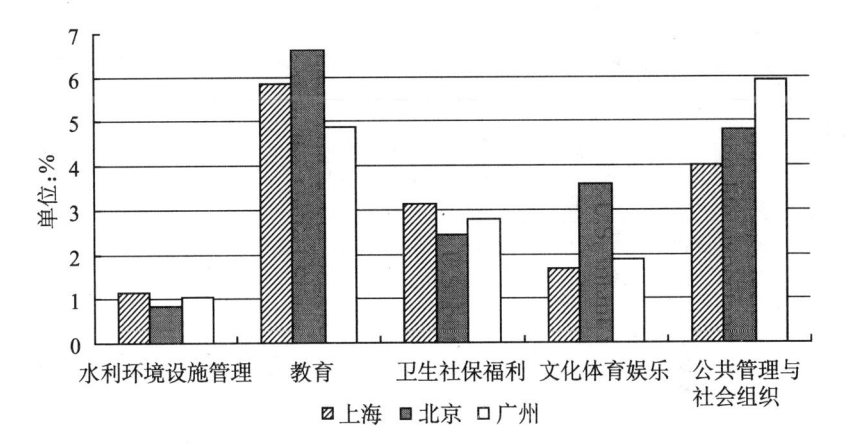

第三章　大都市服务业结构特征与发展趋势　　　　　　　　　　　　151

图 3—3　上海、北京、广州社会性服务业产值结构比较

表 3—9　2005 年上海、北京、广州服务业内部增加值结构比较

单位:亿元、%

	服务业类型	上海市 增加值	上海市 百分比	北京市 增加值	北京市 百分比	广州市 增加值	广州市 百分比
生产性服务业	合计	2 215.55	47.95	2 563.8	53.84	1 143.69	38.39
	信息/计算机/软件	359.21	7.77	583.2	12.25	232.07	7.79
	金融保险业	675.12	14.61	836.6	17.57	199.26	6.69
	房地产	676.12	14.63	455.3	9.56	334.91	11.24
	租赁与商务服务	292.19	6.32	346.8	7.28	307.76	10.33
	科研技术服务/勘查	212.91	4.61	341.8	7.18	69.70	2.34
分配性服务业	合计	1 423.49	30.81	1 058.8	22.23	1 124.59	37.75
	交通运输仓储邮政	582.6	12.61	404.7	8.5	567.16	19.04
	批发与零售	840.89	18.2	654.1	13.74	557.43	18.71
社会性服务业	合计	730.76	15.81	871.9	18.31	491.11	16.49
	水利/环境/公共设施	53.38	1.16	40.1	0.84	30.60	1.03
	教育	269.64	5.84	315.2	6.62	145.71	4.89
	卫生社保福利	144.63	3.13	116.2	2.44	82.90	2.78
	文化体育娱乐	77.6	1.68	171.3	3.6	55.89	1.88
	公共管理与社会组织	185.51	4.01	229.2	4.81	176.01	5.91

续表

	服务业类型	上海市		北京市		广州市	
		增加值	百分比	增加值	百分比	增加值	百分比
消费服务业及其他	合计	251.12	5.43	267.3	5.61	219.40	7.37
	住宿与餐饮业	168.31	3.64	182.8	3.84	126.32	4.24
	居民服务与其他服务	82.81	1.79	84.5	1.77	93.08	3.12

资料来源：北京、上海的数据来源于北京市、上海市统计局网站最新公布的 2005 年度统计数据，广州市的数据来源于《广州统计年鉴》，中国统计出版社，2006 年。

（三）服务业内部增加值比重的变化趋势

1990 年以来，三大都市的生产性服务业、社会性服务业和其他服务业呈上升趋势。其中，生产性服务业增长速度最快，分配性服务业呈下降趋势。

1. 生产性服务业呈快速上升趋势。北京、上海和广州分别从 1991 年的 31.26%、34.97%、30.21% 增长到 2005 年的 53.84%、47.95% 和 38.39%。北京和上海的生产性服务业增长最快，广州增长速度和幅度均较小。

2. 社会性服务业增长较快。1991～2001 年，北京、上海和广州社会服务业比重从 29.06%、18.61%、20.68% 增长到 31.37%、23.41%、33.43%。2005 年由于统计口径不同而不可比，如按原来的统计口径，仍为明显的增长趋势。反映了三大城市正在向服务型政府转型，公共服务业需要日益增长。

3. 传统分配性服务业呈明显下降趋势。从表 3—10 中分析得出，1991 年北京、上海和广州的比重分别为 38.33%、46.41%、49.13%，到 2005 年分别下降为 22.23%、30.8%、37.75%，降幅最大的是北京 (16.1%)，其次为上海 (15.61%)，广州的降幅较小 (11.38%)。

表3—10 1990年以来北京、上海与广州服务业增加值百分比构成变化

单位:%

服务类型	服务业内部行业	北京市 1993年*	北京市 1996年	北京市 2001年	北京市 2005年	上海市 1991年	上海市 1996年	上海市 2001年	上海市 2005年	广州市 1991年	广州市 1996年	广州市 2001年	广州市 2005年
生产性服务业	合计	31.26	33.11	40.65	53.84	34.97	40.96	40.5	47.95	30.21	35.47	45.51	38.39
	金融保险业	20.99	21.38	25.62	17.57	26.91	27.87	24.7	14.61	25.74	28.23	11.9	6.69
	房地产业	1.69	4.51	6.45	9.56	3.94	9.96	12.62	14.63	2.7	5.95	6.35	11.24
	科研和综合技术服务	8.58	7.22	8.58	7.18	4.12	3.13	3.18	4.61	1.77	1.29	1.93	2.34
	信息/计算机/软件	—	—	—	12.25	—	—	—	7.77	—	—	—	7.79
	租赁与商务服务	—	—	—	7.28	—	—	—	6.32	—	—	—	10.33
分配性服务业	合计	38.33	35.49	26.5	22.23	46.41	41.7	35.67	30.81	49.13	40.74	45.51	37.75
	交通运输仓储邮电	9.51	13.4	12.69	8.5	25.81	16.37	13.74	12.61	29.03	18.53	27.05	19.04
	批发和零售贸易	28.82	22.09	13.81	13.74	20.6	25.33	21.93	18.2	20.1	22.21	18.46	18.71
社会性服务业	合计	29.06	29.63	31.37	18.31	18.61	16.91	23.41	15.81	20.68	22.96	33.43	16.76
	卫生体育社会福利事业	8.92	13.58	12.79	—	7.59	7.7	10.84	—	10.21	13.86	18.21	—
	社会服务业	3.12	3.24	2.99	—	2.05	2.31	2.86	—	2.55	2.05	3.87	—
	教育文化广播电影电视	9.76	7.44	11.13	—	5.61	4.5	6.54	—	4.22	4.12	5.87	—
	公共管理与社会组织	7.26	5.37	4.46	4.81	3.36	2.4	3.17	4.01	3.7	2.93	5.48	5.91
消费性服务业及其他	合计	—	—	—	5.61	—	—	—	5.43	—	—	—	7.37
	住宿业、餐饮业	0.95	1	1.03	3.64	—	0.47	0.42	3.84	—	0.39	0.53	4.24
	居民服务及其他	—	—	—	1.79	—	—	—	1.77	—	—	—	3.12

资料来源:根据北京、上海、广州1990~2006年的《统计年鉴》数据,表3—10同。2005年以后由于行业分类不同,因而在统计数据上存在差异。

* 由于统计口径的同题,北京市用1993年计算而得。

第三章 大都市服务业结构特征与发展趋势

从1990年初到2005年,北京、上海和广州的服务业结构发生了变化,由90年代中期以前的传统分配性服务业占主导。转变为21世纪初的生产性服务业占主导,但广州经历了生产性服务业一度下降的趋势,主要是由于金融行业的下降而导致的,但近年来生产性服务业又有所提升(表3—10)。

(四)大都市服务业增加值结构变化的解释

通过对我国三大中心城市服务业产值结构及变化分析,发现生产性服务业、社会服务业等新兴服务业或现代服务业增长迅速,对经济增长的贡献率日益突出,正在逐步成为中心城市的主导服务行业。而传统分配性服务业增加值比重呈逐渐下降趋势,并逐渐失去了主导地位。这表明了90年代以来,随着信息技术的迅速发展和经济全球化加速,随着我国沿海地区开始进入后工业阶段,区域性中心城市的经济服务化开始出现,产业结构的转型和城市功能的提升使服务业结构逐步优化提升,向高级生产性服务业和社会性服务业转变。但由于三大城市的经济基础存在一定差异,北京、上海的生产性服务业发展水平要高于广州。

四、服务业就业结构的特征与趋势

(一)现状特征

1. 从三大都市服务业就业结构的总体特征看,分配性服务业就业比重最高,生产性服务业和社会性服务业就业比重居于其次,消费性服务业及其他服务业就业比重略低

据图3—4所示,第一,分配性服务业是中心城市服务业就业的

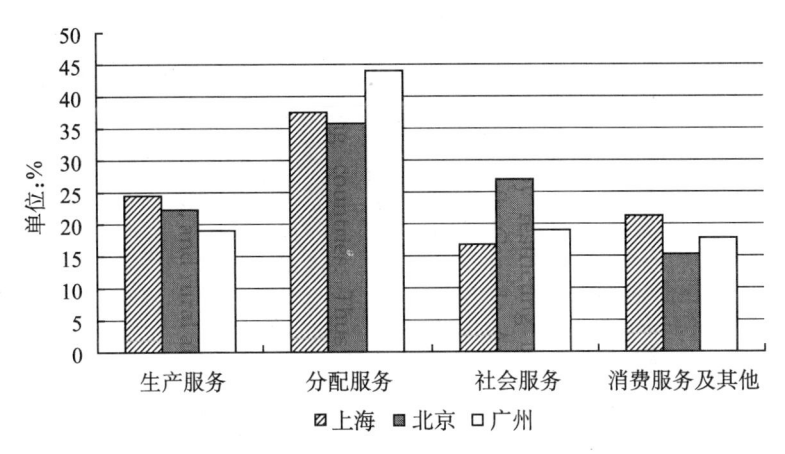

第三章 大都市服务业结构特征与发展趋势　　　155

图 3—4　上海、北京与广州的服务业就业结构比较

主导部门,平均为39%。分配性服务业包含交通运输邮政业和批发零售业等,历来是就业容量较大的经济部门,其中广州的比重最高(44.03%),北京与上海的比重高达37.44%和35.68%,体现了广州作为华南地区商贸中心的地位十分突出,分配服务业的优势地位明显。第二,三大中心城市生产性服务业就业比重仅次于分配性服务业,平均比重为21.65%,表明生产性服务业已经成为中心城市服务业的重要行业。上海与北京的生产性服务业就业比重分别为24.54%和22.14%,广州的比重为19.01%。第三,三大都市社会性服务业就业与生产性服务业比重相当,平均比重为20.85%,北京比重稍高一些(26.88%),上海与广州分别为16.79%与19.12%,体现了在转型时期中心城市公共服务与社会服务的重要地位。第四,三大都市的消费服务业与其他服务业就业比重略低于前三类服务业,平均比重为18.53%,其中上海的比重略高(21.23%),广州与北京分别为(17.84%和15.31%)(表3—11)。

表 3—11 2005 年上海、北京、广州服务业就业结构比较

单位:万人、%

服务业类型		上海市		北京市		广州市	
		从业者	百分比	从业者	百分比	从业者	百分比
生产性服务业	合计	117.78	24.54	109.2	22.14	50.44	19.01
	信息/计算机/软件	9.48	1.98	22.8	4.62	11.16	4.20
	金融保险业	18.24	3.8	14.5	2.94	6.11	2.30
	房地产	28.96	6.03	22.9	4.64	9.61	3.62
	租赁与商务服务	45.87	9.56	29.4	5.96	18.27	6.89
	科研技术服务/勘查	15.23	3.17	19.6	3.97	5.29	1.99
分配性服务业	合计	179.71	37.44	176	35.68	108	44.03
	交通运输仓储邮政	48.4	10.08	54.3	11.01	28.80	10.86
	批发与零售业	131.31	27.36	121.7	24.67	88.02	33.17
社会性服务业	合计	80.58	16.79	132.6	26.88	46.45	19.12
	水利/环境/公共设施	6.74	1.4	9.6	1.95	2.66	1.00
	教育	27.63	5.76	36.7	7.44	20.99	7.91
	卫生社保福利	18.29	3.81	20.8	4.22	10.10	3.81
	文化体育娱乐	8.25	1.72	21.5	4.36	4.59	1.73
	公共管理与社会组织	19.67	4.1	43.6	8.84	12.40	4.67
消费服务业及其他	合计	101.9	21.23	75.5	15.31	46.83	17.84
	住宿与餐饮业	23.6	4.92	45.7	9.26	23.84	8.99
	居民服务与其他服务	78.3	16.31	29.8	6.04	23.49	8.85

资料来源:北京、上海的数据来源于北京市、上海市统计局网站最新公布的 2006 年度统计数据,广州市的数据来源于 2006 年的《广州统计年鉴》。

2. 服务业内部各行业就业结构特征

首先,在生产性服务业中,租赁与商务服务业的就业比重最高,房地产业居次,然后是信息服务、计算机和软件服务,金融保险业,科研技术服务等所占比重较低。这表明了随着经济的发展和结构的优化,作为中间投入的商务服务和房地产业、信息与计算机服务等新兴服务业所占比重越来越大,而传统的生产性服务业如金融保险业和科技服务比重有所弱化。

三个城市生产性服务业的就业结构差异明显。北京市的信息技术、计算机和软件服务、科研技术服务等就业比率较高(就业人数分别为 22.8 万和 19.6 万,占服务业就业比重分别为 4.62%和 3.97%),显示了北京作为全国文化教育与科技创新中心,高科技人才高度集中的突出地位。上海的租赁与商务服务、房地产业和金融保险业比重较高(就业人数分别为 45.87 万和 28.96 万人,比重分别为 9.56%和 6.03%),反映了近年来上海市金融业快速发展、房地产投资过热趋势,上海市作为中国金融中心的地位越来越明显。广州市生产性服务业就业规模与比重较其他两个城市均较小,表明广州生产性服务业发展水平较低。

其次,在分配性服务业中,批发与零售业的就业比重高于交通运输仓储邮政服务业。其中,广州批发与零售业就业比重最高(33.17%),体现了广州市作为华南地区商贸服务中心的地位;北京与上海紧随其后(分别为 27.36%与 24.67%);交通运输仓储邮政业低于前者,从三个城市比较看,北京、上海与广州比重相当。

第三,在社会性服务业中,教育服务业比重最高,其次为公共管理与社会组织,再次为卫生、社会保障、福利事业,文化体育娱乐业等就业比重较小。

相比之下,北京的公共管理社会组织就业比重较高(8.84%),体现了北京作为全国的管理与控制中心,党政国家机关和各种政府组织机构十分庞大。

第四,在消费服务和其他服务中,住宿与餐饮业的就业比重以北京(9.26%)较高,其次是广州(8.99%),上海则只有 4.92%。居民服务与其他服务的就业比重以上海市最高(16.31%),北京与广州均较低(6.04%和 8.85%)。

(二) 90年代以来的变化趋势

1. 总体变化趋势

从表3—12中得出,三个城市服务业就业结构的总体变化趋势是:生产性服务业的就业比重先在90年代略有下降,2000年后又迅速上升,上海、广州的生产性服务业就业比重上升幅度较大,北京市比重升幅较小;分配性服务业就业比重在90年代初呈上升趋势,到90年代后呈下降趋势,且下降幅度较大,从城市比较看,上海和广州均呈下降趋势,而北京则呈上升趋势;社会性服务业由于2002年以后统计口径变化,比重明显下降,其中降幅最大的城市是北京和上海,广州降幅略小;消费服务及其他服务的就业比重明显上升,体现了大都市服务业的多样化日益明显。

2. 服务业内部行业就业比重的变化趋势[①]

第一,1991~2001年就业比重呈现上升的行业有社会服务业、金融保险、房地产、其他服务等,北京、上海与广州均出现较为明显的一致性。

就业比重增长最快的行业是社会服务业,上海市在1991~2001年增长了10.25%,北京在1993~2001年增长5.73%,广州增幅较小,1993~2001年只增长2.76%。其他服务业增长速度居其次,上海与广州的其他服务业就业增长较快,上海五年增长7.14%,广州八年增长5%,北京则出现下降趋势。金融保险和房地产业在三个

---

① 由于2005年统计口径的变化,故只比较1991~2001年的变化趋势。

第三章 大都市服务业结构特征与发展趋势

表3-12 90年代以来北京、上海与广州服务业就业构成变化

单位：%

服务类型	服务业内部行业	北京市 1993年	北京市 1996年	北京市 2001年	北京市 2005年	上海市 1991年	上海市 1996年	上海市 2001年	上海市 2005年	广州市 1991年	广州市 1996年	广州市 2001年	广州市 2005年
生产性服务业	合计	15.59	13.34	14.73	22.14	8.84	8.07	8.41	24.54	6.56	6.24	6.12	18.15
	金融保险业	1.88	2.25	2.33	2.94	1.75	1.93	3.12	3.8	2.36	2.84	2.87	2.30
	房地产业	1.85	2.12	4.03	4.64	1.86	2.36	2.47	6.03	1.51	1	1.49	3.62
	科研和综技服务	11.86	8.97	8.37	3.97	5.23	3.78	2.82	3.17	2.69	2.4	1.76	1.99
	信息/计算机/软件	—	—	—	4.62	—	—	—	1.98	—	—	—	4.20
	租赁与商务服务	—	—	—	5.96	—	—	—	9.56	—	—	—	6.89
分配性服务业	合计	31.77	39.77	35.81	35.68	46.94	47.29	37.75	37.44	51.86	53.05	49.55	43.92
	交通运输仓储邮电	8.55	9.96	9.67	11.01	15.74	12.89	9.07	10.08	17.59	16.7	11.58	10.86
	批发和零售贸易	23.22	29.81	26.14	24.67	31.2	34.4	28.68	27.36	34.27	36.35	37.97	33.17
社会性服务业	合计	46.75	43.51	45.14	26.88	43.75	39.69	41.51	16.79	34.49	32.98	32.31	18.89
	社会服务业	15.43	16.49	21.16	—	12.34	13.89	22.59	—	11.54	12.62	14.3	—
	卫生体育社会福利事业	4.65	4.22	4.59	—	7.41	6.11	5.1	—	4.73	4.59	4.06	—
	教育文化广播电影电视	14.96	13.08	12.16	—	15.88	12.88	9.36	—	10.2	9.71	8.53	—
	公共管理与社会组织	11.71	9.72	7.23	8.84	8.12	6.81	4.46	4.1	8.02	6.06	5.42	4.67
消费服务业	合计	4.11	2.88	3.9	15.31	0	4.95	12.09	21.23	5.85	6.9	11.86	17.84
	住宿业、餐饮业	—	—	—	9.26	—	—	—	4.92	—	—	—	8.99
其他	居民服务及其他	—	—	—	6.04	—	—	—	16.31	—	—	—	8.85

资料来源：根据《北京统计年鉴》《上海统计年鉴》和《广州统计年鉴》（1991~2006年）计算得出。

城市中增幅很小,在0~3%之内。比较而言,北京的房地产业、上海的金融保险业就业比重增长稍快。

第二,1991~2001年,就业比重呈下降趋势的行业有卫生体育社会福利业、教育文化广播电影电视业、国家政党机关社会团体等社会性服务业和科学研究与综合技术服务业、交通运输仓储邮电通信业,三个城市均表现为一致下降的趋势。表3—12的数据显示,就业比重下降最为明显的行业是交通运输仓储邮电通信业,上海十年间下降6.67%,广州八年下降6%,但北京反而上升了1.1%。其次为国家机关社会团体和教育文化广播电影电视业,三市降幅一般在2%~5%之间,卫生体育社会福利业就业比重降幅最小,0~2%之间。

(三) 三大都市的就业结构特征及变化的总体特征及解释

分析表明90年代以来,我国三大都市的服务业就业结构发生了变化:其他服务业部门就业比重迅速增长,表明服务业就业出现了多样化趋势;生产性服务业、分配性服务业和社会性服务业就业比重的下降,其中传统分配性服务业下降最快,但仍占第二位,就业主导地位被社会性服务业逐渐取代;生产性服务业降幅较小,比重也很低。说明我国三大都市的服务就业仍然主要集中在传统分配性和消费性服务部门,但服务业就业结构出现了高级化和多样化发展趋势,高级服务业人才的稀缺是制约服务业高级化的瓶颈,短期内难以实现。

另外,社会服务业和金融保险、房地产业等生产性服务业作为高等级新兴服务业部门,就业在中心城市有日益强化的趋势,而中心城市的分配性服务业和社会服务业等行业则由于三大中心城市所在区域的经济起飞,功能出现扩散,地位逐步弱化。

第三章 大都市服务业结构特征与发展趋势

表 3—13 2001年上海、北京与广州服务业内部结构的基本—非基本比较分析

服务业类别	服务业具体行业	上海市 区位商	上海市 B/N (1:X)	上海市 基本人口比率(%)	北京市 区位商	北京市 B/N (1:X)	北京市 基本人口比率(%)	广州市 区位商	广州市 B/N (1:X)	广州市 基本人口比率(%)
生产性服务业	金融保险业	3.20	2.20	68.73	2.75	1.75	63.69	2.62	1.62	61.77
	房地产业	7.96	6.96	87.43	14.95	13.95	93.31	4.26	3.26	76.54
	科研与综合技术服务业	5.89	4.89	83.02	20.14	19.14	95.04	3.27	2.27	69.38
	合计	4.77	3.76	79.0	9.62	8.62	89.6	3.07	2.07	67.4
分配型服务业	交运仓储业邮电通信业	1.54	0.54	34.89	1.89	0.89	46.96	1.71	0.71	41.39
	批发与零售餐饮业	2.09	1.09	52.10	2.19	1.19	54.34	2.46	1.46	59.29
	合计	1.92	0.92	48.0	2.09	1.1	52.3	2.23	1.24	55.38
社会性服务业	社会服务业*	7.98	6.98	87.47	8.61	7.61	88.38	4.49	3.49	77.73
	卫生体育社会福利业	3.57	2.57	71.96	3.70	2.70	72.96	2.52	1.52	60.37
	教育文化广播电影电视	2.06	1.06	51.42	3.08	2.08	67.51	1.67	0.67	39.99
	国家政党机关社会团体	1.40	0.40	28.40	2.61	1.61	61.61	1.51	0.51	33.69
	合计	3.46	2.46	71.08	4.33	3.33	76.90	2.39	1.40	58.2
其他服务业	其他	0.71	-0.29	-40.39	0.26	-0.74	-277.78	0.62	-0.38	-60.98

资料来源:作者计算。

五、大都市服务业的专门化水平分析

为了进一步考察上海、北京与广州不同类型服务业及各行业的专门化与优势部门,运用区位商*进行计算比较(表3—13)。

(一)服务业行业专门化水平比较

生产性服务业的区位商值是三市服务业中最高的行业,社会性服务业居于其次,再次是分配性服务业,其他服务业区位商较小。

1. 生产性服务业的区位商、B/N与基本人口比率是服务业各行业中区位商最高的行业,北京、上海与广州的分别为4.77%、3.76%、79%,9.62%、8.62%、89.6%和3.07%、2.07%、67%,说明了高等级生产性服务业主要集中在中心城市,体现生产性服务业在中心城市最具有专门化水平。在生产性服务业内部各行业中,区位商较高的行业为房地产业与科学研究与综合技术服务业,其次为金融保险业。

2. 社会性服务业区位商、B/N与基本人口比率居于服务业四类中的第二位,上海、北京与广州分别为3.46%、2.46%、71%,4.33%、3.33%、76.9%和2.39%、1.4%、58%,表明了中心城市社会性服务业出现多样化趋势,基础性地位突出,服务业功能较强。在社会性服务业内部各行业中,社会服务业区位商最高,其后依次为卫生体育社会福利业、教育文化广播电影电视业和国家机关社会团体,

---

* 区位商的计算公式为:$LQ_{ij} = \dfrac{E_{ij}/E_i}{E_i/E}$,式中,$LQ_{ij}$为$j$城市$i$部门的区位商,$E_{ij}$为$j$城市$i$部门的就业人数;$E_i$为$j$城市在全国$i$部门的就业人数,$E_i$为$j$城市就业总人数;$E$为全国就业总人数。

体现它们的专门化水平依次递减。

3. 分配性服务业的区位商值居于服务业四类的第三位,上海、北京与广州分别为1.92%、0.92%、48%,2.10%、1.1%、52.3%和2.23%、1.24%、55.4%,说明了分配性服务业主要是满足城市本身的需要,为周边地区提供服务的能力较弱,除广州有较强的基础性地位外,并非主要基本经济部门。在内部行业中,批发零售餐饮业的区位商高于交通运输仓储邮电业。

4. 三大都市的其他服务业的区位商、B/N 与基本人口比率很小。

(二)三大都市服务业基础性地位的解释

服务业内部各行业的专门化水平分析结果表明,生产性服务业和社会性服务业是最能体现中心城市基础性地位和专门化水平的行业。

随着北京、上海与广州的国际化和现代化程度日益提高,高等级生产性服务业越来越集中在三个城市,成为三大中心城市专门化水平最高的行业。技术的进步导致社会分工的越来越细,城市向外输出服务业、获得收入,收入导致非基本需求的扩大。随着中心城市的规模扩大。社会服务业需求越来越大,进一步推动服务业专门化与多样化发展,社会性服务业的专门化水平与基础性地位日益增强。中心城市的分配性服务业随着区域交通运输的发展地位有所下降,但仍占据重要地位,其他服务业基础性地位相对较低。

六、中国大都市服务业结构特征的理论总结

(一) 基本结论与趋势

1. 在世界经济结构出现服务化倾向的大背景下,随着我国沿海地区参与全球分工和区域分工的程度也在不断深入,中心城市上海、北京与广州等中心城市的服务业在经济结构中占据主导地位,经济服务化趋势开始出现。与西方一些国际性城市相比,我国沿海中心城市的服务业发展水平较低,还处于经济服务化的早期阶段。

2. 随着技术进步与信息化的推进,我国沿海中心城市的生产性服务业和社会性服务业发展迅速,在服务业乃至整个经济体系中越来越占据主导的地位,并逐步成为专门化水平最高的服务行业。相反,传统的分配性服务业则呈现逐步下降的趋势,这些现象表明我国沿海中心城市服务业内部结构出现高级化趋势。

3. 其他服务业增加值和就业的快速增长表明,随着信息技术的飞速发展、社会分工越来越细以及城市服务业非基本需求规模的扩大等原因,中心城市新兴服务行业不断涌现,服务业多样化趋势日益明显,原有的统计口径已无法科学地反映服务业发展的实际情况。

4. 不同的自然条件、区位特征、资源禀赋、历史背景、经济结构、发展政策等使上海、北京与广州等沿海中心城市服务业特征各异。北京市的服务业综合发展水平最高,其中社会性服务业和生产性服务业发展水平居于三市之首。上海市的服务业发展综合水平居北京之后,生产性服务业和社会性服务业优势弱于北京,但金融保险业最发达;广州市的服务业综合实力与上海、北京差距较大,但广州市的分配性服务业发展水平最高。

(二) 中心城市服务业发展的一般规律

1. 服务业与城市从城市诞生之日起就结下不解之缘。早在前工业社会时期,城市作为周边地区农副产品交易中心、宗教活动、行政管理控制中心等服务功能开始形成。在工业社会时期,虽然城市的主导功能让位于生产和制造,但服务业得到了进一步巩固和发展,成为城市不可缺少的重要经济部门。进入后工业社会以来,城市服务业迅速发展,逐步取代了制造业的地位,成为中心城市的主导产业,经济服务化开始出现。其中,生产性服务业发展最快,并集中在国际性城市与区域中心城市。

2. 在后工业时代,特别是信息时代,由于中心城市具备发达的交通通信等信息基础设施、雄厚的经济实力、大量高素质人才、完善高效的经济体系和遍布全球的贸易网络等,在全球或某一区域发挥经济中心的作用,是推动区域发展的引擎,因而越来越成为信息密集服务业、生产性服务业企业的首选区位。可以说,中心城市对周边区域的支配力更多取决于它的服务业发展水平与结构层次。这就是为什么高级生产性服务业越来越集中在国际性城市与区域中心城市的根本原因。

3. 服务业尤其是生产性服务业已经成为大都市发展的主要动力。城市作为区域的极核,通过基本经济活动(基本工业部门和基本服务部门)向周围地区输出工业产品和高端服务业产品获得收入,从而使城市获得动力。信息技术的广泛应用,使服务具备了可输出或可贸易的性质,以服务业为主导的经济结构,决定了服务产品占据大都市向外输出产品的主导地位,基础性地位最强的生产性服务业占据输出服务产品的核心位置,大都市通过输出服务产品而获得收入,通过乘数效应,推动城市规模的扩大和服务经济实力的增强,而高级生产性服务业的发展越来越依赖于大都市先进的信息基础设施、人才集聚、管理和知识创新区位,进一步强化了高级生产性服务业在大都市内部(CBD)的集聚,从而成为大都市发展的核心动力(闫小培,1999)。

服务业已经成为北京、上海与广州等国际大都市存在和发展的经济基础;随着区域分工的深化,传统制造业地位弱化,开始向周边地区扩散,而高技术制造业由于强烈依赖大都市的高级生产性服务业仍然留在中心城市。信息技术的广泛应用推动了生产性服务业的快速发展,尽管与全球典型大都市相比,差距明显,但生产性服务业的基础性地位正在日益显现,并逐步成为我国大都市发展的新动力(图3—5)(闫小培,1999)。

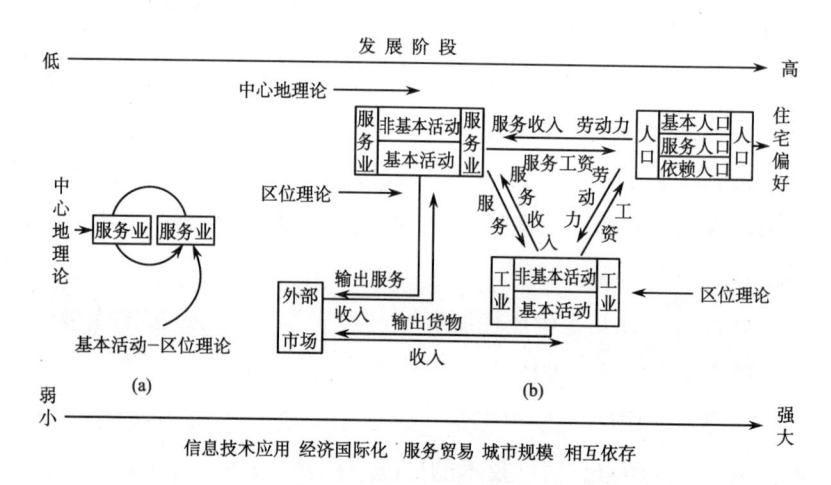

图3—5 服务经济时代城市经济基础理论模式

(资料来源:闫小培,1999)

第四章 服务业区位因素体系理论

第一节 服务业区位因素体系

区位因素理论是区位理论体系的重要组成部分,是区位论的核心内容之一。区位因素是影响区位主体进行区位选择的关键因素,各类区位因素通过相互作用和相互联系,形成特定的区位综合环境,共同作用于区位主体的区位选择目标、区位选择过程,从而形成不同类型的区位。

一、区位因素的特性与分类

(一) 区位因素的特性

1. 区位因素的重要性

区位因素是指决定区位主体的现状区位或影响区位主体决策的主要因素。区位条件包含区位因素,但并非所有区位条件都能成为区位因素,只有对区位主体的区位决策起决定性作用的才是区位因素(张文忠,2000)。区位因素一般都是十分关键的经济因素或非经济因素,对于不同主体而言,有时经济因素起主导作用,而有时是非经济因素起主导作用,区位因素与区位条件、区位决策的关系可以用下图来表达(图4—1)。

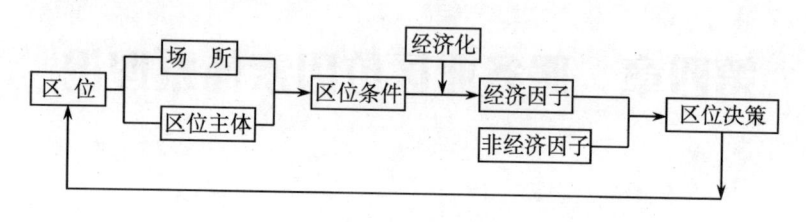

图4—1　区位条件、区位因子与区位决策的关系

(资料来源:张文忠,2000)

2. 区位因素的独特性

任何区位因素只是针对特定区位主体而存在的,没有两个区位主体的区位因素完全相同,即使区位因素构成一样,但不同主体的自身情况不同,区位因素对其影响的方式、程度等也不相同。区位因素是受区位主体自身情况而定的,不同区位主体对环境的适应能力不同,如区位主体的行业性质、内部组织与管理等等都对区位主体适应区位环境的能力产生影响。

3. 区位因素的可变性和可替代性

对于特定区位主体而言,区位因素并非一成不变。随着时间的推移,区位主体所处的自然环境、社会经济和技术条件都在发生变化,区位因素的构成及其对区位主体的影响方式、程度也在变化,人类自身有意识的干预也在改变着区位因素。当21世纪信息技术的飞速发展和知识经济时代的到来,使传统的资源性因素和实体因素对区位主体的影响逐渐减弱甚至被取代,或内涵发生变化,而基于科技、信息、人才和知识等无形区位因素显得越来越重要(缪磊磊、闫小培,2002)。

4. 区位因素的系统性与相互联系性

区位因素的构成往往错综复杂,一般都包含自然因素、空间因素、经济因素和社会文化因素以及技术因素等。影响任何区位主体的区位因素并非唯一,它们共同存在于区位系统环境中,一般都以因素群体和因素组合的形式出现。这些因素存在于同一区位环境中,并彼此孤立、分散地作用于区位主体,它们往往相互联系、相互制约和相互作用,构成一个区位因素系统,以整体的力量共同制约区位主体的空间选择过程,从而形成不同的区位空间类型。

(二) 区位因素的分类

任何一个区位主体均处于地球表面复杂的自然系统和人类社会经济系统之中,影响区位主体的区位环境与条件错综复杂、包罗万象,因而区位因素的分类也多种多样。区位因素按自身自然与社会属性,可分为自然因素、技术因素和社会文化因素;按其普遍性与否,可分为一般区位因素与特殊区位因素;按其对区位主体造成的空间形态,可分为集聚因素与扩散因素(Webber,1909);按其对区位主体所产生的正负效用,可分为有利区位因素和有害区位因素等等。

古典工业区位论根据工厂生产的过程,将区位因素分为自然因素、运输因素、劳动力因素和集聚因素等因子体系(Webber,1909),根据最小成本理论,工业区位的最佳地点就是运输成本、劳动成本最小、集聚带来的成本最大程度节省的结合点。近代区位论认为区位选择不仅要关注成本因子,还要关注收入因子,最优的区位选择是那些获得最大利润的地点,甚至认为获得的利润是收入因子与成本因子的差。

对于不同性质的区位主体而言,区位因素可分为经济因素和非经济因素(李小建等,1999),但各类区位因素的影响程度是不一样的,经济因素并非对所有的区位主体都产生同样的影响,有时经济因素起主导作用,但有时候非经济因素对区位主体往往起决定作用(图4—2)。

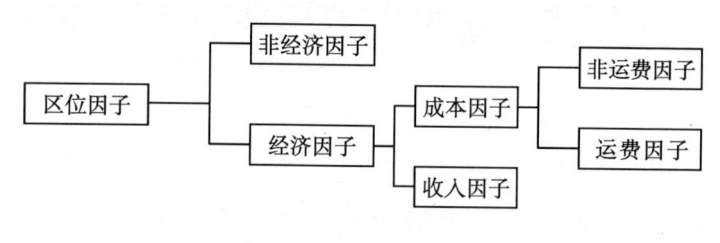

图4—2 区位因子的分类

(资料来源:李小建、李国平等,1999)

美国区域经济学家胡佛认为(1990),一个区位的相对优势主要取决于四类区位因素:①地区性投入;②地区性要求;③输入的投入;④外部需求。在不同的区位上,这四类区位因素不同,其区位利益具有很大的差别,从而也就决定了各个区位的相对优势。张金锁、唐凯等还认为区位因素分为可达性、集聚经济、附加因素(历史、地形、城市大小)、动态变化、社会因素(税收、规划、资源保护、交通运输、住宅、公共设施等政策)五个因素。

沃兹(Watts,1987)对于区位选择,归纳为七大类因素:劳动力、运输、社区、营运配套、公共设施、位置、财务与特殊考虑。加里森(Garretson,2000)在探讨企业迁移的区位选择评估过程中,则以纽约的经济发展计划为例,整理出十项重要的区位因素:资本投资奖励、劳工雇用及训练、创造就业、基础设施改善、低成本能源、顾问服务、技术协助、工程协助、生产专业技术(张家维,2002)。

二、不同时期的区位因素

从区位主体所处的时代看,人类社会先后经历了传统农业社会时期、工业社会时期,现在正处于以服务业为主导部门的信息社会时期。各个时期决定区位主体的区位因素的构成不同(表4—1)。

表4—1 不同时期国外学者所归纳的影响企业布局的区位因素对比

年份	学者	影响区位选择的因素
1909	Webber	1.运输成本 2.劳动力成本 3.聚集因素
1956	Isard	1.运输 2.劳动力 3.动力
1956	Greenhut	1.需求因素 2.成本因素 3.纯粹个人因素
1964	Alonso	支付地租
1971	Smith	1.运输系统 2.市场占有率 3.劳力 4.企业优惠措施 5.产业政策 6.运输方式 7.劳动工资 8.公共设施 9.土地取得成本 10.个人偏好 11.劳工供给 12.交通运输成本 13.建厂成本 14.税金 15.接近市场
1974	Dower	1.地区发展因素 2.劳动力 3.劳动工资 4.当地政府服务品质 5.竞争厂商之设厂位置 6.距离市区远近 7.土地取得成本 8.环境污染管制 9.劳力供给 10.生活品质
1980	Browning	1.自然条件 2.道路条件 3.运输系统 4.地区发展因素 5.相关产业 6.市场占有率 7.劳力 8.都市计划 9.产业政策 10.劳工工资 11.公共设施 12.距离市区远近 13.土地取得成本 14.社区因素 15.劳动力供应 16.税金
1983	Hayyington	1.运输系统 2.劳动工资 3.当地政府品质 4.税金 5.接近市场

续表

年份	学者	影响区位选择的因素
1984	Tompkons	1. 自然条件 2. 运输系统 3. 劳力供给 4. 劳工工资 5. 距离市场远近 6. 土地取得成本 7. 社区因素 8. 动力供应 9. 交通运输成本 10. 生活品质 11. 建厂成本 12. 税金
1989	Bowman	1. 产业政策 2. 劳动工资 3. 地区发展因素 4. 地缘关系 5. 税金
1991	Chapman	1. 自然条件 2. 运输系统 3. 地区发展因素 4. 劳工工资 5. 距离市区远近 6. 土地取得成本 7. 社区因素 8. 动力供应 9. 交通运输成本 10. 产业特性 11. 环境污染管制 12. 税金 13. 产业政策 14. 相关产业 15. 卫星工厂的分布 16. 竞争厂商设址位置
1995	Marshall &.wood	1. 可接近性 2. 易达性 3. 环境相关性

资料来源：张家维，2002。

（一）农业社会时期的区位因素

在传统农业经济时代，整个社会的技术水平相对落后，马车与水运是主要的运输方式，农业的生产方式较为落后。决定不同区位土地生产方式的主要区位因素包括交通运输成本、与市场的距离、市场的需求以及自然条件因素、耕作水平与方式等等（Thunen,1826）。不同土地区位距市场的空间距离对农业区位产生显著影响。在当时落后的交通方式制约下，克服空间距离的成本是十分高昂的，农业产品运达市场所需要支付的交通成本——运费，是影响农业区位最主要因素之一。其次，是市场的需求与价格因素，价格直接影响农业的利润。由于农业本身的特点使其受自然因素的影响较明显，如气候、土壤沃度、水文条件等对农业区位也影响较大，农业生产技术也对农业生产的区位产生影响(张文忠,2000)。

(二) 工业社会时期的区位因素

在工业社会时期,技术发明与创新使社会生产力大大提高,科学技术突飞猛进,工业成为区位主体。一方面,火车、汽车的出现使交通运输条件极大改善,工业区位选择较农业更加灵活;另一方面,工业本身的特点使其对自然条件的依赖明显减弱,而对原材料产地、产品市场、劳动力市场与成本和工厂集聚区等区位存在明显的依赖性,根据它们对工厂区位选择影响的重要程度,筛选出核心与关键因素为劳动力因素、集聚因素和运输因素(Webber,1909)。米勒在解释传统工业区位因素时,将劳动、资本、原料、能源、运输、市场作为主要的工业区位因素,而将用水、研究开发、经营、税制、自然条件等视为次要因素(李小建等,1999),并构建了同心圆状结构图(图4—3)。

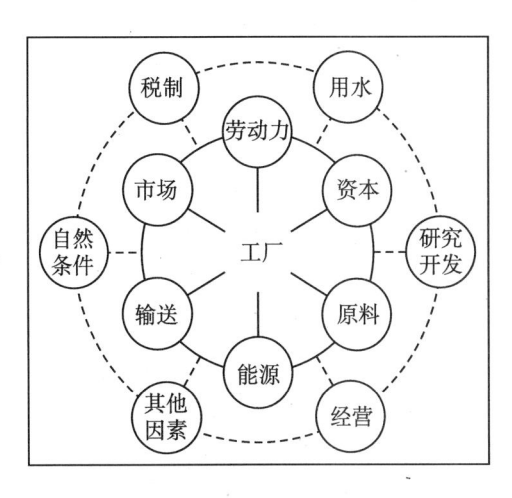

图4—3 米勒的工业区位因素同心圆模型

(资料来源:李小建、李国平等,1999)

(三) 信息时代的区位因素

1. 时间、心理距离取代空间距离,交易成本因素逐步取代单一的运费因素。服务产品由于其自身的独特性,如无形性、不可储存性、不可运输性、生产与消费的同时性、产品的差异性、信息与知识性等(黄少军,2000),要求服务提供者与消费者之间便利地接触,以节省交易成本。可达性不再由单一的运输方式决定,而是由多种交通和信息技术手段相结合决定;时间距离、经济距离和心理感应距离构成的概念距离将逐步取代工业区位论的物理距离,综合交易成本因素取代单一的运费因素。

2. 社会经济技术因素取代自然资源(能源)因素,占据主导地位。大都市是各种人类活动与生产要素高度集聚和相互作用的场所,也是生产性服务业高度集聚的特殊区域。土地的稀缺性和不可再生性决定了不同服务业主体对有限的土地及其区位争夺非常激烈。城市作用人类活动干预最强的区域,社会经济因素对服务业、尤其是生产性服务业的区位选择影响远远超过自然资源因素对工业区位的影响,占据主导地位。

3. 信息化与知识化因素逐步取代传统资源型因素。在产业演进过程中,由于产业的逐步升级,知识运用程度越来越密集,而人力资源素质的要求也越来越严格,信息服务业就是在这种情况下伴随着信息制造业的发展而逐渐成长。

20世纪下半叶以来,随着全球经济服务化趋势的出现,国内外大都市服务业快速增长并成为主导经济部门。信息技术创新与扩散解除了传统空间因素和物质要素对区位主体空间行为的制约,使得服务业区位主体的空间选择灵活性大大增强,导致时空距离的改变,影响着信息产业和生产性服务业的空间区位选择,以信息、技术和知识为核心的新区位因素正在形成(闫小培,1999;黄少军,2000;甄峰,2001)。

张家维以资讯服务业为研究对象,在构建资讯服务业区位因素体系的基础上,对比分析了台湾信息服务业的区位选择及其影响因素的变化,发现高科技发展的市场环境、附近有大学及学术研究机构、网络基础设施、与消费者距离、政府规划及优惠政策、是否邻近资金市场、信息的获得等要素成为影响资讯服务业区位选择的关键因素,而土地、交通、一般劳动力、能源动力、相关产业集聚、娱乐休闲设施等因素则影响相对较小(表4—2)(张家维,2002)。

表4—2 信息服务业区位因素的权重评价和实证验证排序　　单位:%

因素名称	细项要素名称	权重值	总排序
市场因素	高科技发展的市场环境	11.58	1
环境因素	附近有大学及相关学术研究机构	9.07	2
政策因素	公共设施的提供(包含网络基础设施)	8.78	3
市场因素	距离消费者距离(与都会中心距离)	8.75	4
政策因素	政府规划成立专业园区并提供税赋优惠	7.73	5
市场因素	是否邻近资金市场(资金取得难易程度)	5.84	6
产业关联因素	产业信息的取得	5.61	7
环境因素	社区对于企业的态度	4.98	8
产业关联因素	专业服务的取得	4.9	9
政策因素	当地政府服务品质与行政效率	4.79	10
产业关联因素	高级技术人员的取得	4.67	11
成本因素	劳工供给(一般业务行政人员)	3.73	12
环境因素	邻近生活品质与文化休憩设施	3.36	13
成本因素	劳工工资(总工资)	2.75	14
成本因素	动力供给(能源因素)	2.65	15
产业关联因素	相关产业聚集(上下游关联)	2.52	16
成本因素	交通因素(含运输成本)	2.42	17

续表

因素名称	细项要素名称	权重值	总排序
成本因素	土地(含办公处所)取得成本	2.04	18
产业关联因素	生产者服务业聚集	1.91	19
产业关联因素	同业聚集(指同类型公司)	1.87	20

资料来源：张家维，2002。

由此可以得出，进入信息化社会以后，影响服务业，尤其是信息服务业的区位因素主要是知识创新、信息技术的研发、政府的扶持与优惠政策、风险投资、信息的获得、专业服务的取得、高素质科技人员的取得等因素(表4—3)。这也说明了在信息时代，以土地、劳动力、资金、资源和运输为主导的传统区位因素已经让位于现代基于信息与科技的区位因素(表4—3)。

表4—3 传统工业时代和信息时代主导产业特性及其区位因素的对比

	传统工业	信息产业与服务业
产品特性	产品的有形性、可运输性、生产与消费的分离、可储存性、同一产品无差别、产品的物化劳动	产品的无形性、不可运输性、生产与消费同时进行、不可储存性、同一服务的差异性与个性化、信息与知识性
生产方式	机械化福特式生产	智能化、个性化生产
核心区位因素	资源与要素属性：资本、资源、土地、劳动力、交通运输、市场	信息与非物质属性：可达性、信息、知识、科技、人才、创新环境、交通通讯
交通运输因素	传统单一的交通运输方式、空间距离、运费	现代综合交通运输方式、信息技术、概念(时间、心理感应)距离、交易成本
劳动力因素	熟练劳动力、一般技术人员	技能性劳动力、科技人才、管理人才
市场因素	均一化市场、无差别市场	个性化市场、细分市场
技术因素	传统工业技术	现代信息技术和高科技、创新环境

资料来源：作者根据相关理论内容归纳得出。

三、服务业区位因素体系

影响城市服务业布局与发展的区位因素错综复杂，既有传统区位因素，也有现代信息技术等因素。随着信息技术的进步和社会经济的发展，服务业出现了明显的分化和多样化趋势，新兴生产性服务业代表着与信息技术相结合最紧密的部门，成为引领服务业乃至经济发展的引擎，信息、科技、人才及知识创新等因素成为区位主导因素，传统服务业如分配性服务业、消费性服务业和社会性服务业在信息技术的影响下，区位因素及其区位选择模式与布局也发生了变化。

城市是人类社会经济活动高度集聚的特殊场所，人类对自然的干预最为强烈，城市土地的建设与开发利用程度很高，因此影响城市服务业布局的区位因素与非城市区域有着明显不同，主要表现在区位因素的空间尺度较区域性的区位因素要小。在前面众多学者对区位因素所进行的分类基础上，本书按区位因素的本质属性及相互联系性，将所有的自然、经济、技术和人文区位因素系统地纳入到经济区位因素、空间区位因素、技术区位因素和人文区位因素四大类区位因素之中。每一类因素又可以根据其内部差异与性质，再次划分为二级、三级、四级区位因素，甚至更具体的区位因素（图4—4）。

（一）服务业区位因素体系

1. 经济因素

经济因素是所有具有经济属性的区位因素的综合，可以分为两大类。

一类是市场与集聚因素，包含市场需求、潜力与范围因素（消费人

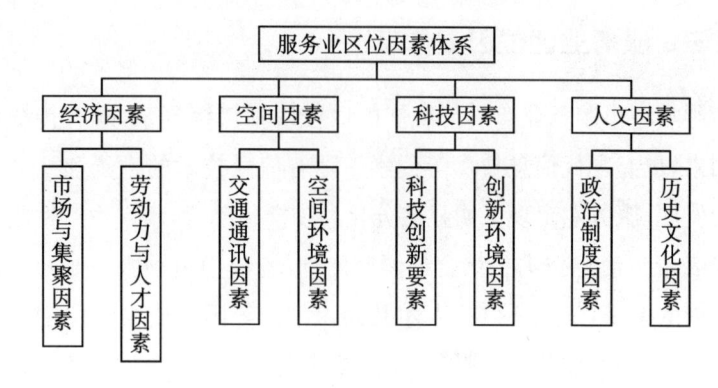

```
                    ┌─────────────────┐
                    │ 服务业区位因素体系 │
                    └─────────────────┘
        ┌──────────┬──────────┬──────────┐
    ┌───┴───┐  ┌───┴───┐  ┌───┴───┐  ┌───┴───┐
    │经济因素│  │空间因素│  │科技因素│  │人文因素│
    └───┬───┘  └───┬───┘  └───┬───┘  └───┬───┘
    ┌───┴───┐  ┌───┴───┐  ┌───┴───┐  ┌───┴───┐
  市场与   劳动力   交通   空间    科技   创新    政治   历史
  集聚     与人才   通讯   环境    创新   环境    制度   文化
  因素     因素     因素   因素    要素   因素    因素   因素
```

图4—4 服务业区位因素体系

口总量与密度、构成,居民收入与消费水平,距离消费者距离,人流量,市场范围与潜力等具体要素),市场集聚因素(衡量外部交易成本对服务业区位的影响程度,如所在地商业设施布局情况,同业集聚,配套设施情况,专业服务业的获得,距离商业中心区位等)与空间竞争因素(区位集聚导致的竞争因素,如同类企业的多少,竞争的激烈程度)。

另一类是劳动力与人才因素,包含劳动力供给、成本与工资水平因素,劳动力素质与人才因素等经济要素对服务业区位选择的影响程度。

经济因素的各子因素相互联系、相互制约,构成外部交易成本与内部交易成本,影响着服务业的区位选择。

2. 空间因素

空间因素是由交通、通讯因素和空间、环境因素所构成的总体空间状况。

交通、通讯因素是可达性因素的具体表现,包含交通因素(是否接近交通枢纽设施如机场、火车站、码头、地铁站、公交站等)、交通区位(所处的道路位置及等级),交通设施如泊车场的建设等。可达性是通过克服时空距离摩擦所支付的外部交易成本(时间成本与经济成本),是影响服务业区位选择的最基本最重要的因素。

信息便捷性(通讯设施的可获得性及成本,包括电话、网络等有线和无线信息设施的可获得性,专业信息的获得),信息因素往往成为现代服务业布局的重要影响因素。

空间环境因素包含"城市空间因素"和"区位环境因素";前者可分为土地因素(土地价格与成本、地理位置,土地供给)城市空间格局因素(自然条件、空间环境,功能布局环境)和微观区位环境因素(包括公共设施的提供和生活、文化休闲设施的获得,服务业企业所处的微观区位状况)等。

交通通讯与空间环境因素是构成空间因素的紧密联系的两个方面,前者是空间联系的方式与手段,而后者是空间结构的基本要素,是服务业区位选择不可缺少的平台与基础。

3. 科技因素

科技因素由科技创新要素和创新环境因素构成。科技创新要素包含高科技企业的多少、研发机构多少、是否与大学和研究院所接近,网络与电子信息技术是否发达,技术交流与中介服务是否充足,高级专门技术人才的供给情况,知识、网络与信息技术的可获得性等要素,这些因素是影响服务业区位选择的基础性技术因素,尤其对于生产性服务业而言更加重要。

创新环境因素包含创新制度、创新氛围和技术交流等因素,创新环境因素则作为外部化效应作用于服务业的区位选择。两者的关联性明显,相互促进与依赖、缺一不可。

4. 人文因素

人文因素由政治制度因素和历史文化因素构成。政治制度可分为经济体制因素、土地制度因素和政府管制因素,如政府的行政效率与服务品质,政府的产业政策和相关税制,是服务业区位选择的外力干预因素,是不可回避的和普遍存在的。同时也包括社区态度是否支持或反对。

历史文化因素包含历史遗迹、历史传统和社会文化与社会安全等因素,对服务业的区位选择起着潜移默化的影响。

政治制度和历史文化是人文社会中的两个紧密结合的两个层面,前者作为上层建筑,对服务业区位选择行为起着规范与限制作用,后者则作为普遍存在的物质和精神文化因素,于无形中影响服务业区位的选择。两者相互协调,融为一体。

(二) 服务业区位因素的内在联系

服务业各类因素彼此并不是孤立的,而是相互联系、相互影响的,共同构成区位主体的客观区位因素系统。各个因素对服务业区位主体的区位决策产生的影响并非均等,对于不同类型服务业区位主体,各个因素所起的作用是不同的。经济因素是影响营利性服务业区位的基本因素,它与服务业的利润最大化目标相互耦合,联系紧密。空间因素是服务业区位选择的前提和存在的基础平台,任何服务业最终要落实在土地与空间上,经济因素、科技因素和人文因素都是依附特定的土地区位而存在。科技因素是影响服务业区位选择的外部动力,信息技术的应用增强了服务业区位选择的灵活性,也是导致其他区位因素发生变化的力量。人文因素是普遍因素,以制度和文化因素的形式制约或影响服务业区位主体的区位选择;四大因素共同构成了以服务业区位主体为核心的菱形结构体系(图4—5)。

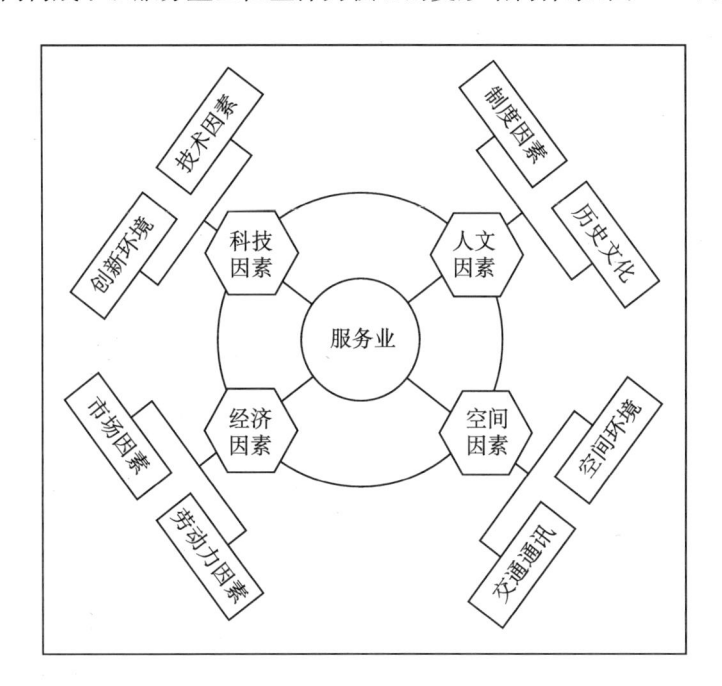

图4—5 服务业区位因素钻石结构

第二节 经济因素

一、市场与集聚因素

(一)市场因素

一般经济学理论告诉我们,有需求就有供给,任何服务业的存在和发展都是为了满足现实存在和不断增长、不断产生的需求。而这种需求不是凭空产生的,是与特定规模和密度的人口或消费群体相联系的,这些群体或者是单个的消费者(个人和家庭),或者是有组织的消费者群体(如企业、事业单位和政府组织等)。

由于大多数服务业所提供的服务产品都是不可运输的和不可储存的,即生产和消费同时进行,这就要求服务型企业在区位决策时考虑接近消费群体和消费市场(图4—6)。一方面是基于杜能和韦伯等古典区位论的成本最小化原理,另一方面根据威廉姆森(Willamson,1985)的交易成本原理,可以降低交易成本。但人口规模、密度和消费群体在城市内部的空间分布上是不均衡的,而且不同消费群体有着不同的消费习惯和消费需求,现实消费需求受消费群体的收入和支付能力的影响和制约,只有在支付能力之内的潜在消费需求才能转变为现实的消费需求。

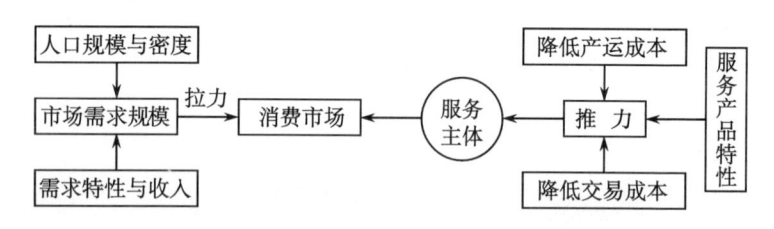

图4—6 市场因素对服务业区位选择的影响

对于提供服务的区位主体而言,布局在何处获得最大利润,往往取决于其自身提供服务的能力、规模和当地的市场潜力与大小。一般而论,为个人提供服务的消费性服务业和流通领域的零售业在布局时都有接近消费市场的要求,可称为市场指向。一方面根据克里斯塔勒的服务供给范围的上限与下限原理,服务主体尽可能占领更大的潜在市场以获得最大利润,美国学者贝里等(Berry,1958)进一步发展了克氏理论,提出了一个企业维持正常利润所需的最低限度的人口规模理论(刘继生等,1994)。另一方面,可以根据市场的变化及时调整战略,尽量满足顾客的需求。根据中心地原理,不同规模和服务提供能力的区位主体需要有相应规模的服务人口,并形成等级体系结构,等级越高,所需要的最低限度人口规模也就越大。

人口的规模、结构与分布决定市场需求,对于不同类型的服务业,市场因素作用的大小有区别,一般而言以营利为目的的消费性服务业(个人服务业)和流通服务业的布局受市场因素的影响更加显著。对于城市消费性服务业而言,其布局往往需要考虑所在地的人口密度、人口收入水平和消费习惯,所在地的人口流动情况等,如上所述,人口规模达到门槛人口后,消费性服务企业才有营利的基础,周围人口的规模和性质决定了服务业的市场潜力和范围。其次,在周边地区同类企业的多少及竞争情况也是影响企业营利的重要因素。此外,在同类企业的比较中,其区位是否具有优势还取决于与市场和客户的距离等,特别是个人服务业。

(二)集聚因素

集聚一般是指各种产业及经济活动在空间上的集中。韦伯在《工业区位论》中最先提出集聚因素的概念,并系统研究了集聚经济理论,认为集聚因素是影响工业区位的重要因素之一。集聚因素主要是指集聚经济因素,集聚经济即因社会经济活动及相关要素的空间集中而引起的资源利用效率的提高,及由此而产生的成本节约、收入或效用的增加(郭鸿懋、江曼琦等,2002)。集聚经济带来的集聚效应有以下特点:一是空间性,二是外部性,三是规模性。集聚经济主要由分工和专业化带来的利益、规模经济利益和外部性利益所形成的(江曼琦,2001)。

城市的本质特征就是集聚,它包括人口、产业、各种生产要素和各种社会组织的空间集聚。作为大都市的主导产业,服务业在城市内部的集聚与城市集聚经济不无关系。集聚因素对服务业区位选择影响主要是基于相互集聚所带来的正外部经济效应,包括设施的共享,交易成本的降低,劳动力市场的共享,通过交换便捷地获取信息、获得技术,多样化和互补性经济利益的获得,以及在不确定条件下降低投资风险等等。服务业在城市内部空间上的集聚,尤其是生产性服务业在城市内部(CBD)的集聚,是大都市发展的新动力。参考米尔斯—汉密尔顿的城市形成模型,我们构建出现代服务业聚集与城市增长的一般模型(冯云廷,2000)(图4—7)。

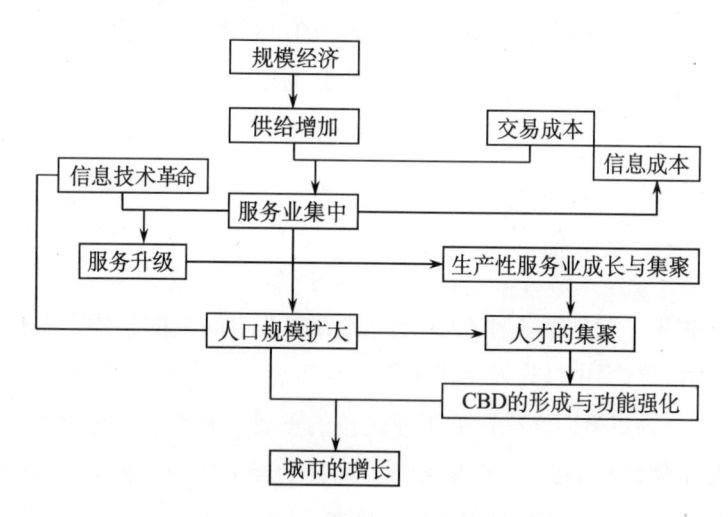

图4—7 服务业集聚与城市增长模型

(资料来源:冯云廷,2001,作者改制)

服务业集聚与城市增长模型(图4—7)的解释如下：规模经济导致服务业主体规模扩大,服务供给增加,交易成本降低,于是吸引了更多服务业集聚,使服务型企业降低获得信息的成本；在当代信息技术革命的影响下,服务业升级,生产性服务业逐步成长并在特定空间内集聚；同时服务业集聚带来人口的增长,信息技术革命和生产性服务业的发展使人才进一步集中,城市 CBD 形成,功能不断强化,最终推动了城市增长。因此,集聚因素是影响服务业区位选择的重要因素之一。受集聚因素影响的区位决策称为集聚指向型服务业区位,除了具有中心等级性和大型公共服务设施外,其他均受其影响。

当然,并非集聚程度越高,对服务业发展就越有利,往往集聚的出现意味着竞争的出现和单个企业市场分额的缩小,甚至出现规模不经济。对此,本书构建了一个衡量集聚合理程度的模型(图4—8)。

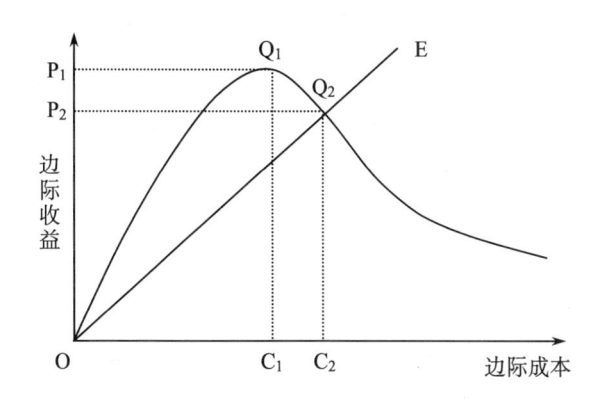

图4—8　服务业集聚的成本与收益模型

根据交易成本理论,但集聚程度很低时,服务型企业的交易成本相对较高,获利较少。当集聚开始出现时,集聚所带来的边际收益大于市场萎缩的利益损失和边际成本之和,企业的获利增加,于是吸引更多企业集聚;当达到 Q_1 点时,聚集所带来的利润最大,后随着集聚的增加,边际收益开始下降;到 Q_2 点时,边际收益与边际成本相等,之后当集聚继续增加时,边际收益开始小于边际成本,企业无利可图,聚集开始走向扩散阶段。分析表明,聚集因素对服务业区位的影响在一定范围内是积极的(OQ_1),但当超过一定的度(OQ_2),集聚因素不利于服务业的发展(图4—8)。

二、劳动力与人才因素

韦伯在工业区位论中也讨论了劳动力因素(劳动力价格)对工业区位的影响。他认为劳动费用不仅仅是工资的绝对支出,是单位重量产品包含的工资部分。并指出劳动费用存在地域差异,受劳动因素决定的区位指向称为劳动费指向(Webber,1909)。该理论对于解释传统工业的布局十分有效,但他对信息技术时代高新技术产业和高级生产性服务业对高级科技管理人才的依赖估计不足。因此,用韦伯的劳动费指向理论不能很好地解释信息时代服务业,尤其是生产性服务业对人才因素的依赖性,总之,与传统工业时代相比,信息时代影响服务业区位选择的劳动力因素发生了根本变化(图4—9)。

劳动力因素一般可以分为两类:一类是一般劳动力的供给与工资,这与韦伯的理论基本相同,但对劳动力素质有了更高的要求;第二类是高素质科技与管理人才的供给与工资等人才因素。对于不同类型的服务业,劳动力因素对其区位选择影响的内涵和方式不一样。

早期的区位理论一般只考虑人工成本,相对而言不十分重视劳动力素质问题,一直到近代、现代区位论中,劳动力素质和人才的可获得性越来越受到重视。劳动力因素对于不同服务业的发展有着不同的影响。

第四章 服务业区位因素体系理论

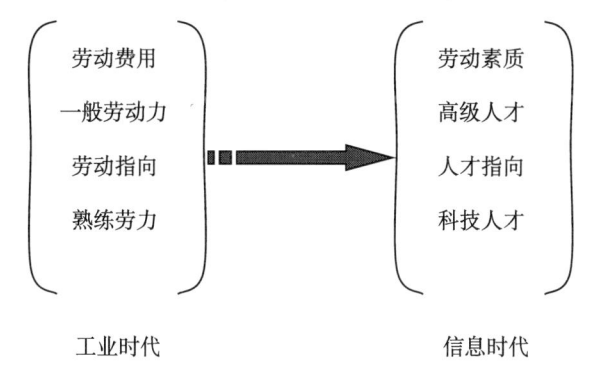

图 4—9　信息时代劳动力因素的矩阵变化

（资料来源：甄峰，2001，根据第 29 页改制）

对于传统服务业，如消费性服务业、分配性服务业中的零售业等和社会服务业中的非技能部门，对劳动力的文化教育水平要求并不高，在城市的任何区位其劳动力的供给一般是充足的，只受一般劳动力因素的影响。但信息产业、研究与开发和生产性服务业在空间布局上对高素质人才因素有着特殊的考虑，因而这类企业布局时往往考虑接近高素质人才集聚区位，如城市的 CBD、大学及研究机构周围等，而对一般劳动力因素不敏感（闫小培，1999）。这些行业由于具有高投入、高风险和高附加值等特点，劳动费用并非关键因素，相比之下，高素质人才（包括科技与管理人才）的可获得性对这些服务行业区位选择的影响起着至关重要的作用。

我国正处于经济转型时期，城乡二元分割没有彻底打破。根据刘易斯的二元结构理论，我国农村剩余劳动力向城市转移还在持续发生，在一定时期内一般劳动力的供给继续大于需求，而且劳动力价格低廉，因此传统服务业受一般劳动力因素的影响比较小，地域差异不大。值得注意的是,随着技术的进步和产业的升级,传统服务业内部的技术含量也在逐步提高,因而这些行业对劳动力素质的要求有所提升,劳动力素质因素对其区位选择的影响逐渐增强。特别是高级专门人才的稀缺性十分明显,供不应求,人才瓶颈现象严重,成为城市信息产业和生产性服务业区位选择的重要影响因素。

第三节 空间因素

一、交通运输与通讯设施因素

(一)交通运输与可达性

交通是联系地理空间中社会经济活动的纽带,是社会化分工成立的基本保证(李小建等,1999)。在传统工业社会,通讯技术极为落后,交通运输是影响工业主体空间行为的最主要手段,成为决定工业区位选择十分关键的因素。古典经济学理论十分强调运输成本因素对区位选择的影响。工业企业的布局受交通运输因素的影响极为重大,韦伯认为决定运输成本的基本因素是运载重量和运载距离,并将由运输条件和运输费用决定的工业区位称为运输指向因素。服务业的性质决定其产品的不可运输性,但传统服务业销售其产品(服务)依赖于与顾客面对面接触的方式,即顾客必须到达服务供给方的特定场所,才能接受或购买服务,因此可达性成为影响服务业区位选择的关键影响因素。

进入后工业社会和信息时代以来,一方面,现代化交通设施、交通网络日益完善,影响城市服务业的空间布局,如地铁作为城市内部

第四章 服务业区位因素体系理论

快速轨道交通的发展,成为引导城市零售业区位选择及房地产开发的重要影响因素。随着居民收入水平的提高,小汽车的普及和私人交通工具的增长改变了传统空间与距离因素对服务业区位选择的制约(孙鹏、王兴中,2003)。另一方面,电子通讯技术的飞速发展大大改变了传统的距离观和时空观,时间距离开始被引入服务业的区位决策中,一部分交通运输功能已经被新的更加快捷方便安全、成本低廉的远程通讯手段所取代,交通运输因素在决定服务业区位中所起的作用有所减弱,物理距离对区位主体空间选择行为的束缚减小,服务业区位主体在区位选择时具有了更大的弹性和灵活性(甄峰,2001)(图4—10)。

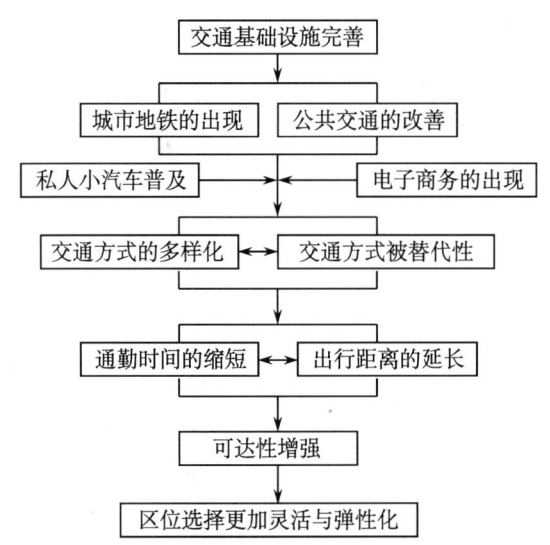

图4—10 信息时代交通基础设施对服务业区位选择的影响

总体来看,交通运输影响服务业区位选择的几种结果有沿交通干线区位的干线依赖型、交通站点集中布局的枢纽依附型、远离干线或站点的独立区位型等。

可达性是对服务业企业（单位）布局的一个总体评价，它是由各种交通条件和交通方式所构成的总体评价。具体而言，影响可达性的因素包括城市道路设施状况（位于城市道路旁或交叉路口等）、交通终端设施（如火车站、公共汽车站、长途汽车站、地铁站、客货运码头、机场等）、交通运输方式（通过地铁、公共汽车、长途汽车、铁路运输、水运、空运等）、交通距离与交通时间以及克服距离摩擦所需要支付的交通费用（成本）、人的心理对真实距离的感应、交通出行的便利程度等等。根据上述分析，交通因素可分为可达性因素、真实距离因素、时间距离因素和经济距离因素、感应距离因素。

地铁作为国内大城市近年来发展迅速的快速城市轨道交通方式，对城市服务业区位选择产生越来越重要的影响，正在深刻地改变着城市服务业尤其是商业服务业的区位选择与空间布局，在地铁枢纽站往往容易形成大型商圈或商务中心。

（二）通讯设施与信息区位因素

人类社会经历了骑马送信、飞鸽传书的农业时代和电话电报的工业时代，现在已经进入了以因特网、无线移动通讯技术主导的信息时代。每一次革命都给世界带来深刻的影响和变化。然而，信息时代却以前所未有的力量正在彻底改变人们的生产与生活方式和时空观念。通讯革命、信息高速公路和因特网等成了现代生活的关键词。

计算机和电子通信相结合、构成信息处理和交换的系统，形成复合的信息技术（闫小培，1999）。信息技术对传统空间结构带来的影响主要体现在，一方面，信息技术的发展及其广泛应用改变了传统的经济实体（公司）、个人、政府机构、社会组织等的空间组织与空间行为，直接影响社会经济空间结构的变化。另一方面，信息技术直接改变着物理距离观和地理空间结构,并且在宣告着"地理的终结"和"距离的死亡"(甄峰,2001)。

通讯设施与信息区位因素主要是指通讯信息技术。信息技术对服务业区位选择的影响,主要体现为以下三个方面。第一,信息技术改变了传统服务业的生产方式,加强了各个生产环节的联系,使生产过程发生分离(闫小培,1999),促进了生产要素的配置效率,提高了服务产品的生产效率,使得服务企业与配套企业之间的空间布局区位更加灵活。第二,信息技术改变了传统的服务产品提供与销售方式,电子商务的发展部分取代了企业与企业间,企业与顾客间传统的面对面接触方式,使得企业与客户之间的联系更加方便,增强了可达性,使得服务业区位选择对关联企业和顾客的空间依赖性减弱。第三,信息技术的应用解除了服务业对交通基础设施的依赖性,使得区位布局更加灵活(图4—10)。

在通讯技术影响下,面对面接触的必要性逐渐降低,远程办公和后方办公已经出现,传统服务业区位选择模式发生了深刻变化,主要表现为传统服务业由城市中心集聚走向扩散,新兴生产性服务业则进一步聚集在城市的CBD等(Sabourin,1998)。

二、空间与环境因素

(一) 城市空间因素

1. 自然地理因素

城市中的自然因素与非城市地域的自然因素大不相同,主要因为城市土地及自然地理基础附加了大量人工干预活动及构筑物、建筑物等，因而影响城市服务业区位选择的自然因素主要包括地形条件、地质状况、水文条件、坡度、植被分布等。这些因素将直接或者间接影响到服务业设施投资的效益和成本的高低。

地质条件对地价的影响较大，各类建筑物对地基的承载力有不同的要求，特别是当代大都市的建筑向高层化发展的背景下，地质条件与地价成正比关系，即地质条件越好的区位，城市地价也就越高。一般而言，大型公共服务基础设施在城市中的选址，地质条件要求较高，此外高层建筑密集的城市 CBD 地区对地质条件要求也较高（沈宏谷，2002；周璐红，2002）。

地形坡度也是影响城市地价的主要因素，它也会影响城市各项服务业所依托的建筑物用地布局、工程难易和建筑美观。在地形坡度过大的地区进行城市建设，需增加开发土石方等工程量，投入较多的附加劳动和建设投资，从而相应地使土地价值减值。在平坦地区常要求地面坡度不小于 0.3，以利于地面水的排除。另外，地形坡度的大小对道路的选线、纵坡的确定及土石方工程量的影响尤为显著。因此，一般选择城建用地时需查清不同地形特点，进行用地评价之后再结合城市不同建筑物对地表坡度的具体要求，进行规划设计，才能取得较好的投入产出效果（沈宏谷，2002；周璐红，2002）。

城市自然灾害发生的频率也对城市地价和城市服务业区位选择有着负面影响。城市发生天然自然灾害率较高的地带，土地利用价值必然很低，有的甚至不能利用。自然灾害包括江、河、湖、海等周期性的水灾，以及地震活动频繁的地带。这些土地一旦建设了可靠的防洪工程和其他防灾工程，将减少周期性自然灾害的影响，其城市地价会逐渐上涨，甚至由于靠近江、河、湖、海等有利条件（如取水、自然景观等），使该地区的地价有可能高于城市其他区位的地价（沈宏谷，

2002;周璐红,2002)。

2. 土地因素

城市是人类各种经济社会要素高度集聚的区域,也是人类对土地干预最强烈、人地矛盾最为尖锐的区域,城市土地的稀缺性和有限性更加突出。由于不同区位的土地自然要素、经济要素和社会文化要素的组合不同,形成不同的土地区位等级和地价。城市内部产业的区位选择与空间竞争,实质上就是对土地的空间争夺,并在地价和政府的调控下,形成特定的城市土地利用模式(图4—11)。

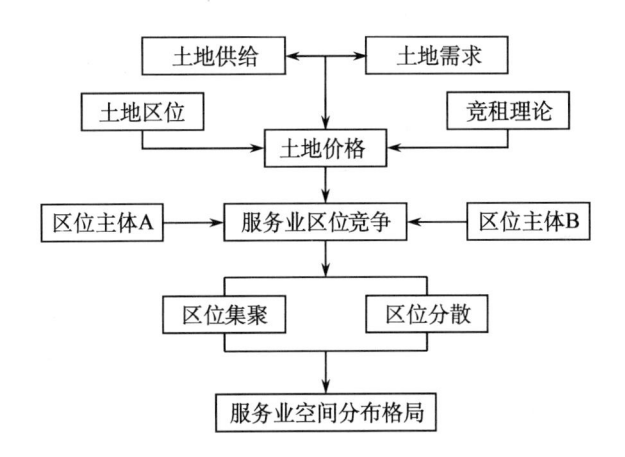

图4—11 市场机制下土地因素影响服务业区位选择过程

农业区位论的创立者杜能最早对土地因素影响农业的区位选择进行了研究,提出了级差地租的概念。后来阿龙索提出了城市土地的竞标地租理论,系统分析了地租对城市内部各行业区位选择的影响及空间竞争的结果。斯科特则运用地租理论探讨了城市CBD内部不同服务业的区位选择与空间竞争结果(江曼琦,2001)。一般而言,影响城市内部经济实体区位选择的土地因素可以分为地价、土地区位、土地供应量。

(1) 地价因素。它是地租的货币表现,是调节城市土地供给与需求、合理配置土地资源的杠杆。在完全市场条件下,经济主体(企业)根据其自身的付租能力而决定其区位选择,但不同行业的付租能力是不同的。就服务业而言,零售业、办公活动等高级生产性服务业的付租能力最强,往往能够占据城市的地价峰值区位,如 CBD 和大型商业广场和次中心地带。占地面积大、付租能力弱的行业,如仓储、物流与批发等行业则一般远离市中心区,布局在近郊或远郊区。地价是决定城市土地利用方式与功能布局、空间结构形成的无形的手(黄亚平,2002)。

(2) 土地区位因素。具体来说就是土地所处的综合环境,包含了各种自然要素、社会要素、经济要素和生态要素在内的特定土地空间环境。从经济学上讲,区位是一种产品,是有价值的,价值可以通过地租来体现。只有先获得特定区位的土地才能获得相应的区位,土地是肉体,区位是灵魂,两者相互耦合。根据地租理论,区位分为不同的等级结构,不同等级的区位给企业带来不同的收益。企业布局在何地获利最大,该地所具备的各种条件就是区位。

(3) 土地供给。即相对于土地需求,城市特定区域所能够提供的土地面积的大小和满足需求的程度。这与城市开发的密度、土地储备量的大小和土地使用权流转率的高低有密切的关系。城市土地的稀缺性、有限性和固着性是制约土地供给的根本原因,在市场环境下,土地供给的形式主要在地价的作用下发生的土地使用权或所有权的转让,在空间上则表现为土地功能的置换。土地的供给是企业区位选择最基本的因素,只有在土地供给充足的前提下才能作出区

第四章 服务业区位因素体系理论

位决策。

（4）土地需求。城市土地供给的有限性决定了其对城市土地需求产生很大的影响。根据周璐红（2002）的研究，我国城市地价与城市土地需求的关系，可以用图4—12表示。①政府以最低价P_A和L_1面积开始供给城市土地。②当市场上城市典地需求曲线DD'与供给曲线SS'相交于E点时，均衡城市地价为P_B，城市土地供给量的增加由于城市地价上涨的拉动也增大到L_2。③当城市土地需求继续增加至D_1D_1'时，城市地价继续上升至P_C点。此时，城市土地供给量增加至L_3。④当城市需求不断增加至D_2D_2'时，城市地价继续上升至P_D点，此时城市土地供给量也增大至L_4。⑤由于城市土地需求弹性大于城市土地供给弹性，由此决定了城市地价上涨的速度比城市土地供给增加的速度要快。

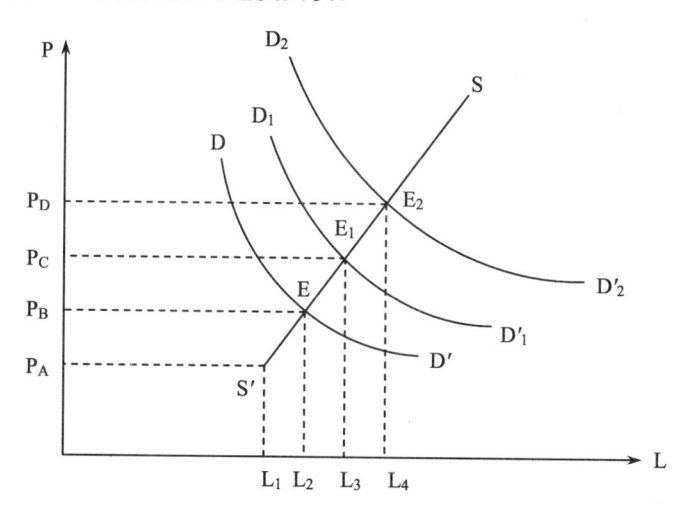

图4—12 地价和土地需求的函数关系

（资料来源：周璐红，2002）

综上所述,城市土地的供给、需求决定土地价格和成本,进而影响服务业区位选择。

3. 空间结构因素

城市功能结构因素是指城市空间结构或特定功能区及其环境对企业区位选择的影响(黄亚平,2002)。城市空间结构是各种人类活动与功能组织在城市地域上的空间投影,包括土地利用结构、经济空间结构、人口空间分布、就业空间结构、交通流动结构、社会空间结构、生活空间结构等(柴彦威,2000)。

按哈里斯—乌尔曼的多核心城市地域结构理论,西方城市内部可分为中心商务区(CBD)、批发与轻工业区、低收入住宅区、中等收入住宅区、高收入住宅区、重工业区、卫星商业区、近郊住宅区、近郊工业区等(许学强等,1997)。不同类型的服务业选择在不同城市功能区内布局,对其生存与发展十分关键。比如,消费型服务业为了接近消费市场,一般与居住区紧密结合;大型零售企业、办公业等高级生产型服务业等一般呈集聚布局在中心商务区,以利于信息交换、共享人才等;交通运输与批发业一般接近城市入口处的运输功能区和工业区等等。

在信息时代,依托于城市信息基础设施的信息空间又称虚拟空间,改变了传统城市的物质与功能空间结构。对信息依赖性强的服务业,如信息产业和办公活动、研究与开发、计算机服务、金融保险、信息咨询与会计、审计和法律服务、广告代理等越来越依赖便利的信息基础设施枢纽与节点,并呈集聚分布状态。而信息空间的网络结构则为增强了信息通达性,促使城市内部结构的分化和产业与人口向郊区扩散,依托于人口与市场的服务业如消费性服务和教育、医疗和公共设施服务业随之向郊区扩散(柴彦威,2000)。

(二)环境因素

本书所指的环境因素是企业所处的区位环境综合状况,植被与绿化状态,水质、空气质量和环境优美、安静、舒适程度等情况。这类因素对不同类型服务业区位选择有着不同影响,医院、疗养院、公共休闲服务设施、居住区、文教区、文化艺术区、研发中心等公共服务设施和智力密集型创新活动一般对环境因素有较高的要求,对其他服务业的区位选择只起一般性作用。

噪声污染、固体废弃物污染和电磁波污染等环境污染,也会对服务性企业的区位选择造成影响,甚至会使企业的利益受损,促使原有企业迁出,新企业也会避开污染区。同时,不受欢迎的公共设施,包括火葬场、垃圾处理场、污水处理厂等人体有害或对社会有负面影响的公共设施(Wolpert,1970),以及城市灾害频繁发送的区位,都会对不同类型的服务业区位选择造成影响。

(三)微观区位因素

微观空间环境可称为微区位,一般是指所在建筑物及其周围的环境,包括人行系统与安全程度、停车系统、建筑特色、门面采光与可视性、操作的便利性(顾客出入方便等)、易接近性等因素(孙鹏、王兴中,2002)。这些因素对于面对面对接触需求程度高的零售业和消费性服务业影响较为明显,主要出于对消费者"人本化"的考虑。因此这类服务业在区位选择应更加关注所在地微观环境。

白光润认为微观尺度的区位问题的主要制约因素包括城市规划制约、人文环境、生态环境,产业事业关联、市内交通、街区地价、道路结构等。微观区位还可以进行更细的划分,如街区位置中更细的位置关系,如上坡还是下坡,左边还是右边,朝阳还是朝阴,弯路还是直路,道路内侧还是外侧,大型商场入口还是中间,等等。建筑物高度等,可以称得上微区位,这些条件看上去很细琐,与传统区位的距离因素几乎不发生关系,但实际意义很大,商家、房地产商在这方面积累了丰富的经验(白光润,2003)。

第四节 科技因素

科技因素可以分为科技创新要素(创新主体、创新要素)和创新环境(创新条件与创新制度)两个具体因素,对于不同类型的服务业区位选择,有着不同的影响。

一、科技创新要素

(一) 创新活动主体

研究与开发,是创新活动的主要形式,主要以高度集聚的空间形态分布在城市的特定区域,往往依托于著名的大学、众多的研究机构、企业的研究与开发总部等创新活动主体,如美国的硅谷和"128"公路、北京的中关村、台湾的新竹科学园等等(王辑慈,2001)。研究与开发活动主体集聚的区位一般具有发达的信息基础设施、大量集聚的高素质科技与管理人才、浓厚的创新氛围和频繁的技术交流与信息交换。研究与开发机构的高度集聚所产生的正外部效应和规模效应,使得各个企业或研发主体更快的获得信息、便于技术交流与合作、激发创新思维、降低交易成本、从高度集聚的人才库中获得所需的人才,并且能够降低不确定性带来风险。

根据卡斯特尔对美国的研究,高度集聚的创新活动影响服务业的区位选择主要体现在以下几个方面。首先,生产性服务业中的风险投资等金融保险业、广告与会计事务所和律师事务所、市场研究等信息咨询业、计算机服务业等围绕研发中心区域布局,形成更大规模的创新空间集聚。其次,当创新活动集聚到一定程度时,产生临近扩散,促使辅助性创新中心的产生,它们以一种不对称的、相互依赖的关系,形成低一级技术发源地,主要由小型创新公司集聚而成,实际上构成第二层创新环境,使创新、制造与市场间相互依赖,形成复杂网络(Castells,M,1989)。第三,高科技与信息技术的扩散带动办公行业的自动化、刺激信息经济的兴起,创新企业的二级公司由于不愿或不能承担中心商务区高额的地租,办公总部和商业开始迁往郊区,并在郊区形成小规模集聚。第四,先进的信息咨询服务如金融保险、法律、会计审计、广告和市场研究等仍保持在城市中心商务区,地位不变。第五,高层次的娱乐仍然留在CBD内,但消费主体——中产阶级已经迁往郊区。第六,公共服务业如教育和医疗随着人口和服务对象的空间扩散而扩散到郊区(Castells,1989)。

(二)创新要素

1. 知识因素

在传统工业时代,自然资源、劳动力供给和运输费用和方式是工业生产的主要要素,也是配置资源的主要形式。影响工业区位选择的主要因素是交通、劳动、聚集和规模等因素。人类进入信息时代以来,"以智力资源的占有、配置,以科学技术为主的知识的生产、分配、消费为最重要因素"的知识经济时代已经到来(吴季松,1998)。随着信息技术的发展及其广泛应用,无形的知识产品和创新思维越来越左右着信息产业尤其高新技术产业、生产性服务业的区位布局与选择。根据马丘(Markku,1989)的研究,得出知识环境对区位影响的重要性和排序由第六位上升到第三位,上升速度很快(表4—4)。

表4—4 区位因子研究结果比较

区位因子	因子重要性排序	
	1987年	1992年
劳动力技能可得性	1	1
市场可达性	2	2
交通可达性	3	6
原材料可得性	4	4
多样化的产业基础	5	5
知识环境	6	3
生活质量舒适度	7	7
商业气候	8	8
金融因素	9	9
特殊地区津贴	10	10
其他因素	11	11

资料来源:甄峰,2001。

知识因素包含智力资源、信息、知识、创新思维和高技术等要素,其生产者主要由知识生产机构,如大学、研究机构,它们对区域创新能力与竞争能力有着重要的贡献,新闻出版机构、图书馆及教育培训机构等知识传播机构对知识的交流与传播起着决定性的作用,进而影响其他相关要素的空间布局(甄峰,2001)。由于知识产品的高附加值性、无形性、创新性等特点，便于传播扩散，在知识生产机构周围形成很强的外部性，并吸引更多的高素质人才和研究机构的聚集，进一步形成思想库和知识库，信息技术的应用则加速了知识的传播与扩散，推动了知识传播培训机构、文化传播等服务业在知识创新区域集聚。

2. 信息因素

信息因素在信息时代地位日益凸现，并成为决定服务业区位的重要因素之一。早在20世纪70年代，普雷德就曾指出经典的理论不足的是忽视了信息作为区位因素。许多研究表明，信息正在成为新的生产因素和区位因素，并可能使社会经济客体的空间位置和组合关系发生各种倾向性运动，并且与其他因素发生错综复杂的关系（陆大道，1995）。信息因素对服务业区位选择的有以下三方面的影响。第一，信息依赖性产业区位选择倾向于接近信息源和信息基础设施（信息节点和信息枢纽），并形成高度的空间集聚。第二，高科技产业、信息产业和先进生产性服务业在区位选择时，越来越倾向于接近信息技术的创新源——一流大学、政府的研发中心、大公司的研发结构和高级科技人才密集的区域，如美国的硅谷、北京的中关村等。第三，由于信息基础设施的改善，信息的可获得性大大提高，改变了传统服务业在城市老城区的集聚分布状态，随着城市空间的拓展和人口与产业的郊区化而扩散到城市的边缘区。

3. 技术因素

一般而言，技术是指生产制造的方法与知识，包含产品设计，生产技术以及为了规划、组织和执行生产计划所需的相关企业体系等

(Baranson,1996)。近年来,不少学者开始运用技术创新及其可获得性尝试对信息产业和高科技产业的发展及其区位现象进行解释。大多数的技术创新来源均是通过靠近大学及研究机构的区位而获得,麦丘盛(Markusen,1986)在对于高科技产业区位的影响因素研究中,将"大学及研究机构"列为五大要素之一。

对于研究与开发等生产性服务业而言,技术本身、技术创新的环境及技术交易的场所等都是十分重要的区位因素。具体来说,一般生产技术与信息技术对城市服务业区位选择的影响有着不同的效应,后者对城市服务业,尤其是生产性服务业区位选择有着更为深刻的作用。

二、创新环境

(一) 创新条件

信息技术和高科技产业的高级生产功能集中于少数几个选定的区域,它们由一流大学、研究机构、大型企业研究与开发中心、信息与高技术企业和源源不断的创新人才组成的综合创新环境,各种组织空间上的临近性和密切的联系性是创新环境存在的必要条件。

创新环境的形成是劳动力、资本和原材料三要素的时空组合,对相关服务业区位选择的影响有三个方面。第一,原材料是信息和知识,这些原材料可以来源于一流的大学和高等教育机构、政府主办的研发中心和大公司的研发机构等,信息与知识的获得要求研发企业与大学和研究机构相互靠拢,从而形成集聚,并吸引更多同类企业,形成更大的规模的集聚。第二,是导致科技人员的大量集聚,形成人才储备库,进一步促使生产性服务业集聚分布,并吸引着人力资源机构、高档社区娱乐消费服务业、教育培训服务等相关服务业的发展。第三,是创新环境的形成需要有投资企业来支持创新成果转化为生产力,于是吸引了金融机构和风险投资公司围绕布局,并逐步形成以技术创新为核心的新 CBD 的形成(Castells,1989)(图 4—13)。

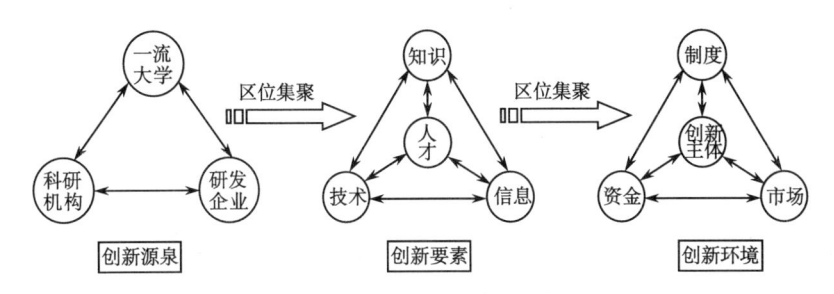

图 4—13 区位集聚创新环境的形成与过程

(二) 创新制度

创新活动的不确定性决定其高风险性的存在,当高新技术没有转化为现实生产力之前,需要大量投入资金以支持这种不确定发明活动得以维持。但初始阶段公司规模小,抗风险能力弱,往往不能离开政府创新政策的支持。

政府创新制度的建立包括以下几个方面。第一,政府对创新企业实行税收优惠政策,减免企业的部分税收,以缓解资金压力。第二,政府对企业进行资金补助或实行政府采购办法,以间接支持企业的创新活动。第三,政府直接投资立项,通过招标等形式资助企业进行科技创新活动。第四,为保护企业的创新活动,政府制定知识产权保护法规,规范技术交易市场。第五,对企业的创新活动设计奖项,鼓励企业继续维持创新活动。第六,对于企业无法承担的相关服务,政府可以为其搭建配套服务平台,如建立人才的教育培训机构,成立中介服务机构,吸引外来的投资公司和风险投资企业进驻,培育技术市场交易的机制等等。即使是创新活动高度发达的美国,研究与开发也同样离不开政府创新制度的支持(Castells,1989)。

一个具备良好创新制度环境的创新区域,对服务业区位选择的影响显而易见。首先,良好的创新制度往往吸引更多的研发型企业(包括企业和科技人才)集聚布局,寻求制度保障和安全,降低不确定性带来的风险,并企业降低交易成本等。其次,科技创新企业一般需要使用许多中介服务机构,如会计事务所、审计机构、法律顾问与咨询事务所、广告代理、市场研究与信息咨询、投融资机构等,充分利用创新区域的良好声誉,集聚布局在创新企业的周围,使创新规模扩大。

第五节 人文因素

一、政治制度因素

(一) 经济体制因素

经济体制一般可以分为市场经济制度和计划经济制度、混合所有制等多种形式(张亚斌,2001)。在不同经济制度下,经济主体的归属权限不同,服务业区位决策主体也不同。西方发达国家一般都实行市场经济体制,即以私有制为主体,市场是支配国家经济运行的主要力量,服务业区位主体与区位决策主体往往是一致的。在市场经济规律下,服务业区位主体的空间选择一般以追求最大利润和最小成本为目的,因此区位行为模式体现的是市场规律,地租理论是服务业区位选择的决定力量,政府只对公共领域的服务业区位选择予以宏观调控。

在传统的计划经济国家,产权的国家所有制占据绝对主导地位,服务业经济主体(企业或单位)附属于某级政府机构,政企不分。企业只代表国家或政府对企业或单位进行经营管理,区位主体往往没有决策权,而只有行为权。区位决策主体与区位行为主体是分离的,即服务业主体的区位选择行为受政府的力量支配,服务主体的区位选择行为不反映市场规律,只反映国家或各级政府的计划的制定和实施(吕玉印,2000)(图4—14)。

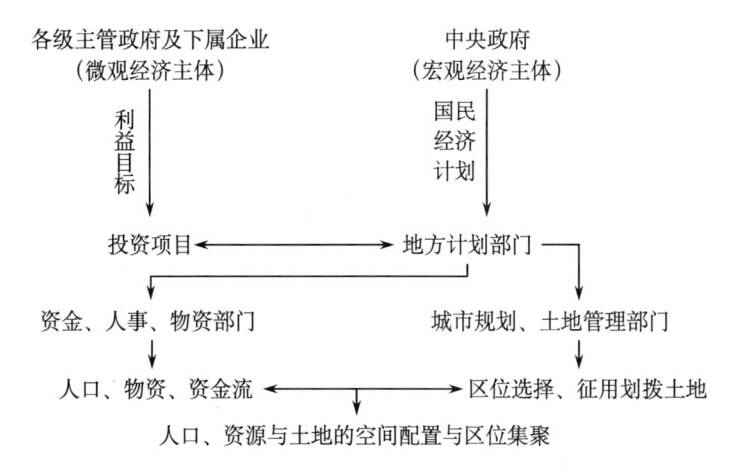

图4—14 传统体制下我国城市集聚与产业区位选择的机制与过程

(资料来源:吕玉印,2000,经作者修改)

我国过去的单位制就是典型的案例。在这种制度背景下,企业一般不是以营利为目的,而且其在城市内部的区位选择所需承担的成本由国家买单,地租失效。在计划经济背景下,唯一能够使服务业区位主体朝合理的位置布局的力量就是城市规划,但所起的作用很有限,因为城市规划往往反映的是领导者的意志。从行为理论讲,领导者是有限理性经济人,掌握的信息有限,更难以保证服务业区位的科学性(江曼琦,2001)。

我国处于计划经济向市场经济过渡的时期,国有经济的比重在逐步缩小。非公有制经济在城市经济中的比重越来越大,并且成为推动城市发展的重要力量,市场对城市内部土地资源的配置作用逐步增大。但由于土地仍是国家所有,因此市场规律和地租仍在政府调控范围之内发挥有限的作用,服务业区位选择往往是在两种力量的共同作用下完成的(江曼琦,2001)。在国有经济领域,服务业区位选择的主导力量仍为政府,市场力量完全被排斥在外。

(二) 土地制度因素

土地制度是指城市土地财产制度和土地租用制度。前者是指城市土地财产权,而后者则指个人、企业和政府持有城市土地、经营和使用城市土地的规则。城市土地制度是通过对土地的权利和责任制定一系列规则和规范,对城市中各经济活动的经济主体施加影响,进而作用于竞标地租理论和服务业主体的区位选择,形成不同类型服务业的区位空间布局(江曼琦,2001)。

城市内部土地的市场交易并非是土地,而是土地及其附属设施的各种权利,如土地的财产权或租赁权等,服务业区位选择的前提是获得关于某一地块的某项权利,但必须支付竞标地租理论所决定的租金。西方发达国家早在几百年以前就确定了土地作为私有财产的法律规定,并视为与生命和自由同等重要的公民权利。尽管后来政府为了维护公共利益而制定了种种限制损害公共利益的私人土地使用方式的规定(江曼琦,2001),但私有制的属性使得土地所有者根据市场规律和竞租理论可以自由的买卖转让土地的所有权和使用权、租赁权等,因此城市内部服务业区位可以在地租和市场规律作用下作出决策,并真正体现服务业的区位布局规律。

在改革开放以前,我国实行城市土地无偿使用、无限期使用土地的政策,任何单位的建设活动都由各级政府决策进行。根据"15号"文件规定,"政府使用土地时严格掌握使用原则,按照企业、单位、机关、部队、学校的实际需要与发展情况,确定其使用土地的面积"。由于城市服务业属于国家和集体所有,各种服务业用地的区位决策权基本上是政府和相关职能部门自行决定,服务业大都是每个社会经济单位内部自行提供,其区位依附于单位在老城区空间内混杂分布,地租在区位决策中的作用体现不出来(吕玉印,2000)。

改革开放以来,我国城市土地使用制度改革开始逐步推进,土地有偿使用制度逐步走向完善,城市土地不再由政府拨划,而是由企业和个人根据其付租能力和效用最大化的原则,自主选择其区位,这在沿海开放城市和经济特区最具有代表性。改革开放后城市服务业的飞速发展,个体、私营和外资等经济成分比重逐步提高,非公有制服务行业如零售业、消费性服务业等行业区位选择在城市政府的控制和市场规律和地租理论的支配下,根据其付租能力自由地决定其区位,并在城市空间上逐步形成功能区。在城市土地改革不彻底的前提下,公有制经济属性的服务业区位选择仍然受政府的支配和控制较为明显,受市场和地租规律的影响较小(吕玉印,2000)。总之,城市内部服务业区位选择是在政府调控和市场、地租规律支配作用下进行的,在非公有制服务业领域,市场规律占主导地位,而在公有制和城市社会公共服务业领域,政府的力量仍然占绝对优势(图4—15)。

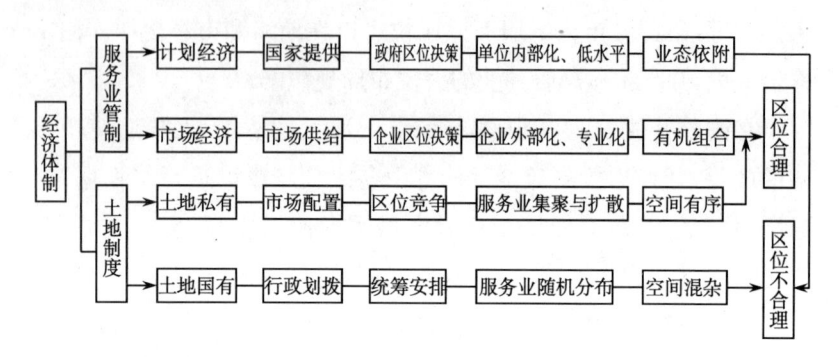

```
          ┌─计划经济─国家提供─政府区位决策─单位内部化、低水平─业态依附──┐
       ┌服务业管制┤                                                      ├区位
经济体制┤  └─市场经济─市场供给─企业区位决策─企业外部化、专业化─有机组合──┤合理
       │                                                                 │
       └土地制度┌─土地私有─市场配置─区位竞争──服务业集聚与扩散─空间有序──┤
               │                                                         ├区位
               └─土地国有─行政划拨─统筹安排──服务业随机分布─空间混杂──┘不合理
```

图4—15 不同经济体制与土地所有制下服务业区位选择的结果

(三)政府对服务业管制因素

不同国家对服务业的管制范围及程度均不一样,西方国家大都取消了政府对服务业的控制(除了少数特殊公共服务部门如国防等以外),市场成为配置资源、形成竞争的主导力量,服务业的区位选择主要受市场因素的左右。我国历来对服务业有严格的管制,行业内部垄断、排斥市场经济的现象依然十分普遍,市场竞争不充分,在银行、电信、保险、民航、铁路、教育、医疗等金融服务、运输服务和社会公共服务等方面尤为严重(李善同、华而诚,2003)。市场化程度除了批发零售、消费性服务业和公路运输等领域较高以外,多数行业的市场化程度很低,国有经济的比重较大,因此多数服务业在区位选择上依然受到政府的管制和干预(表4—5)。

表4—5 政府在服务业发展中的作用

服务行业	政府是否是最大的购买者	政府是否是最大的提供者	规制途径
批发零售、餐饮			制定营业时间、卫生标准
运输、仓储		基础设施的主要提供者	制定燃料税、养路费标准、提供建设资金、发放运行许可证、制定航空安全法
通讯	是	电信设施的主要拥有者	制定通信法等
金融保险		是(通过金融体系)	制定并实行金融监管条例
房地产与商务服务	是		
政府管理与国防	是	是	
教育	是	是	制定标准
卫生与社区服务	是		建立老人活动中心、提供医疗服务、制定并监督执行医疗与药品价格标准
文化娱乐	是(通过赞助和补贴)	是(通过电视与广播等)	制定转播条例等
个人及其他服务			

资料来源：李善同、华而诚，2003。

总体而言，政府干预较少、区位选择相对自由的服务行业有分配性服务业中批发零售，消费性服务业中的餐饮、小型住宿旅馆、个人与居民服务业、娱乐服务业等，上述行业一般接近人口密集的大中型居住区，空间上相对分散。社会公共服务业是政府管制最严格的服务行业，其次是交通运输等大型基础设施相关分配性服务业，再次是生产性服务业中的金融保险、房地产开发等,此外还有消费性服务业中的大型宾馆和星级酒店等。上述行业的区位选择由于占地面积较大、投入成本高、国有化程度高,区位选择一般在政府的支配下,通过城市规划的法制手段(公共政策)进行区位选址布局。总之,政府对服务业的管制是影响服务业区位选择和空间分布的关键因素。

(四)政府的管理效率与形象

政府的管理效率与形象是投资者考虑的较为重要的因素。良好的投资环境、高素质的公务员队伍、良好的政府形象、完善的服务意识、热情的服务态度等,常常给投资项目大的服务业投资者充足的信心,在一定程度上有助于吸引服务业的集聚布局,如大型零售业、高级宾馆、金融机构和商务服务等,使服务业相关人口趋于集中。相反,办事效率低下、素质不高、态度恶劣、官本位意识强、服务意识差的区域往往让大型高等级服务业投资者望而却步,只有满足居民生活需要的消费性服务业因与政府联系较弱而有所发展。政府的管理效率和形象是服务业区位选择的软环境,但却是不能忽视的重要因素,对服务企业区位选择有着不可忽视的影响和作用。

二、历史文化因素

(一)历史传统

历史是城市的记忆,也是城市文化的内核。城市历史传统影响服务业区位主要体现在以下几种情况。第一,城市历史上遗留下来的大型公共设施和传统特色服务业,一经建成,很难改变,而且改造成本也很高,如政府办公建筑、车站、码头、古老的大学等,一般经过继承和发展,继续投入使用,而它们的区位仍然依托于原来的旧址或古老的建筑等,一直没有改变(Sven,1996)。这类服务业在区位选择时没有多大的余地,或在原地扩建或稍微改造。第二,依托于城市历史古迹而存在的文化艺术遗址、博物馆、纪念馆、遗址、旅游、休闲等公共服务业,必须依托于特定的历史文化设施布局。第三,城市的生活习惯和消费传统、价值观念等是决定服务业区位的深层次因素,如广州有喝早晚茶的习惯,餐饮企业就必须迎合大多数食客的要求,提供相应的服务和产品,这主要针对消费型服务业区位选择而言的。

(二) 社会安全因素

社会安全因素主要是指社会治安状况、犯罪率的高低、刑事案件的发生率、居民的人生与财产安全状况等。社会安全因素与当地政府的治安管理执法力度、居民的构成与素质、失业率、贫富悬殊、流动人口、社会保障、经济发展水平等有关。良好的社会安全环境可以让服务业投资者放心,并让消费者安全地购买服务,这对繁荣城市社区的商业氛围,促进社区经济发展,吸引不同类型服务业前往选点布局等有重要影响。相反,社会治安混乱、人身安全得不到保障的城市社区总是令人望而生畏、避而远之,经济发展也只是非法经营或者坑蒙拐骗,理智的服务业区位行为主体往往会避开或从中撤走而另觅其他更加安全的区位。总之,社会安全作为服务业区位选择时最基本的区位条件而产生作用的,尽管对服务业企业不产生直接的影响,但仍是不可忽视的重要因素。

(三) 邻里与社区文化

社区是城市内部由邻里单元组成的,是在一定地域范围内,处于互动关系的、具有共同的利益和共同意识以及地域归属感的社会群体,具有相互联系的经济活动和相关组织的管理机构(罗萍、向德平,1995)。在服务业区位选择时,往往会考虑将企业在一个社区和谐、人际关系融洽、道德风尚良好并且在行业属性上相近或互补的功能社区选点布局,并形成集聚,以寻求文化认同与地域归属感,并能更快融入其中,有助于业务的扩展。

一般而言,社区群体有着相近的收入水平、类似的消费习惯和独特的文化特性,如美国硅谷中的高科技人才高度密集,形成了一种共同的文化——追求变化。而大学周围的文化服务企业如书店等则比较受欢迎。服务业区位选择时必须针对社区特定消费群体的习性和特点,提供符合消费者需求的服务业及产品,及时调整。总之,社区和邻里对于消费型服务业和同类集聚或互补集聚的服务业有着独特的影响,必须加以考虑(柴彦威,1999)。

第六节 服务业区位动力机制

服务业区位因素的分析表明,经济因素、空间因素、科技因素和人文因素四类形成服务业区位主体的区位环境系统,他们相互制约、相互作用,共同影响着服务业的区位选择。但这四类因素体系中,既含有静态的区位因素,也含有动态的因素。动态因素对服务业区位主体的区位选择起着明显的引导或推动、约束或牵引作用,对区位主体施加外力影响。它们分别是经济因素中的**市场因素**、空间因素中的**交通因素**、科技因素中的**技术因素**和人文因素中的**政府因素**。各个动态因素以不同的形式影响着服务业区位主体在空间上的区位选择行为,并最终在相互制衡作用下形成合力,共同决定了服务业的区位布局特征。四大动力机制影响服务业区位的机理(图 4—16)。

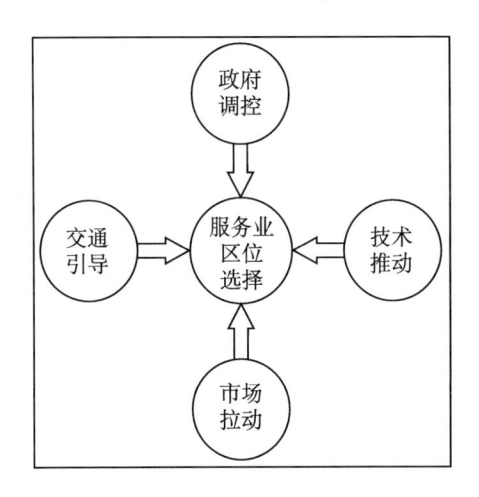

图 4—16 服务业区位动力机制

(一)市场因素

市场拉动是服务业区位选择的内在驱动力。市场需求是服务业存在和发展的内在驱动力,而追求利润最大化则是非公共领域服务业的目标,而最优区位选择是利润最大化的基本保证,在利益的驱使和市场拉动下,服务业区位主体在城市内部进行区位竞争,在竞租理论的作用下最终确定其区位。市场导向型服务业如消费性服务业的区位选择,往往受市场作用力的影响更为显著。

(二) 技术因素

技术推动是服务业区位选择的外部推动力。技术的创新与广泛应用,尤其是信息网络技术等的广泛引用,使得面对面接触的减少,改变了传统的交易方式,具有更大的灵活性和选择余地,使服务业区位选择更加自由,推动着服务业区位向着更加合理优化的方向进行选择。技术推动力主要来自技术创新的推动,一方面,技术应用有利于提高服务业的生产效率,降低生产的内部成本而抵抗外在风险的能力更强,区位选择更灵活;其次是技术创新对研究与开发和其他信息技术产业等技术依赖型服务业有着强烈的引力作用。促使集聚的产生。

(三) 交通因素

交通引导是服务业区位选择的空间导向力。交通与可达性是服务业区位选择的基本要求,也是引导服务业区位布局的空间导向力,城市内部交通的基本格局在一定程度上决定服务业区位选择的方向,尤其对于交通依赖型分配性服务业而言。交通引导作用主要通过交通设施的延伸,提高了沿线城市区域的可达性,并引导着服务业沿线布局。现代城市的 TOD 开发模式正是基于交通导向对产业布局的引导作用。交通引导是形成特定服务业空间格局的外部动力,也是服务业由城市中心区向郊区扩散的牵引力。

(四) 政府因素

政府调控是服务业区位选择的外部约束力。在市场经济国家,政府对服务业区位选择的调控力度和范围仅限于部分公共领域的服务业,如国防、政府管理等。就我国而言,从计划经济向市场经济的转型没有完成,政府对社会经济的调控作为一种在各个领域普遍存在的因素,是各类服务业区位选择的不可回避的制度背景,但在不同服务业领域,其所起的作用和调控的力度不同。相对而言,社会性服务部门受政府的调控力度较大,甚至占据绝对主导地位;而在消费性服务业、生产性服务业和社会性服务业等领域则相对较小。政府对服务业区位调控的途径一般有国家对土地的使用权和经营权的控制、调配,是影响服务业区位选择的直接因素。此外,国有属性的服务行业的区位选择一般在政府的主导作用下完成。再次,是国家通过对土地的使用权和支配权的控制,干预土地价格,间接影响服务业的区位选择。

在不同的社会发展阶段,四种力量所起的作用和影响力大小不同,形成了不同时期服务业的区位特征。

第五章 服务业区位选择模式和布局规律

第四章比较全面地分析了影响服务业区位选择的区位因素体系,剖析了各类因素对服务业区位选择的影响机制和途径。不同类型服务业的性质决定了其内在特征与本质存在的显著差异,这些差异和独特性决定了它们在城市内部区位选择时有着不同的特点与要求。但城市内部不同区位的经济因素、空间因素、科技因素和人文因素等区位因素系统存在差异,它们对各类服务业区位选择的影响程度和方式均不一样;服务业内在的区位选择要求与外部区位因素(市场、集聚和地租因素等)共同作用于服务业的区位选择行为,则表现

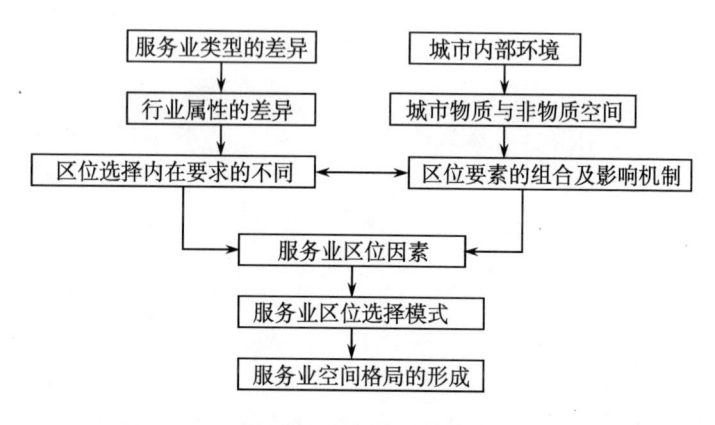

图5—1 服务业区位选择模式及空间格局的形成

为不同的区位选择模式,不同的区位选择模式投影到特定的城市空间,则最终形成不同类型服务业的空间分布格局(图5—1)。

第一节 生产性服务业区位

一、行业构成及特性

(一)行业构成

生产性服务业一般是指产品作为中间投入到最终产品生产过程,而非直接提供最终消费品的行业。它是可以贸易的服务,可以提供跨越空间的远距离服务。但依据产品用途,可以分为两种,第一种是既可以作为最终产品而提供,又可以作为中间投入而提供,如银行业、保险业、咨询、法律服务等;第二种,是为生产者(其他服务业、制造业等)提供中间投入的服务行业。事实上,许多生产性服务业实际上也为服务部门提供服务,包括其他生产性服务业。

生产性服务业一般不是由政府部门提供,主体具有企业性质,以营利为目的。概括而言,生产性服务业主要包括金融、保险、房地产、事务所(法律、会计、审计)信息咨询与代理业(广告代理、信息咨询与市场研究等)、计算机综合服务(硬件与软件服务)、科学研究(自然科学、工程技术、社会科学等)与综合技术服务等众多部门。

(二)行业特性

生产性服务业除了具有服务产品共同特性:无形性、不可储存性、生产与消费的同时性等之外,还有不同与其他类型服务业的显著特征(表 5—1)。正如生产性服务业反映了经济在环境变化时的调节能力,代表了一种为组织调节经济变化而付费的机制。生产性服务业的显著特征主要表现在:中间投入特性;较强的经济关联性;是人力资本与知识资本的传送体;具有外包化趋势;具有基本经济活动的属性及布局在空间上呈集聚状态等(李金勇,2005)。

表 5—1 生产性服务行业的特点

行业类别	主要内容和服务方式	服务对象	区位因素	区位特征
金融服务业	银行、证券等各类金融服务业,面对面网络服务	企事业单位、政府为主,个人为辅	中心性、信息通畅、可达性	中心、次中心集聚
保险服务业	财产、职业、人身、人寿保险等,面对面接触	企事业单位、政府为主,个人为辅	中心性、信息通畅、可达性	中心、次中心集聚
房地产服务业	房地产开发、咨询策划代理、物业管理各类不动产服务,面对面接触	企事业单位、政府机关等	中心性、信息通畅、可达性	中心、次中心集聚
事务所	法律、会计、审计等相关服务,面对面接触	企事业单位、政府,个人为辅	集聚、信息通畅、可达性	中心集聚
咨询代理业	广告代理、市场研究、信息咨询业等服务业,面对面接触,通讯手段	企事业单位、政府为主,个人为辅	集聚、信息通畅、可达性	中心集聚
计算机服务	硬件与软件服务、网络服务,面对面接触、网络	企事业单位、政府为主,个人为辅	人才集中、信息通畅、创新环境好	中心、次中心集聚
研究与开发	自然、社会科学、工程技术等研究等,面对面接触	企事业单位、政府	人才集中、信息通畅、创新环境好、环境优美	中心集聚、创新源集聚(局部)
专业技术服务	各类专业技术咨询服务业,面对面接触、通讯	企事业单位、政府为主,个人为辅	人才集中、信息通畅、可达性	中心、局部集聚

资料来源:作者根据相关资料整理。

此外,生产性服务业还具有以下特性。第一,各内部行业的生产要素一般由知识与信息或技术、人才等生产要素构成,是知识和信息密集型产业。生产方式极具现代性和灵活性,行业的不确定性、高投入、高风险十分突出,其产品知识性、技术性和附加值很高,生产的回报性也高。第二,信息时代知识更新和信息瞬息万变,要求公司或企业能够及时对信息和知识进行收集、处理并更新甚至创新,对市场快速作出反映,需要人员面对面频繁地接触,因此集聚是其内在要求。第三,从事信息处理事务要求从业人员具有较高的文化素养和专业技术水平,所调查的104家生产性服务业企业中,大专以上文化程度者占50%以上的有94家企业。这些基本特征决定了生产性服务业在服务业,乃至整体产业体系中居于高端位置,并成为城市发展的关键动力,其服务范围远远超出城市的界限,为更广阔的区域、全国甚至全球提供基础性服务(Castells,1989;闫小培,1999)。

二、区位选择要求

生产性服务业整个行业的区位选择要求一般有强烈的中心性要求,大都集聚布局在城市的CBD内部,要求有良好的通达性和信息流通的便利性等特点,但具体到内部各个不同的行业,又存在细微的差别。

(一) 金融保险业、办公活动

金融保险等办公活动是关于信息收集、处理、储存和传递等方面的信息密集服务业(江曼琦,2001)。第一,区位选择一般要求布局在信息区位优越、信息交换十分频繁的城市中心商务区(CBD)内部,有利于办公企业快速地获取信息、交换信息和传递信息。第二,办公活动要求集聚分布在城市特定空间内,便于各公司总部高层决策人员之间的面对面频繁接触,以进行信息交流与业务合作、制定发展战略等,办公活动的集聚还可以共同获得金融保险业、房地产业等相关资金、融资的支持,并在办公场所规模扩大等方面得到房地产业的支持。第三,办公活动还要求高度的可达性,以保证顾客与职员的出入方便。

(二) 会计、法律服务与咨询代理业

会计、法律与咨询代理服务业的主要服务对象是办公活动的主体,即公司总部。首先,其在城市内部的区位选择要求围绕服务对象呈集聚分布状态,以降低交易成本等。其次,良好的信息区位是保证信息咨询服务业正常营业的基本条件,所以接近信息源也是其区位选择的要求之一。再次是良好的可达性是其员工与顾客出入方便的基本要求(Zhou,1998;Sabourin,1998)。

(三) 计算机服务、研究与开发和技术服务业

对于计算机(硬件与软件)服务、研究与开发、技术服务的区位选择而言,从其生产要素看,区位选择的首要要求是人才,获得充足的人才和智力支持是其发展的关键。其次,信息的可获得性是其区位选择的关键因素之一,信息数据的可获得性和信息技术的可获得性是进行创新活动基础条件之一。再次,倾向于集聚,人才的集聚、信息的集聚可以形成良好的创新氛围,频繁的交流刺激创新思想的产生,并进一步吸引更大规模的集聚,于是创新环境得以形成(Castells,1989)。

三、区位影响因素

以信息、知识、人才和科技等高级生产要素构成,高投入、高产出、高风险等行业特性、信息、知识密集的产品特性和以信息技术为支撑的生产方式,以及在产业体系中的高端地位等特征,决定了生产性服务业在城市内部区位选择与空间布局方面具有易达性、中心性、集聚、接近信息源和创新源、良好的声誉等要求,也决定影响了上述区位要求成为影响其区位选择的主导因素。生产性服务业在空间形态上是办公活动的主体,如金融、保险、法律、咨询、高级管理活动等,另一部分则以其他形式体现。因此,办公活动的区位特征在一定程度上体现了生产性服务业的区位特征。

(一) 集聚因素

生产性服务业的集聚区位类似于中心区位,不同的是中心区位是依托中心区而存在的,而集聚则是生产性服务业相互接近而产生的集聚效应而促进更多企业进入,使集聚规模扩大的现象。如前面分析,生产性服务业有高投入、高风险、不确定性等特点,以求集聚经济的效应,最终导致了生产性服务业区位的高度空间集中化现象(Daniels,1985)。总体而言,生产性服务业的集聚区位可以从以下几个方面来解释。

第一,区位集聚降低不确定性带来的风险。企业规模小的时候,抗风险能力较弱,加上从事的业务具有不确定性,为了避免这些不利因素,企业往往形成集聚,与周围的相配套或相似的企业进行合作与交流,并从集聚产生的外部效应中受益,规模扩大,抗风险能力增强。

第二,区位集聚促进企业间交流与合作,降低交易成本,形成规模经济。研究表明,大量生产性服务业的集中使公司之间的信息交流十分便利,可以降低信息交换的成本,加快信息传递;合作也十分方便,及时了解市场,共享高素质的人才市场,最终降低交易成本,形成规模经济(江曼琦,2001)。

第三,生产性服务业的区位集聚可以共享法律、会计、信息咨询和广告代理等补充性服务或配套的专业化服务,获得外部经济效应。

第四,生产性服务业的区位集聚,往往使高层决策人员相对集中,频繁的面对面接触更有利于与企业之间建立各种信任、合作、交流和业务联系,更快地作出决策,以赢得市场(Berkoz,1998)。

随着信息技术的发展,生产性服务业区位出现了两种矛盾的趋势,一种是高等级生产性服务业集聚越来越高,高度依赖于面对面的接触;远程办公和后方办公(Back office)的出现,低级生产性服务业则随着城市郊区化出现了扩散的趋势,分布在郊区的中心区(Sven,1996)。

(二) 易达性因素

在全球化背景下,生产性服务业作为城市产业体系中的最高层次和基本经济部门,其服务和辐射范围远远超越了地区的界限,与全球城市体系中的重要城市发生密切的联系和各种信息、生产要素的交换,通达性是影响其区位选择的重要因素。国外众多研究表明,西方学者大多数通过问卷调查,对西方城市的生产性服务业区位影响因素进行了分析,得出结论认为易达性是影响生产性服务业区位选择的首要因素(Sven,1996)。易达性一般包括城市内部和城市以外的消费者易达性和职员的易达性,相关的因素还有停车设施、小汽车的易达性、公共交通的易达性等等;易达性是各种交通设施与交通方式的综合体现,往往决定了特定区位对内对外联系的便利程度。由前面的分析可知,信息的快速获取与传递、人员的面对面接触对生产性服务业的发展至关重要,而易达性则是信息流通和人员往来的重要前提。

信息技术的广泛应用,小汽车等交通工具的普及,以及城市内部快速轨道交通的发展(地铁等)改变了城市内部区域如郊区的易达性,通讯技术部分取代了生产性服务业中面对面接触需求,促使一些较低层次的生产性服务业向郊区发展的趋势,甚至出现所谓的后方办公现象。

(三) 信息技术因素

生产性服务业中的信息密集服务业(办公活动)包括信息的收集、整理、加工、储存和传递等一系列服务,需要接近城市中信息节点或信息网络的中心,而这样的区位一般在城市的 CBD。CBD 既是整个城市的信息枢纽,也是整个区域、国家甚至全球的重要信息枢纽,拥有发达的交通条件和高度可达性。生产性服务业如大型公司(跨国集团)的总部(办公业)往往倾向于在信息丰富、允许高密度接触、非常容易接近、拥有联系整个地区、国家甚至全球的电讯和交通网络的 CBD 布局,有利于企业之间信息交换、信息的传递,从而扩大了市场空间(王朝晖、李实秋,2002)。

(四) 创新人才因素

生产要素高等级性决定了生产性服务业在区位选择时倾向于接近城市中创新区位条件好的地点。第一,是信息中心区位,前面已经分析过,生产性服务业一般都接近于城市的信息枢纽与中心区位,以迅速获取信息、传递信息等。第二,是高素质人才市场的接近性。生产性服务业要求其从业人员具有较高的文化素养和职业技术能力,因为其业务的知识性、科技性和信息性要求具备相应知识和能力的人才来完成,此外,研究与开发则对人才提出了更高的创新要求(Castells,1989)。

(五) 声誉与形象因素

国外的调查研究表明,一个拥有完善设施、交通与信息便捷、环境优美的适宜区位对生产性服务业常常会产生较大的吸引力(Illeris Sven,1996)。生产性服务业对区位的声誉一直有着特殊的偏爱,传统的CBD可以说是名声显赫,高度集聚的办公活动和大型跨国公司的总部、高等级的信息咨询服务业、高素质的人才和高档娱乐与消费性服务业等,都足以让生产性服务业向往。但是,高昂的地价和狭小的发展空间使新兴生产性服务业望而却步。国外研究表明,信息技术的发展及广泛应用、私人小汽车的普及、城市快轨(地铁)的修建、较低的地价、充足的发展空间和优美的环境等开始吸引生产性服务业往郊区或次中心迁移。

四、区位选择模式

根据新古典经济学原理,生产性服务业是非公共服务部门,作为独立的经济主体,其一切经济活动都是在市场规律的支配下自主进行的。假设市场的需求是均一的,所有区位主体的信息都是均等的,他们的目标是获取最大利润;城市土地的价格由竞标地租决定,而且土地的供给有限,需求大于供给;生产性服务业为了获取最大利润,生产性服务企业(区位主体)根据自身的行业特点与区位要求和付租能力,搜寻城市内部的最佳区位——CBD(图5—2)。在土地需求大于供给的情况下,同一区位的土地面临着多个竞争者。在竞标地租理论支配下,地价上升,竞标地租最后决定能够支付地租且能获得最大利润的若干个高级生产性服务企业胜出,布局在CBD,并形成集聚效应,吸引更多的同类、互补和依附性生产性服务业集聚。随着集聚的进一步增强,CBD的地价被再次抬高,出现规模不经济,运营成本上升。信息技术应用提高了次中心和郊区的信息可获得性和交通易接近性,增强了企业区位选择的灵活性,一部分生产性服务业的分公司由于难以承受高昂的运营成本,在信息技术的引导下迁出

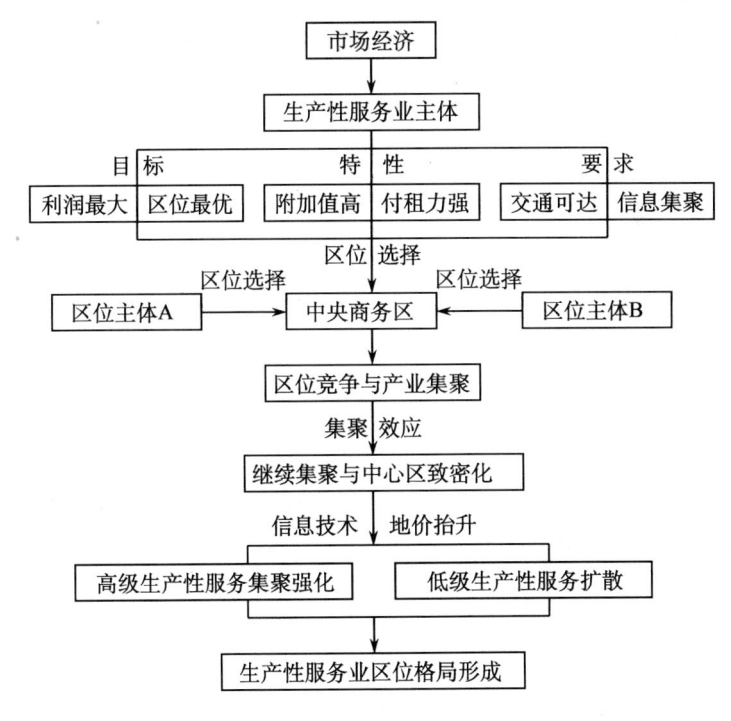

图5—2 生产性服务业区位选择模式

CBD,区位选择在郊区的中心或城市次中心。而另一部分依赖于高度密集的信息与高层人员面对面频繁接触联系的高级生产性服务业,继续留在 CBD,集聚强化。集聚与扩散两个矛盾的服务业区位选择模式同时并存,决定了生产性服务业的空间布局特征。

五、区位特征和布局规律

(一)高级生产性服务业集中分布在城市的中心商务区(CBD)

国内外许多研究表明,总部性质的高级生产性服务业倾向于在国际大都市的 CBD(中心商务区)布局,形成高度集聚。西方国际大都市的 CBD 一般具有发达的信息设施与通讯网络、完善的基础设施、浓厚的商业氛围和良好的社会声誉等,是城市的商务中心和金融密集区,商务活动十分频繁(王朝晖、李实秋,2002)。

首先,为企业服务的生产性服务业如信息服务业、广告代理业、法律服务、会计服务、市场研究等一般布局在城市的中心商务区,围绕着大型跨国公司和公司总部布局,呈依附型集聚,并为这些公司提供服务。这类服务业强烈依赖于信息基础设施与通讯技术,以便于及时掌握最新情报和信息,快速传递信息;了解市场的最新动向,向企业提供优质服务。这类服务业一般具有办公活动性质,占地面积较小,受空间制约小,因而能够支付 CBD 高昂的地价(江曼琦,2001)。

其次,银行、证券、保险等金融保险、房地产等服务业,高级(总部)金融保险部门一般区位选择的 CBD,呈同行业或相似行业集聚布局状态,而它们的分支机构一般布局在次一级中心区或郊区的中心区。高级金融、保险业、房地产服务业的主要服务对象是跨国公司总部、企业总部、事业单位、高层政府组织等,它们集聚布局在 CBD,形成金融中心,如纽约的曼哈顿,可以更加快速地获取市场信息,便于与企业建立方便的业务联系与合作,降低风险和交易成本等。次一级的金融保险房地产机构服务的范围相对较小,多为本地企业事业单位、政府或个人服务,更倾向于考虑接近市场因(王朝晖、李实秋,2002)。

第三,研究与开发、计算机服务业一般受人才、信息、市场等区位因素的影响显著,一般倾向于接近中心商务区,高等院校、研究机构密集的文教区,以快速获得信息,得到人才和智力支持。公司的研发机构一般布局在 CBD,政府和高校的研究机构则往往接近文教区或环境较好的区域(Castells,1989)。

(二) 次级生产性服务业一般布局在次中心或郊区中心

从微观层面来看,生产性服务业在大都市区内部又有扩散的趋势。生产性服务业扩散驱动力主要来自于技术创新和产业关联。一方面,技术的发展使得生产性服务企业可以与所有服务的客户企业减少依赖性,而在区位选择模式中增加其他因素的比重,比如对信息的重视,对工作环境及居住环境的偏爱等。另一方面,生产性服务企业的区位受它们对更加复杂的商品和服务生产的产业综合体的参与程度的影响,以及与大型制造业和服务企业发展相连的经济结构有关。生产性服务业越来越专业化,随着长途交通成本进一步下降,越来越多的服务活动可以独立于他们的客户而靠近对它们更加重要的产业综合体来选择区位(李金勇,2005)。

西方研究表明,次一级生产性服务业(非总部或分支机构)一般随着规模的较小、服务范围的缩小,并随着交通的改善和信息基础设施的提升,而逐步布局在城市的次中心或自然环境与居住条件好的郊区。一方面次中心或郊区的开始出现企业集聚和人口增长,为了接近所服务业对象,生产性服务业开始扩散。其次是次中心或郊区的地价较低,直接可以节省成本。第三,是次中心或郊区的信息和交通基础设施的改善,使得次一级生产性服务业与其客户之间面对面接触需求的减少(Daniels,1983),使其能够在地价相对较低的次级城市中心集聚。

第二节 分配性服务业区位

一、行业构成及特性

(一) 行业构成

分配性服务业又称流通服务业,是联系各个产业部门的辅助性服务部门,起着联系第一产业、第二产业与最终消费者之间提供联系的活动,是各种生产要素在空间上流通的具体形式,是区域之间联系的重要方式,追求最大利润是其根本的目的,而区位选择主要体现在对最大了市场范围和最大的服务人口规模的追求(林锡艺,1999)。按照所依托的不同基础设施,可分为交通运输(公路、铁路、水运、航空等)、仓储、物流、邮电通讯业、批发业和零售业等。分配性服务业内部差异十分明显,不同行业,其特性和区位因素、选择模式差别明显。

（二）行业特性

分配性服务业所包含的行业性质差异十分明显，根据所依托的基础设施特点，分配性服务业可以分为以下几类。

第一，大型公共设施依托分配型服务业，不包括公共设施本身，这类分配服务业所提供的主要是人员流动和物流服务。对象主要是企事业单位或者政府部门、个人，其服务产品是"物流"和"人流"服务，大型货运企业和客运企业等，一般要依托火车站、汽车站、码头、机场等交通枢纽设施。

第二，依托于先进通讯设备和通讯网络的邮电通讯服务业，这类服务业所提供的服务主要是"信息流"，这些服务部门构成了整个联系整个社会的信息网络，它所依托的信息基础设施技术含量较高，一般要依托大型信息枢纽设施，如城市网络节结与枢纽区位。

第三，依托于大型交通终端设施、交通节点、干线或交易场所的传统批发业、商品类批发业和原材料、办公用品批发业，这类服务业主要是为企事业单位或零售商提供服务的。

第四，各类零售业主要为个人和家庭提供各类日常生活服务。根据不同的服务范围，可以将零售设施分为市级、地区级和居住区级三等级。

综上所述，交通运输中的货运、仓储业是传统意义的"物流"，批发和零售则是"商流"。"物流"和"商流"是联系生产者和消费者的基本经济活动，在空间上可以将整个社会生产、流通和消费过程分为三个空间：生产空间、流通空间（物流空间、商流空间）和消费空间（图5—3）。邮电通讯服务业是"信息流"，而交通运输中的客运则是"人流"，这"四流"构成了社会运转的基本内容。

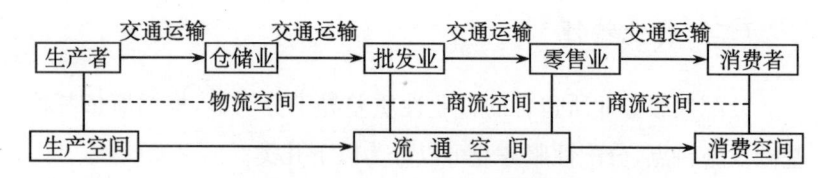

图 5—3 生产者、消费者和流通部门组成的空间关系

（资料来源：张文忠，2000，作者修改）

二、区位选择要求

根据新古典经济学理论的分析，分配性服务业中除了交通设施以外，其他都是以营利为目的的经济主体，以追求效益最大化和最优区位是区位选择的根本目标。不同类型的分配性服务业性质、服务对象和服务范围等，决定了其在区位选择时不同的内在要求（表5—2）。

表 5—2　分配性服务行业的属性与区位特征

分配服务	依托基础设施	服务对象方式	区位要求	区位因素	区位特点
交通运输	交通节点与终端设施，交通干道	个人、企业、事业单位和政府等面对面接触、通过通讯联络	接近交通终端设施、交通节点和干道网络（设施依附型）、用地、信息	可达性、运输因子、空间因素（占地）、市场因子	大型设施一般分布在城市的边缘；中小型靠近中心和次中心
仓储物流	仓库、各种交通节点与终端、干道	企业、事业和政府电子通讯联络、面对面接触	接近交通终端设施、交通节点和干道网络、市场区	运输因子、空间因子，市场信息因子	城市的边缘与交通设施紧紧相连

续表

分配服务	依托基础设施	服务对象方式	区位要求	区位因素	区位特点
邮电通讯	通讯基础设施、光缆、信息发射塔、卫星	个人、企业、事业和政府组织等面对面接触,通讯	接近交通干道、接近消费客户	可达性、市场因子、信息因子	与人口分布相关,比较均匀,接近居民小区
批发业	干道、交通设施、市场交易区	零售商主,企业、事业、政府为主,面对面接触、通讯	接近市场、接近交通干线和节点	可达性、信息、市场因子	依托于交通节点、消费市场
零售业	干道、交通节点,交易区	个人和家庭为主,企事业单位、政府为辅,面对面直接接触	大型零售:中心性与集聚性;中等零售地区中心;小型零售:接近居住区和消费市场	可达性、市场因子、集聚因子	等级结构;接近交通干线、节点,位于中心区、广场、居住区

资料来源:作者根据相关资料整理。

(一)交通运输、仓储物流等服务业

这类服务业与交通设施结合十分密切,其生产流程包括装卸、运输、储存、保管等环节,而且量大物重,因此节省运输成本是其必须考虑的因素。区位选择的要求有以下四个方面。①接近或位于大型交通基础设施,火车站、汽车站、码头或机场,以保证高度通达性。②空间因素——充足的用地,交通运输仓储物流等服务业一般都有大型的仓库和停车、装卸转运场所,占地面积很大,要求有足够的用地空间才能保证其发展的需要。③要求有发达的信息交换和通讯条件,信息技术的广泛应用加速了不同环节之间的信息交换、业务往来、合同的签订等,大大提高了交通运输的生产效率,有力促进了经济的发展。

④要求有足够的市场需求,即所谓的腹地指向性,大型交通基础设施一般具有较大的服务能力,辐射范围大,包括整个城市在内甚至更广,因此要求有足够的市场需求才能保证其运营并营利(张文忠,2000)。

(二)邮电通讯服务业

邮电通讯业的区位选择首要要求有三个方面。①靠近或依托信息基础设施节点或枢纽。信息网络对于物质空间的依赖性较小,主要是信息网络的枢纽与节点。②接近顾客和市场。所在地的人口密度和居住人口的规模是影响布局的关键因素。作为基本生活服务设施,它在布局时一般考虑依据人口的分布在城市内部空间上均衡布点。③通达性要求。为了便于顾客上门接受服务,邮电通讯部门就应该布局在交通和步行十分方便的区位,以减少消费者的交通成本,而这样的区位一般在交通干道和节点较为理想,或者干脆位于居住区内。

(三)批发服务业

对于不同类型的批发业,其区位选择的要求不同。①传统批发服务业:一般要依托大型交通终端设施和交通枢纽、节点、交通干道等设施,以减少货物装卸、运输、储存的成本,提高可达性,同时也有利于零售商前来洽谈、进货。②商品批发服务:对交通节点和干线的依赖性较强,由于批发的商品专业性较强,接近消费市场也是区位选择的主要考虑因素,以利于消费者接近。③原材料和办公用品批发服务:首要的区位选择要求是可达性,要求接近交通节点、干道或城市中心区十分重要;其次,有接近消费市场的要求,办公活动主要集中在城市中心区或者次中心区,而大型零售业也一般布局在中心区,这类批发业为了接近市场,一般布局在 CBD 的零售业的外围(黄亚平,2002)。

(四) 零售服务业

不同等级的零售业,对区位选择的要求也不相同。①对于市级零售业,最重要的是中心性要求,其规模之大、等级之高,要求有足够的人口和服务范围以保证其营利。此外,其付租能力很强,布局在城市的 CBD,以共享浓厚的商业气氛、大量的人流、繁荣的商务与金融活动等。第二重要的自然是可达性了,而中心商务区具备十分便利的交通条件,一般能够满足这一要求。第三,是优美的环境、有特色的建筑和风格独特的室内装饰、醒目的门面、足够的停车设施以及休闲购物环境等都是影响其赢得顾客的关键因素(顾朝林、甄峰等,2001;黄亚平,2002)。②对于区级零售业,可达性仍然是其重要的区位选择要求,其次是次级中心的商业集聚氛围和足够的消费人口也是影响其区位的重要因素,第三是微观环境。③居住区一级的零售业而言,区位选择的首要要求仍然是可达性,其次是接近市场和顾客,第三方面的要求是零售店附近的微观环境、如门面的采光、步行系统、停车、进出方便等(孙鹏、王兴中,2002)。

三、区位影响因素

在分析各类分配性服务业的行业特性和区位选择要求的基础上,总结出影响分配性服务业区位选择的一般因素。

(一) 易达性因素

易达性一般是由各种交通因素综合作用的结果,是交通状况的综合体现。易达性的基本要求就是进出便利,而各类分配性服务业区位选择追求易达性的一个根本出发点——尽可能减小克服空间距离摩擦所支付的费用,以实现最大利润。前面分析表明,生产过程的要素流动性是分配性服务业的一个显著特点,即实现物流、商流、信息流和人员流动。要素的流动只有在良好的易达性条件下才能实现,必须依托于交通终端设施、节点和交通干线,但不同类型的分配性服务业,影响其易达性的组成要素是不同的。

1. 交通运输业和仓储物流业。交通运输服务业包含铁路运输、水运、公路运输(长途和市内运输等)、航空运输等相关的服务业,仓储物流业与交通运输业有着密切的联系。影响它们区位选择的易达性因素,首先,是离交通节点(火车站、汽车站、码头、机场、公交站点和地铁站等)的距离,交通节点一般具有强大的物资集散功能,许多运输服务业本身就是依托交通设施而存在的。其次,离交通主干道的距离、所在地交通网络的通达性,交通节点和交通干线总是共生共存的,而交通网络则是由节点、干线所组成的网络系统,网络的完善与通畅是易达性的重要保证。再次,是交通转换的方便程度,物资流动要经过几种运输方式的综合配套利用才能完成,如码头一般连接有铁路、公路和水运几种运输方式,交通方式的转换越方便,要素流的速度就更快,成本就越低。当前,随着高速公路的快速发展及其灵活、便利、快速、高效等特点,对水运方式产生了明显的替代和竞争作用,导致了传统水运的衰落。此外,信息技术的发展是改变交通运输服务和物流服务等通达性及其区位的关键因素(王冠贤,2003)。

2. 邮电通讯服务业。而这些设施占地面积小,受城市物质空间的影响较小,区位选择相对比较灵活。易达性对其影响主要体现在:首先,信息枢纽与节点设施的距离因素影响邮电通讯服务的区位选择,由于邮电通讯服务业主要依赖于信息节点、枢纽和信息网络等信息基础设施,因而必须依赖其区位布局;其次,是交通干道和交通节点对其影响较为明显,影响顾客购买其服务的便利程度。

3. 批发业。由于批发业主要的服务对象是企业或事业单位等,而非个人,交易量较大,而且仓储保管、搬运等中间劳动费用高,交通运输条件对其区位选择的影响十分明显。一般而言具有大宗货物运输的企业,倾向于选择各种交通枢纽和交通干线结合的区位(张文忠,2000)。易达性对批发业的影响主要表现为影响批发业的运输成本、装卸、搬运成本和储存保管成本等,接近交通枢纽或大型设施往往可以节省上述综合成本;另外,接近交通枢纽和节点等设施,有利于零售商的接近和业务洽谈、货物运输,可以节省零售商的成本,赢得更大的市场等;最后,良好的通达性还可以提高批发业的运营效率和经济效益等(黄亚平,2002)。

4. 零售业。易达性是影响零售业区位选择的重要因素之一。根据前面的分析,零售业的主要服务对象是个人和家庭,因此接近市场是其所考虑的重要因素,易达性对零售业区位选择的影响体现在消费者的易达性。消费者购买零售商品时,需要克服空间距离摩擦而支付一定的交通费用和时间,对于消费者来说,购买零售商品的实际价格是零售价格加上单位商品的交通费用。一般而言,消费者离零售店越远,所支付的费用就越大,消费者的数量就会减少(张文忠,2000)。易达性对零售区位的影响一般可以用交通费用来进行衡量,易达性好的零售商,消费者所需的时间就少,支付的交通费用也低,服务范围越大,消费者数量越多(图5—4)。

"二战"后,地铁在西方城市的快速发展,成为引导零售业空间布局的重要因素之一,沿地铁出口布局发展起来的大型零售商业和购

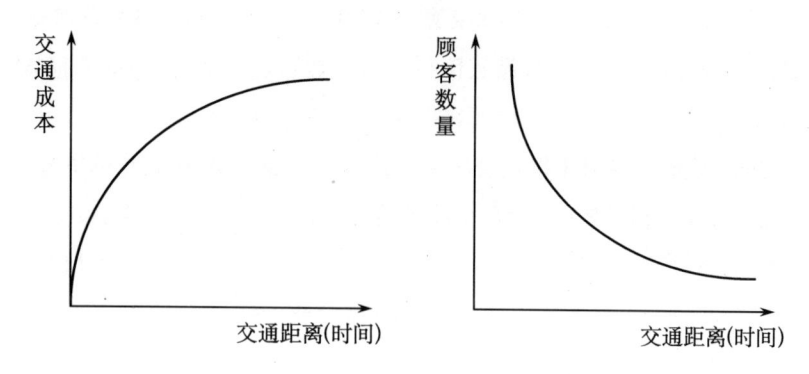

图 5—4 交通可达性对零售业区位选择影响

(资料来源:张文忠,2000,作者修改)

物中心与广场成为一种新型零售业态(林耿,2002)。

(二) 市场因素

市场因素也是影响分配性服务业区位选择的根本因素之一。市场因素一般由所在地的经济发展水平、商业规模与氛围、人口规模、消费水平等因素构成。

1. 交通运输服务业和仓储物流业一般为整个城市提供服务,在区位选择时,往往会考虑到所在城市的工业、服务业等经济发展水平、人口规模和需求规模及其在空间上的分布等,这些因素决定着城市对交通运输服务业和仓储物流业的需求规模,客观上影响交通运输服务业和仓储物流业的区位布局和规模的大小。

2. 邮电通讯服务业作为社会信息流通与交换的重要服务部门和生活配套设施,带有一定的公共服务设施性质,设施利用率的最大化和公平性是其基本要求,每个邮电通讯服务设施都有特定的服务范围,因此依托一定的人口规模和空间分布而布局是其主要的考虑因素之一。

3. 批发业主要的服务对象是小型批发商和零售商（企业），在空间布局时往往倾向于接近零售企业，以减少顾客（零售商）的交通成本，同时可以便利地进行业务往来，获得市场信息，调整其发展战略。在城市的零售业与办公中心区的外围往往都分布有一定数量的办公用品和高档消费品批发业（顾朝林等，2000）。

4. 零售服务业的服务对象主要是个人和家庭，面对面接触提供服务是最主要的形式，区位选择受市场因素的影响最为突出。构成其市场因素的内容包括所在地人口规模与密度、市场地域的大小、人口的年龄构成、民族宗教信仰构成、文化构成、职业构成及人口的收入水平等。根据克里斯塔勒的中心地理论，服务中心地的服务范围有上限和下限界限之分，上限是指其获得利润的最小人口规模，下限是指服务和商品的最大供给范围。换言之，即消费者购买商品和服务所需要克服的空间距离。如果范围过大，消费者所支付的交通成本和时间成本过高，则会放弃该零售商，而选择其他更近者，即所谓的临近购买（张文忠，2000）。此外，人口的收入水平、消费习惯等个性化消费因素也对零售业的区位选择有显著影响，如高档零售商店一般布局在高收入人口密集区，一般零售店、便利店则选择则普通的居住区。此外，老年人用品专售店一般布局在老龄人口集中的地区，具有民族宗教信仰的人口聚居区一般布局着与其消费习惯相适应的特种零售店。

（三）信息技术因素

信息技术和因特网作为影响整个世界的基本技术因素，对分配性服务业区位选择影响深刻。信息技术的应用改变了企业、消费者的空间行为,部分地取代了一些传统的面对面接触方式,改变了传统交易与商务的时空方式,从而改变了区位选择模式。首先,信息技术的广泛应用加强了分配性服务业各个环节的联系与沟通,提高了企业之间的交易效率,节省了交易成本。其次,信息网络解除了实体空间对分配性服务业交易空间和布局空间的制约,缩小了营业空间,使商家只要仓库和信息交换中心就可以正常营业,节省了用地成本,扩大了市场空间,增强了区位选择灵活性。第三,信息网络技术节约了交易时间,顾客时间等于营业时间,主动权掌握在顾客手上,不用支付交通成本就可以完成购物的目的(李飞,2003)。

(四)土地与空间因素

土地因素与空间因素相类似,主要包括土地的供给、空间环境等方面的因素。土地是产业的载体,分配性服务业的设施及其一切活动必须在一定的土地上进行。土地及空间对分配性服务业区位选择的影响主要体现在以下三个方面。

第一,城市土地供给的有限性和分配性服务业中占地面积大的交通运输设施、仓储和物流设施、批发业的仓库等行业存在矛盾。这类服务业单位面积产出较低,支付地租的能力不强,一般选择在地价较低、开发密度不高的城市外围或郊区布局;而零售业一般具有较大的付租能力,且占地面积较小,土地供给因素对其区位选择的影响不大,因而布局在中心或重要节点(江曼琦,2001)。

第二,空间因素对分配性服务业的影响,表现为特定的功能区及其环境对不同行业产生吸引或排斥的作用,如交通运输功能区、制造业区等显然对交通运输服务业、仓储物流业等有着明显的吸引力。而商业区则对批发、零售业有较强的吸引力;居住区对小型零售业有很强的吸引力等。

第三,微观区位因素对零售服务业区位的影响最为明显,主要包括零售店所在社区的环境,如附近的休闲娱乐空间充足性、步行系统的安全舒适性、停车场所大小、环境卫生状况、建筑物特色、门面的可见度和采光度、进出口便利性、室内装修设施以及服务的完善程度等(孙鹏、王兴中,2003)。这些微观层面的环境因素往往为区位论所忽视,其实它是决定一个零售商店成败与否的关键,优良的微观区位环境将休闲与购物完美结合,给顾客以美的享受,无形中扩大了商店的影响与服务范围。

(五) 历史与制度因素

城市空间是历史因素与现实因素叠加所形成的,而城市功能也是历史的继承和时代创新综合作用的产物。分配性服务业区位中不乏有许多重大交通设施,如车站、港口等早在历史上就已经形成、继承和发展而存在的,其他如仓储物流、邮电通讯、批发零售等区位也不排除存在历史继承的可能。

制度包括经济体制、土地制度和城市规划政策等因素。在不同国家,制度对分配性服务业区位的影响程度与方式也不一样。如西方市场经济国家,分配性服务业区位一般在土地供需与地租规律支配下形成,并受公共政策的影响。而我国则不一样,过去计划经济体制下,土地由政府无偿划拨,而且分配性服务业为国家所有,因而区位选择是由政府根据需要,在城市规划的指导下决定的。而改革开放以后,随着市场经济体制的建立,市场力量逐步成为左右非国有属性的分配性服务业区位选择的主要力量,但城市规划仍然起着宏观调控的重要作用,尤其对大型交通基础设施建设起着区位选择的支配作用(吕玉印,2000)。

四、区位选择模式

分配性服务业是联系生产活动与消费活动不可缺少的桥梁和纽带,它与生产环节、消费环节一起,构成整个社会经济的循环链,使整个社会经济体系得以持续运转,推动社会发展。分配性服务业所提供的服务是各种要素的流动,包括物流、人员流动、信息流和商品流等具体形式。以营利为目的的分配性服务业主体,追求利润最大化的目标是根本,服务设施的供给范围最大化是实现利润的保证,而设施的利用效率的最大化也是分配性服务业作为"要素流"的基本要求。根据不同要素流的服务业基本特性,区位选择有如下要求:良好的可达性、便利的信息、交易成本的最小化、足够的市场份额及足够的用地等。

在利润最大化目标、行业特性及区位选择要求的影响下,不同类型的分配性服务业主体通过市场机制和竞租机制进行区位竞争,最后形成了不同类型分配性服务业及其相对应的最优区位。第一,设施依附性集聚区位,如铁路、公路、水运、航空等交通运输服务业及传统批发业,依附于交通枢纽设施呈集聚布局。第二,干线集聚型区位,如特种商品批发业一般在近郊区干线附近和节点处集聚布局。第三,市场依附型集聚区位,如办公批发业和日用商品批发业等一般接近其消费者——零售业,在城市中心区外围布局。第四,中心集聚型区位,如大型零售业由于其付租能力极强,往往占据城市的CBD中心,以占据足够大的市场空间,发挥设施的最大供给能力。第五,依托人口分布的均衡型区位,如邮电通讯设施具有半公共产品性质,以及中小零售业,一般依托人口的规模与分布,均衡布局在居住区附近

(图 5—5)。

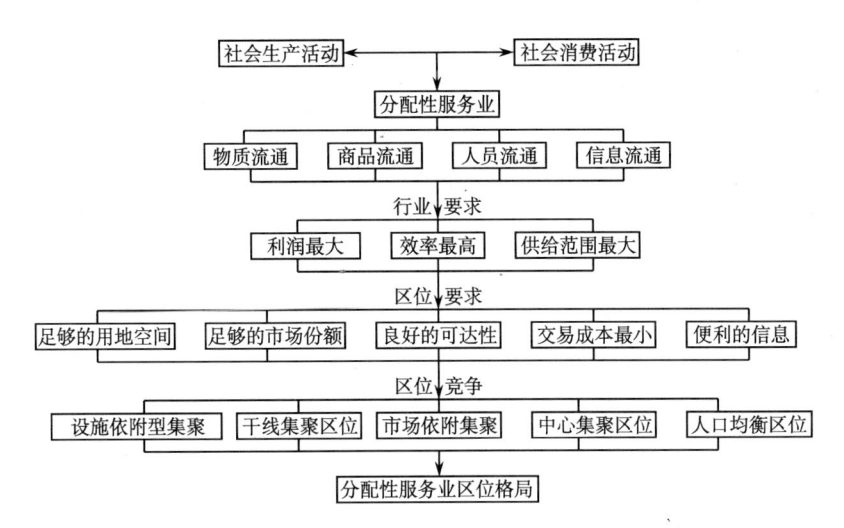

图 5—5 分配性服务业区位选择模式分析框架

五、区位特征和布局规律

基于前面的分析,分配性服务业各行业之间行业性质、区位选择要求和区位因素等均存在明显差异,决定了其区位选择特征及空间布局的差别必然存在。

(一)交通运输服务业

第一类是交通基础设施服务业。大型设施火车站、机场、码头(港口)和大型客运汽车站等,这类设施一般布局在城市郊区或者边缘区,并由若干条交通主干道相连接,是城市与周围地区相联系的大型枢纽和进出口;有一定的配套衔接布局关系,如火车站一般与汽车站配套布局、机场与汽车站搭配、码头与汽车站、火车站等设施相配套等。除了中小型汽车站以外,同类设施一般很少集聚布局,以保持各自的服务范围,避免竞争。此外,中小型汽车客运站、地铁站等也有布局在城市中心区附近地带的区位现象,是中心商务区与其他区域及对外联系的重要设施(冷勇,1999)。

第二类是依附于第一类设施的交通运输相关服务和代理机构。相关服务一般依托于交通枢纽设施而存在,布局在设施附近,如寄存物品、娱乐、购物等;而代理机构一般布局在城市的各个区,随人口的分布而布局等。

(二)仓储物流业

仓储物流业又可以分为纯粹的仓储业和综合物流业。大型的大宗物资仓储业一般占地面积大,依托大型交通设施如港口、码头、火车站、机场、大型汽车站等设施布局。而中小型仓储比较灵活,有依托于交通枢纽设施布局的,也有依托于交通节点或干道布局的,还有依托于批发业布局的等等。仓储业在空间一般依托于交通枢纽设施,呈集聚分布状态,形成成片的仓储区,以共享装卸、搬运服务设施,降低成本。依托于交通干线的仓储企业,一般在空间上呈串珠状分布(王冠贤,2003)。

现代物流企业多依附城市大型交通枢纽设施、主次干道等分布,一般在城乡过渡地带集聚。根据不同的交通设施区位类型,可以分为以下几种:依附城市大型交通基础设施的物流企业集聚区、依托交通主干道传统单一物流企业集聚等。另外,依据城市不同的区域物流企业空间组织方式,可分为核心老城区离心分散型区位;新兴商务区向心分散型区位,城市CBD中心集聚型区位、干线

第五章 服务业区位选择模式和布局规律

依附型传统区位;边缘向心集中型区位(图5—6)。随着物流企业级别的提升,物流企业的集聚性逐渐减弱,空间分布逐步分散(王冠贤,2003)。

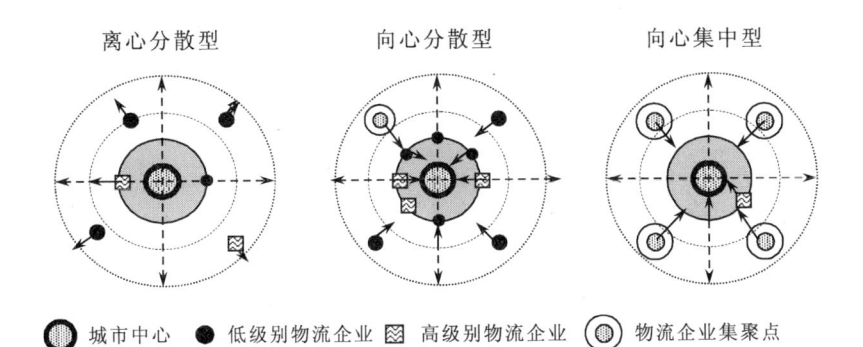

图5—6 不同区域物流企业集聚

(资料来源:王冠贤,2003)

(三)邮电通讯服务业

邮电通讯服务业中的邮政、电信和移动通信等部门具有半公共产品的特点,空间区位选择差别较小。在城市内部依托便利的交通条件和人口的规模、密度而均衡布局,以保证设施的利用效率。邮电通讯服务业区位主要有两种类型,一种是交通干线依附型区位,分布在交通干线的两侧,可达性较高,主要为周围的企事业单位、政府或者居民服务;另一种是居住小区依附型区位,一般分布在大中型居住小区内部,接近顾客市场(顾朝林等,2001)。

(四) 批发服务业

批发业在城市内部的分布一般呈集聚分布状态,依据批发业所依托的设施类型,批发业的区位可以分为:商业中心集中型、交通枢纽集中型、主要干线集中型等三种。按区位指向分,可以分为生产企业或零售企业指向型、交通设施指向型等。根据万斯(Vance,1970)的研究,城市内部的批发业的区位一般可以分为传统批发业地区,批发商品地区、现货批发地区、面向制造业的原料区和面向办公活动的办公用品批发地区等(张文忠,2000)。

第一类传统批发业,一般依托离市中心较近的火车站地区布局,服务于整个城市,并随着高速公路的发展而萎缩。第二类日用选择性强的商品批发业(如家电、衣料等),一般布局在市中心区外围地区,主要为零售业服务。第三类是预定或现货批发业,如汽车、零件和药品等,往往分布在城市内部主要的交通干道旁。第四类是原材料批发业,一般为城市内部制造业提供服务,一般分布在城市的工业制造业区附近,属于生产依托型。最后,办公商品批发区往往接近办公活动密集的城市 CBD 地区,接近消费者(顾朝林等,2001;黄亚平,2002)。

(五) 零售服务业

研究表明,零售业的区位选择一般受市场需求、交通等因素影响显著,根据其行业特性与内在区位要求和影响因素,形成几种零售业的空间业态:中心商业区、专业性零售业区、商业带和次级中心零售业区和居住区级零售店。按照其支付地租的能力和服务的范围大小,又可分为三种。

第一种是市级零售业，区位选择一般在城市中心商务区（CBD），等级最高、服务范围最大，与其他金融与办公业、事务所等集聚分布，称为中心聚集性区位。第二种是区级零售中心，集聚分布在区一级中心或郊区中心区，与相关生产性服务业集聚，称为郊区集聚或次中心集聚性区位。第三种是居住区或社区级零售业区位，具有个人消费服务业的区位特征，一般依托于人口稠密的居住区布局，称为居住区依附性区位（黄亚平，2002）。

商业带一般是由交通干线引导分布而形成的带状零售业态，交通工具如私人小汽车等的发展，更是促成了这种业态。依据所依托的交通干线等级和交通量不同，可以分为放射状或环状的高速公路依附性零售带，新型郊区交通导向型零售带和一般城市干道依附型零售带，最后还有城市内部传统商业步行街和专门化商业街等（顾朝林、甄峰，2000），如皮革、服装专业街，工艺品一条街等。

各种零售业业态与等级区位、专业化零售业等，在城市内部有机组合，构成了零售业的网络结构。一般而言，中心地理论在解释商业中心等级结构时，仍然能够满足其基本条件，但因为信息技术和交通条件的变化，改变了传统六边形结构，发生了变形（仵宗卿，2000）。

第三节　消费性服务业区位

一、行业构成及特性

（一）行业构成

消费性服务业是指直接为个体消费者提供最终消费服务（产品）

的部门。根据其所满足的个人不同方面的需求,可以分为旅馆住宿业、餐饮业、旅游服务业、娱乐与休闲服务业、居民服务业和个人服务业等。该部门的基本特征就是为消费者(即个人)提供最终消费服务,是人类最原始、最基本的需要。人的需要是消费性服务业产生的根源,但人的需要是多方面的,根据美国心理学家马斯洛的需要层次理论,人的需要可以分为五个等级,其中消费服务业所提供的服务属于第一层次的需要,即满足生活基本需要,消费性服务业也可按照所提供产品的属性划分为不同的层次(图5—7)。

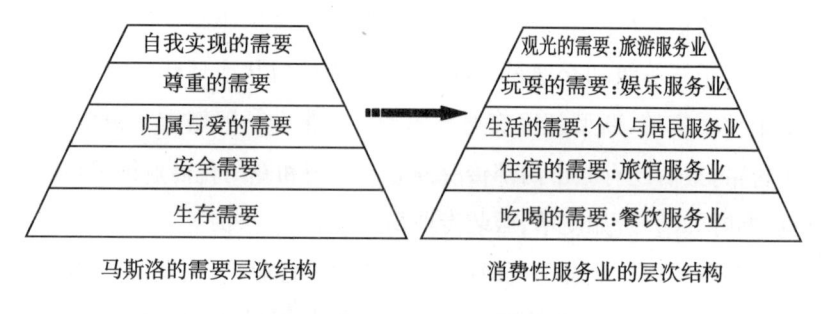

马斯洛的需要层次结构：自我实现的需要／尊重的需要／归属与爱的需要／安全需要／生存需要

消费性服务业的层次结构：观光的需要:旅游服务业／玩耍的需要:娱乐服务业／生活的需要:个人与居民服务业／住宿的需要:旅馆服务业／吃喝的需要:餐饮服务业

图 5—7 马斯洛的需要层次理论与消费性服务业的层次结构

(二) 行业特性

消费(包括吃、喝、住、娱乐与休闲)是维持人的生命延续和保证劳动力再生产的基本条件,也是社会发展的前提和基础(顾朝林、甄峰,2001)。消费性服务业的产生是社会分工不断深化和普遍存在的社会需求的结果。不同个体的消费需求具有多样性和差异性,决定了消费性服务业的多样性和差异性。按个人消费需求的不同方面,各类行业属性及特点均有差异(表5—3)。

表 5—3　消费性服务业的行业及区位特性

消费服务部门	服务满足的方面	服务方式	区位内在要求、区位因素	区位特点
旅馆住宿服务	住宿的需要	面对面提供	通达性好,接近市场、商业集聚	可达性好,接近商务区,环境优美
餐饮服务	吃喝的需要	面对面提供,上门	接近市场,可达性好、微观环境	接近交通干线、居住区,错位布局
娱乐与休闲服务	玩耍的需要	面对面提供	可达性,市场、微观环境	人口密集区,交通发达,微观环境
旅游服务	外出旅行的需要	面对面提供	接近市场、商业环境	交通节点,商务中心,居民区,集聚布局
个人及居民服务	生活的需要	面对面提供	接近市场、可达性好	居住区内,交通支线

资料来源:作者根据相关资料整理。

第一类是旅馆住宿服务业,它能满足非常住个人(非本地居民和旅游者)"住"的基本需要,即为旅行者提供住宿及其相关服务的旅馆住宿服务业,如城市宾馆、酒店、旅馆和招待所等。城市高档酒店的功能不仅仅提供住宿餐饮,而且具备娱乐、商务和会议等综合功能,尤其近年来随着城市生产性服务业的迅速发展,越来越多的城市高档酒店由单一的住宿餐饮、娱乐功能向国际会议、商务功能方向发展。规模较小、等级较低的旅馆服务企业一般以提供住宿餐饮和娱乐等基本服务为主;而更低一级的旅馆服务如各类招待所、小旅馆等功能与设施则更为单一(成湘文、郭利欣,2003)。

第二类是餐饮服务业,即为个人提供吃、喝等基本消费服务的企业,是满足人的最基本的生存需要的服务业。"吃"可以分为正餐、快餐等几种,"喝"则包括酒吧、各种饮料店等专门提供"喝"的服务。这类服务业的服务对象包括本地居民和外来人口等(依据国民经济行业分类法)。

第三类是旅游服务业,即为个人提供外出旅行的代理、组织和介绍等服务的企业,如旅行社、旅游中介代理机构等等。这类服务业是满足基本生存需要之上的精神需要。

第四类是娱乐服务业,即为个人提供娱乐消遣的服务行业,如卡拉OK、舞厅、游戏室、夜总会、保龄球服务等,主要满足个人的精神层次需要。

第五类是个人与居民服务业,即为个人和家庭提供生活服务的部门,包括个人服务业,如理发、美容、洗染、沐浴、按摩与保健、健身、摄影扩印等行业;居民服务业,如托儿服务、修理服务、家务服务、殡葬服务和其他居民服务业等。这类服务业与居民的生活息息相关(依据国民经济行业分类法)。

二、区位选择要求

以追求市场范围最大和利润最高为目的的消费性服务业的区位选择一般要求有良好的通达性、接近市场和居住区的环境等,但不同的类型有着不同的区位要求。

(一)旅馆住宿服务业

关于旅馆住宿业的区位选择,不同的功能类型和等级,区位选择的要求也不同。①高档城市宾馆和酒店区位选择的要求。第一,高度的可达性,倾向于布局在重要交通枢纽和交通节点上或附近。第二,足够的市场和服务范围,布局在交通枢纽附近的外地人流往往很大。第三,城市商务型酒店要求接近商务活动发达、商业气氛浓厚的城市中心商务区也是其重要的考虑因素之一(胡志毅、张兆干,2002)。城市商务型酒店、宾馆本身一般具备多种国际会议与商务活动和办公功能,需要依托周围金融、房地产、办公等高等级生产性服务功能。第四,度假型酒店接近旅游休闲度假区,承旅游地接待住宿的功能,作为旅游区基本条件之一。第五,对优美的自然环境的追求,要求布局在城市环境优美的地段。②中等层次的旅馆住宿服务业,首要区位要求是通达性,接近或位于交通节点或枢纽、交通干线旁。其次,接近流动人口密集的区位,以获得更大的客源市场。第三,接近次级中心区,有较浓厚的商务活动气氛。第四,接近旅游风景区或环境好的区位。③低层次的旅馆住宿业,区位选择的首要要求是通达性,要求布局在交通节点或枢纽、干线旁;其次是接近客源市场;三是接近旅游区;此外,还有接近人口密集区的需要等(胡志毅、张兆干,2002;赵新民,2002)。

(二) 餐饮服务业

餐饮企业的共同区位要求接近消费市场和人口密集区、良好的通达性和较好的微观区位环境,但不同的档次和规模也要求有不同的区位。

1. 正餐企业(即提供早、中、晚餐)。大型高档豪华的餐饮企业的首先要求是接近商务活动频繁的城市中心区或次中心区,以赢得最大的客源市场;其次要求可达性好,顾客容易进出,接近交通干线或节点;再次要求有良好、舒适的微观区位环境;第四是要求考虑顾客的需求偏好、收入情况等(赵新民,2002)。中小型餐馆,首先要求接近特定消费偏好的人口密集居住区,其次是追求良好的通达性,三是拥有良好的微观区位环境。

2. 快餐企业。区位选择的要求有：可达性好，流动人口多、人口密度大，商业活动气氛浓厚，微观环境好等。所以一般要求接近交通干线或节点、商业中心区和人口密集的居住区。对于上门服务的快餐企业，要求通达性和接近顾客，以求快捷方便，需要接近交通干线和居住区（徐险峰，1994）。

3. 饮料服务业。第一是高档酒吧，它属于时尚消费。首先考虑接近消费市场，考虑顾客的层次与需求；其次要求通达性好，位于交通节点或干线；再次要求有浓厚的商业氛围，接近办公区（CBD）；四是需要有良好的环境外部和内部；此外也有接近休闲娱乐区的需求，取得集聚效应与规模效应，如广州市芳村的酒吧街。第二是一般饮料店，它满足以下条件：接近消费市场、交通干线，区位选择和一般餐馆相似。

（三）娱乐与休闲业

娱乐与休闲服务业从其产业性质看，属于个人生活需求以外的更高层次需求，面对面提供服务是其主要的服务方式。作为经常性的消费活动，接近顾客和消费市场是其降低交易成本的关键所在。因此，区位选择要求首先接近消费市场，和人口密度和规模较大的居住区附近，但为避免噪音干扰，又必须保持一定的距离；其次是要求可达性较好，以减小顾客的交通成本，一般位于交通干线旁；第三，休闲娱乐设施为了形成规模效应，往往需要在空间上相对集中发展，配套布局等；第四，要求具有较好的微观空间环境。

（四）旅游服务业

旅行社与宾馆、酒店的区位选择要求相类似，主要为外地旅游者提供服务,也为当地居民提供组织外出旅游的服务。首先要求可达性好,具有良好的综合交通条件,接近交通枢纽与节点、干线位置;其次为了便于服务旅游者,往往要求接近旅馆住宿业或旅游风景区;再次,为了寻求促销环境而接近商业活动气氛较浓的区位等等。

(五) 个人与居民服务业

该类服务业与居民的日常生活起居关系最为密切,而服务性质一般为劳动密集型服务,附加值较低。为了方便顾客接受服务,理发、美容、洗染、沐浴、健身、摄影扩印、托幼服务、修理服务、家务服务等区位选择一般要求接近居住区或在居住区内部布局,以降低交通成本与交易成本。但因信仰忌讳、不受欢迎的殡葬服务例外。

三、区位影响因素

(一) 市场因素

消费性服务业企业一般是劳动密集型服务行业,所提供服务产品的附加值较低,但却是居民日常生活的基本需求,顾客使用的频率很高,而且生产和消费一般同时进行,要求与顾客面对面地直接接触。

为实现利润最大化,必须降低交易成本,区位选择需要接近消费市场。一方面降低顾客购买服务的交通成本和时间成本,以赢得最大的服务范围与服务人口,实现规模效应。另一方面,接近市场可以及时了解市场需求,包括需求量的大小变化、竞争者的服务战略等,并调整企业的战略以更好地适应市场。

消费性服务业区位选择也受到消费地人口规模的影响,消费性服务的需求一般与人口的规模与密度有着明显的相关关系,往往人口规模与密度大的区域,其消费性服务业的需求也很高。根据林锡艺的研究,餐饮业就业的密度与人口密度的相关系数高达 0.71,呈显著相关关系(林锡艺,1999)。

居民的收入水平、消费习惯、偏好等也是影响消费性服务业区位选择的重要因素。居民收入水平的高低决定了消费性服务企业所提供服务的档次与价格,居民收入水平高,对消费服务的水平要求也高,消费性服务企业的档次也高,服务的价格也就高,反之,亦反。另外,居民的消费习惯与偏好也是影响消费性服务业区位选择的重要因素。一般而言,不同地方的居民有着明显不同的消费习惯和不同的宗教信仰,因此形成了特定的消费偏好,消费性服务企业必须满足其需求。

(二) 可达性因素

可达性因素是影响消费性服务业区位选择的普遍因素,也是重要因素。这是由消费性服务的市场和顾客依赖性所决定的,而且也受面对面直接接触的服务提供方式的影响。可达性对消费性服务业区位选择的影响主要体现在消费者购买消费性服务所需支付的交通成本和时间成本(图5—8)。

距离是影响消费性服务业区位的可达性的客观因素,当顾客购买服务所获得的边际效用价值大于顾客所支出的边际交通和时间成本时,顾客选择克服空间距离而前往购买;当顾客所获得的边际效用等于或小于边际交通与时间成本时,顾客会放弃该服务提供者,而选择其他满足企业。因此,作为消费者使用频率高的消费性服务企业,其应该布局在消费者的边际效用大于边际成本的区域范围内,这就

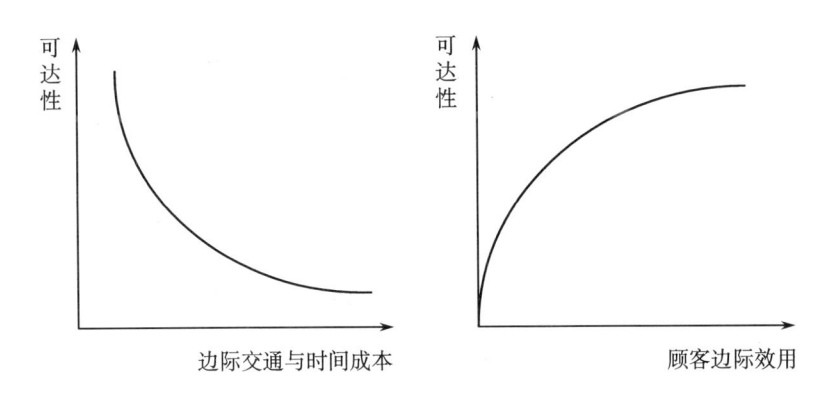

图 5—8 可达性与顾客边际成本、效用关系

决定了其必须考虑接近交通便利的消费市场,并保证其充足的客源。

消费性服务业区位选择的可达性一般由多种因素共同决定。一方面,是否接近交通节点或交通干线是影响企业可达性的关键因素。一般而言,位于交通节点的企业,综合可达性最好,顾客进出方便,可以节省交通成本和时间成本。其次是顾客所选择的交通工具也同样影响顾客自身的交通支出和时间支出,从而对可达性产生间接影响。因此理性的消费性服务区位主体应该选择在离消费者最近的、交通节点或干线旁,而且具有多种可选择的交通工具(方式)。

(三)集聚因素

在消费性服务业中,旅馆住宿服务业,特别是城市高级商务会议型宾馆、酒店等受集聚经济影响最为显著。而为了追求集聚效用和降低交易成本,高级商务型宾馆、酒店一般布局在商务活动频繁、商业气氛浓厚的城市中心商务区(CBD),一方面,为宾馆、酒店的商务型旅客提供完善、优良的商务办公环境;另一方面,集聚带来的外部效用可以促进宾馆、酒店本身功能向商务、会议和办公等综合方向发展，拓展其自身的服务范围，提高其服务水平，赢得更大的市场。其他类型的旅馆住宿服务业则一般集聚在交通节点与设施（火车站、汽车站、机场等）附近，以保证其接近充足的外来人口或非常住人口客源市场，形成一定的规模效应。

集聚因素对旅游服务业，如旅行社的区位选择也有一定的影响。集聚有利于信息和市场的共享，及时了解旅游市场的动态，调整发展策略以保持竞争力。

（四）空间环境

空间环境影响消费性服务业的区位选择，主要体现在宏观环境和微观环境两方面。现代消费者不单纯满足于获得服务，同时还有追求良好的心理感受、满足感和轻松愉快地享受休闲。因此，井然有序的企业外部空间环境，如街道的干净整洁、优美的环境、开敞的休闲空间、独特的建筑风格等会让消费者流连忘返，无形中吸引了顾客，如旅馆住宿服务、餐饮服务、娱乐服务等企业一般都有追求良好的外部空间环境的需求。同样，微观环境也是消费性服务业区位选择所必须考虑的重要因素。主要包括企业外部步行系统的安全和舒适性、停车场所的充足性、顾客进出的便利性、企业门面采光和可见度，尤其是企业内部装修风格和服务质量的好坏等都是影响顾客消费满意度的关键因素。良好的外部空间环境和优雅的内部微观环境将大大增强企业的区位优势。

（五）其他因素

除了上述主要区位因素以外，土地制度、土地价格和历史文化因素也影响着消费性服务业的区位选择。

土地制度决定消费性服务业区位选择的自主性和灵活性,土地私有制国家,企业在市场经济规律支配下,根据自身的最大利益原则,受市场需求与地租理论的作用下,在空间上选择自身的最佳区位。土地国有制,一种是在计划经济体制下,企业为国家所有,一般由政府或行业管理部门决定其区位选择;另一种是在市场经济体制下,企业根据政府的宏观调控与城市规划的布局相协调,通过市场供需与土地价格,决定其区位选择。

土地价格是地租的货币表现,在市场经济体制下,付租能力强的宾馆、酒店、大型的餐饮企业等根据其区位选择,布局交通便利、可达性好的城市中心商务区,而付租能力较弱的企业则根据其区位需要和付租能力,布局在合理的区位。

历史文化因素的影响。一方面,过去历史上遗留下来的古老建筑或形成的消费功能一般对现在城市消费服务业的区位影响深远,形成一定的历史惯性,并且将进一步延续发展,形成城市特定消费功能区。另一方面,城市的消费性文化具有明显的地方特色和消费习性,虽然随着时代的进步而城市风貌在慢慢改变,但消费性文化习性却往往能够在历史发展中得到继承,形成不同的消费文化功能区,影响着消费性服务企业的区位选择。

四、区位选择模式

根据新古典经济学原理,追求利润的最大化是消费性服务业企业的终极目的,向消费者提供最终消费服务、面对面服务提供方式等决定了消费性服务业接近市场和顾客布局是其区位选择的基本要求。消费者的人口、文化特性决定了个性化的需求特性对消费性服务业区位的存在影响。消费性服务业的劳动密集型和低附加值性,决定了交易成本对其区位选择十分重要。而交易成本取决于消费者的可达性,即消费者购买服务所需支付的交通与时间成本的大小,也是影响消费性服务业区位选择的关键因素。此外,要求良好的微观空间环境也是消费性服务业区位选择的基本要求之一。但不同类型的消费性服务业,其区位选择模式、布局特征及其影响因素皆存在差异(图 5—9)。

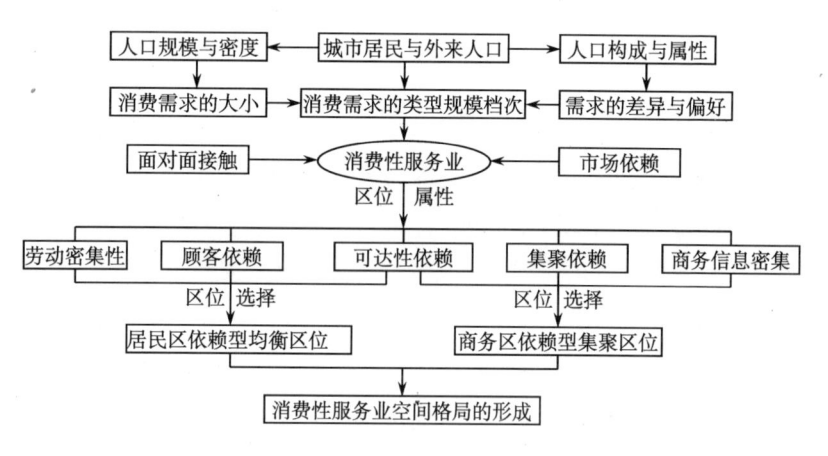

图 5—9 消费性服务业区位选择模式

在目标、行业属性和区位要求以及不同区位因素的共同作用下,根据竞租理论和城市的实际环境,不同类型的消费性服务业在城市特定环境下进行区位选择与空间竞争,形成了不同的区位格局。第一,为外来人口提供住宿餐饮、娱乐甚至高级商务服务的高级商务型旅馆服务业,一般依托于交通干线、节点和中心商务区,呈集聚分布格局;具备基本功能的一般旅馆服务则主要集聚布局在交通节点和干线附近。第二,旅游服务业(旅行社)依托于旅馆服务业为追求外部经济与集聚效应,呈依附性集聚布局在旅馆服务业的附近;或依托风景区布局。第三,市场导向型消费性服务业如餐饮业和个人、居民服务业则依托人口与居民的分布、交通干线等进行均衡布局;高档餐饮企业则倾向于接近商业中心与次中心,呈中心性集聚布局。第四,娱乐与休闲服务业,高档、大型专业娱乐服务则一般依附于宾馆、酒店集聚布局,或特定的城市休闲功能区集聚布局;普通娱乐休闲服务一般依托于人口与居住区呈均衡布局状态。

五、区位特征和布局规律

(一)旅馆住宿服务业

根据前面的分析,结合国内外学者的研究,可以发现旅馆住宿服务企业在城市内部的区位选择及其空间布局特征如下。

第一类,城市以商务、国际会议等综合性功能为主的高级宾馆、酒店一般呈集聚状态分布在城市的 CBD 或者主干道、次中心地带,与金融、大型零售企业、办公活动等高等级服务业集聚发展。以住宿、餐饮、娱乐及度假功能为主的酒店一般依托城市风景区布局,区位比较独立(冷勇,1999)。

第二类,以住宿、餐饮、娱乐等一般功能为主的中等层次宾馆、酒店往往布局在交通节点(如火车站、汽车站等)或交通干道上,空间上接近商业次中心区位,集聚程度较小。

第三类,小型旅馆与招待所之类的旅馆住宿服务业,主要依托于交通干线或节点,类似于居住区级零售业,随人口在空间上较为均匀地分布。

(二)餐饮服务业

第一类是大型高档餐饮服务业,倾向于在城市人口密集、商业气氛浓厚、交通条件优越的中心城区或老城区。另外,新兴 CBD 和次中心区也越来越成为高档餐饮企业的区位选择目的地。

第二类是普通餐饮企业,主要依托城市人口密集的居住区和社区,或沿交通干线呈均匀分布状态。

(三)旅游服务业

旅行社等旅游服务业在城市内部的区位选择一般依托于交通干线和节点,与宾馆、酒店相结合,或在城市内部中心商务区或次中心区呈依附型布局。另一类型的区位则依托于特定的城市风景区,与宾馆酒店集聚布局。

(四)娱乐与休闲服务业

高档娱乐与休闲服务业一般区位选择倾向于城市商务活动发达、交通便利、高收入人口密集的城市中心区附近,或者依托于高档酒店、宾馆布局。或聚集分布在具有娱乐、餐饮和休闲功能的环境优雅的综合娱乐休闲区。一般娱乐设施则依托人口的规模和分布,布局在居住区附近,呈均衡状布局。

(五)个人与居民服务业

这类服务业是典型的消费市场指向型服务业,依托人口密度与规模是其区位选择的首要考虑因素,一般均匀分布在城市各居住区内部及其附近,不同类型的服务业配套布局。

第四节 社会性服务业区位

一、行业构成及特性

(一) 社会性服务业的定义及构成

社会服务业(或公共服务业)是指政府机构和非营利组织作为供应主体,向社会提供的各类服务业。其显著特点是非流通性和非营利性的服务支出,具有一定的行政与政治色彩(闫小培,1999)。根据服务业的产品特性及提供主体、服务对象等性质,社会性服务业可以分为医疗卫生服务、社会保障与社会福利服务、体育服务、教育服务、广播电影电视服务、新闻出版与音像制品服务、文化艺术服务、公共设施服务、政府管理与社会组织、国际组织等。

(二) 行业特性

社会性服务业提供者的非营利性决定社会性服务产品的非营利性特点,因此,追求效率(服务的生产能力尽最大可能发挥)与公平(服务向尽可能多的消费者或居民提供)是社会性服务业发展的终结目的,这一属性决定了社会性服务业区位选择要求遵循人口的空间分布特征。

社会性服务业根据其产品特性,可以分为两个方面。第一,纯粹的公共服务,如政府管理、社会安全与防御服务、社会保障与福利服务、公共设施服务等,这些服务完全由政府提供,并为所有人服务。第二,不完全的公共服务,即享受服务者需承担一定的成本,包括社会性服务业中所有其他行业,如医疗卫生服务、体育、教育、广播影视、新闻出版、文化艺术等。按居民的意愿情感倾向(排斥与否)和外部性(对居民有无害处)等角度,还有将公共设施分为:不受欢迎的公共设施,如火葬场、殡仪馆、公墓等;对居民有负外部性影响的设施,如,产生噪声污染的道路、传染病医院、垃圾处理场、污水处理场等等。其余则为不受排斥设施。

公共服务或公共产品有如下特性。第一,非供给性,当集体利益超过个人利益时,个人获益就很小。第二,非排他性和利益共享性,即每个消费者使用某公共服务产品,不影响和妨碍其他人消费该产品,也不会造成其他人消费的减少(Samuelson,1954),如国防、街灯等。第三,非经济性和非竞争性,即一个单位的公共服务产品可以同时满足多个人的消费,即向一个额外消费者提供商品的边际成本为零。消费者数量的增多不要求有更多的附加供给资源(江曼琦,2001)。

根据福利经济学理论,公共服务业由政府提供的原因基于以下两个方面。第一,市场本身的缺陷。无法有效地和公平地提供公共设施。第二,市场失效。公共设施交易成本高,地方垄断使得私人资本不顾公众利益以及公共设施的外部不经济性决定了政府必须要加强对公共设施建设的控制和监督(表 5—4)(顾朝林、甄峰,2000)。

表 5—4　社会性服务业属性与区位特征

社会性服务	满足需求	属性	区位要求	主要区位因素	区位布局规律
医疗卫生	维护身心健康	半公共产品	依托人口、独立均衡布局、可达便利	制度因素、人口与需求因素、空间因素	接近居住区、独立均衡区位

续表

社会性服务	满足需求	属性	区位要求	主要区位因素	区位布局规律
社会福利保障	生活基本保障	公共产品	空间广阔、环境优美、交通便利	制度因素,需求与环境因素	离心区位、郊区环境与可达性好区位
体育服务业	强身健体	半公共产品	依托人口均衡布局,可达性、空间足够	制度因素、人口、可达性、空间足够	依托居住区、独立均衡布局
教育服务业	授业育人	半公共产品	中低等教育均衡独立区位,高等教育历史区位与集聚区位、可达性	中小学校:均衡独立、可达、空间大学:历史因素、环境、可达性	中小学依居住区独立均衡布局,大学依托历史文化区位、环境空间
广播影视	视听学习与娱乐	半公共产品	依人口均衡区位	人口因素、可达性	依托居住区均衡布局,可达性区位
新闻出版与音像	传播知识、音乐	半公共产品	独立布局	制度因素、空间因素	
文化艺术	满足艺术需求	半公共产品	独立布局、环境优美、可达性好	制度因素、环境因素、可达性因素	一般设施依居住独立均衡区位,大型设施依托环境好的独立区位
公共设施	提供休闲空间	公共产品	新兴独立布局、环境优美,可达性好,老设施历史区位	制度因素、环境因素、可达性、历史文化	依托人口独立均衡区位,大型设施中心集聚区位
政府与社会组织	公共管理与安全	公共产品	均衡集聚,老区依历史区位,新区为中心区位,独立	制度因素、历史因素、可达性	基层政府依托人口,均衡布局;高层政府中心集聚

资料来源:作者根据相关资料归纳整理。

二、区位选择要求

(一) 区位选择的原则

①公平性即要求城市社会性服务业能够为城市内部所有人提供并使用。这就要求布局依据人口的分布而进行区位决策,使公共服务设施辐射范围最可能最大化,并覆盖所有的城市地区。②充足性即社会性服务业尽可能向个人提供最大程度满足的服务,这是公共服务业存在的最基本目标。③效率是指社会性服务业所提供的服务的效用最大化,体现了对社会公共服务设施的投资所发挥的作用和效果。公共设施的建设所产生的效果满足了市民的需求并带来福利。④易达性要求公共服务设施的使用者最大限度地接近设施,可以解释为使用者前往公共设施要克服空间距离摩擦所支付的交通成本的最小化和时间成本的最小化。随着公共服务设施的距离增加,使用者所需支付的交通成本和时间成本也随之增加,市民就会放弃该设施而去寻求其他更易于接近的设施。⑤经济性随着城市社会性服务业的投资来源变化,以及城市管理理念的转变,城市经营理念的诞生,城市社会公共服务设施的投资成本应该体现使用者在使用过程中所带来的社会成本上。投资成本的降低,必然导致社会公共服务设施的空间集中,从而使其达到最大化利用(顾朝林、甄峰等,2000)。

(二) 区位选择的要求

城市社会性服务业所依托的设施空间分布差异对社会的正常发展劳动力的再生产和人们的日常生活、健康状况等有着重要影响。

因此，对社会公共服务设施的区位选择必须考虑以下因素。①遵循公众和社会需求来确定公共服务设施的区位，以减少外部不经济的区位决策。要明确使用者的基本特征，包括使用者的年龄、性别、职业构成、收入水平等特点。②根据不同设施的特点及其功能与性质等来确定区位。③公共服务设施的易接近性与最大化利用。在最大限度满足城市居民和城市正常需要的前提下，根据公共设施与居民生活的密切程度来确定合理的服务半径，进而确定服务范围与服务人数，并确定设施规模和数量。如社会福利与保障设施、医疗设施等（江曼琦，2001）。

三、区位影响因素

（一）制度因素

由于市场的缺陷和市场的失效，社会性服务业的公共产品属性决定了政府是社会性服务业的主要提供者，而不可能是私人，这是制度因素影响社会性服务业区位选择的前提。因为只有政府才能承担起为城市居民提供公共产品的职责，政府本身的职能就是为市民提供公共管理和公共服务，或者说是市民权益的代表者。政府影响社会性服务业的区位主要体现在以下几个方面。

第一，政府是社会性服务业的所有者和管理者，有权决定社会性服务业的区位选择。从产权属性来看，政府是社会公共服务的主要投资者，也是公共服务业的所有者和管理者，只有代表市民的政府才能在布局社会公共服务业时考虑到效率和公平，尽最大可能为每个人提供公共产品，最大程度满足其需求，并充分发挥公共设施的服务供给能力，即使用效率的最大化；在公平性、效率性和经济性的约束下,才能保证公共服务设施的最优区位。

第二,在土地国有制国家,政府掌握土地的所有权,可以通过制定土地产权使用制度掌握土地的分配权,作为社会公共服务设施的用地,往往可以通过政府的行政手段取得,土地是社会性服务业的区位基础,政府通过划拨土地或对城市进行规划,确定公共服务功能用地,从而决定了社会性服务业的区位。

(二)可达性因素

可达性对公共服务业区位选择的影响主要体现在,良好的可达性是实现社会性服务业效率与公平的基础,社会性服务业的公平和效率是可达性要求的前提。公共服务设施的公平和效率原则要求使用者最大限度地接近设施,即使用者前往使用设施要克服空间距离摩擦所支付的交通成本的最小化和时间成本的最小化。一般而言,受距离衰减规律的影响,随着公共服务设施的距离增加,使用者所需支付的交通成本和时间成本也随之增加,可达性降低,需求就会减小,市民就会放弃该设施而去寻求其他更易于接近的设施。可见,良好的可达性是保证社会性服务业公平和效率的基础。如果无法满足可达性这一条件,则公共服务业的公平性和效率难以体现。可达性往往要求社会性服务业一般布局在交通枢纽、交通干线旁或节点附近。

(三)历史文化因素

历史文化因素是影响社会性服务业区位的遍在性客观因素之一。一个历史越悠久的城市,其历史建筑、文化遗址、古迹也就越多,因而依托于它们继承和发展的传统文化也就越沉淀,越丰富和深厚,其原有区位一般决定了现在的区位。这一类设施一般属于社会性服务业中的公共设施,如博物馆、纪念馆、历史事件古迹、文化遗址等,与公共设施相依托的公共休闲、教育等服务业区位在原有区位的基础上继承和发展。此外,高等教育机构(古老的大学)一般都有几十年甚至上百年不等的发展历史,一般仍占据原有的区位;此外,历代遗留的政府建筑经过继承和发展,现在仍作为政府管理机构所在地的仍然常见,也是历史区位的继承和发展的典型代表。

另外,城市文化艺术活动在历史上的特定区位形成以后,在传承和发展中得以保存下来的城市传统文化,仍然依托一定的历史区位得意继续发扬,即使没有可依托的古老建筑,但却可以催生以现代公共设施所体现的各种载体,如各种文化雕塑、文化艺术机构等仍布局在原来遗址附近,这是相对于上一种历史区位而言的另外一种文化区位。

四、区位选择模式

根据福利经济学原理,人的发展和社会发展对公共产品的需求是产生社会性服务业的根源。社会性服务业所依赖的公共服务设施是城市内部人们的生活与生产活动得以正常进行的基本物质条件。但是由部分社会性服务业所提供的公共产品具有非排他性和非竞争性等特点,即一旦提供这种产品,排除任何其他人对产品的消费都是不可能的,如路灯等;同时公共设施产生一单位的产品可以同时满足多人的消费,而消费者增多时也不要求增加附加的资源或投入,如国防等。因此,额外的消费者加入而出现不付费的"搭便车"现象,排除了私人供给的可能,导致市场失灵和市场缺陷。于是政府就成为公共产品的提供者和社会性服务业的供给主体,非营利性是其显著特点(图5—10)。

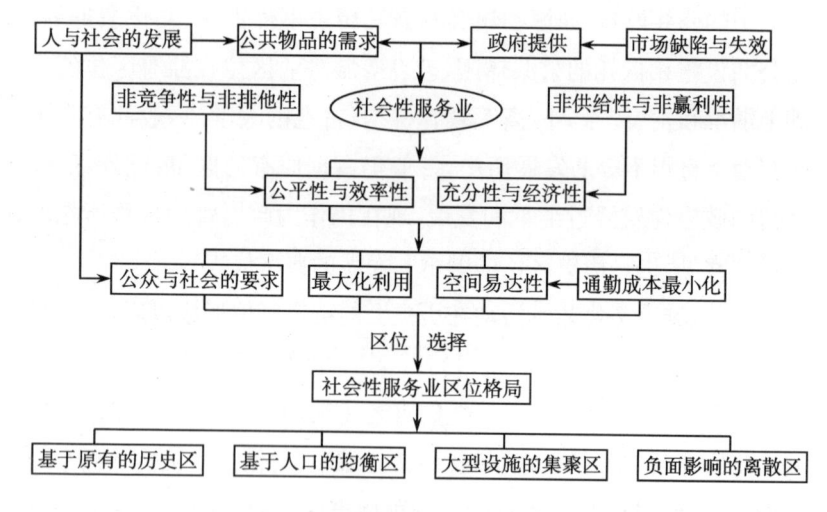

图 5-10　社会性服务业区位选择模式框架

公共产品的特性决定了社会性服务业区位选择的目标是公平性和效率性、供给的充分性和非经济性等特点。上述目标的实现必须在下列区位选择要求下才能达到：公共设施的最大化利用，尽可能为更多的人提供充足的公共产品，同时也应使消费者的交通成本和时间成本最小化，即要求有良好的可达性。再次，是应该满足公众及整个社会对公共产品的现实要求。在上述目标、条件及要求的共同约束下，社会性服务业的主体——政府在城市内部进行区位选择，在城市物质实体空间和功能空间要素的共同作用下，形成了社会性服务业的区位格局，一般有以下四种主要类型。第一，是依托历史上传承下来的原有古建筑区位而继承发展的公共服务设施，形成历史区位，如古老的大学、行政中心、纪念馆等。第二，基于人口规模、密度和居住区分布的均衡独立型公共服务设施，如医疗、教育、体育、社区文化设施、社区公共设施等。第三，高级或大型公共服务设施的集聚中心性区位,如高层政府组织、大型体育馆、博物馆、歌剧院等为了使效用的最大化,呈向心集聚的分布状态。第四,是对居民有负面影响的公共设施的离心分散型区位,如火葬场、垃圾处理场、污水处理场、传染病医院等一般分布在城市的郊区。

五、区位选择及布局规律

作为公共产品和半公共产品的非排他性、非竞争性和非营利性等特性决定了社会性服务业区位选择的追求公平性和效率性、充分性和经济性等原则与目标。但由于社会性服务业的提供主体是政府,因此其区位选择并不像生产性、分配性和消费性等服务的区位选择那么自由,往往由政府在城市规划政策制度下进行区位决策。在区位选择要求和城市物质与制度环境的共同制约下,不同类型的社会性服务业在城市内部有着不同的区位选择特点及布局规律。许多社会性服务业的用地类型区位一般为独立用地,即不与其他业态的用地混合,而且占地面积较大。

(一) 依托人口分布和居住区位的均衡型区位

这类社会性服务业包括医疗卫生、体育服务设施、中小型文化设施(图书馆等)、中小学教学服务设施、基层公共管理与基层组织服务等。区位选择的目标是为城市所有居民提供尽可能充分的服务,以保证公平和效率,区位选择主要依据人口空间分布、人口规模与密度、人口构成的特性,计算出其需求量的大小,确定服务设施的供给规模、设施数量。其次,根据设施的最大化利用原则和居民交通出行的交通成本和时间成本最小化原则,进行区位决策,无负面影响的设施一般就近布局在居住区附近,存在负面影响的设施则采取隔离措施,如传染病医院等。这类服务设施在空间上呈均匀布局特点。

(二)区位选择的中心性与集聚区位

这类服务设施包括高级行政管理组织、大型体育设施(市级体育官场)、大型文化设施(博物馆、影剧院)、歌剧院、音乐厅等大型公共活动场所(中心广场等)等社会性服务设施,为了追求服务供给的效用最大化,即发挥最大的服务供给能力,实现服务范围的最大化,保证设施的充分利用率,达到公平与效率的原则,这些设施往往集聚布局在城市的中心区位置。中心区位一般具有高度的可达性,产生的集聚效应,可以节约投资成本,获得最大的服务提供能力,设施的集聚还可以降低服务使用者的交通出行成本和时间成本,提高人们的福利水平,并将导致服务业的进一步集聚。

(三)依托原有设施的历史性区位

城市是历史的沉淀和现实发展相互叠加的产物,历史性建筑、历史古迹和继承的历史传统等仍然存在与城市内部的各个角落里。在社会性服务业中,仍然有许多服务设施是在原有的历史区位基础上继承和发展的,如高等教育设施(古老的大学)、古老的市政府建筑、博物馆、纪念馆、公园、各类文化遗址、纪念遗址等等都是依托原有的区位,在继承中发展,并向市民提供服务。这类服务设施的区位没有选择的自由,不同的城市有不同的分布特点。

(四)远离城市中心或居住区的离心型区位

这类服务业一般是不受欢迎的社会公共服务设施,要求布局在远离城市的郊区或外围地带。一方面,这些设施占地面积大,而城市中心用地供给紧张;另一方面,这些设施要求有良好的自然生态环境。如与居民情感相抵触的、或认为不吉祥的火葬场、殡仪馆、公墓等,一般而言第一类要求远离城市中心和居民生活区,布局在城市的郊区。对居民生活有负面影响的传染病医院、垃圾处理厂、污水处理厂等,则要求与人口密集的居住区隔离布局,并有一定距离,有防护隔离带等;还有社会福利设施与保障设施,如养老院、孤儿院、疗养院等,这些设施要求有较好的自然环境,如环境优雅、空气清新、安静整洁、生态条件好等。

第五节 服务业区位类型与布局规律

前面四节基于新古典经济学的一般理论角度入手,引入地租理论与空间竞争的概念,通过成本—效益分析,对四大类服务业的行业构成与特性、区位选择的内在要求、区位选择的空间模式及布局、区位影响因素等进行了深入分析,高度概括和总结了各类服务业区位选择的一般模式,并构建了区位选择框架图。从一般理论角度探讨了服务业区位选择的特征。本节基于前面的分析,对不同类型服务业属性特征、区位特征及影响因素进行归纳与总结,得出服务业区位的一般规律。

一、服务业区位总体特性

(一)服务业属性及其特征

生产性、分配性、消费性和社会性服务业根据各自所提供的服务产品的属性和在服务业体系中的地位,相互联系和相互作用,构成了完整的服务业经济体系(图5—11)。

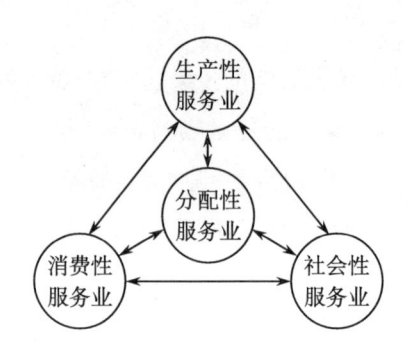

图 5—11 服务业内容体系及其关系

生产性服务业位于服务业层次体系的最高层,主要作为中间投入产品向制造业、其他服务业提供服务,生产要素以知识、信息、科技和人才等高级生产要素为支撑,是社会经济发展的引擎。分配性服务业是联系整个社会生产活动、消费活动和社会正常运行的重要部门,是构成完整的社会经济循环链的关键环节,主要向各部门提供各种要素流:物流、商流、人口、信息流等。消费性服务业处于服务业体系的基础层次,主要为消费者提供最终消费品的服务部门,直接面对消费者,是社会劳动力再生产和社会正常运转的基本条件,生产要素以较低层次的劳动力、资金等为主。社会性服务业主要向全社会提供具有福利性质的公共服务,包括维持劳动力再生产高层次的人的健康与精神需求,维持社会正常运行的公共管理部门等(表5—5)。

表 5—5　服务业行业属性及特征比较

服务业分类	主要服务对象	产品特征	提供主体与目的	主要生产要素
生产性服务业	企业、政府和团体组织、制造业、服务业等	中间投入产品,私人物品,经济性、竞争性	私人提供,利润最大化	知识、信息、技术与人才、资金等
分配性服务业	为社会经济体系所有部门提供各种要素流	流通服务,私人产品,经济性,竞争性	私人提供,利润最大化	土地、资金、信息、技术、劳动力等
消费性服务业	为个人提供最终消费服务产品	最终消费产品,私人产品,经济性,竞争性	私人提供,利润最大化	劳动力、资金、信息等
社会性服务业	为社会所有成员提供公共服务产品	公共、半公共产品,非竞争性,非排他性	政府、非营利组织提供,福利和效用最大化	土地、资金、管理、劳动力、人才等

资料来源:作者根据相关资料整理。

(二) 服务业的区位因素综合分析

从前面各类服务业区位因素的深入分析中,可知由于各行业的特性及内在要求等不同,影响各类服务业区位选择的主导因素存在差异。生产性服务业的主要影响因素包括可达性、集聚因素、技术因素、信息与人才因素等;分配性服务业区位选择的主要因素有交通与可达性、市场需求因素、信息技术因素和土地与空间因素等;影响消费性服务业的区位因素包括市场因素(人口规模与分布、消费者偏好等)、可达性因素(交通与时间成本)、空间环境因素等;而影响社会性服务业区位选择的主要因素有制度因素(公平与效率)、市场需求因素、可达性、空间和历史因素等(表 5—6)。各类服务业区位因素在城市内部空间上层层叠加,投影到城市的物质空间上,则形成服务业综合区位因素的基本格局(图5—12)。

表5—6　各类服务业区位特征及其因素比较

服务业类型	区位因素	主导区位机制	主要布局规律
生产性服务业	集聚、可达、技术、信息、人才	技术引导,市场驱动	中心集聚
分配性服务业	可达、市场、信息、空间	交通引导,市场驱动	交通与市场集聚
消费性服务业	市场、可达、空间	市场驱动,交通引导	市场均衡
社会性服务业	公平与效率、可达、历史	政府调控,交通引导	空间均衡

资料来源:作者根据相关资料整理。

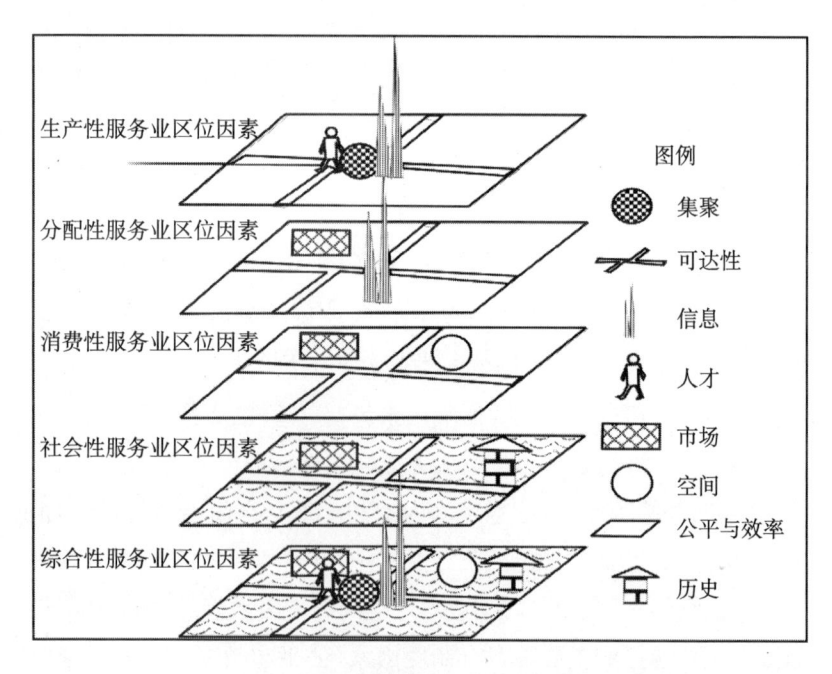

图5—12　服务业区位因素的空间叠加

各类要素在空间上并非各行其是,而是相互作用、相互影响,各种力量不断变化和抗衡,并最终决定着城市内部服务业的区位选择。

(三) 服务业区位动力机制与区位布局规律

1. 服务业区位的动力机制

分析表明,不同类型的服务业区位选择的影响因素不同,决定了其区位变化的动力机制也存在差别。第四章指出了影响服务业区位演变的动力机制包括政府调控力、市场驱动力、交通引导力和技术推动力等。市场驱动力是来自内部的动力,而其他则是外部环境施加的动力。

总结前面的分析得出(表5-6),①生产性服务业区位选择主要受技术推动机制的作用,如技术革新动力、信息技术推动力和人才的创新动力等力量对其区位选择产生主导作用;其次是市场驱动力,集聚因素导致的区位动力十分明显,对于集聚产生的外部性和交易成本的降低等等,对生产性服务业区位选择产生明显的推动作用。②分配性服务业区位选择则是交通引导力占据主导地位,由于这类服务业对交通基础设施的高度依赖,使得其区位选择往往依托特定的设施而布局;其次是市场驱动力机制,市场需求和消费者的分布对其区位选择的影响也十分显著。③消费性服务业区位选择受市场驱动力的影响最为显著,主要是该行业直接向消费者提供最终消费品的服务业,与消费者面对面接触十分频繁;其次是交通引导机制,面对面频繁接触需要良好的可达性支撑,以保证交易成本的降低和交通成本与时间成本的减少,因而导致消费性服务业一般依托交通干线或节点布局。④社会性服务业区位选择受政府调控机制影响最为明显,因为社会性服务产品一般具有公共或半公共产品的性质,政府是主要的提供者,因此区位选择一般由政府根据民众的意见确定,以保证公平与效率的实现;其次是交通引导机制,公共设施的提供服务的充分性和有效性要依靠良好的可达性来保证,因此其区位选择受交通引导较为明显。

2. 服务业总体区位布局特征与规律

根据前面四节的分析,总结出不同类型服务业区位布局特征:生产性服务业以中心集聚区位特征为主,主要集中在城市的 CBD 或次中心的商业区,随着信息技术的影响,高层次集聚加剧,低层次出现向郊区扩散的趋势;分配性服务业依托交通设施、节点、干线呈局部或边缘集聚的区位,部分依托市场呈中心集聚(大型零售)、部分依托人口呈均衡区位状态;消费性服务业呈典型的依托人口均衡区位特征,极少数呈中心集聚区位(星级商务酒店等)。社会性服务业在城市空间上呈均衡区位格局(依人口和交通布局),少数大型现代化设施则呈中心集聚区位,部分呈离心扩散区位(不受欢迎设施)。

不同类型服务业的区位分布在城市内部空间叠加,最终形成城市的整体服务区位分布格局(图 5—13)。

二、服务业区位空间类型

前面深入分析了不同类型服务业区位选择的内在要求、区位特征及其影响因素、区位选择模式,本节在前面分析的基础上,试图总结概括出服务业的空间类型、空间组合以及服务业区位布局的一般规律(表 5—7)。

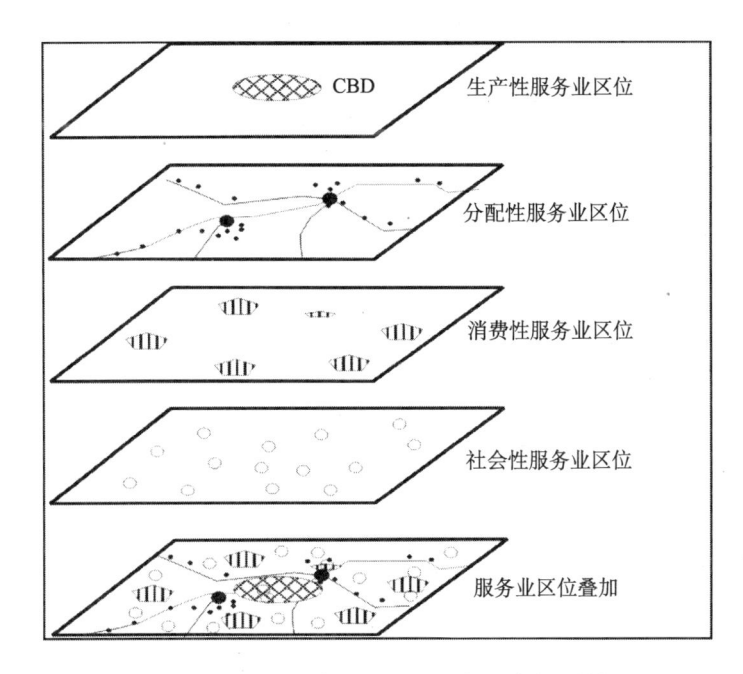

第五章 服务业区位选择模式和布局规律　　　　　　　275

图 5—13　城市内部服务业区位布局的空间叠加

表 5—7　服务业区位分类及其在各服务部门的分布

服务业区位类型		生产性服务业	分配性服务业	消费性服务业	社会性服务业
集聚区位	中心与次中心集聚	金融保险、房地产、公司研发机构、计算机、公司总部、法律、会计、广告、市场研究、信息咨询	大型零售企业专业零售集聚区(街)	大型高档商务酒店、旅行社、高档娱乐、高档餐饮业	高级行政管理中心、大型体育与文化设施
	次中心或郊区中心集聚	上述部门的分支机构	区级零售企业、日常用品批发业等	住宿旅馆业	区级行政管理中心
	局部集聚	高科技研究与开发、高校研究机构、技术服务、计算机服务	交通运输服务、物流、传统批发业		

续表

服务业 区位类型	生产性服务业	分配性服务业	消费性服务业	社会性服务业
均衡区位	依托人口的均衡区位	邮电通讯、小型零售、便利店、士多店	个人与居民服务业、娱乐服务业餐饮业	基层管理组织、医疗卫生、中小学教育、基本文化设施
离心区位		物流业、批发业		福利院、养老院、传染病医院、火葬场、公墓场、垃圾站、污水厂
历史文化区位		车站、码头、机场等	旅馆住宿业	高等教育、古老政府建筑、公共文化设施、休闲设施等
其他区位				新闻出版等

资料来源：作者根据相关资料整理。

（一）集聚式区位类型

1. 城市中心商务区集聚型区位

该区位类型的服务业包括生产性服务业中的金融保险、房地产、公司研发机构、计算机、公司总部办公活动，以及依附于它们而在中心布局的法律、会计、广告、市场研究等信息咨询服务业；分配性服务业中包括大型零售企业、大型专业化商业街区；消费性服务业中的大型高档商务酒店、旅行社、高档娱乐、高档餐饮业；社会性服务业中的某些高级行政管理机构（如国家、省、市政府机构等）和大型公共设施。这些高层次的服务业集聚，形成强大的集聚效应，对各个部门的高层次人员面对面接触带来极大的方便，频繁的信息交换、密切的合作等为各行业各部门提供良好的发展环境,使中心商务区的实力和区域影响力大大增强,并成为城市发展乃至区域发展的动力源泉,纽约、东京、伦敦等国际大都市CBD内部的服务业区位特征应证了上述分析(冷勇,1999;张文忠,2000;王朝晖、李实秋,2002)。

2. 次中心或郊区中心集聚型区位

属于这种区位类型的服务业包括生产性服务业中上述行业的分支机构、二级部门;分配性服务业中的区级零售服务业、中等规模的专业化商业街和部分日常用品批发服务业等;消费性服务业中包括中等规模的旅馆住宿业、中等档次的娱乐和餐饮服务业等;社会性服务业中包括区一级政府行政管理机构、区级公共文化设施如图书馆、影剧院等。这类服务业设施集聚程度较前者更低。这些地区在未来的发展中有可能成为新的CBD,我国的北京、上海和广州等城市多有多中心的特点(杨吾扬,1994;闫小培,1999;宁越敏,2000)。

3. 局部集聚区位(依附集聚)

该服务业区位类型包括生产性服务业中依托特定创新源(著名大学)的研究与开发、技术服务业、计算机服务和企业的研发中心等行业,共同构成特定的创新区位环境。分配性服务业中的旅馆住宿业、旅行社、区级零售业等一般依托车站、机场等大型设施,呈集聚状态分布在特定的区位等。一般离中心或次中心有一定距离,但联系方便。前者具有高度发达的信息网络和技术创新网络,后者具有高度的可达性。这类区位一般在城市中可以形成功能独特的区位(Castells,1989;王辑慈,2001)。

(二) 依托人口的均衡式区位类型

属于该区位类型的服务业主要包括分配性服务业中的邮电通讯、小型零售、便利店、士多店；消费性服务业中的个人与居民服务业、娱乐服务业、餐饮业等；社会性服务业中的基层管理组织、医疗卫生、中小学教育、基本文化设施等。这类服务业一般依托人口和居住区，在城市内部呈比较均衡的区位格局，它们往往构成功能完善的综合性社区环境，并形成较为稳定的文化特性（林锡艺,1999）。

(三) 离心分散区位

1. 离心型集聚区位

离心型区位一般是在城市内部区位竞争中被挤出的付租能力弱的、且占地面积大等服务业或设施，包括分配性服务业中的传统物流业、批发仓储业，由于城市内圈层地价上升，信息技术的发展使基础设施布局的批发业和物流业逐步向郊区扩展，而在郊区围绕交通枢纽设施形成集聚（王冠贤,2003）。

2. 离心型分散区位

该类服务业包括：第一，对环境或占地面积要求较高的服务业或设施，如社会保障与福利业中的休闲设施（高尔夫球场等）、养老院、福利院、干休所等。第二，对居民产生负面影响的服务业或设施。如情感抵触型设施或服务业，监狱、火葬场、殡仪馆、公墓等。第三，对居民健康有害的服务业或设施，如传染病医院、垃圾处理场、污水处理厂等。这类服务业一般在近郊区或远郊区布局，区位相对独立，受外界干扰少(Dear Michael,1977,1978;Geoffrey DeVerteuil,2000)。

（四）历史文化继承区位

这类服务业区位一般具有较长的历史。主要是依托以前的古建筑、遗址、地基或者活的文化传统而存在的服务业或服务设施。如分配性服务业中的交通运输枢纽设施：车站、码头等；消费性服务业中的古老住宿餐饮业和社会性服务业中的高等教育（大学）、古老政府建筑、公共文化设施、休闲设施等。它们一般依托原来的建筑遗留物、遗址或存在的历史文化传统,区位不变。

第六章 服务业区位选择实证分析

第一节 指标设计与问卷调查、处理

本章以广州市为研究对象,对服务业企业和事业单位进行了问卷抽样调查和有针对性的深度访谈,目的有二:一是为了检验前面所提出的不同类型服务业区位选择影响因素理论体系;二是对影响不同类型服务业区位选择与空间布局的因素进行系统客观地评价,归纳出我国改革开放的前沿、市场经济较发达的广州市服务性企业(单位)的区位影响因素。

一、服务业区位评价指标体系的构建

(一) 服务业的分类依据与调查行业的选择

遵循前面章节的研究,采用闫小培(1999)所倡导的服务业四分法,将服务业划分为生产性服务业、分配性服务业、消费性服务业和社会性服务业。在上述分类方法的指导下,参照统计年鉴上所采用的产业分类方法和2002年5月国家统计局颁布的最新《国民经济行业分类》所采用的服务业分类法,对服务业内部行业进行了调整与归并,建立服务业问卷调查的三级分类体系,一级分类为4大类,二级

分类共 26 类,三级分类 68 类(表 6—1)。

表 6—1 服务业分类等级体系

一级分类	二级分类	三级分类
生产性服务业	金融保险业	银行业、证券业和保险业
	房地产业	房地产开发经营、物业管理业和房地产中介代理业
	信息、咨询代理服务业	市场调查业、广告代理、会计业、律师业
	计算机应用服务业	信息传输与数据处理、网络与系统服务、软件开发服务
	科学研究与综合技术服务	科学研究、专业技术服务
	商务服务业	会议展览服务业、办公服务与企业管理等
分配性服务业	交通运输服务业	铁路运输、公路运输、航空运输、水运和市内交通服务
	物流服务业	物流业、仓储业
	邮政电信业	邮政业、移动电信业
	批发业	各类批发业
	零售业	各类零售业
消费性服务业	旅馆住宿业	宾馆酒店业
	餐饮业	正餐业与快餐业、饮料酒吧业
	娱乐健身业	歌舞类、体育健身类、棋牌类、网吧
	居民和个人服务业	居民服务业、个人服务业
	旅游服务业	旅游中介代理服务、旅行社等
社会性服务业	医疗卫生服务业	医疗服务业(身体)、卫生保健服务业(心理)
	社会保障与福利业	社会保障业、社会福利事业

续表

一级分类	二级分类	三级分类
社会性服务业	教育服务业	教育培训机构、教育代理与咨询机构
	体育服务业	体育管理机构、体育培训机构
	文化艺术服务业	文化艺术经纪代理、文化传播与艺术培训服务
	广播电影电视服务业	广播、电影、电视、音像制作等
	新闻出版服务业	新闻业、报纸、图书社、音像制品出版
	公共设施服务业	体育馆、影剧院、博物馆、陈列馆、纪念馆和图书馆
	公共管理与社会组织	政府管理部门、社会团体与中介组织
	国际组织	各国政府派驻机构、国际组织

资料来源：根据《国民经济行业分类标准(2002)》整理得出。

生产性服务业中有6个二级分类和17个三级分类；为了反映近年来新的发展与变化情况，增加了"商务服务"一类，包括会议服务、展览服务和办公等新兴服务业。分配性服务业中二级分类为5类，三级分类有11类，物流业是近年来快速发展起来的新兴运输流通行业，代表着信息技术影响下分配性服务业的发展新趋势。消费性服务业的二级分类为5类，三级分类约为10类；社会性服务业共有二级分类10类，三级分类为28类。

上述分类法为问卷调查时的行业选取提供了依据，本次问卷调查所包括的行业基本上覆盖了表7—1中所包含的所有行业。

(二) 服务业区位评价指标体系的构建及其解释

在不同类型服务业区位选择的影响因素与空间类型的一般理论

分析与模型构建基础上,构建了服务业区位的影响因素与区位评价指标体系,并针对服务行业的主体——服务型企业或事业单位的区位选择行为设计了问卷。服务业区位选择的评价指标体系一共分为三级,一级指标有4个,分别为经济因素、空间因素技术因素与人文因素;二级指标共8个,分别是市场因素与劳动力因素、交通通讯因素与环境区位因素、技术因素与创新因素,政治制度与社会文化安全因素等;三级指标体系为16个因素(图6—1),四级指标为50个。

1. 经济因素。是评价以营利为主要目的的服务业性企业或单位的重要指标,由"市场因素"和"劳动力因素"两个次级因素构成;市场因素可分为"市场需求与范围因素"和"企业集聚与竞争因素"。前者用以衡量服务业企业或单位是否接近市场,后者主要用来衡量外部交易成本对服务型企业或单位区位选择的影响程度。劳动力因素由劳动力供给和劳动力素质与工资水平构成,主要用来反映劳动力供给、劳动力素质和管理水平、劳动力成本等要素对企业区位的影响程度。

2. 空间因素。主要包含交通通讯因素和空间环境因素,前者主要用来衡量服务性企业或事业单位的区位选择对交通通达性、信息便捷性的敏感性以及信息技术影响下的时间与空间距离对企业区位选择的影响等。空间环境因素包含"中观城市空间环境"和"微观区位环境";前者可以测度服务性企业(单位)在空间选择上的倾向性;后者则从微观层面测度服务性企业区位选择对微观环境的要求。

3. 科技因素。包含技术因素和创新因素,两者的关联性较大。技术因素主要包含高科技企业与研发机构的集聚程度、网络与信息技术的发达程度等,创新环境则包含创新氛围、知识产权保护情况、企业间技术的交流情况等要素,主要考察服务业企业在区位选择时

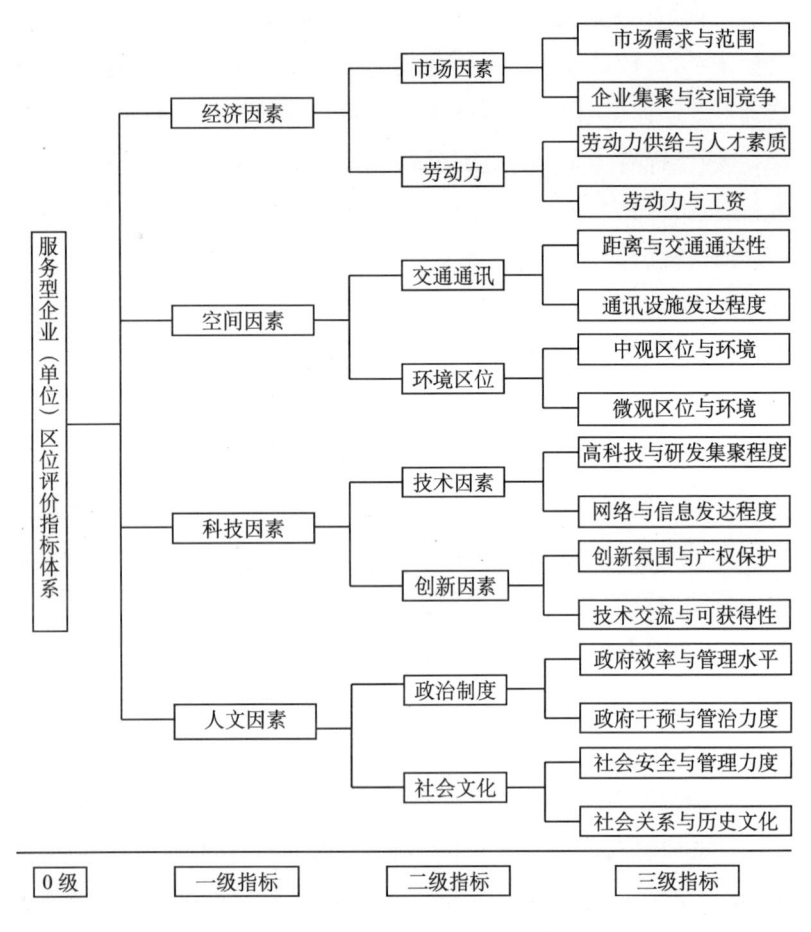

图 6—1　服务业区位评价指标体系数状结构

对技术和创新的敏感度和要求。

　　4. 人文因素。由政治制度因素和社会文化因素构成。政治制度因素主要是用来衡量政府的经济制度、土地政策及对服务业的管制对服务业区位产生的影响,包括政府的干预程度、政府的办事效率与形象和政府的政策优惠等。社会文化因素主要是衡量历史遗产、社会安全和社会文化等因素对服务业区位选择的影响。

从图6—1可以看出,整个服务业区位的评价指标体系由经济因素、空间因素、科技因素和人文因素四部分构成。在同一时代背景下,四大因素并非相互独立毫无联系,它们彼此之间是紧密联系和相互影响,共同作用于服务业。

(三)问卷设计、调查与回收

1. 调查问卷的设计、检验与修正

基于上述服务业区位选择的评价指标体系,对服务业区位影响因素进行了细分和具体化,并转化为具体的问题,制定出较为全面的服务业区位综合调查与评价问卷。问卷一共分三个部分。

第一部分是关于服务型企业区位行为的属性问题。它包括企业或单位的行业属性与性质、服务对象、服务的空间范围及其比率、提供或销售服务的方式、电子信息网络交易所占的比重,企业的所在城市的大致区位、到达不同类型交通设施的时间、企业区位的选择方式和主要影响因素等,共13题。

第二部分是服务型企业(单位)区位现状的可量化判断与评价。首先从市场区位、劳动力与人才区位、经济集聚区位、交通与基础设施区位、科技与信息区位、空间与环境区位、制度与管理区位和社会文化区位等八个方面对企业区位情况进行调查,共53个具体的判断项;其次是对调查对象自身区位的满意度、优势和劣势的判断和今后位置选择的倾向等进行调查,共7题;再次是调查服务型企业(单位)对影响本行业区位选择因素的理解与认识、对八个区位因素的客观量化评价,共51个判断项。第二部分是问卷调查的主体和核心。

第三部分是关于服务型企业(单位)基本情况的问题,如单位名称、地址、联系方式,投入与产出规模、员工人数及学历结构、收入水平和企业(单位)的所有制形式,共8题。问卷制作完成后,经过珠江横仓房地产公司的试验调查,根据反馈意见进行了调整和修正,主要是调整了一些企业无法回答或涉及商业机密的问题,使问卷更具有可操作性和可度量性。

2. 调查区域的选择、调查方法和样本数量的确定

首先,调查方法的确定。在一般社会学调查方法的指导下,在调查行业上采用了重点调查,即对生产性、分配性、消费性和社会性服务业进行重点调查,各类样本数量相等。样本在空间上的选择则运用随机抽样调查法,即样本在空间上的分布是随机的。其次,调查区域的选择。调查区域与研究区域的范围一致,限定在广州市原老八区东山、荔湾、越秀、海珠、天河、芳村、白云和黄埔区范围内,一方面与研究目的保持一致,另一方面研究结果可以和以前的相关成果进行对比。再次,样本数量的确定。企业往往害怕因调查而泄露商业机密,加之企业管理部门对调查访谈者并不是十分欢迎,对企业的调查难度往往要高于对个人的调查,因此大样本调查的方式不太可能。因此,考虑到问卷的回收率和有效问卷的比重,本调查初步确定了总量为800份的问卷,即四类服务业每类各200份。

为了保证调查的覆盖面较广和样本的代表性等,本调查还规定了样本规模等级的数量要求,即大型企业或单位数量至少为2%~5%,小型企业或单位数量不超过5%。

3. 问卷调查、回收与初步整理

问卷调查采用分片同步进行的方式展开,中间与调查员多次反馈并对问卷调查方式进行了调整,于 2003 年 11～12 月之间完成(表 6—2)。共发放 800 份问卷,回收 609 余份,回收率为 76%。剔除无效问卷,最后得有效问卷 421 份,有效率为 52.6%,达到了随机抽样调查的要求。有效问卷的行业分布,生产性服务业为 104 份,分配性服务业为 106 份,消费性服务业为 104 份,社会性服务业为 107 份。

表 6—2 服务业区位调查有效问卷的行业分布及比重

一级分类	二级分类 内部行业构成	数量	比重(%)	二级分类 内部行业构成	数量	比重(%)
生产性服务业	银行业	3	2.9	会计服务	5	4.8
	证券业	6	5.8	法律服务	7	6.7
	保险业	7	6.7	计算机服务	23	22.1
	广告服务	11	10.6	房地产服务	15	14.4
	市场调查	11	10.6	科学研究服务	16	15.4
分配性服务业	交通运输业	20	18.9	邮政业	14	13.2
	电信业	9	8.5	批发业	22	20.8
	物流仓储	21	19.9	零售业	20	18.9
消费性服务业	宾馆住宿业	20	19.2	餐饮业	25	24.0
	娱乐业	20	19.2	居民服务业	18	17.3
	旅游服务业	21	20			

续表

一级分类	二级分类			二级分类		
	内部行业构成	数量	比重(%)	内部行业构成	数量	比重(%)
社会性服务业	医疗卫生业	10	9.3	新闻出版业	10	9.3
	社会保障与福利	13	12.1	文化艺术	18	16.8
	体育服务	10	9.3	公共管理与社会组织	14	13.0
	教育服务	11	10.3	公共设施服务	9	8.4
	广播影视	12	11.2			

资料来源：根据问卷回收数据库计算而得。

二、服务业区位因素的评价与模型构建

（一）评价标准的确定

问卷调查直接服务于研究目的，分析问卷是为了验证前面的理论归纳与总结，而确定问卷的评价标准则是问卷分析的重要前提，标准选择正确与否将直接影响分析结果的科学性与合理性。采用定性和定量相结合的方法对问卷的结果进行归纳总结，对定性的问卷采用一般统计描述方法，对可量化的问题则需要确定量化标准。如对问卷第二部分的关于区位因素的评价，使用了等级量化法，即每个问题有五个选项，分为代表区位条件由高到低五个等级：优(5分)、良(4分)、中(3分)、较差(2分)、差(1分)。在确定区位因素评价的同一标准后，将问卷进行数量化处理，录入SPSS11.0构建好问卷数据库。

（二）评价方法与模型的构建

1. 评价指标的权重确定

为了对不同类型的服务业调查对象的区位选择进行客观评价,采用权重分级评价方法。根据问卷评价指标体系的层次等级,对不同层次的评价指标进行特尔菲法(Delphi)评价,广泛地征求了多位专家和企业管理者的打分及建议,经过矩阵运算,得出每个评价指标的矩阵特征向量和特征值。通过归一化处理,计算出一级指标和二级指标的权重分值(表6—3、表6—4),用以对问卷的原始分值进行评估。

表6—3 服务业区位因素一级评价指标的权重分值

行业分类	经济因素	空间因素	科技因素	人文因素
生产性服务业	0.35	0.19	0.35	0.11
分配性服务业	0.35	0.35	0.19	0.11
消费性服务业	0.455	0.263	0.14	0.14
社会性服务业	0.14	0.26	0.14	0.46

资料来源:根据指标的权重打分,运用矩阵运算而得出。

表6—4 服务业区位三级评价指标体系权重分值

一级指标	二级指标	三级指标	生产性服务业	分配性服务业	消费性服务业	社会性服务业
经济因素	市场因素	市场需求	0.227	0.423	0.388	0.46
		经济集聚	0.423	0.227	0.214	0.14
	经济因素	人才素质	0.227	0.123	0.184	0.26
		劳动供给	0.123	0.227	0.214	0.14
空间环境	设施交通	交通状况	0.423	0.423	0.423	0.423
		基础设施	0.227	0.227	0.227	0.123
	空间因素	空间环境	0.227	0.227	0.123	0.227
		微观区位	0.123	0.123	0.227	0.227

续表

一级指标	二级指标	三级指标	生产性服务业	分配性服务业	消费性服务业	社会性服务业
科技创新	研发因素	研发集聚	0.123	0.167	0.167	0.2
		信息网络	0.227	0.49	0.49	0.4
	创新因素	创新环境	0.423	0.167	0.167	0.2
		可获得性	0.227	0.167	0.167	0.2
制度文化	制度管理	政府效率	0.227	0.227	0.2	0.167
		管治程度	0.423	0.423	0.4	0.333
	社会文化	社会安全	0.227	0.227	0.2	0.167
		历史文化	0.123	0.123	0.2	0.333

2. 评价模型的初步建立

在计算出单个因素的总得分后,运用 AHP(Analytical Hierarchy Process)层次分析法,先建立单项评价模型(L_i):

$$L_i = \sum_{i=1}^{n} Q_{ij} \cdot S_{ij} \quad (6\text{—}1)$$

公式(1)中,L_i 为第 i 级区位因素指标的区位评价分,$i=1,2,3,\cdots,n$;Q_{ij} 为第 i 级指标第 j 个因子的权重,S_{ij} 为第 i 级指标第 j 个因子的实际得分。结合求和公式将各个层次的区位因素评价总得分进行累加,建立综合评价模型(L):

$$L = \sum_{i=1}^{6} Q_i \cdot S_i \quad (6\text{—}2)$$

公式(2)中,L 为服务业区位评价总得分,Q_i 为第一级指标第 i 个因子的权重,S_i 为第一级评价指标第 i 个因子的评价得分。通过计算得出区位因素的总体评价得分。在此基础上结合不同的服务业企业(单位)的区位选择特性,归纳出各类服务业的区位评价结果及其差异,结合广州市的具体区位情况进行分析与解释。

（三）区位选择数学表达式的构建

在上述区位因素评价的基础上，针对不同类型服务业的区位选择要求，考虑在全球化背景下，我国市场经济转型时期影响服务业区位选择影响因素的变化。

第一，政府职能的转型逐步由控制型向服务型政府的转变，其对城市内部服务业区位选择影响力对于不同类型服务业作用大小的变化可看作一个区位选择的参数变量（G—Governance）。第二，随着经济全球化和市场经济的逐步建立，价格、供给—需求及竞争等市场因素在服务业区位选择中起到越来越大的影响力，在某些领域已经占据绝对的主导地位，因此，也可作为一个参数变量（M—Market）。第三，信息技术的进步及其应用对服务业区位选择的影响也日益明显，比如信息技术与网络技术改变了传统的时空距离观念，使得面对面接触需求减少，企业的区位选择更加灵活甚至出现了后方办公（Back office）的现象。因此，信息技术因素可作为一个距离摩擦指数（D—Information Distance）引入服务业的一般区位模型。第四，技术的进步与创新扩散所产生的外部效应也对服务型企业的区位选择产生越来越明显的影响，技术因素（T—technology）也可作为一个弹性指数引入一般区位选择的模型中。

对于不同时代、不同类型的服务业，上述参数和变量在区位选择模型中是变化的，当变量和参数为负值时表示它们对服务业区位选择起阻碍作用。上述四个参数变量作为建立一般区位选择的外部影响力指数，它们构成一个影响力系数群（m、d、t、g）。此外，对于不同的服务业，经济因素、空间因素、科技因素和人文因素各自所起的作用是不一样的，因此对不同要素必须赋予特定的系数，而各个指标的权重恰好满足上述要求,于是参数系得以构建(p、d、c、s)。

充分考虑各种约束条件下,参考线性回归模型,构建服务业的最优区位选择模型：

$$L_i(x) = K \cdot (px_1 + dx_2 + cx_3 + sx_4) \quad (6—3)$$

$$K = m \times a \times t \times g \quad (6—4)$$

公式(7—3)中,L_i 是第 i 类服务业的区位选择模型,$i=1,2,3,4$。p、d、c、s 分别为生产性服务业、分配性服务业、消费性服务业和社会性服务业的特定系数(权重)且大于0。x_1、x_2、x_3、x_4 分别为区位因素经济因素、空间因素、科技因素和人文因素原始评价得分的分值,K 是参数,等于 m、a、t、g 的乘积。m、a、t、g 分别是影响区位因素变量的摩擦指数,m 代表市场力指数,a 代表可达性(距离摩擦指数)、t 代表技术影响力指数,g 代表政府影响力指数。它们的变化范围在 m、a、t、g 分别属于区间(0,1)区间内,当它们任何一项为零时,区位选择不可能;当 $K=1$ 时,区位最佳。

第二节　服务业区位总体评价

一、服务业区位决策方式及其评价

(一) 服务业主体对区位的选择趋于理性

区位选择是个人、企业或团体(政府)的经济或社会活动区位的决定行为(张文忠,2000),是决定服务型企业(或单位)发展的重要因素。正如西蒙斯所强调的"……零售业的最重要的因素,第一是区位,第二是区位,第三还是区位"。从理论上讲,作为理性的"经济人"

或"满意人",区位主体首先对区位选择这一行为过程应该有一个较为全面的正确认识。然而在实践中,并非所有区位主体在选择区位时都能对区位选择有正确的认识。虽然许多区位选择是在潜意识中完成的,但区位选择规律往往在无形中支配了他们的空间决策行为。

广州服务业问卷调查中"区位选择是否重要"一项的统计显示(表6—5),选择"很重要"和"比较重要"的服务型企业(或单位)的总数达到342家,占总数的81.2%。认为"不太重要"和"不重要"的单位数比重很小,仅为7.2%。说明大多数服务业主体对区位选择有一定的认识,重视程度较高,也说明他们对待区位选择问题是趋于理性的。

表6—5 服务主体对区位选择重要程度认识的测度与结果统计

	很重要	比较重要	一般	不太重要	不重要
数量	193	149	49	22	8
比重(%)	45.8	35.4	11.6	5.2	2.0

资料来源:问卷调查统计得出。

(二) 服务业区位的决策主体与决策方式

1. 不同服务业区位决策方式的差异

从区位经济学的角度出发,可将影响区位选择的力量分为两种,一是市场作用力,二是政府控制力。一般而言,在市场主导型国家,除了少数大型公共服务设施由政府或民众决定区位外,其他以营利为目的的区位选择受市场影响十分明显,区位决策者往往通过充分的市场分析和调查后,确定区位。在公有制经济国家,服务业的产权和土地所有权、支配权属于国家,服务业的区位选择及空间行为一般由政府相应的职能部门以行政划拨的形式确定,市场和地租的杠杆不起或很少起作用。我国正处于计划经济向市场经济转型阶段,随着市场经济体制的日益完善,非公有制经济的快速发展,国有经济比重在逐步缩小,市场逐步成为推动社会经济发展的主导力量。自我国城市实行土地有偿使用制度以来,新生服务业企业的区位选择自主性逐步增强。此外,历史建筑的区位因素也决定了服务业的区位选择无弹性。

(1) 市场力量对服务业区位选择起主导作用,政府力量仍不可忽视

据问卷统计显示(表6—6),在所调查的421个对象的区位决定方式中,"依投资者个人喜好"比重最高,表明有相当一部分服务业区位主体拥有自身区位选择权利,自由度较大。"经过市场研究"所占比重仅次于前者,说明一部分投资者仍然是十分理性的。这两个指标间接体现了市场力量对服务业区位选择的影响占据主导地位。"政府和城市规划力量"比重位居第三,表明政府仍然对企业区位选择有一定影响,但已不占最主要地位。此外,还有一部分服务业单位

表6—6 各类服务业区位形成的主要因素对比　　单位:%

	总体情况	生产性服务业	分配性服务业	消费性服务业	社会性服务业
经过市场调查	30.4	41.4	33.0	34.6	13.1
投资者个人喜好	34.2	37.5	33.0	45.2	21.5
政府政策规定	24.4	14.4	24.5	7.7	50.5
民众的意见	1.2		0.9		3.7
历史文化惯性	9.26	6.7	8.5	10.6	11.2
其他原因	0.47			1.9	

资料来源:根据调查问卷统计分析得出。

的区位是基于城市历史遗留下的建筑或区位无法改变而形成的,如大型公共基础设施、纪念馆、老牌知名企业等,占9.2%,比重较小。

(2) 不同类型服务业区位决策主体力量存在差异

消费性服务业、生产性服务业和分配性服务业以自主区位决策为主,市场主导力量凸现,区位选择趋于理性。对比不同类型服务业的区位决策的主导力量(表6—6),发现"市场研究决定区位"一项的选择在生产性服务业中比重最高(41.3%),其次是消费性服务业(34.6%)和分配性服务业(33%),社会性服务业最低(13.08%)。"依投资者个人喜好而定"指标对消费性服务业区位影响最为明显(47.12%),其次是生产性服务业和分配性服务业,影响最弱也是社会性服务业。表明两项指标均表明,消费性服务业、生产性服务业和分配性服务业是以自主区位决策为主,并受市场力量的影响最为显著,而社会性服务业的区位自主决策权最小。其中,第一项指标还可以从侧面反映服务业区位决策主体区位选择的理性程度,说明生产性服务业更加注重市场研究和调查,区位决策者的行为趋于理性"经济人"。服务业的所有制属性对区位选择的影响,消费性服务业多属于非国有经济,区位主体往往就是区位决策者,因而他们可以自由的决定企业的区位;生产性服务业中的咨询代理等和分配性服务业的小型零售业等在经济属性上也具有类似的特点,但国有金融机构等一般受政府的影响更显著。

社会性服务业区位决策以政府力量为主导,体现了效率与公平性质。"政府力量和城市规划"则是反映政府对服务业区位决策影响力的指标,社会性服务业最高(50.5%)、其次是分配性服务业和生产性服务业,消费性服务业最小,这恰好证明社会性服务业的区位决策的主导力量是政府,如前面的分析,社会性服务业具有公共、半公共产品的性质,提供者主要是政府,因而政府通过城市规划等手段决定其区位。分配性服务业和生产性服务业的区位选择也受政府影响较大,因为分配性服务业中包含交通运输、物流仓储、邮电通讯等大型交通基础设施服务业,这些行业也是我国政府管制较多的行业,具有半公共产品的性质;生产性服务业是我国目前管制较严的领域,如金融保险业、科学研究与技术服务业等国有比重较高,或政府干预较多,区位决策仍受政府一定的影响;这些现象与理论分析存在一定程度的差异,恰恰体现了制度因素在我国的重要性。

历史因素对服务业区位选择影响较小,主要体现在社会性服务业(11.2%)和消费性服务业(10.6%)、生产性服务业(9.26%)等行业。社会性服务业中的古老的大学、政府古老建筑、纪念馆、历史遗迹等公共设施与文化设施等,消费性服务业中历史悠久的老字号(广州酒家等)和品牌店;分配性服务业中的重大交通设施等。建筑物是服务业的载体,而服务功能是建筑物的内在灵魂,一旦形成品牌,便具有了生命力,并将在一定历史时期内延续,决定着服务业不可改变的区位。

2. 区位决策方式对服务业区位的影响

(1)自主决策权利大、决策理性高的生产性服务业综合区位条件最优,体现了不同区位决策方式造成的不同结果。

从表6—10可知,生产性服务业的区位评价原始分和权重得分最高(3.49和3.51),其次是消费性服务业(3.40和3.41),再次是社会性服务业(3.33和3.35),得分较低的是分配性服务业(3.25和3.36)。分析表明,就所调查的广州市421家服务业企业而言,区位总体条件较好的是生产性服务业,其次为消费性服务业,再次是社会性服务业,区位情况较差的行业是分配性服务业。反映了不同区位决策方式所导致的区位效应是不同的。一般而言自主决策程度高、区位决策理性强的生产性服务业和消费性服务业等的区位综合评价得分更高。

(2) 政府力量为主导的社会性服务业区位选择缺乏灵活性,一般依附于老城区历史上已经存在的服务设施,这些行业所处的城市区位一般存在基础设施老化、服务配套不足、用地紧张等劣势,区位总体情况较差。所调查的服务行业中,社会性服务业分布在广州市老城区(东山、荔湾、越秀区和海珠区等)的比率较高,占55%,其中仅东山区就占19.6%。

3. 服务业区位的主导因素分析

为了比较广州市不同类型服务业区位选择的主要影响因素类型的差异,在前面影响区位选择因素的评价指标体系基础上,我们选取了十个指标作为测试影响不同服务业部门区位选择的主要因素,供调查对象选择前三个重要的影响指标,并列出排在前四位的因子(表6—7)。

表6—7 影响不同类型服务业区位的主要因素排序情况

因素位序	生产性服务业	分配性服务业	消费性服务业	社会性服务业
第一影响因素	2、1、3	1、2、3、8	1、2、3	8、1、2、7
第二影响因素	2、1、3、5	2、1、3、4	2、1、3	2、1、8
第三影响因素	2、7、9、3	3、5、2、7	2、3、1	9、2、1、7

注:1—常住人口集中或流动人口多,接近顾客;2—交通信息便利,基础设施完善;3—商业氛围浓厚,同类企业多;4—竞争者少,市场潜力大;5—劳动力充足,高级人才集中;6—政策优惠,地价便宜;7—环境优美,技术创新氛围好;8—城市规划的安排;9—社会治安与文化风尚良好;10—历史继承性因素。

从第一影响因素来看,不同服务业表现为不同的特点。生产性服务业中交通的因素起着主要的作用,其次是市场需求与集聚因素,再次是高素质人才因素和优良环境因素;分配性服务业中,市场需求与顾客距离占主导地位,其次是交通因素与集聚因素,城市规划也有较明显的影响,此外竞争者少表明分配性服务业集聚程度较低,追求辐射范围最大化的特点;消费性服务业中,市场需求与顾客距离占绝对主导地位(占样本的52%),其次是交通因素与可达性因素,第三是商业集聚因素等;而社会性服务业中,明显不同的是,城市规划的影响占据首要地位,其次是受人口空间分布的影响,再次是交通可达性与环境因素等。

第二主要影响因素的比较均体现了交通因素对服务业区位影响的重要性,几个服务行业都是交通因素居首位,其次才是商业集聚与市场因素。第三主要影响因素差异较为明显,如生产性服务业的区位选择主要影响因素是交通、创新环境和社会文化安全因素,分配性服务业以商业集聚、劳动力与人才和交通、环境等因素为主,消费性服务业则再次体现了交通、市场和集聚因素的重要性;社会性服务业也体现了社会文化与安全、交通因素和市场因素等。

从上述分析看,交通因素、接近人口与市场需求因素、商业集聚是影响以营利为目标的服务部门区位选择共同的因素,也是它们在区位选择时首先考虑的因素。而以公平和效率为主要目的的社会性服务业则明显受到政府因素和环境因素的影响,分析结果表明,影响服务业区位选择的主要因素与前面的理论基本应证。

4. 各类服务业与顾客的接触方式

（1）信息技术对服务业的影响程度

网络技术在生产性服务业中应用最为广泛，其他行业影响很小。随着网络与信息技术的日益发展和普及，因特网对服务业的影响也越来越明显。网络虚拟的联络方式在服务业行业的主顾交流和产品交易中逐渐崭露头角，并占据越来越大的比重，一部分传统的面对面接触方式被逐步取代，开始萎缩。不同的服务业由于行业特性不同，网络技术的应用水平与程度也不同。

网络信息技术在生产性服务业中使用最广泛，其他三个行业使用程度较低。通过对问卷调查的统计（表6—8），发现通过因特网和电子邮件与顾客联系、销售自身产品的单位在不同服务业中的比重差异较大，生产性服务业比重最高，达53.85%，这与生产性服务业受信息技术影响显著关系密切，其中信息密集服务业中包含在生产性服务业中；其次是社会性服务业、消费性服务业和分配性服务业，后三个行业的差别不大。

表6—8 不同服务业中应用网络信息技术的单位数及其比重

提供服务的方式	生产性服务业 数量	比重(%)	分配性服务业 数量	比重(%)	消费性服务业 数量	比重(%)	社会性服务业 数量	比重(%)
面对面接触与交流	44	42.31	84	79.25	84	80.8	84	78.5
通过因特网和电子邮件	56	53.85	16	15.09	18	17.4	19	17.7
综合通信手段	35	33.65	3	2.83	9	8.7	12	11.2
其他	4	3.85	3	2.83	2	2.0	4	3.7

资料来源：由调查问卷直接统计得出。

生产性服务业使用各种综合手段联系的方式与客户联系的比率最高,说明其不仅需要现代化信息手段,而且仍需要传统的面对面接触方式。

从使用综合通信手段的企业(单位)比率看(包含面对面接触方式、电话电报传真和信件等传统方式和现代网络方式等),生产性服务业比重仍然最高,为33.65%,只有社会性服务业比重为11.2%,其他均低于10%。信息技术从改变企业和顾客之间的联系方式到逐步影响企业的区位选择行为,导致了企业区位选择更加具有弹性和灵活性,但面对面传统接触方式仍然不能被完全取代。

(2) 电子商务在不同服务行业中的应用情况

电子商务(EC)是指通过信息网络以电子数据信息流通的方式在全世界范围内进行并完成的各种商务活动,交易活动,金融活动和相关的综合服务活动。电子商务作为信息技术和网络技术与商务企业相结合的产物,自从诞生开始就对传统商务概念带来冲击和挑战。它不仅直接影响到商务企业的交易方式和服务方式,而且还间接影响到服务企业的空间行为与区位选择。但在不同行业里,电子商务的应用深度与广度差异较大。

表6—9 电子商务在不同服务业行业中的比重

电子商务百分比(%)	生产性服务业 数量	比重(%)	分配性服务业 数量	比重(%)	消费性服务业 数量	比重(%)	社会性服务业 数量	比重(%)
≥50	13	12.5	13	21.3	5	4.8	3	2.8
20~50	29	27.9	7	6.6	11	10.6	11	10.3
10~20	26	25	11	10.4	7	6.7	5	4.7
<10	7	6.7	6	5.7	5	4.8	1	0.9
总计	75	72.1	37	44	28	26.9	20	18.7

资料来源:问卷调查统计得出。

生产性服务业使用电子商务的比重最高,其次是分配性服务业,消费性服务业和社会性服务业较低。从表6—9中,我们可以看出,电子商务应用比重最高的行业是生产性服务业,比重高达72.1%,远远高于其他服务行业,其次是分配性服务业,比重为44%,消费性服务业次之,社会性服务业最低。这一规律大致与各行业的基本属性是一致的。作为信息产业的领军行业,生产性服务业使用EC的比重高是理所当然的,分配性服务业作为作用流通部门,具备较完善发达的交通与通讯设施,发展电子商务具有先天条件和优势;随着信息技术的应用,消费性服务业也逐步引入了电子商务服务业,从而节省了企业与顾客之间面对面接触的高昂成本。相比之下,社会性服务业的市场化特征较弱,面对面接触的方式仍占主要地位,电子商务发展受到较多限制,而且有许多服务目前为止还不能被EC所取代。

使用电子商务大于50%以上的企业比率,说明使用电子商务最多的行业集中在分配性服务业中的物流企业和邮电通讯业等与通讯技术密切相关的行业。电子商务使用率在50%以上的行业,分配性服务业最高(21.3%),生产性服务业居于其次,说明从电子商务使用比重的不同分段中,在20%~50%之间的企业单位数比重最高,其次是10%~20%数段,比重在50%以上较小,尽管EC已经逐步应用到各类服务业之中,但电子商务的应用层次还比较低,对企业的区位影响作用有待进一步证明。

(3)消费性服务业、分配性服务业和社会性服务业与顾客联系方式仍以面对面接触方式为主。

从表6—8看出,面对面传统接触方式在消费性服务业中应用最广泛;其次是分配性服务业和社会性服务业,三者十分接近,说明消费性、分配性和社会性服务业提供服务的方式仍以传统面对面接触为主。表6—8显示,面对面接触需求的比重最高为消费性服务业(80.8%),其次是分配性服务业(79.2%)和社会性服务业(78.5%),最低是生产性服务业,这从反面说明网络与信息技术在消费性服务业等行业中应用较低,传统面对面接触方式仍然占据主导地位。

上述分析表明,与顾客的接触方式中,网络信息技术和电子商务对生产性服务业影响最为显著,分配性服务业居于其次,再次是消费性服务业,最后是社会性服务业。而传统面对面接触方式在消费性服务业、社会性服务业和分配性服务业中占据主导地位,这与不同类型服务业所提供的服务和产品的特点相一致的;与第四章和第五章所作的分析基本上吻合,应证了信息技术因素对不同类型服务业的区位影响存在明显差异。

二、区位选择的总体评价

(一)服务业区位现状总体评价

为了了解不同类型服务业企业总体区位情况,考察不同因素对服务业的影响,先运用前面建立的服务业区位因素评价的单项模型,在SPSS11.0软件中计算出各类服务业所有样本单个因子的平均得分,再根据各个指标的权重进行逐个计算,得出16个因子的权重得分(表6—10)。最后再用总体模型,将各个一级指标的原始得分和权重得分再汇总,得出最终评价得分。

1. 广州市总体服务业企业(单位)的区位因素中,空间因素较优,其次是经济因素,人文因素第三,而科技因素最差。

从所调查的广州市所有服务型企业(单位)一级区位因素评价得分看,空间因素得分(3.58),其次是经济因素(3.45),而人文因素

第六章 服务业区位选择实证分析

表 6—10 各类服务业区位因素一级指标总体评价得分

区位因素	平均分	生产性服务业 原始分	生产性服务业 权重分	分配性服务业 原始分	分配性服务业 权重分	消费性服务业 原始分	消费性服务业 权重分	社会性服务业 原始分	社会性服务业 权重分
经济因素	3.45	3.61	3.55	3.42	3.44	3.41	3.38	3.39	3.46
空间因素	3.57	3.62	3.68	3.50	3.53	3.60	3.66	3.59	3.60
科技因素	3.17	3.40	3.44	3.00	3.08	3.24	3.18	3.04	3.10
人文因素	3.27	3.33	3.27	3.11	3.04	3.33	3.26	3.33	3.26
区位总分	—	3.49	3.51	3.25	3.36	3.40	3.41	3.33	3.35

资料来源：根据调查问卷计算得出。

(3.27)和科技因素(3.17)相对较低。从四类服务业的一级指标的原始得分和权重得分比较，各类服务业前两个因素一样，空间因素得分最高，其次是经济因素；再次是人文因素（生产性服务业为科技因素），得分最低为科技因素（生产性服务业为人文因素）。分析结果表明，空间因素的区位条件最好（其中交通因素最好、基础设施次之，微观区位第三，空间环境较差），其次为经济因素，人文因素的区位条件第三（除生产性服务业），科技因素的区位评价较差。但生产性服务业的科技因素评价比人文因素要好。也体现了生产性服务业一般靠近科技区位较好的地点布局。说明科技因素对生产性服务业区位选择的影响比人文因素更重要。

2. 服务业区位总体状况与广州市综合区位环境基本吻合

上述结果在一定程度上与广州市目前的城市综合环境相吻合，体现了整个广州市目前在交通信息环境、基础设施方面较为优越，其次是市场经济环境发展比较健全，但是广州市的人文环境（历史文化等）和科技创新环境不容乐观。前者反映在广州市经过"中变工程"使城市交通设施、空间环境有了较大的改善，而处于改革开放前沿的特殊区位优势使市场经济发展程度较全国其他城市要高；但人文因素中的社会文化与社会安全环境一直是较为薄弱的环节;特别是广州市的科技创新能力和北京、上海等城市相比,相差甚远。

(二) 服务业区位选择影响因素总体评价

为了进一步调查各类区位因素对服务业区位选择影响的不同程度,在不同类型服务业企业(单位)对各类区位因素对其自身的影响程度进行评价赋分的基础上,运用统计软件综合运算,得出总体情况(表6—11)。

表 6—11　服务业区位选择影响因素评价得分

区位因素	平均分	生产性服务业 原始分	生产性服务业 权重分	分配性服务业 原始分	分配性服务业 权重分	消费性服务业 原始分	消费性服务业 权重分	社会性服务业 原始分	社会性服务业 权重分
经济因素	3.82	3.63	3.64	3.91	3.90	3.95	3.98	3.80	3.84
空间因素	3.92	3.61	3.58	4.02	4.00	4.00	3.98	4.10	4.05
科技因素	3.53	3.78	3.80	3.56	3.62	3.38	3.38	3.42	3.47
人文因素	3.94	3.56	3.60	4.09	4.03	4.00	3.95	4.10	4.08
区位总分	—	3.60	3.58	3.89	3.90	3.84	3.89	3.85	3.95

资料来源:根据调查问卷统计分析得出。

1. 人文因素、空间因素和经济因素是影响广州市服务业区位选择的最重要的因素,科技因素影响程度较小。

表6—10表明,广州市服务业区位选择的影响因素得分中,人文因素最高(3.94),其次是空间因素(3.92),再次是经济因素(3.82),科技因素相对影响程度较小(3.53)。人文因素中,社会安全因素和政府效率与干预对服务业区位选择产生较为明显的影响。体现出社会治安和政府因素在服务业选择时产生明显的影响。空间因素中,主要是交通运输与土地因素起着主导主用,凸现了交通和土地等基

本因素在服务业区位选择中的重要性；经济因素对服务业区位选择的影响主要体现为市场范围与需求、人才的可获得性等起主导作用；而科技因素相对影响较小,只有信息网络技术和创新环境等对服务业区位影响较明显。

2. 非经济要素对广州市服务业区位选择影响居于主导地位,经济要素居于其次,科技因素影响较小。

上述情况表明,广州市的社会安全问题已经成为广大服务企业所关注的因素,其对服务业区位选择产生了负面影响,这与广州市流动人口较多,社会治安较差的情况有着必然的联系；政府对服务业的干预以及政府的办事效率也在一定程度上影响着服务业区位选择,这些都是不可忽视的问题。此外,空间因素中的交通运输和土地与空间因素作为基本条件因素对服务业区位选择影响较为显著；经济因素作为普遍要素对服务业产生影响,科技因素影响小也从侧面反映广州市服务业本身的技术水平较低,传统服务业仍占主导地位,因而服务业区位选择对技术因素反应不强烈。

第三节 服务型企业(单位)区位因素评价

一、服务业区位现状的单因素评价

对各个一级指标内部各个具体因素的评价得分,进行比较分析,可以发现影响一级指标总体得分的主要因素和次要因素(表6—12)。

表 6—12 服务业区位因素三级指标原始得分和权重得分

一级因素	二级因素	生产性服务业 原始分值	生产性服务业 权重分值	分配性服务业 原始分值	分配性服务业 权重分值	消费性服务业 原始分值	消费性服务业 权重分值	社会性服务业 原始分值	社会性服务业 权重分值
经济因素	市场范围	3.63	0.82	3.55	1.50	3.25	1.26	3.58	1.65
	经济集聚	3.38	1.43	3.18	0.72	3.24	0.69	2.95	0.41
	人才素质	3.72	0.84	3.40	0.42	3.55	0.65	3.47	0.90
	劳动力供给	3.70	0.46	3.53	0.80	3.59	0.77	3.535	0.49
空间因素	交通状况	3.84	1.62	3.67	1.55	3.82	1.62	3.69	1.56
	基础设施	3.76	0.85	3.65	0.83	3.59	0.81	3.70	0.46
	空间环境	3.46	0.79	3.20	0.73	3.49	0.43	3.41	0.77
	微观区位	3.42	0.42	3.46	0.43	3.51	0.80	3.57	0.81
科技创新因素	创新集聚	3.40	0.38	2.49	0.42	3.18	0.53	2.53	0.51
	网络信息	3.55	0.81	3.34	1.64	3.13	1.53	3.35	1.34
	技术获得	3.55	0.81	3.03	0.51	3.41	0.57	3.10	0.62
	创新环境	3.41	1.44		0.52		0.54	3.16	0.63
社会文化因素	政府效率	3.17	0.72	3.12	0.71	3.33	0.67	3.34	0.57
	政府管治	3.15	1.33	2.97	1.18	2.79	1.19	2.98	0.99
	社会文化	3.40	0.77	3.41	0.77	3.68	0.74	3.70	0.62
	社会安全	3.59	0.44	3.10	0.38	3.35	0.67	3.30	1.10

资料来源:根据调查问卷统计分析得出。

(一)经济因素

经济因素由市场范围、经济集聚、人才素质和劳动力供给四个子因素构成。

1."市场范围"因子由与消费者距离、市场范围、人口密度和人口流量、消费水平等构成,在四类服务业中的原始得分(表 6—12),

生产性服务业得分最高(3.63),其次是社会性服务业(3.58),再次是分配性服务业(3.55),第四为消费性服务业(3.25)。说明了生产性服务作为新兴服务业部门,其市场范围与发展空间最大,其次是随着社会的进步和人们收入的提高,对公共产品的需求增加,导致社会性服务业的发展潜力和空间较大;分配性服务业略低于前者,作为社会经济活动的桥梁和纽带,随着社会经济的发展,分配性服务业的发展潜力仍较大;而消费性服务业作为传统服务业,发展历史最早,竞争比较激烈,因而市场范围与潜力一般较小。

2. "经济集聚"由同业竞争、同业联系、异类互补等指标构成,因素体现了不同服务业的集聚或者扩散的水平与程度,从表6—12中可以看出,四类服务业中,集聚程度最高的是生产性服务业(3.38),其次是消费性服务业(3.24),第三是分配性服务业(3.18),社会性服务业集聚程度最低(2.95)。结合前面几章的理论分析,调查结果与理论分析趋向一致。生产性服务业一般受集聚因素影响显著,空间布局一般集聚在城市的CBD或者次中心;其次,消费性服务业与人口和消费性市场密切相关,围绕居住区的集聚程度也较高;分配性服务业中存在着以设施依附性集聚和人口与市场依附性集聚,但等级越高,集聚程度越小;社会性服务业是以公平和效率为布局原则,更加注重布局的空间均衡性和设施的最大化利用,因此集聚程度最低。

3. "人才素质"因素包括高级人才供给、管理者素质、员工素质等构成,评价得分中,生产性服务业最高(3.72)、消费性服务业次之(3.55)、社会性服务业居第三(3.47)、分配性服务业较低(3.40)。这与各行业对劳动力素质的要求以及行业竞争的激烈程度有关。生产性服务业作为以信息、技术、人才和知识为基础的高级服务业,对人才素质的要求也很高;消费性服务业激烈的竞争服务的规范化使得劳动力素质有提高的趋势；社会性服务业市场化程度较低，政府垄断提供，缺乏竞争机制，"皇帝的女儿不愁嫁"的传统思想影响了人才素质的提高；而分配性服务业中服务产品的附加值较低，对劳动力素质的要求不高，因而劳动力素质偏低。

4."劳动力供给"因素由一般劳动力供给、劳动力可获得性等构成，供给最充足的行业为生产性服务业(3.70)，由于其对高素质人才有强烈要求，对一般劳动力需求较小，因而显得供给过剩或供给充足。其次，是消费性服务业(3.59)，消费性服务业最接近人口密集区，容易从市场中获得所需劳动力。再次是社会性服务业(3.535)相对稳定，对一般劳动力有较大吸引力，但门槛较高；分配性服务业与社会性服务业相近(3.53)。

(二) 空间因素

组成空间因素的子因素包括交通与可达性因素、基础设施因素、空间环境因素和微观区位因素等。

1."交通状况"因素由总体交通情况、公交车次、换乘情况、道路情况等因素构成，生产性服务业的交通与可达性最好(3.84)，这一特征符合前面的理论分析，频繁快速的信息交换要求各种设施配套完善、交通网络发达，城市 CBD 道路四通八达，公交车次多、换乘方便。其次是消费性服务业(3.82)，频繁的面对面接触必然导致其对可达性的需求较高，从而决定其区位可达性好；社会性服务业和分配性服务业可达性稍微低些(3.69、3.67)，这与它们中的部分行业远离中心的区位有一定关系。

2."基础设施"因素包括通讯、供水供电、环卫设施等，作为企业区位选择基本条件，各类服务业的得分差别较小，生产性服务业得分略高(3.76),其次是社会性服务业(3.70),再次是分配性服务业和消费性服务业(3.65和3.59)。

3."空间环境"因素包括环境绿化、休闲空间、环境舒适度和城市空间格局等要素,消费性服务业空间环境相对较优(3.49),其次是生产性服务业(3.46),社会性服务业和分配性服务业依次靠后(3.41和3.20)。相比之下,分配性服务业区位环境稍微差些,其余相差无几。

4."微观区位"因素由步行系统、停车场所、门面采光、建筑风格等构成,社会性服务业得分最高(3.57),区位环境最好;其次是消费性服务业(3.51)、再次是分配性服务业(3.46),而生产性服务业的微观区位较差(3.42)。

(三)科技因素

科技因素主要由创新集聚、网络信息与发达程度、技术的获得性和创新环境等构成。

1."创新集聚"因素由高科技企业和研究机构的集聚两个因素构成。四类服务业中,生产性服务业的创新集聚程度较高(3.40),其次为消费性服务业(3.18)、社会性服务业(2.53)和分配性服务业(2.49)最低。这种差异是由它们各自的行业属性和区位要求决定的。指标得分反映了生产性服务业的实际情况,但对其他行业的解释性较差。

2."网络信息"指标包括网络信息技术和信息的可获得性等具体指标,生产性服务业最发达(3.55),其次是社会性服务业和分配性服务业(3.35、3.34),消费性服务业较弱(3.13)。与前面的信息技术对区位选择的影响分析,突出反映了生产性服务业对信息网络和信息技术的依赖程度较高。

3. "技术获得"因素由技术交流频度、技术获得性等因素构成。其中,生产性服务业最高得分(3.55),其他依次为消费性服务业(3.41)、社会性服务业(3.1)和分配性服务业(3.03)。该指标依旧显示了技术因素对生产性服务业区位的重要性。

4. "创新环境"因素包括知识产权保护和创新氛围两个具体指标。其中,生产性服务业得分最高(3.41),进一步说明了生产性服务业集聚与创新环境的形成之间的密切关系。其他三类服务业的区位与创新环境的关联性较弱。

(四) 人文因素

人文因素作为影响服务业区位选择四大因素之一,包含了政府对服务业的管制、政府效率、社会文化与社会安全等因素。各类服务业的各项人文因素指标的得分情况如下。

1. "政府效率"因素是反映政府环境与素质对服务业区位影响的因素,包括政府效率、公务员素质和政府声誉等具体指标;通过计算比较,得出社会性服务业的政府效率因素得分略高(3.34),其次为消费性服务业(3.33),生产性服务业和分配性服务业略低一些(3.17和3.12)。该因素同样反映了政府因素对不同类型的服务影响程度。

2. "政府管制"因素,包含三个具体的指标:地租与税收、银行借贷、政府的干预力度等。从评价得分的结果看,生产性服务业受其干预力度较大(3.15);其次,是社会性服务业(2.98)和分配性服务业(2.97),消费性服务业较弱(2.79)。说明广州的生产性服务业仍受到政府较强的干预,而社会性服务业作为政府主导的公共部门,不可避免地受到政府的干预,分配性服务业由于交通运输、物流仓储、邮政电讯等行业的国有化程度高,作为国民经济的命脉和半公共产品,受政府的干预依然明显,只有市场化程度较高的消费性服务业受其影响较小。

3."社会文化"因素包含了社会风尚、邻里关系和历史文化底蕴等具体因素。从各服务行业的得分看,社会性服务业的历史文化区位得分最高(3.70),其次为消费性服务业、再次是分配性服务业,生产性服务业较弱(3.40)。体现了社会性服务业的历史继承性和社会文化倾向性的特点。其次,消费性服务业也体现了一种活生生存在着的消费者行为习俗对消费性服务业区位选择的影响。

4."社会安全"因素包括社会治安环境和政府治安力度两方面,统计得分体现,生产性服务业的社会安全区位因素较好,其次是消费性服务业、再次是社会性服务业,最后是分配性服务业。这是决定服务业区位选择的基本保障因素,指标反映了区域的声誉与服务业区位选择之间的关系,区位的声誉越高,治安环境越好。

(五)小结

1.通过对广州市所调查的421家服务型企业事业单位的区位现状评价,发现不同类型服务业的区位现状明显不同,生产性服务业的综合区位条件较好,其次是消费性服务业,第三是社会性服务业,分配性服务业居第四,即区位条件稍差一些。这与其所处的综合环境条件有着密切的关系。

2.从各服务行业区位条件的情况看,生产性服务业的空间区位评价较好、其次是经济区位、再次是科技区位,人文区位较差;分配性服务业的各区位因素优劣排序与生产性服务业类似;消费性服务业则以空间因素最优、经济因素次之,人文因素居第三,科技因素较差;社会性服务业的区位评价排序类似与消费性服务业。

3. 不同类型服务业有着不同的服务业内在属性,决定其有着不同的区位状况。经济因素中,生产性服务业区位较优、其次为分配性服务业,再次是消费性,最弱是社会性服务业;空间区位环境而言,生产性服务业最优、消费性服务业次之,第三是社会性服务业,分配性服务业的区位环境较差。科技区位环境而言,四类服务业的区位优劣排序与空间区位相同;人文区位因素方面,生产性服务、社会性服务业和消费性服务业区位情况大致相当,只有分配性服务业的人文环境较差。

二、各类服务业区位选择要求的单因素评价

(一)服务业区位因素一级指标评价

从问卷的第二部分,即关于服务业区位影响因素评价的指标计算出单个因素的原始平均得分,通过层次分析法,先计算出服务业三级指标的权重得分,在逐级向上汇总计算,最后得出一级指标的总得分(表6—10)。

1. 经济因素对消费性服务业区位选择的影响最大,其次是分配性服务业,再次是社会性服务,而生产性服务业受其影响略小。

从表6—11可知,根据原始分和权重分,经济因素对不同类型服务业区位选择的影响程度不同,其对消费性服务业影响最大(3.95、3.98),主要因为消费性服务业直接面对市场与客户,相比其他因素,更加敏感;分配性服务业次之(3.91、3.9),靠近市场布局,并形成一定的集聚在分配性服务业中的物流仓储、批发和零售普遍存在;再次

第六章 服务业区位选择实证分析

是社会性服务业(3.8、3.84),生产性服务业受其影响反而最低(3.63、3.64)。

2. 空间因素对社会性服务业区位选择影响显著,其次是分配性服务业,再次是消费性服务业,最后是生产性服务业。

从表6—11中可得,空间因素对社会性服务业的区位选择影响最明显(4.1、4.05),主要体现在空间环境、基础设施和微观环境对其区位选择影响显著;其次是分配性服务业(4.02、4),如交通状况等;再次是消费性服务业(4、3.98),如微观区位环境等;影响最弱是生产性服务业。

3. 科技因素对生产性服务业区位选择影响最大,其次是分配性服务业,再次是社会性服务业,最弱是消费性服务业。

科技因素对生产性服务业区位的影响较其他行业更为明显(3.78、3.8),如创新环境和创新集聚对其影响十分显著;其次是分配性服务业(3.56、3.62)受其影响较大,体现在信息技术对交通、物流、批发和邮电通讯、零售业等行业的影响较大;再次是社会性服务业受其影响略小(3.42、3.47),也体现在信息技术和创新环境方面;而消费性服务业受其影响较弱小。

4. 人文因素对社会性服务业区位选择影响较突出,其次是消费性服务业,再次是分配性服务业,生产性服务业受其影响较弱。

表6—12显示,人文因素对社会性服务业影响的原始得分和权重得分为4.1和4.08,影响程度最明显,主要体现在社会安全和政府效率对区位选择的影响。其次是消费性服务业,社会安全对其区位影响最为显著,此外还有社会安全和政府效率。再次是分配性服务业,特别突出的是社会安全与政府效率、历史文化和政府管制也对其区位选择明显;影响程度第三的是消费性服务业,体现在社会安全

与社会文化方面。此外,政府效率也有一定影响;生产性服务业区位受其影响较弱。

(二) 各行业区位选择的影响因素评价

一级区位因素指标是在下一层指标统计得分的基础上计算而得到,因此每个指标由下一级若干具体指标构成,对服务业区位选择的影响程度不同(表6—13)。

表6—13 影响服务业区位选择的因素评价得分

区位因素		生产性服务业		分配性服务业		消费性服务业		社会性服务业	
		原始分	权重分	原始分	权重分	原始分	权重分	原始分	权重分
经济因素	市场范围	3.44	0.78	3.97	0.90	4.15	1.61	3.8	1.75
	经济集聚	3.53	1.49	3.82	1.62	3.83	0.82	3.52	0.49
	人才素质	4.18	0.95	4	0.91	4.07	0.75	4.12	1.07
	劳动力供给	3.38	0.42	3.84	0.47	3.74	0.80	3.76	0.53
空间因素	交通状况	3.76	1.47	4.15	1.66	4.11	1.64	3.91	1.65
	基础设施	3.47	0.85	3.99	0.94	3.88	0.93	4.2	0.52
	空间环境	3.63	0.81	3.92	0.91	4.05	0.50	4.26	0.97
	微观区位	3.56	0.45	3.99	0.49	4.02	0.91	4.04	0.92
科技因素	创新集聚	3.67	0.40	3.29	0.41	3.18	0.53	3.27	0.65
	网络信息	3.59	0.81	3.83	0.87	3.46	1.70	3.66	1.46
	技术交流	3.49	0.75	3.26	0.74	3.27	0.55	3.1	0.62
	创新环境	3.83	1.54	3.78	1.60	3.61	0.60	3.64	0.73
人文因素	政府效率	3.67	0.83	4.12	0.94	3.9	0.78	4.22	0.70
	政府管治	3.62	1.53	3.94	1.67	3.77	1.51	3.77	1.26
	社会文化	3.46	0.79	3.9	0.89	3.94	0.79	4.08	0.68
	社会安全	4.06	0.50	4.38	0.54	4.39	0.88	4.32	1.44

资料来源:问卷调查统计分析结果。

1. 生产性服务业

从表6—13中得出,影响生产性服务业区位选择的因素由强到弱分别是科技因素(3.78)、经济因素(3.63)、空间因素(3.61)和人文因素(3.56)。再分析每个一级指标的下一级具体区位因素的平均得分及其对区位选择的影响差别。

(1) 科技因素。该因素由创新集聚、网络信息、技术交流和创新环境构成。从表6—13可知,创新环境对生产性服务业区位选择影响最为显著(平均原始得分3.83),其次是创新集聚因素(3.67),再次是网络信息技术(3.59),技术交流对生产性服务业区位的影响较小。

(2) 经济因素。该因素由市场范围、经济集聚、人才素质与劳动力供给四个具体因素构成。其中,影响生产性服务业区位选择的主要因素为人才素质,得分为4.18;其次是经济集聚因素,得分3.53;再次是市场范围与潜力(3.44);较弱的是普通劳动力供给因素(3.38)。

(3) 空间因素。空间因素由交通状况、基础设施、空间环境和微观区位四个指标构成,按每个指标原始平均分值从大到小排序,分别为交通状况(3.76)、空间环境(3.63)、微观区位(3.53)和基础设施(3.47)。交通可达性是生产性服务业区位选择的首要空间因素,而良好的空间环境也对其有重要的影响,相对而言,后两者影响程度略轻。

(4) 人文因素。人文因素由政府效率、政府管治、社会文化和社会安全四个指标构成。按其原始平均得分从大到小排序,分别为社会安全(4.06)、政府效率(3.67)、政府管制(3.62)和社会文化(3.46)。社会安全是区位选择的基本要求,也是区域良好形象的基础。此外,因生产性服务业与政府高层接触频繁,因而政府的办事效率对其区位选择影响较大。后两者影响程度稍微弱些。

2. 分配性服务业

从表6—13得出,影响分配性服务业区位选择的区位因素有主到次分别为人文因素(4.09)、空间因素(4.02)、经济因素(3.91)和科技因素(3.56)。但各个因素内部又由若干子因素构成,它们对其区位选择影响存在差异。

(1) 人文因素。人文因素由政府效率、政府管制、社会文化与社会安全因素构成。各因素对分配性服务业区位选择的影响程度由大到小为:社会安全(4.38)、政府效率(4.12)、政府管制(3.94)和社会文化(3.9)。一般而言,良好的社会治安可以让经营者和消费者的行为可以免受不稳定因素的干扰;政府的高效服务则能形成良好的政策区位环境等,此外,政府的管制和文化等也有一定影响。

(2) 空间因素。空间因素由交通状况、基础设施、空间环境和微观区位四个要素构成。按其原始平均得分大小排序,为交通状况(4.15)、基础设施(3.99)、微观区位(3.99)和空间环境(3.92)。这表明了分配性服务业区位受交通状况的影响十分显著,其他因素也有一定程度的作用。

(3) 经济因素。包括市场范围、经济集聚、人才素质和劳动力供给等因素。各个因素影响分配性服务业的区位选择程度和方式不同。按大小排序,人才素质是主导因素(4)、其次是市场范围因素(3.97)、再次是劳动力供给因素(3.84)、最后是经济集聚(3.82)。

(4) 科技因素。科技因素对分配性服务业区位选择影响较小,主要由创新集聚、信息网络、技术交流和创新环境因素构成。按其得分大小排序,为信息网络(3.83)、创新环境(3.78)、创新集聚和技术交流等因素。随着电子信息技术在分配性服务业中应用越来越广泛,对区位选择有着较明显的影响。

3. 消费性服务业

影响消费性服务业区位选择主要因素由强到弱有如下因素:空间因素(4)、人文因素(4)、经济因素(3.95)和科技因素(3.38)等。构成各个一级指标的具体因素及其得分、影响程度不一样。

(1) 空间因素。有交通状况、基础设施、空间环境和微观区位构成。其中交通状况得分最高(4.11)、其次为空间环境(4.05)、再次是微观区位(4.02),基础设施的影响较小。对于消费性服务业而言,区位选择,交通是首要,因为要与顾客面对面频繁接触;其次空间环境和微观区位对其经营有较强影响。

(2) 人文因素。人文因素内部按得分由大到小分别为社会安全(4.39)、社会文化(3.94)、政府效率(3.9)和政府管制(3.77)。社会安全直接影响消费者的消费行为,同样也影响了企业的布局,因此安全是区位选择的前提,另外,消费文化也对消费性服务区位选择有指向作用。

(3) 经济因素。影响消费性服务业区位选择的经济因素从大到小为市场范围(4.15)、人才素质(4.07)、经济集聚(3.83)和劳动供给(3.74)。这与第五章的理论分析基本上相符合。

(4) 科技因素。该因素对消费性服务业区位选择影响较小。其中创新环境、信息网络、技术交流和创新集聚等对其存在一定的影响。

4. 社会性服务业

影响社会性服务业区位选择的因素按得分由大到小分别为：人文因素(4.1)、空间因素(4.1)、经济因素(3.8)和科技因素(3.42)。显然，各个一级因素还可以分为若干个具体指标，且各个指标对其区位选择影响程度不同。

(1) 人文因素。构成人文因素的社会安全(4.32)、政府效率(4.22)、社会文化(4.08)和政府管制(3.77)等因素对社会性服务业区位的影响有由强至弱的变化趋势。作为社会公共产品或半公共产品，政府对其区位选择产生明显的影响和作用，而社会文化作为基本的社会环境因素仍受到许多企业的重视。

(2) 空间因素。组成空间因素的空间环境(4.26)、基础设施(4.2)、微观区位(4.02)和交通状况(3.91)具体要素对社会性服务业区位产生由强至弱的影响。社会性服务业的区位选择对空间环境的要求较高，其次基础设施是其区位选择的基本条件，而微观区位则在微观层面其作用，相比之下交通居次要地位。

(3) 经济因素。经济因素是由人才素质(4.12)、市场范围(3.8)、劳动力供给(3.76)、经济集聚(3.52)等要素构成。它们对社会性服务业区位选择的影响从大到小依次排列。其中人才素质对其影响最为显著，其余因素产生一定影响。

(4) 科技因素。网络信息(3.66)、创新环境(3.64)、创新集聚(3.27)和技术交流(3.1)等因素共同构成科技因素，总体上对社会性服务业区位选择影响较小，但仍不可忽视。主要体现在网络信息、创新环境等因素对其区位选择有一定影响。

（三）评价

本小节分析各个一级指标对不同类型服务区位选择影响的程度，得出经济因素是影响消费性服务业的主导因素，空间因素对社会性服务业影响最明显，科技因素对生产性服务业影响最显著，人文因素对社会性服务业区位选择影响最大。另一方面，从不同服务业类型的角度分析，影响生产性服务业区位选择的因素按大到小分别为科技、经济、空间和人文因素，影响分配性服务业区位的因子为人文、空间、经济和科技因素；消费性服务业则是空间、人文、经济和科技因素；社会性服务业是人文、空间、经济、科技等因素。这与第四章和第五章理论分析相应证。

三、服务业区位选择的主因子分析

（一）服务业区位的主因子分析

为了更加客观、科学地分析影响不同类型服务业区位选择的区位因素类型组合及其程度差异，拟采用主成分分析法和因子分析法。

首先，服务业区位因素的选择。根据区位因素的典型性、独立性、不重复性和覆盖的全面性等要求，从经过标准化处理过的问卷中 53 个因子中，选取 40 个具体指标，作为原始变量，建立因素矩阵，如下。

$$X = \begin{bmatrix} x_{11} & x_{12} & x_{13} & \cdots\cdots & x_{1n-1} & x_{1n} \\ x_{21} & x_{22} & x_{23} & \cdots\cdots & x_{2n-1} & x_{2n} \\ x_{31} & x_{32} & x_{33} & \cdots\cdots & x_{3n-1} & x_{3n} \\ & & & \cdots\cdots & & \\ & & & \cdots\cdots & & \\ x_{n1} & x_{n2} & x_{n3} & \cdots\cdots & x_{nn-1} & x_{nn} \end{bmatrix} \quad (6—5)$$

(6—5)式中，$n=1,2,3,4,\cdots\cdots,40$。

其次，运算过程。第一步是运用公因子方差法提取各因子的公因子方差，建立相关系数矩阵；第二步运用主成分分析法，提出主因子，建立主因子相关系数矩阵，选取相关系数高、方差贡献率大于1.0的前面 n 个主因子；在此基础上运用方差最大法进行旋转，得到旋转主成分矩阵；最后运用回归分析法，计算各主因子的得分，选择得分较高的因子，根据需要建立回归方程。

（二）生产性服务业主因子分析

1. 计算过程

运用SPSS11.0软件对生产性服务业104个样本数据库进行统计分析。提取初始特征值大于1的因子，进行主成分提取，保留相关系数大于0.4的因子，得出12个主成分，累计贡献率为70.61%（表6—14），在此基础上运用等量最大法（Equamax）进行因子旋转，得出旋转后的各因子与旋转主成分矩阵，再运用主成分分析法，计算出主成分转换矩阵，得出第一因素的相关系数。

表6—14　生产性服务业区位主因子分析结果

主因子排序	初始特征值	方差贡献率(%)	累计方差贡献率(%)	第一旋转因子转换系数
f1	8.19	20.48	20.48	0.355
f2	3.49	8.74	29.22	−0.55
f3	2.84	7.10	36.32	0.028
f4	2.48	6.20	42.52	−0.118
f5	1.98	4.95	47.47	0.364

续表

主因子排序	初始特征值	方差贡献率(%)	累计方差贡献率(%)	第一旋转因子转换系数
f6	1.75	4.37	51.84	−0.229
f7	1.47	3.68	55.52	−0.48
f8	1.40	3.50	59.02	−0.045
f9	1.31	3.27	62.30	−0.191
f10	1.17	2.94	65.24	0.202
f11	1.15	2.87	68.11	−0.306
f12	1.0	2.50	70.61	0.246

资料来源：根据问卷数据库统计得出。

2. 主因子构成及分析

第一主因子为科技因素，包含了技术交流、产权保护、网络信息、研发机构集聚和创新氛围五个因素，显示了技术因素对生产性服务业区位选择的影响力度和重要性（表6—17）。第二主因子是制度因素，包括了政府干预、政府管理者素质和办事效率等因素，体现了生产性服务业仍受到政府的影响较大；第三主因子是空间环境因素，包括城市空间格局、建筑特色、门面采光、公共休闲空间等，体现了生产性服务业区位对空间环境有较高的要求。第四主因子为交通区位因素，包括地铁站口、步行系统、公交站点与车次、停车场所等因子。第五主因子为劳动力与人才因素，包含员工素质、一般劳动力素质、高级人才和人才市场等。第六主因子为交通设施与商业区位，如是否位于十字路口和干线旁、是否位于交通枢纽、与CBD距离等。此外，还有商业集聚因素、消费市场距离与潜力、基础设施区位和社会安全与道德文化因素等。

(三) 分配性服务业主因子分析

1. 计算过程及结果

分配性服务业调查问卷数据库中,包含 106 个样本,按照上述方法进行计算,提取特征值大于 1 的变量,进行主成分分析,保留相关系数大于 0.4 的因子,计算得出 11 个主成分,累计方差贡献率达 74.06%(表 6—15)。运用 *Promax with Kaiser Normalization* 方法进行因子旋转,得到由不同因子构成的旋转主成分矩阵,运用主成分分析得出 11 个主成分矩阵的相关系数矩阵,特征值和方差贡献率等(表 6—15)。

2. 主因子构成

通过主成分分析得出,影响分配性服务业区位选择的因素共有 11 个主因子。第一主因子为科技因素,由技术交流、研发机构集聚、产权保护和创新氛围等构成。反映科技区位对分配性服务区位选择影响不可忽视。第二主因子市场因素,包括调查对象所在地的人口密度、人口流动情况、与 CBD 的距离、与客户距离、商业活动氛围、商业服务设施完善等。第三主因子为政府因素的影响,包含政府管理者素质、办事效率、政府对调查对象的干预、地价与税收等。第四主因子为集聚因素,如同行业数量与竞争情况、同行业交流和市场潜力等。第五主因子为空间环境因素,包括门面采光、建筑特色、城市空间和停车设施等;此外,还有人才因素、社会文化与安全因素、基础设施区位、交通设施区位等。

表6—15 分配性服务业区位主因子分析结果

主因子排序	初始特征值	方差贡献率(%)	累计方差贡献率(%)	第一旋转因子转换系数
f1	11.138	27.165	27.165	2.873
f2	3.678	8.970	36.135	3.164
f3	3.146	7.673	43.808	3.826
f4	2.258	5.506	49.315	3.422
f5	1.934	4.718	54.033	2.254
f6	1.880	4.585	58.617	4.049
f7	1.651	4.026	62.643	3.411
f8	1.351	3.295	65.938	2.758
f9	1.236	3.014	68.952	1.535
f10	1.077	2.627	71.579	3.223
f11	1.020	2.487	74.066	2.707

资料来源:根据问卷数据库统计得出。

(四)消费性服务业主因子分析

1. 计算过程及结果

消费性服务业共104个样本,采用相似的方法,对消费性服务业区位选择的影响因素进行运算,得出十类主因子。十个因子累计方差贡献率为74.05%,运用四次方最大法(Quartimax)进行主因子旋转,效果相对理想些,得到十类不同的因素组合,基本统计指标见表6—16。结果表明,这些因子对其区位选择解释不是十分理想。

表 6—16　消费性服务业区位主因子分析结果

主因子排序	初始特征值	方差贡献率（%）	累计方差贡献率(%)	第一旋转因子转换系数
f1	15.380	37.513	37.513	1.000
f2	2.755	6.719	44.231	0.323
f3	2.139	5.216	49.448	0.459
f4	2.015	4.914	54.362	0.570
f5	1.719	4.193	58.554	0.505
f6	1.674	4.082	62.636	0.265
f7	1.373	3.348	65.984	0.433
f8	1.228	2.995	68.979	0.162
f9	1.050	2.560	71.539	0.182
f10	1.029	2.509	74.048	0.302

资料来源：根据问卷数据库统计得出。

2. 主因子构成

运算得出第一主因子为技术因素，该因子不是纯粹的因子，除了网络信息、研究与开发、技术交流、知识产权、创新氛围等外，还包含同行业联系和历史文化等因子，体现了综合性。第二主因子为政府因素，包括政府管理者素质、办事效率、政府关心企业的程度，还有一个异类因素停车空间。第三主因子为交通区位与空间、安全因素，包含与地铁站点距离、公交站点与车次，也含公共休闲空间和治安状况等。第四主因子是基础设施因素，包括供水供电、环境卫生、基础设施和邻里与人际关系。第五类是交通区位，如是否接近十字路口和干线、大型交通枢纽设施以及一般劳动力的可获得性等；此外，还有劳动力与人才素质因素、空间环境因素和集聚竞争因素、市场因素等。

(五) 社会性服务业主因子分析

1. 计算过程及结果

社会性服务业包含107个样本（调查企业、事业或单位）。同样运用SPSS11.0统计软件，选择40个区位影响因素，进行主成分统计分析，提取特征值大于1的变量，得出九个主因子，累计方差贡献率为74.5%。在运用四次方最大法（Quartimax）进行旋转，得出旋转主成分矩阵，再通过主成分分析，运算得出主成分相关系数矩阵，具体数值如表6—17。

表6—17　社会性服务业区位主因子分析结果

主因子排序	初始特征值	方差贡献率（%）	累计方差贡献率（%）	第一旋转因子转换系数
f1	14.396	35.990	35.990	0.602
f2	3.455	8.638	44.628	−0.638
f3	2.784	6.961	51.589	−0.214
f4	2.298	5.744	57.333	−0.138
f5	1.825	4.563	61.896	−0.004
f6	1.464	3.661	65.558	−0.102
f7	1.275	3.188	68.745	−0.239
f8	1.230	3.074	71.819	−0.313
F9	1.069	2.672	74.492	0.020

资料来源：根据问卷数据库统计得出。

2. 主因子构成

社会性服务业的区位选择因素由九大主因子构成。第一主因子为技术因素和经济集聚因素构成的综合因子,包含了网络信息技术、创新氛围、研发机构、知识产权保护、商业活动、接近CBD、技术交流、商业配套设施及人才市场等因素构成。第二主因子为政府管理、社区文化及交通区位等因素构成的综合因子,包含了政府管理者素质、办事效率、政府干预以及邻里与人际关系,还有停车空间、步行系统情况和离地铁站距离等交通区位因素。第三主因子则是市场因素和政府影响的综合,包含了居住人口密度、与市场和客户的距离,人口流量、市场范围和潜力、以反映政府干预的地价和税收等。第四主成分为交通设施和企业集聚因素的综合因子,如是否位于十字路口和大型交通枢纽等,还有同行业之间的联系程度、同类企业的多少以及一般劳动力的供给等等。第五主因子为综合因子,包含了社会安全、历史文化、公共休闲和公交站点与车次等。第六主因子则是劳动力与人才因素,含有员工素质、管理者素质和高级人才的可获得性。第七、第八主因子为空间环境因素与基础因素。

(六) 评价

对比前面的理论分析和单项指标分析,上述主成分分析结果不甚理想,除了生产性服务业较为符合理论和实际外,其余均出现了不同程度的偏离,无法很好地解释相对应的行业的区位选择,主要是由几个方面的因素造成的:一方面,问卷测度是针对服务业性企业的经理人或单位的管理者进行的。作为非公有制企业而言,应该说是拥有决策权的区位选择主体;而对国有企业或事业行政单位而言,则不具备决策的权利。因而在回答问卷时,其对区位选择本身的认识程度不同,导致对问题的理解不一样。统计时发现,对于主观评价项,同一个指标往往出现很大的标准差(大于1),一致性很低,因而综合分析差异性如此之大的现象,是十分困难的。其次,主成分方法本身就带有许多缺陷和弱点,比如,无法将因素性质进行分类,将不同的甚至毫无关系的指标混在一起,增加了分析的难度,降低了客观性。因此,仅仅凭借统计方法问卷建立服务业区位选择模式既不科学也不现实。模型的建立离不开严谨的定性分析。

第四节 服务业区位因素的合理性评价

一、服务业区位选择的总体特性评价

广州市服务型企业(单位)的问卷调查表明,服务型企业主体普遍认识到区位选择的重要性,服务型企业自主区位决策的比率占据主导地位,市场的力量对区位选择发挥着重要的影响,并且服务业区位主体的区位选择越来越趋于理性。但政府的力量仍起着不可忽视的作用。

信息技术对服务业的区位选择显现出较为明显的作用,信息技术和电子商务在生产性服务业中应用最为广泛,其次是分配性服务业,消费性服务业和社会性服务业应用较少;相反,面对面传统接触方式在消费性服务业和分配性服务业(零售业)中比重最高,生产性服务业则较低。

上述两点基本上与第四章和第五章的区位因素理论分析基本一致,不同的是广州市服务业区位选择仍受制度影响更强烈、对区位认

识程度不足,信息技术影响还停留在较低层次。

二、不同类型服务业区位因素对比

从实证中归纳总结看出,影响生产性服务业的区位因素中,可达性是主导因素,市场与集聚居于其次,再次为空间因素和科技创新因素,与国外相比,信息技术的影响明显偏弱。在分配性服务业的区位因素中,市场因素和人文因素影响显著,交通与空间因素居于其次,信息技术和政府管制等因素也有不可忽视的作用。其中,社会安全因素十分显著使之与国外理论差别明显;消费性服务业主要受市场与空间因素的影响显著。其次是交通与社会安全因素。第三是经济因素,信息技术影响很弱,基本上与理论分析相互耦合。社会性服务业的主导区位因素为制度因素与文化因素,其次是空间因素与人口,再次是市场因素,此外信息技术也产生一定影响,实证与理论分析基本吻合。总体而言,人文因素(制度与安全)与可达性、空间因素是影响广州市服务业区位的关键因素,体现制度的普遍影响。

三、层次分析法与主成分分析法的比较

通过两种方法的比较,发现根据服务业区位因素分类及属性进行的评价结果与理论和实际吻合较好,而主成分分析法由于多种原因,效果不甚理想(表6—18)。

四、服务业区位因素实证总体评价

为了应证前面关于服务业区位影响因素的理论,建立了服务业区位选择的评价指标体系,对广州市各类型服务业企业(单位)进行了问卷调查与访谈,对所调查的服务业企业(单位)进行了区位综合

表 6—18　各类服务业区位影响因素主成分构成及比较

	第一主因子	第二主因子	第三主因子	第四主因子	第五主因子	第六主因子	第七主因子	第八主因子	第九主因子	第十主因子
生产性服务业	技术交流、知识产权保护、网络信息、研发机构、创新氛围	政府干预、管理素质、办事效率	空间格局、建筑特色、门面采光、休闲空间	地铁站口步行系统站点与车次停车泊位	员工素质、劳动力素质、高级人才、人才市场	十字路口、交通枢纽与CBD距离	同类竞争、商业配套、商业活动	一般劳动力、行人、流动人口密度、与客户距离	通讯设施、环卫设施、水电设施	社会治安、社会道德
分配性服务业	技术交流、研发机构、产权保护、创新氛围	人口密度、行人流动、接近CBD、市场、客户、商业活动、商业配套	政府素质、办事效率、政府干预、地价与税收	同类竞争、同行联系、同类多少、市场潜力	门面采光、建筑特色、城市空间、停车场所	管理素质、高级员工素质、人才市场	社会治安、文化底蕴、道德风尚、邻里关系	供水供电、环卫设施	十字路口干线、交通枢纽、通讯设施	地铁站口、步行系统的安全与方便、公交车次
消费性服务业	网络与信息、研究与开发、技术交流、知识产权、创新氛围、同业联系、历史文化	政府管理、办事效率、政府干预、停车空间	地铁站口、治安状况、公交站点及车次、公共休闲空间	供水供电、环境卫生、基础设施、邻里关系	十字路口与干线、大型枢纽、一般劳动力	管理素质、员工素质、科技人才	空间环境、建筑外观、门面采光	同类竞争、同类多少、社会道德	人口密度、流动行人	市场客户、范围潜力
社会性服务业	网络信息技术、创新氛围、研发机构、知识产权、商业活动、接近CBD、技术交流、商业配套设施、人才市场	政府管理素质、政府办事效率、政府干预、邻里与人际、步行方便、地铁站点	居住人口密度、市场客户、人口流动、市场范围、地价和税收	十字路口、大型交通枢纽、同行业联系、同类企业、一般劳动力	社会安全、历史文化、公共休闲空间、公交站点与车次	员工素质、管理素质、高级人才	门面采光、建筑物特色、城市空间环境	通信设施、环境卫生、供水供电	社会道德	

评价与各项区位因素的评价与解释，总结出影响广州不同类型服务业区位选择的主要因素，最后运用主成分分析法再一次进行了验证。

根据服务业四分法，按照第四章所构建的服务业区位因素的分类，建立了服务业区位评价指标体系，由经济因素、空间因素、科技因素和人文因素等4个一级指标，8个二级指标和16个三级指标的构成。运用特尔菲法，对不同类型服务业的区位因素进行了权重评分，通过矩阵运算，最后得出不同类型服务业各个区位因素的权重。根据AHP层次分析法，建立服务业区位因素单项指标评价模型和总体评价模型。在此基础上，将三级指标设计成由若干问题构成的调查问卷，针对广州市不同行业的服务业企业实际情况进行了调查与访谈。其次，问卷回收处理后，进行了量刚无差别的标准化处理，输入计算机建立数据库，并按照不同行业，进行数据库分类。

通过对不同类型服务业的区位选择基本属性指标的计算，发现所调查的广州市421家服务型企业普遍能够认识到"区位选择"的重要性，说明越来越多企业在区位选择时形成了理性思考，逐步具备"理性经济人"的素质。对影响服务业区位选择的主导力量的分析中，得出大多数服务业企业（单位）拥有自主区位决策权（非国有），相当一部分服务业企业是经过市场调查后确定区位的，表明市场因素对企业区位选择的影响越来越大，但仍然有一部分企业区位选择是政府作用或城市规划安排下形成的，表明政府仍然对服务业、尤其是社会性服务业的区位选择有着重要影响，在分析信息与网络技术对服务业企业的影响中，发现生产性服务业的区位选择受其影响最为明显，其余分别为分配性服务业、消费性服务业和社会性服务业，问卷评价的结果基本上与理论分析相吻合。

区位现状的总体评价的初步分析表明，四类服务业中，生产性服务业的区位条件最优,其次是消费性和社会性服务业,分配性服务业区位条件较差。

分析影响不同类型服务业的区位条件或因素,发现各一级因素对生产性服务业影响的排序为科技、经济、空间与人文因素;分配性服务业为人文、空间、经济和科技因素;消费性服务业为空间、人文、经济与科技因素,而社会性服务业则是人文、空间、经济与科技因素。

通过对四类服务业的区位选择影响的主成分分析,发现除了生产性服务业以外,其余三类服务业的因子组合不是十分理想,难以与前面简单数量分析相吻合。

第七章　大都市服务业区位演变及布局特征

第一节　服务业发展历程分析

一、广州市服务业发展的历史回顾

(一) 1949 年以前的广州市商业服务业发展

广州市自古就是中国南方的商品集散地和对外贸易的桥头堡。广州作为南方商品集散地的发展始于秦以前,西汉时就已是岭南政治文化中心和对外通商的口岸。盛唐时期广州是全国最大的通商口岸。两宋和明朝时期广州的物资集散地和商业中心的地位得到进一步发展。清康熙以后至鸦片战争,广州曾一度成为全国唯一的对外通商口岸。悠久的商业贸易历史传统和良好的水陆交通条件和地理区位为广州 20 世纪早期商业服务业的繁荣提供了必要条件。

建国前夕,由于蒋介石国民政府濒临垮台,广州的工业和制造业骤停,大量官僚、买办地主、投机商人等云集广州,刺激了广州市第三产业尤其是商业饮食业的进一步发展,1948 年该行业的就业比重高达 48.18%,造成了一度虚假繁荣。

(二) 1949~1978年广州市服务业的发展与内部结构变化

1. 产业结构演变与第三产业地位的变化

建国后到"文革"结束,根据特定历史时期国家政策和广州市第三产业的发展特征,大致可以分为以下几个阶段。

第一阶段是传统商业服务业为主体的调整与巩固阶段(1950~1957年)。这一时期经历了国民经济恢复时期、三大改造和"一五"建设等,广州市的工业、特别是轻工业获得了很大发展,经济结构得到了调整和优化;第三产业得到了缓慢发展与巩固,比重略有上升(从39.61%上升为40.89%),运输邮电业、商业、金融保险和科教文卫事业等获得较大发展,1957年第三产业被第二产业超过(图7—1)。

第二阶段,是广州市第三产业发展滞缓、比重下降阶段(1958~1978年)。这一阶段中国经历了大跃进和文化大革命两个特殊时期,在以轻工业为主、重工业为辅的轻重工业协调的发展方针指导下,广州市的产业结构发生了进一步变化,第二产业成为主体产业,第三产业的产值比重从40.89%降为29.74%,就业比重则略微下降了(从25.93%降为24.18%)。第三产业内部运输邮电业、社会服务业发展相对较快,而商业、金融保险业和文教卫生科研事业相对滞后(图7—2)。

2. 第三产业内部结构的变化

从建国后到改革开发前的两个阶段的对比分析,可以发现广州市第三产业内部结构的变化特点。

第一阶段,1949~1957年,运输邮电业、商业餐饮业的产值比重

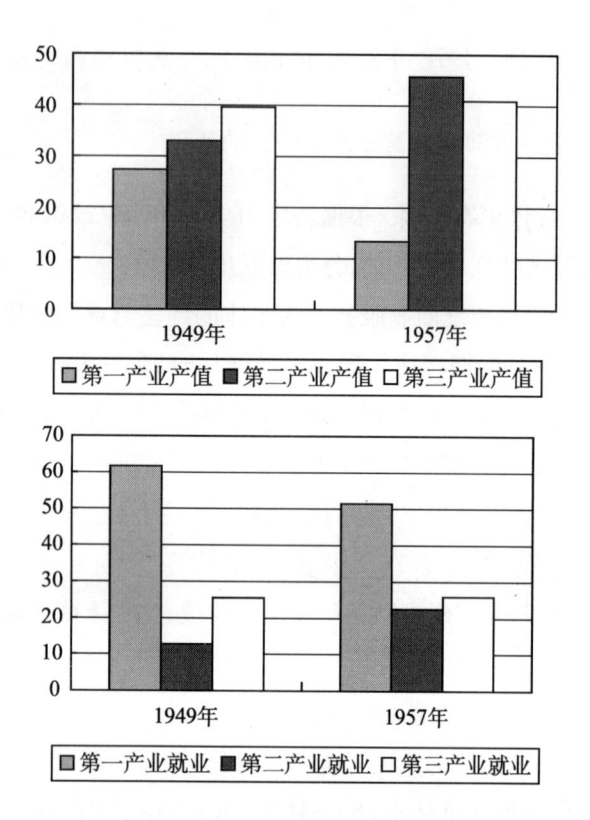

图 7—1 1949 年与 1957 年广州市三次产业产值与就业结构变化

上升明显,金融保险业小幅度的增长,而社会服务业、科研教育文化卫生事业和机关团体等服务业比重萎缩下降(表 7—1)。就业结构方面,运输邮电业、科教文卫事业和机关团体等行业就业比重呈上升趋势,而商业饮食业降幅最大,其次是金融保险、社会服务。服务业各行业投资结构,运输邮电业大幅度下跌(50%),社会服务业投资比重也下跌 6%;科教文卫事业的投资上升幅度最大(38%),其次是商业饮食业(12%),再次是国家机关团体行业。

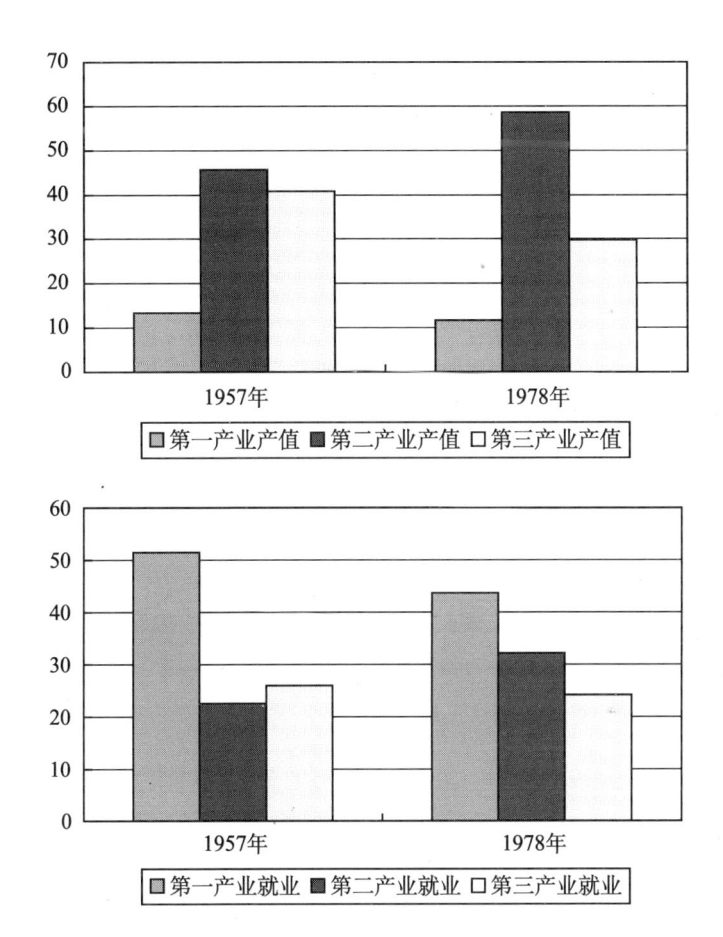

第七章 大都市服务业区位演变及布局特征　335

图 7—2　1957 年与 1978 年广州市三次产业产值与就业结构变化

第二阶段,1957~1978 年,除了运输邮电业比重大幅度上升(升 36.58%)、社会服务业略有增长外,商业饮食业下降幅度最大(降 29.82%),其次是金融保险、机关团体和科教文卫等行业(表7—1)。就业方面的变化,除了邮电运输业、社会服务业和科教文卫略有增长外,其余均下降,商业饮食业下降最为明显。这是重工业政策导向和文革上山下乡所致,服务业而被压制,造成了产业结构的失衡。

表7—1 服务业内部结构的变化　　　　单位:%

服务业内部构成	产值结构			就业结构			投资结构		
	1949年	1957年	1978年	1949年	1957年	1978年	1949年	1957年	1978年
运输邮电业	10.19	10.51	47.36	13.79	20.49	26.09	69.17	19.6	56.0
商业饮食业	56.98	63.19	33.37	55.13	43.18	29.60	1.92	13.92	12.59
社会服务业	6.79	4.42	7.64	9.84	8.66	10.24	22.96	16.69	12.32
金融保险业	7.2	8.13	3.14	3.49	1.61	1.09	—	—	—
科教文卫业	4.33	4.27	3.59	8.41	13.87	21.0	4.13	42.09	11.99
机关团体及其他	14.51	9.48	4.90	9.34	12.19	11.98	1.82	8.24	7.01

资料来源:广州市第三产业普查办公室,1996。

二、改革开放以来广州市服务业发展及内部结构变化

(一)服务业在产业结构中地位的变化

改革开放以后,广州三次产业获得了全面、高速、协调发展,产业结构不断调整和优化,服务业进入全面发展时期。这一时期可分为以下两个阶段。

1. 服务业全面发展、地位在波动中快速上升阶段(1978~1994年)

改革开放以来,广州确立了以经济建设为中心的政策,服务业的发展得到重视。1978~1980年,广州市服务业恢复发展。1980~1983年,由于工业发展速度加快,服务业增加值比重有所回落,1983年下降到31.75%。在1984年以后,广州市服务业发展进入一个快速增长时期,服务业产值比重从1984年的37.36%上升为1990年

的 49.3%,超过了第二产业。由于工业重大项目和区县工业发展,1990~1994 年服务业比重低于第二产业,1994 年以后服务业比重(47.0%)超过了第二产业(图 7—3)。从就业结构的变化看,1986 年服务业的就业比重为 31.78%,开始超过农业,此后服务业就业比重

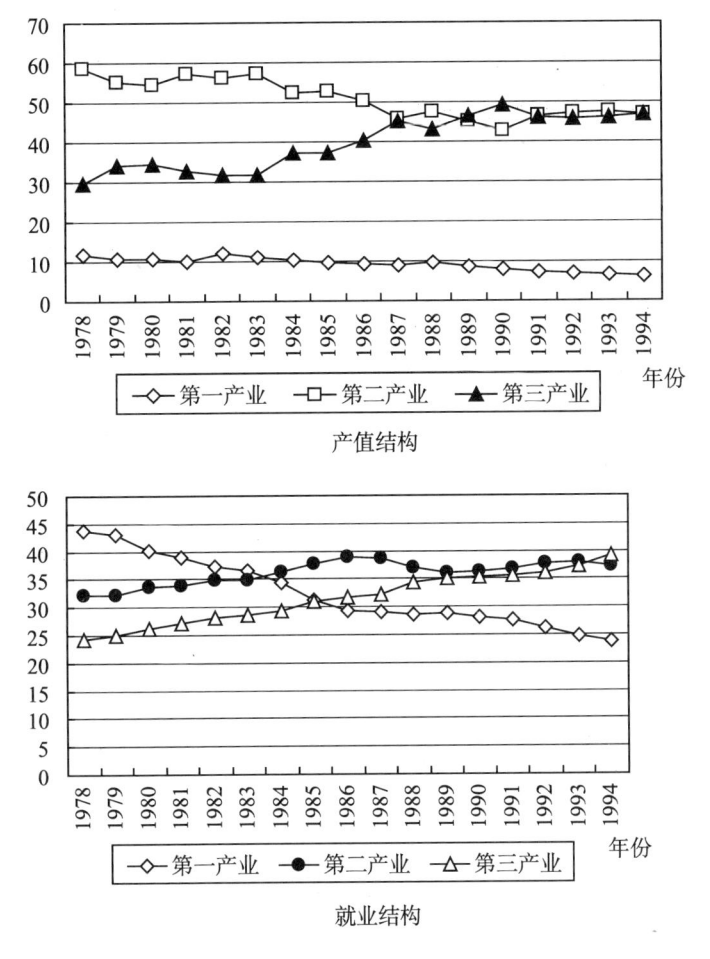

产值结构

就业结构

图 7—3 1978~1994 年广州市三次产业增加值结构变化和就业结构变化

逐年上升,1994年服务业就业比重为39.1%,首次超过第二产业,与服务业产值比重超过第二产业基本同步。

2. 服务业持续稳定增长阶段(1994年至今)

1994年以来,广州市服务业进入持续稳定的发展阶段。从服务业在产业结构中的地位看,增加值比重从1994年的47.61%上升为2005年的57.79%,十年比重增加了10个百分点,服务业的主导地位不断强化。2002年以来,广州市服务业增加值比重略有降低,这与广州市2000年以后在番禺和花都等区发展重化工业和装备工业有密切的关系,工业比重的上升,使得服务业的相对地位有所下降。从产业经济学的一般理论分析,产业的就业结构变化一般要滞后于产值结构。广州市服务业的就业比重从1994年的39.1%上升为2005年的46.19%,10年略上升7个百分点,相比增加值比重而言,就业比重低了10个百分点,就业比重上升较为缓慢(图7—4)。

(二)服务业内部结构的变化

1. 服务业内部增加值结构的变化

改革开放以来,广州市服务业增加值占GDP比重总体上呈上升趋势,服务业内部各行业变化差异显著。通过对1978~2002年广州市服务业内部各行业增加值比重的变化分析,发现广州市服务业内部行业的变化趋势较复杂,服务业主导行业变化的阶段性特征明显(表7—2)。

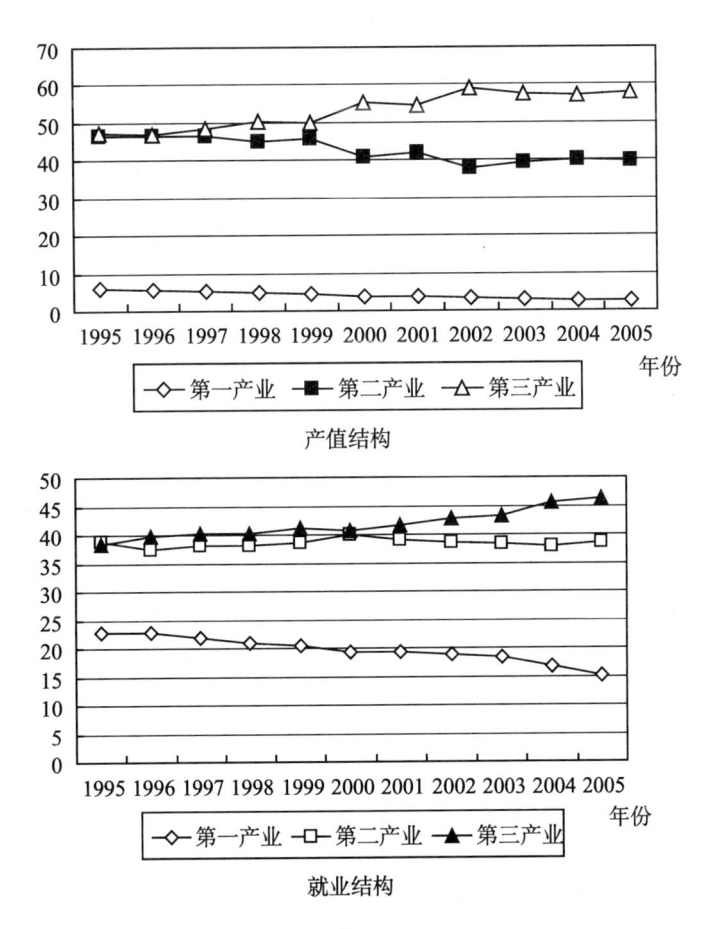

第七章 大都市服务业区位演变及布局特征 339

图7—4 1995～2005年广州市三次产业增加值结构变化和就业结构变化

(1) 第一阶段(1978～1990年)。传统分配性服务和消费性服务业地位总体上呈下降趋势,金融保险等新兴生产性服务业则快速上升,逐步成为主导行业;但传统服务业仍然占据主导地位。

表7—2 1978～1990年广州市服务业增加值结构变化

单位:%

年份	三产比重	交运储邮	批零餐饮	金融保险	社会服务	科教卫体	国党机关
1978	29.74	47.36	33.37	3.14	7.64	3.59	4.90
1979	34.10	53.55	28.65	2.87	7.39	3.26	4.28
1980	34.63	42.48	32.78	5.11	11.83	3.71	4.09
1981	32.66	38.27	37.10	5.17	10.56	4.22	4.68
1982	31.58	39.70	32.47	8.58	10.29	4.66	4.30
1983	31.75	36.67	31.31	10.08	12.14	5.18	4.62
1984	37.36	34.80	33.48	10.43	9.59	8.49	3.21
1985	37.39	31.94	32.78	13.52	9.54	10.03	2.19
1986	40.30	27.1	27.52	20.62	12.12	9.55	2.68
1987	45.10	26.68	27.17	24.6	10.73	8.28	2.54
1988	42.96	28.46	23.33	22.26	14.69	7.89	3.37
1989	46.52	29.65	17.11	29.95	12.76	7.10	3.43
1990	49.30	30.00	16.14	29.11	9.52	8.42	3.48

资料来源:广州市第三产业普查办公室,1996。

(2)第二阶段(1990～2005年)。如第三章所分析的结论,分配性服务业比重在波动中先降后升再下降的特点,在服务业中仍然占据重要地位。消费性服务业比重也出现先升后降再升的趋势,占据重要地位。生产性服务业比重总体呈现起伏波动先升后降再上升,其中房地产业在近年来上升较快,科研技术金融保险业呈下降趋势,但内部存在差异;社会性服务业则呈较快上升趋势,所占比重越来越高(表7—3)。

表 7—3 1990~2005 年广州市服务业各行业增加值结构变化

单位:%

年份	交运储邮	批零餐饮	金融保险	房地产业	社会服务	卫体福利	教文广电	科研技术	国党机关
1990	30	16.14	29.11	3.32	9.52	2.7	4.2	1.53	3.48
1991	29.03	20.1	25.74	2.7	10.21	2.55	4.22	1.77	3.7
1992	28.79	20.41	23.63	4.59	11.51	2.75	3.63	1.69	3
1993	21.09	25.59	20.53	7.34	13.68	1.99	3.1	3.64	3.04
1994	23.76	24.39	20.14	7.07	13.96	2.05	3.96	1.12	3.14
1995	20.19	22.96	25.48	6.89	13.75	1.89	3.9	1.23	3.24
1996	18.53	22.21	28.23	5.95	13.86	2.05	4.12	1.29	2.93
1997	21.17	20.32	27.76	6.25	12.94	2.05	4.16	1.29	3.24
1998	23.34	18.97	23.2	7.11	14.57	2.55	4.48	1.4	3.59
1999	27.17	20.76	14.86	7.76	15.12	2.83	4.89	1.5	4.31
2000	27.87	19.49	12.91	6.8	17.02	3.29	5.16	1.84	4.76
2001	27.05	18.46	11.9	6.35	18.21	3.87	5.87	1.93	5.48
2002	28.16	18.03	10.35	6.74	17.4	3.95	6.19	1.93	6.38
2003	26.51	18.01	6.38	7.12	21.58	4.12	7.11	1.87	6.86
2004	18.84	22.83	6.87	10.53	22.9	3.14	7.49	2.68	4.72
2005	19.04	22.95	6.69	11.24	22.28	2.78	6.77	2.34	5.91

资料来源:据《广州市统计年鉴》(1996~2006 年)整理。

2. 服务业内部就业结构的变化

(1) 1995 年以前,批发零售餐饮等消费性服务业和社会性服务就业比重逐步上升,交通运输部门和科研教育文艺卫生体育等部门的就业比重逐步下降。新兴生产性服务业如金融保险等就业比重开始缓慢爬升。公共管理机关和其他服务业就业比重在 1990 年前呈增长趋势,随后出现下跌。

(2) 1995～2005年,交通运输邮电仓储等分配性服务业部门的就业比重下跌,批发零售餐饮等消费服务进一步提升。生产性服务业的就业结构中,金融保险业继续稳步增长,房地产业则在1998年后受金融危机的影响有所回落,近来恢复增长,科研部门就业比重呈下降趋势。社会性服务业就业结构中,社会服务业先略有下降后再上升,卫生体育福利部门和教育文艺广播影视、党国机关等部门就业比重逐步下降。只有其他服务业较快增长,显示了服务业的多样化越来越明显。

(3) 广州市第四次、第五次人口普查各行业人口构成数据分析得出了类似的变化特征。传统分配性服务业就业比重从1990年的15.28%降为2000年的11.47%;但批发零售餐饮业则从31.63%上升为43.17%,比重最高;生产性服务业如金融保险和房地产业比重略有上升,十年仅上升0.97%;社会性服务业,自2000年以来,均出现上升迹象,社会服务也表现出同样的趋势(表7—4)。

(4) 到目前为止,传统消费性服务业就业上升并占据主导地位,社会服务业就业地位上升较快并占据重要地位,生产性服务业就业有所发展但比重较小,分配性服务业就业比重逐步下降渐失主导地位;但其他服务业就业的比重上升体现了广州市服务业的多样化趋势日益明显。

总之,广州市的服务业结构与国际大都市存在明显的差距,传统服务业就业在广州仍然占据主导地位,生产性服务业比重较低,社会性服务业发展较慢,服务业就业结构层次还停留在较低层次水平上。

表7—4 广州市改革开放以来主要年份服务业内部就业构成

单位:%

年份	交运储邮	批零餐饮	金融保险	房地产业	社会服务	社会服务	卫体福利	教文广电	科研技术	国党机关	其他
1978	26.09	29.6	1.09	—	11.06	—	—	—	—	—	—
1980	23.11	30.03	1.33	—	12.38	—	—	—	—	—	—
1985	20.12	32.36	1.47	—	13.11	—	—	—	—	—	—
1990	17.95	31.9	2.03	—	13.93	—	—	—	—	—	—
1994	17.95	35.71	2.69	—	14.97	—	—	—	—	—	—
1995	17.42	35.63	2.76	—	14.62	—	—	—	—	—	—
1998	14.45	37.62	2.91	1.49	13.03	13.54	4.3	9.24	2.09	6.33	7.9
1999	13.61	37.72	2.87	1.42	13.91	13.54	4.3	9.24	2.07	6.22	8.16
2000	12.14	38.33	2.68	1.4	13.66	12.61	4.05	8.56	1.83	5.74	11.2
2001	11.34	37.97	2.87	1.49	14.3	12.59	4.06	8.53	1.76	5.42	11.86
2002	11.11	37.1	3.13	2.28	15.02	12.9	4.24	8.66	1.77	4.94	11.32
2003	10.38	39.86	2.94	2.76	—	13.27	—	—	1.97	5	—
2004	10.64	44.74	2.63	3.4	—	13.16	—	—	1.98	4.72	—
2005	10.86	42.16	2.3	3.64	—	13.45	—	—	1.99	4.67	—

资料来源:据《广州统计年鉴》(1996~2006年)、《广州市第三产业普查统计数据》整理。由于口径不同而无法全面比较。

注:社会服务业包含了卫生、社保、福利教育、文化、体育、娱乐等服务业在内。

表7—5 广州市第四次、第五次人口普查服务业内部行业结构

行业构成	1990年(第四次) 人口数	比重(%)	2000年(第五次) 人口数	比重(%)	1996年单位普查 从业人员	比重(%)	2001年单位普查 从业人员	比重(%)
广州市服务业总计	1 193 198	100.00	217 418	100.00	1 471 253	100.00	1 720 971	100.00
地质勘查业水利管理业	4 415	0.37	494	0.23	7 175	0.49	7 436	0.43
交通运输仓储邮电通信业	182 378	15.28	24 939	11.47	221 298	15.04	230 590	13.40
批发零售贸易餐饮业	377 359	31.63	93 859	43.17	485 391	32.99	406 628	23.63
金融保险业	26 029	2.18	6 752	3.11	52 392	3.56	77 350	4.49
房地产业	186 659	15.64	7 706	3.54	52 555	3.57	118 861	6.91
社会服务业	—	—	35 022	16.11	227 360	15.45	319 168	18.55
卫生体育和社会福利业	63 341	5.31	9 319	4.29	64 343	4.37	85 622	4.98
教育文艺广播电影电视业	145 686	12.21	19 478	8.96	145 876	9.92	197 660	11.49
科学研究和综合技术服务业	32 557	2.73	3 781	1.74	37 535	2.55	55 776	3.24
国家政党机关和社会团体	174 748	14.65	16 055	7.38	133 971	9.11	150 766	8.76
其他行业	26	0.0021	1 023	0.47	43 357	2.95	71 114	4.13

资料来源:据《广州市第四次人口普查统计资料汇编》、《广州市第五次人口普查统计资料汇编》和《广州市基本单位普查统计资料汇编》整理。

注:1990年人口普查中将房地产管理、公用事业、居民服务和咨询服务并为一类。

三、广州市服务业发展总体特征

通过以上分析,得出广州市服务业发展及其特征如下。

广州是一个拥有两千多年城市发展历史、传统商业贸易餐饮服务业和流通服务业发达的城市。经过改革开放20多年的发展,尽管信息技术影响下新兴生产性服务业发展较快,社会服务业地位日益突出,传统服务业的优势地位将在一定历史时期内得以保持和延续。

改革开放以来广州市服务业内部结构不断优化和提升,与国际大都市服务业内部结构相比较,广州市服务业内部层次结构较低,传统商业餐饮服务业比重偏大,而生产性服务业和现代服务业发展相对滞后。

近年来,由于广州市重化工业、装备制造业(汽车)的快速发展,服务业增加值比重略有降低,这只是短期经济现象。从长远的经济发展趋势看,服务业的主导地位将不会改变,未来广州市经济发展的主要动力仍然是服务业,特别是生产性服务业。

随着产业结构的升级和信息技术的应用,广州市生产性服务业发展较快,并在服务业中占据越来越重要的地位,但发展波动性大,有升有降,发展水平有待提高。随着信息技术的创新扩散及其在服务部门的广泛应用,广州市的传统服务业如交通运输仓储、消费性服务业等比重将逐步下降,而新兴服务业如信息产业、生产性服务业比重快速上升,并成为经济增长的新动力;同时由于分工的细化和需求的多样化,服务业多样化也日益明显。

第二节 服务业空间演化及区位特征

一、服务业空间布局演化及其特征

在民国以前,广州市商业贸易业发达,高度聚集于老城区,商贸业区位以自发生长集聚为主。

广州是一个具有两千多年历史的文化古城,建城的历史可以追溯到秦代设立南海郡开始,以后历代基本上以原来城址为中心逐步向外拓展(图7—5)。唐代,广州市人口激增,城乡商业发达,城内有三大商业区,中心是老城区,范围由西向东约由今华宁里至小北路,

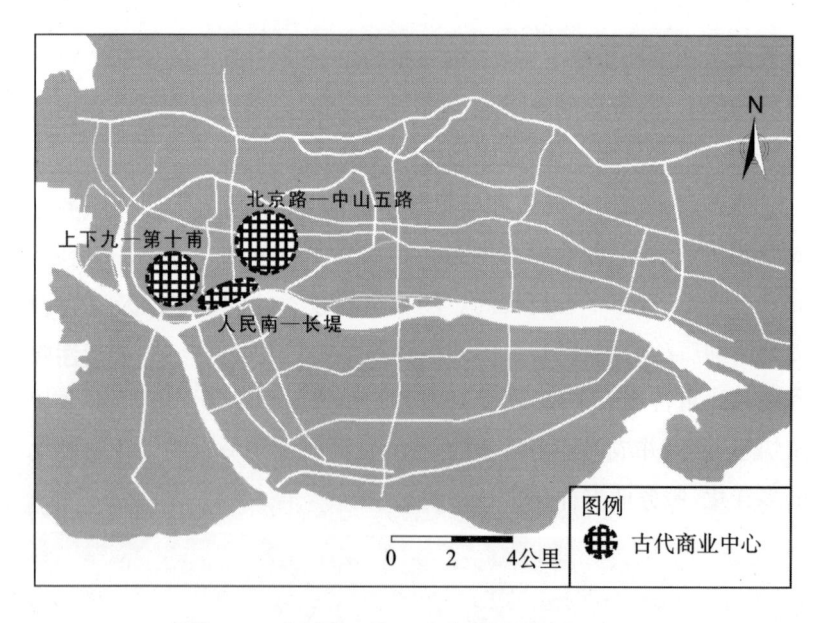

图7—5 广州市古代形成的商业服务中心区位

第七章　大都市服务业区位演变及布局特征

由北向南约为今越华路至中山路稍南(今财政厅)(广州市商业网点发展规划,2003)。

宋代广州商业区,基本以水道为依托。城内以南濠、玉带濠最为繁华(今惠福路、高第街、濠畔街一带),区位上与现代的商业中心非常接近。

明清时期,广州市形成了三个商业中心。首先形成的是中山五路—北京路北段商业中心,中山五路是明清政治中心所在地,北京路则是清代官员由天字码头进城的主干道。第二个商业中心是人民南—长堤商业中心。清朝末年,港口西移白鹅潭,轮船码头的兴建形成了人民南路—长堤一带第二个全市商业中心。第三个商业中心是上下九—第十甫,是在鸦片战争后,西关一带的豪宅被开辟为商业活动场所,形成以上下九—第十甫为中心的广州第三个全市商业中心。

在民国至建国前夕,传统商业服务业由老城区逐步向海珠区扩展,高等教育在武山和海珠区发展起来。

孙中山建立中华民国以来,广州市商业贸易服务业继续发展,逐步形成了以传统商业为主体的第三产业基本格局。1936年,广州市三次产业就业人员的比率为13.56∶30.94∶55.5,第三产业从业人员已经超过了半壁江山。其中,商业餐饮(46.28%)、运输邮电(15.11%)和社会服务业(14.71%)构成第三产业的三大支柱,占第三产业就业人数的76.1%。

这一时期,广州市区继续围绕清代以前的老城区进一步四周拓展,范围远远超过了原来老城区,并随港口的迁移和河道的淤积变窄,开始向河南发展,随着南北两岸联系的频繁,河南的洪德路一带首先发展起来,西边的芳村开始缓慢发展。1933年海珠桥建成后,城区进一步向南拓展。这一时期的商业服务业的空间分布仍然主要集中在北部老城区和港口周围,形成以商业流通餐饮业和外贸等为主导的传统商业功能区(周春山,1994)。广东省政府和广州市政府管理机构等分布在越秀区的中山纪念堂、人民公园等地;此外,中山大学成立并落址石牌与五山,岭南大学在海珠区落址海珠区,使得广州市的服务业空间扩展并出现多样化发展趋势(林锡艺,1999)(图7—6)。

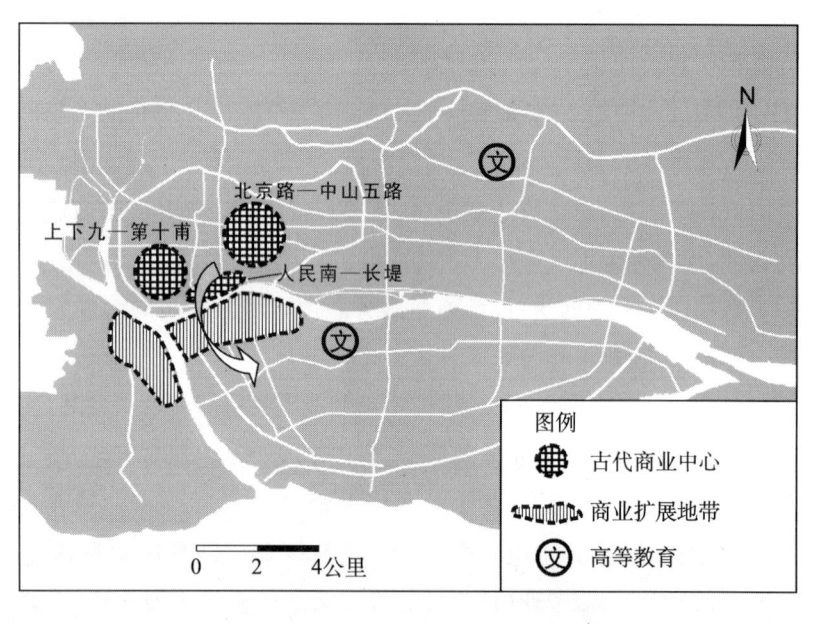

图7—6 建国前夕广州市服务业的空间分布

在建国后至改革开放以前,传统商业服务业仍聚集于老城区,教育卫生等社会服务业随着工业建设和人口的迁移逐步向南部、东部和北部扩散,均衡布局;交通设施在空间上分散布局,服务业的政府主导型区位选择十分典型。

第七章　大都市服务业区位演变及布局特征　　349

建国后,从"一五"时期开始,工业建设成为我国经济发展的重点。"重工轻商"使商业服务业发展滞后,除了交通运输邮电等公共基础部门发展较快以外,受计划经济分配方式的影响,以及文革推行上山下乡运动,城市人口大量外流,广州城市建设基本停滞,这更加影响了广州商业服务业的发展。

传统商业贸易和餐饮业等投资严重不足,发展缓慢,主要集中在越秀、东山和荔湾老城区。只有教育卫生等社会性服务业,在空间上逐步向南岸海珠区和东部天河区扩散,如华南工学院、华南农学院、华南师范学院和暨南大学等高等学校在五山和石牌发展起来,而原有的中山大学则迁往海珠区,岭南大学并入中山大学,并形成高教区,历史功能延续下来。

这一时期受计划经济配给制的影响,广州市商业服务业的自由贸易几乎停顿,服务业由政府主导和提供,内部化发展十分典型,往往出现单位办社会,造成严重的"大而全,小而全"现象,许多国有企业几乎是一个封闭的社会系统,生活消费型服务业和教育卫生等公共社会服务主要随政府或企事业单位在空间上相对均衡分布,而大部分专业服务业呈有限集中的区位布局,这一时期交通设施的建设如火车站和黄埔港口的建成使交通运输服务业在空间有所扩展(图7—7)。

改革开放以来至今,广州市服务业逐步由老城区向东、南、西方向扩散,传统商业贸易在老城区仍保持较高集聚,东部和南部新城区的生产性服务业发展迅速,政府主导的服务业区位选择较为明显,市场机制在服务业区位选择中日益凸现。

1978年以后,国家经济体制逐步转轨给广州经济发展尤其是服务业发展带来了历史性机遇,位于改革开放前沿的广州充分运用国

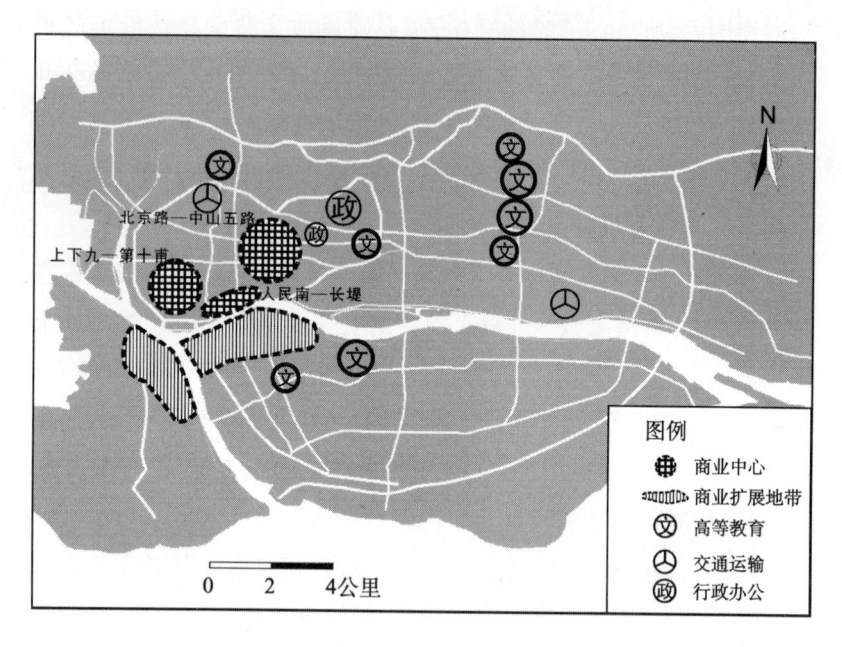

图 7—7 建国后至改革开放前广州市服务业的空间分布

家赋予的"特殊政策,灵活措施",不断调整经济发展战略,服务业在政府的鼓励和引导、在市场需求推动和外向型经济的拉动下,实现了跨越式发展,服务业的区位选择特征为政府主导—市场引导型。经济的快速发展推动着城市空间不断拓展,在 1984 年编制的广州城市总体规划中确立了广州向东部和西部拓展、重点建设天河(体育中心和新火车站)和芳村(居住区)的方针,并强调重点发展金融、商业、贸易、办公、旅游服务和交通运输等第三产业。1980 年以来的广州市开始对东风路的扩建和环市路的修建,使得环市东路华乐街一带逐步形成广州市商务服务聚集区。全国"六运会"和"九运会"大大促进了广州市交通设施和城市建设的发展,推动了广州市城市建设向东拓展,随着东西向交通设施的完善,引导了服务业向东部扩展,形成了天河北、天河体育中心等商业服务中心区。2000年的城市发展战略规划将广州市的发展战略重新调整为"东进西联,南拓北优",东进和南拓成为广州市21世纪服务业区位空间扩展的主要方向。随着地铁1号、2号、3号、4号线路的陆续开通,广州市服务业的逐步向东部奥林匹克体育中心,西部金沙洲、南部番禺南沙、北部花都新机场等区域扩散集聚,形成区域性服务业聚集中心区。而都市区内部服务业也在地铁的影响下进一步空间重组和结构优化,天河体育中心的商圈功能进一步强化,并出现了一些新的服务业集聚中心,如珠江新城CBD,海珠区的琶洲会展中心服务业聚集中心,大学城服务业聚集中心,新客站服务中心等(图7—8)。

这一时期,广州市服务业的空间格局为:传统的商业中心仍以北京路—中山五路、上下九—第十甫、人民南街为核心,新的次商业中心农林下—东山口逐步形成,新的商务中心区则以环市东路、天河北—体育中心为代表发展十分迅速。整个广州市的服务业空间格局从西部老城区逐步向东部、南部新城区拓展。

关于广州市服务业空间扩展的特点。广州市服务业空间扩展及形成可以概括为几点。①古代自然经济和封建商品经济时期,优越的地理区位和便利的水陆交通条件是传统服务业区位原始集聚的主导因素,而作为政治统治的需要则是内在机制。②近代半封建半官僚买办资本主义经济时期,市场投机与畸形消费因素是商业贸易饮食等服务业区位选择的内在机制,而频繁的外贸则是服务业区位的外部因素。③建国以后,计划经济成为影响广州服务业区位选择与布局的决定性因素。④改革开放至90年代中期前,服务业区位选择的内在机制是日益繁荣的市场需求,而政府主导仍是关键因素。

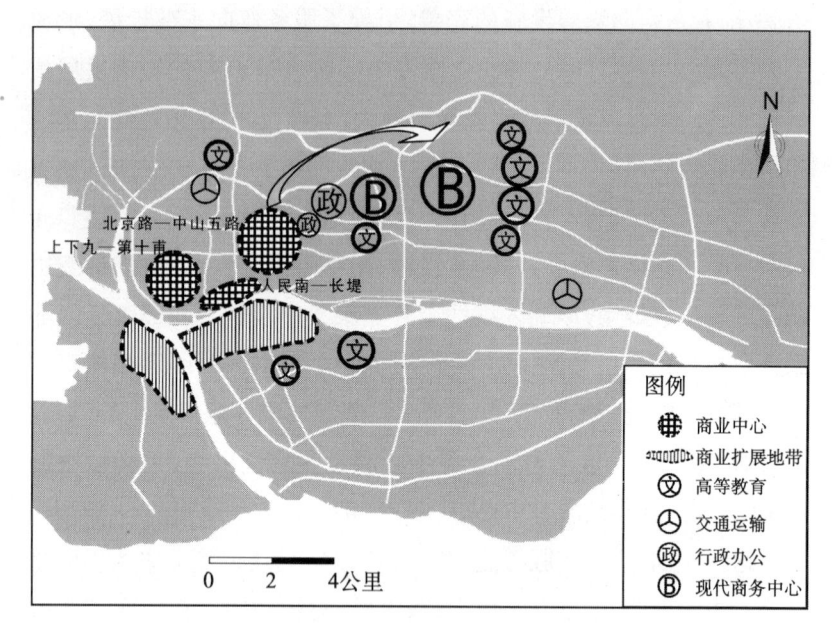

图 7—8　广州市服务业的空间分布格局

⑤90 年代中后期以来,市场经济机制的逐步建立,逐步成为服务业区位重要因素,城市规划和政府的产业政策仍然是服务业区位的关键因素(图 7—9)。

二、1990 年以来服务业就业时空演变的总体特征

为了进一步论证第五章的理论分析,利用 1990 年和 2000 年两次全国人口普查中关于从业人员的统计数据,进行对比分析,可以揭示服务业就业的总体空间分布变化趋势,从中寻找服务业的空间特性。

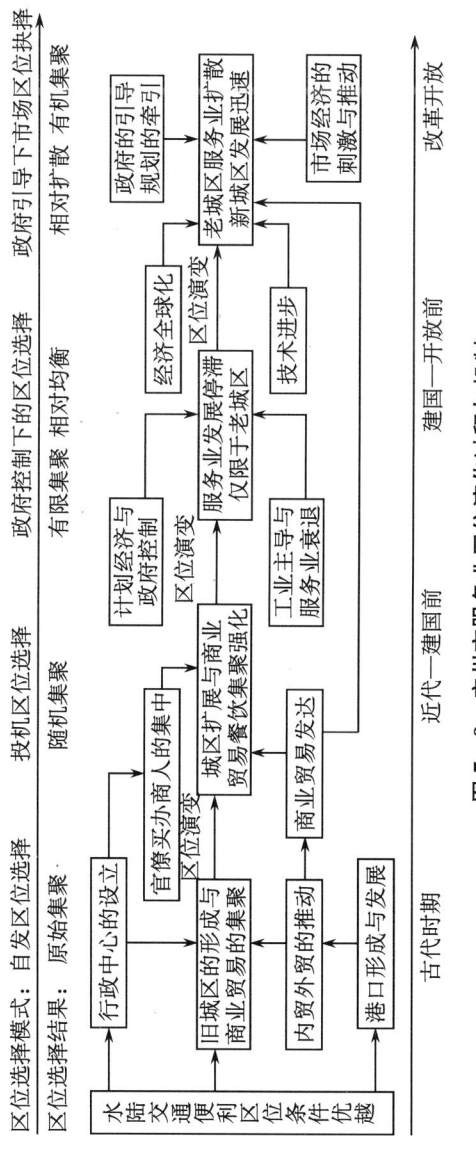

第七章　大都市服务业区位演变及布局特征　　353

图7—9　广州市服务业区位演化过程与机制

（一）服务业就业的空间分布及其变化

1. 服务业就业人口空间分布的总体变化

广州市服务业就业人口的空间差异十分明显,空间分布极不均衡,服务人口高度集聚在面积狭小、用地紧张的老城区,呈由中心区向外逐步递减的分布规律。1990年广州市服务就业人口的空间分布格局为:面积仅占2.95%的东山区、荔湾区和越秀区,服务业就业人口为49.64万人,比重高达50%。面积占97.05%的其他五区服务就业人口才占一半,特别是面积占71.75%的白云区服务人口仅占11%。2000年人口普查的分析得出,东山、越秀和荔湾等老城区服务业就业人口比重明显下降,三区比重为27.46%,但仍然占据较大份额,超过1/4。新城区——天河区和边缘区——白云区的服务就业比重显著上升,海珠区略有下降,其他区则略有上升。2000年与1990年相比,服务业就业分布的空间格局较为均衡,空间差异较小。

两次人口普查的对比分析表明,广州市服务业就业空间分布变化趋势为:老城区服务业就业人口比重下降,外围新城区和边缘区比重逐步上升。服务人口由集聚逐步向外围扩散,由极化逐步转向均衡,空间差异逐步减小,但仍然占据重要地位。同时,广州市的各区两次人口普查比重和人口密度的变化也呈现出相同的趋势,进一步说明了服务业就业分布变化是随着人口分布的空间变化而变化的。通过运用洛仑兹曲线计算,也反映了上述广州市服务业就业空间分布格局特征及其变化趋势为由集中走向均衡(图7—10)。

第七章 大都市服务业区位演变及布局特征 355

1990年服务业就业与人口、面积相对洛伦兹曲线

2000年服务业就业与人口、面积相对洛伦兹曲线

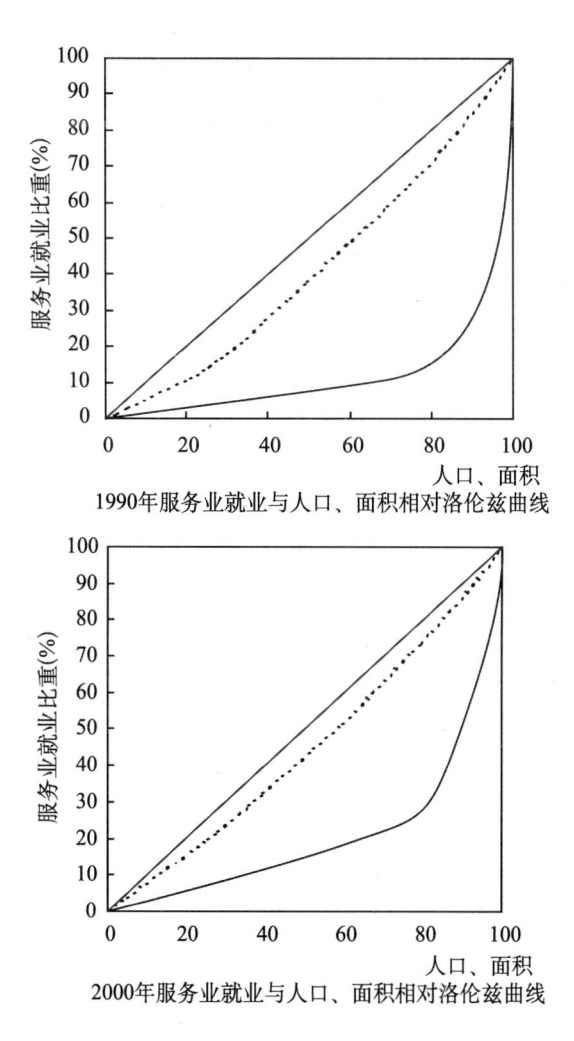

图 7—10 广州市老八区四普与五普服务业就业
比重相对于面积的洛伦兹曲线

2. 服务业就业人口的总体分布特征

从空间分布看,服务业从业人员主要集中于白云、天河、海珠和东山等区,前三区比重高达62.05%。但从服务业就业的人口密度看,密度较高的区是中心城区东山区(1 229)和越秀区(1 192)和荔湾区(870),其次是内缘区海珠区(352)与天河区(320)、芳村区(178)较低,外缘区黄埔与白云区则不足100人/平方公里(图7—11),人口密度分布从中心城区向外递减。

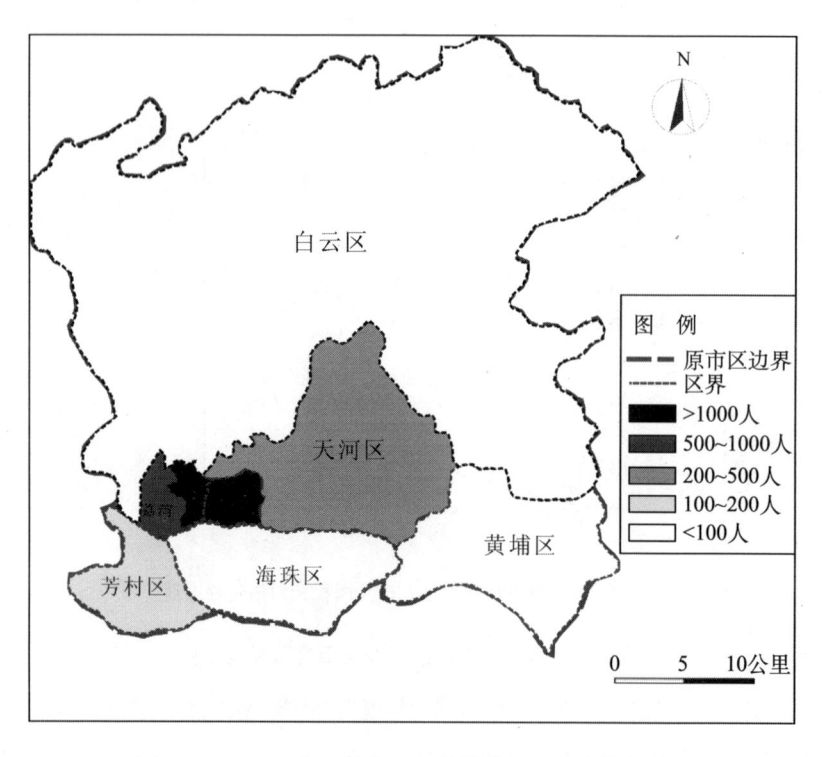

图7—11 2000年广州市八区各服务行业就业密度分布

(二) 服务业各行业的就业空间变化

从广州市第四次和第五次人口普查的对比分析,可以得出广州市老八区服务业内部各行业就业人口的分布特征及其变化趋势(表7—6)。

表7—6 广州市老八区第四次、第五次人口普查行业人口占总行业人口比重

单位:%

服务业内部行业	年份	东山区	荔湾区	越秀区	海珠区	天河区	芳村区	白云区	黄埔区
金融保险业	1990	30	13	18	17	8	3	7	4
	2000	21.12	9.20	10.1	20.50	21.41	3.28	10.02	4.30
房地产业	1990	23	18	17	18	9	3	11	2
	2000	17.00	7.54	7.88	20.61	25.99	3.60	13.81	3.56
科学研究和综技服务业	1990	23	5	11	24	28	2	5	2
	2000	24.64	5.76	8.86	19.32	30.12	1.66	6.04	3.60
交通运输仓储邮电通信业	1990	18	12	6	27	6	5	14	11
	2000	9.68	6.72	3.07	16.65	15.28	5.13	29.41	14.07
批发零售贸易餐饮业	1990	17	19	16	20	9	4	11	4
	2000	8.86	9.48	6.09	20.60	19.86	5.16	24.83	5.12
社会服务业	2000	14.20	8.90	6.46	18.06	22.34	4.51	20.98	4.56
卫生体育和社会福利业	1990	24	11	14	18	14	3	12	3
	2000	18.31	7.59	8.56	18.41	20.73	4.52	18.08	3.81
教育文艺广播电影电视业	1990	21	10	11	20	22	2	12	3
	2000	15.89	6.12	6.11	20.01	27.55	2.98	17.89	3.44
国家政党机关和社会团体	1990	25	13	20	16	12	2	9	3
	2000	19.64	9.07	9.20	15.12	17.68	4.35	18.68	6.26

资料来源:据《广州市第四次人口普查统计资料》和《广州市第五次人口普查统计资料》整理。

注:1990年人口普查中将房地产管理、公用事业、居民服务和咨询服务并为一类。

1. 1990年广州市服务业就业人口空间分布

从表7—6分析得出,1990年服务业各行业就业人口的空间分布状况,由于历史上高度集聚着各类服务业企业或事业单位,基础良好,广州市传统老城区东山、越秀、荔湾和海珠区,服务业各行业的就业人口高度聚集;不同类型服务业空间分异不明显,中间圈层和外圈层只有新开发的城市中心区——天河区占有较突出的地位;其他区服务业就业人口的比重较低,呈较为明显的同心圆分布,由内向外递减的规律。

生产性服务业集中分布在基础较好的广州市传统中心城区东山、越秀、荔湾和海珠区。以金融保险业为例,东山、越秀、荔湾和海珠区的金融保险业就业人口占了全市的78%,房地产业占全市的76%,科学研究占全市63%。只有新城市中心——天河区由于高校和科研机构密集,科研和综合技术服务业占全市就业比重28%,略显优势,其余各区比重很小。总体而言,广州市生产性服务业就业人口高度集中于传统中心城区东山、越秀、荔湾和海珠区。

分配性服务业在空间上的分布同样具有高度集聚状态,主要分布在传统中心城区。东山、荔湾、越秀区的批发零售贸易餐饮业就业人口占全市52%,东山区、荔湾区、越秀区和海珠区的交通运输仓储邮电通信业就业人口占63%,其中海珠区达27%;外围地区白云区和黄埔因对外交通进出口及港口的作用,分配性服务业就业占一定的比重。

社会性服务业就业人口空间聚集程度虽然略低于生产性服务业和分配性服务业,但也呈现较高的集聚分布状态。东山、荔湾、越秀和海珠区的卫生体育和社会福利业就业占全市的67%,教育文艺广播电影电视就业占全市的62%,国家政党机关和社会团体就业占全市的74%。新城市中心区天河因高等教育和普通教育发达,社会服务机构众多而占较高比重,白云区因面积大,人口规模较大,其社会服务业就业也有一定比重。

2. 2000年广州市服务业就业人口空间分布

2000年,服务业就业的分布格局发生了较为明显的变化。东山、越秀和荔湾等老城区各类服务业就业人口比重总体上呈下降趋势,新城市中心区天河区的服务业就业人口比重上升最快,海珠区、白云区、黄埔区和芳村区等的服务业就业人口比重也呈明显上升现象。从广州老八区分析,老城区的服务业(尤其是传统分配服务)就业人口的集聚程度呈明显下降趋势,新城区天河区等服务业就业人口集聚程度加强,总体服务业就业人口的分布有从中心城区向边缘区逐步扩散的趋势(表7—7)。

表7—7　广州市第四次和第五次人口普查服务就业人口的空间变化值比较

服务业内部行业	东山区	荔湾区	越秀区	海珠区	天河区	芳村区	白云区	黄埔区
金融保险业	−8.88	−3.80	−8.0	3.5	13.41	0.28	3.02	0.3
房地产业	−5.0	−10.46	−9.12	2.61	17	0.6	2.81	1.56
科学研究和综技服务业	1.64	0.76	−2.14	−4.68	2.12	0.34	1.04	1.6
交通运输仓储邮电通信业	−8.32	−5.28	−2.93	−10.35	9.28	0.13	15.41	3.07
批发零售贸易餐饮业	−8.14	−9.52	−10.11	0.6	0.86	1.16	13.83	1.12
卫生体育和社会福利业	−5.69	−3.41	−5.44	0.41	6.73	1.52	6.08	0.81
教育文艺广播电影电视业	−5.11	−3.88	−4.89	0.01	5.55	0.98	5.89	0.44
国家政党机关和社会团体	−5.36	−3.93	−10.8	−0.88	5.68	2.35	9.68	3.26

资料来源:据《广州市第四次人口普查统计资料》和《广州市第五次人口普查统计资料》整理。

生产性服务业就业在东山区、越秀区、荔湾区和海珠区等老城区的分布有所下降，但仍然保持着较高的聚集度。东山、越秀、荔湾和海珠区的金融保险业就业占全市60.92%，比1990年降了18个百分点，房地产业占全市53.03%，下降了近23个百分点，科学研究与综合技术服务占全市的58.56%，略降5个百分点。1990年以后，新城市中心区——天河区的崛起，体育中心、天河北等地区的金融保险和房地产等生产性服务业快速发展并占据重要地位，随着广州城市郊区化的进程加快，海珠区、白云区和番禺区的房地产业也得到快速发展。总体而言，老中心城区的生产性服务业就业的集聚程度虽有下降，但仍然较高，新中心城区生产性服务业在加速集聚。

分配性服务业就业在东山区、越秀区、荔湾区和海珠区等老城区的聚集明显下降，四区的交通运输仓储邮电通信业就业占全市36.12%，比1990年下降了27个百分点。东山区、越秀区、荔湾区的批发零售贸易餐饮业就业人口占全市24.43%，比1990年下降了28个百分点。分配性服务业在边缘区—白云区、新中心区—天河区增长最快，黄埔区由于港口等交通运输设施的发展，交通运输服务业的比重增长也较为明显。总之，分配性服务业就业在老中心区呈明显下降趋势，在交通枢纽设施地区和新城市中心区明显上升，在空间上有从中心集聚向边缘集聚的趋势。

社会性服务业就业的分布变化主要体现为中心城区比重略有下降，而边缘区由于人口增长和公共服务设施的建设加快，就业比重较快上升。2000年东山、荔湾、越秀和海珠区的卫生体育和社会福利业就业占全市的52.87%，比1990年下降14个百分点；教育文艺广播电影电视就业占全市的48.13%，比1990年下降了14个百分点，国家政党机关和社会团体就业占全市的53.03%，比1990年下降了

21个百分点。社会性服务业就业在新中心区天河区和边缘区—白云区增长较快,其他边缘区略有增长。总体而言,社会服务就业在老中心城区略微下降,但集聚程度仍较高,新中心城区和边缘区社会服务业发展较快,就业比重明显上升,表明广州市公共管理与公共服务从空间聚集向空间均衡方向发展。

(三) 广州市各类服务业专门化水平空间比较

为了进一步分析广州市各区不同类型服务业基本经济功能和专门化水平的变化,采用了1990~2000年广州市两次人口普查的行业人口统计数据,计算两个年度的区位商,对比分析见表7—8。

表7—8 广州市老八区1990~2000年服务行业区位商的比较

服务业分类	年份	东山区	荔湾区	越秀区	海珠区	天河区	芳村区	白云区	黄埔区
金融保险业	1990	2.673	1.227	2.086	1.056	0.981	0.764	0.444	1.041
	2000	3.43	2.00	3.16	1.53	1.67	0.84	0.44	0.76
房地产管理公用居民咨询	1990	2.414	1.900	2.261	1.296	1.191	0.954	0.774	0.468
	2000	2.58	1.53	2.29	1.44	1.90	0.86	0.57	0.59
科学研究和综技服务业	1990	2.592	0.563	1.587	1.849	4.146	0.783	0.382	0.435
	2000	4.73	1.48	3.25	1.70	2.77	0.50	0.31	0.75
交通运输仓储邮电通信业	1990	1.703	1.185	0.785	1.794	0.750	1.566	0.885	2.749
	2000	1.49	1.38	0.90	1.18	1.13	1.25	1.22	2.35
商业饮食物资供销仓储	1990	1.509	1.794	1.909	1.271	1.111	1.177	0.698	0.929
	2000	1.31	1.88	1.72	1.40	1.41	1.20	0.99	0.82
卫生体育和社会福利业	1990	2.225	1.095	1.725	1.196	1.752	0.912	0.741	0.826
	2000	2.89	1.60	2.59	1.33	1.57	1.13	0.77	0.65
教育文艺广播电影电视业	1990	1.944	0.919	1.332	1.269	2.711	0.562	0.764	0.724
	2000	2.52	1.30	1.85	1.46	2.09	0.75	0.76	0.59
国家政党机关和社会团体	1990	2.395	1.283	2.441	1.072	1.495	0.515	0.601	0.707
	2000	2.75	1.70	2.47	0.97	1.19	0.96	0.70	0.95
其他行业	1990	1.741	4.068	1.707	2.447			0.300	
	2000	0.26	0.03	—	0.98	2.49	0.03	1.16	0.47

资料来源:据《广州市第四次人口普查统计资料》和《广州市第五次人口普查统计资料》整理。

关于生产性服务业。东山区、越秀区、荔湾区、海珠区等老中心城区的金融保险、房地产和科学研究技术服务等生产性服务业2000年的区位商大于1990年的区位商,其他边缘区的生产性服务业区位商对比1990年略有下降,说明中心城区的生产性服务业专门化水平进一步提高。

关于分配性和消费性服务业。该类服务业的区位商在中心城区没有呈现一致性的变化趋势,东山区、越秀区分配性服务业区位商呈下降趋势,荔湾区、天河区的分配性服务业区位商则略有上升,海珠区的交通运输等服务业区位商略有下降,但批发零售商业服务业区位商呈上升趋势,这与交通基础设施的布局和商业设施的增加,房地产发展和商业开发、人口集聚有着密切的关系。其他边缘区的分配性服务业区位商优势不明显,变化不大。

关于社会性服务业。东山区、越秀区、荔湾区和海珠区的卫生体育和社会福利业、教育文艺广播电影电视业、国家政党机关和社会团体等社会性服务行业的区位商均较为突出,且较1990年有明显的增长趋势,说明老城区的社会性服务业基础性功能不但没有弱化,专门化水平有进一步增强的趋势;新城市中心区—天河区和其他边缘区的社会性服务业基础性功能和专门化水平则略微下降。

从各区具有专门化水平的服务业行业看,东山、越秀、荔湾区、天河区等综合服务专门化水平较高,服务业就业集聚度不断增强,服务功能不断强化,成为影响广州市服务业发展乃至城市发展的核心区域(表7—9)。

第七章 大都市服务业区位演变及布局

表7—9 2000年广州市老城区

服务业类型	东山区	荔湾区	越秀区
生产性服务业	1.92	1	
分配性服务业	0.81		
消费性服务业			
社会性服务业			

资料来源：

从图7—

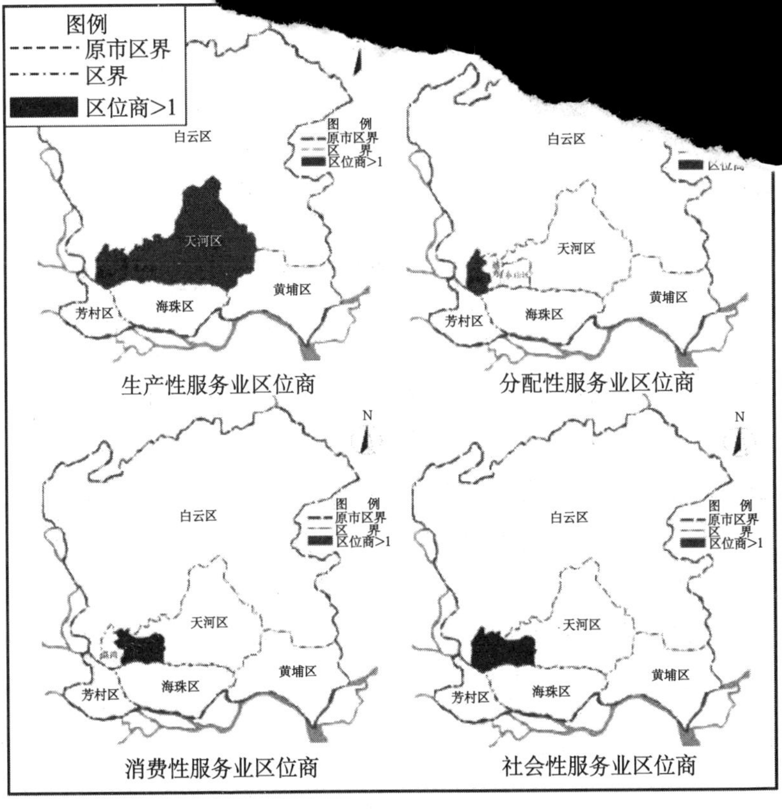

图7—12 2000年广州市四类服务业区位商大于1的空间分布

大于 1 的区域为东山(1.92)、越秀

配性区位商大于 1 的区域为荔

区域为东山(1.12)与越

东山(1.46)、越秀

上呈现高

域集中于原

2002 年广州市两次基本单位普查的统计数据分析,可以发现广州市各类型服务业的区位选择与空间布局规律。

(一) 基本单位的总体分布特征及其变化

从服务业基本单位数的总体空间分布看,1996 年服务业基本单位集中分布在东山区、海珠区、越秀区和荔湾区等中心城区,共有单位 33 764 个,占总数的 67.5%,其次是天河区和白云区,黄埔区和芳村区比重较低。到 2001 年时,东山、海珠、越秀和荔湾等中心城区的基本单位比重有所下降,但仍占据较大比重(59.56%),新城市中心区—天河区服务业基本单位数量及比重显著上升,超过东山区居首位,位于边缘区的白云区基本单位数增长也十分明显(表 7—10)。这一现象与两次人口普查的就业人口变化有类似的特征。

表 7—10　1996 年和 2001 年广州市服务业基本单位的空间分布情况

单位:%

	年份	东山区	荔湾区	越秀区	海珠区	天河区	芳村区	白云区	黄埔区
总数	1996	19.86	15.47	15.80	16.38	13.66	3.98	10.25	4.60
	2001	19.37	11.42	14.97	13.80	19.75	3.17	12.43	5.09
生产性服务业	1996	28.35	9.36	14.65	11.42	17.69	2.65	11.59	4.30
	2001	25.48	6.18	11.41	11.16	29.57	1.97	10.34	3.88
分配性服务业	1996	17.68	16.65	16.44	17.27	13.53	4.06	9.72	4.65
	2001	17.47	12.94	16.32	13.93	18.25	3.42	11.97	5.69
消费性服务业	1996	24.55	19.03	15.31	17.52	9.39	3.81	7.45	2.94
	2001	21.53	16.20	19.30	17.45	12.09	2.31	8.22	2.90
社会性服务业	1996	18.56	12.64	14.27	15.81	14.02	4.93	13.82	5.93
	2001	16.43	10.60	12.89	14.57	16.60	4.33	18.60	5.98

资料来源:据《广州市基本单位普查资料》(1996,2002)整理计算。

(二) 基本单位的空间演化与区位特征

1. 生产性服务业

表 7—10 的数据显示,1996 年生产性服务业基本单位数的分布情况:东山区、荔湾区、越秀区和海珠区的生产性服务业基本单位比重占全市的 63.78%,其中东山区比重最高(28.35%),其次为天河(17.69%)、白云(11.59%)等区,其他区比重较低;生产性服务业基本单位总体上集聚在老中心城区和新城区,边缘区比重较小。2001 年,生产性服务业基本单位数比重在中心城区(东山、越秀、海珠、荔湾四区占 54.23%)普遍小幅下降,但仍占有较大比重,天河区增长最快,五年上升近 12 个百分点,高达 29.57%,超过东山区居首位;其他外围区比重略有下降。

对比 1996 年和 2001 年的情况,老城区的生产性服务业比重下降,而新城市中心区天河的比重快速上升,边缘区比重很小且略有下降;生产性服务业基本单位的空间集聚程度虽然有所下降但仍十分明显。这与老城区的用地紧张、成本上升和功能置换、环境恶化等,新中心区天河区的交通基础设施的改善、配套商务环境逐步形成、天河北、体育中心等地区的商务区形成等有着密切的关系。

2. 分配性服务业

分配性服务业包含交通运输仓储邮电业以及批发零售贸易等流通业,一般与交通、通讯设施条件的建设水平有密切关系。1996年数据显示,分配性服务业基本单位集中分布在以东山区、海珠、荔湾、越秀等四区为主的中心城区(共占68.64%),但在中心城区内部分布较为均衡。新城区天河区占一定比重(13.53%),其余比重较小。2001年,分配性服务业基本单位在东山、越秀、荔湾和海珠等中心城区的比重(60.66%)略有下降(大约下降8个百分点),新城区天河区比重略有上升(上升4.72个百分点),此外,交通基础设施较好、运输流通业较发达的白云区和黄埔区也略有上升。

分析表明,分配性服务业的总体分布是从集聚走向逐步均衡,区与区之间的差距逐步缩小,主要分布在中心城区和新城区,基础设施好的边缘区也逐步增长。总体而言,广州市零售商业服务业主要分布在东山、越秀、荔湾和海珠区西北部等老城区及天河区体育中心一带,批发业主要分布在边缘区白云区西南部、荔湾西部的黄沙、海珠区的新港西、广州大道南等(图7—13)。

3. 消费性服务业

消费性服务业是与消费者紧密相关的行业,如餐饮业、居民服务业等等,往往与人口的规模与密度有较高的相关性。表7—10数据

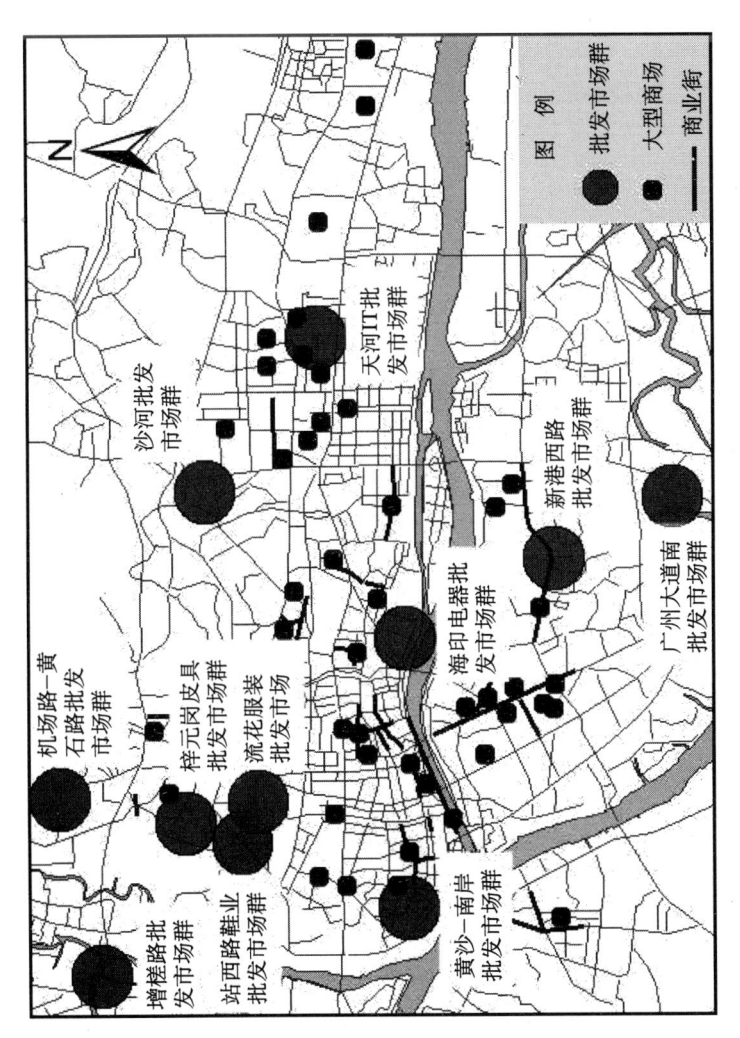

第七章 大都市服务业区位演变及布局特征

图7—13 广州市商业服务业网点的空间分布特征

显示,1996年广州市的消费性服务业基本单位主要分布在东山、荔湾、海珠和越秀等区,四区所占比重高达76.41%,其他各区比重均在10%以下。可见1996年消费性服务业在老城区呈集聚分布状态,空间分布不均衡。

2001年消费性服务业分布情况有所变化,东山、荔湾、越秀和海珠等老城区比重为74.48%,比重下降了1.97个百分点,除了越秀区单位比重有所上升外,其他三个老城区比重呈略微下降趋势,新城区天河区略有上升,边缘区除了白云区略有上升外,其余均呈下降趋势。

分析表明,随着人口密度的下降和增长的减缓,消费性服务业基本单位开始从集聚分布状态走向逐步均衡的空间格局,但老城区的集聚程度仍然很高,这与老城区服务业基本单位集中分布、商业餐饮业发达、集聚程度高、人口密集等有着千丝万缕的关系。新城市中心区天河区由于人口的集聚和基本单位的集聚,房地产开发的加速,因而消费性服务业基本单位增长较快,边缘区除了白云区略有增长外,其他区变化较小。

4. 社会性服务业

社会性服务业基本单位一般包括所有的社会公共服务业,公平和效率是其布局考虑的主要因素,一般在空间上依托人口分布,与人口密度相关性明显。从1996年分布情况看(表7—10),东山、越秀、荔湾和海珠等老城区由于历史很长,公共设施相对完善,基本单位的比重较高(61.28%),内部分布比较均衡;其次是人口规模大,基础设施较好的天河区和白云区比重较高。

2001年,东山、越秀、荔湾和海珠等老城区的社会性服务业基本单位比重普遍下降(54.49%,下降6.79个百分点),外围的白云区比重上升较快,其次是天河区,其他区变化不大。从社会性服务业基本单位空间分布变化看,老城区的集聚逐步减弱,并向周围区域扩散,呈均衡分布,说明社会性服务业随着人口增长、规模扩大而逐步发展。

(三) 基本单位空间分布的总体特征

90年代以后,广州市服务业发展水平得到了大幅度提升,传统商业服务业增长显著,主要集中分布于东山、越秀、荔湾和海珠区等老区,但出现了向外扩散的趋势;而金融保险、房地产、信息产业等新兴服务业迅速崛起,主要分布于环市东和天河CBD,21世纪初期,广州市服务业基本单位在空间上形成功能较为明确的服务业功能区(图7—14),整个广州市出现了五片服务业集聚区:以广州火车站为

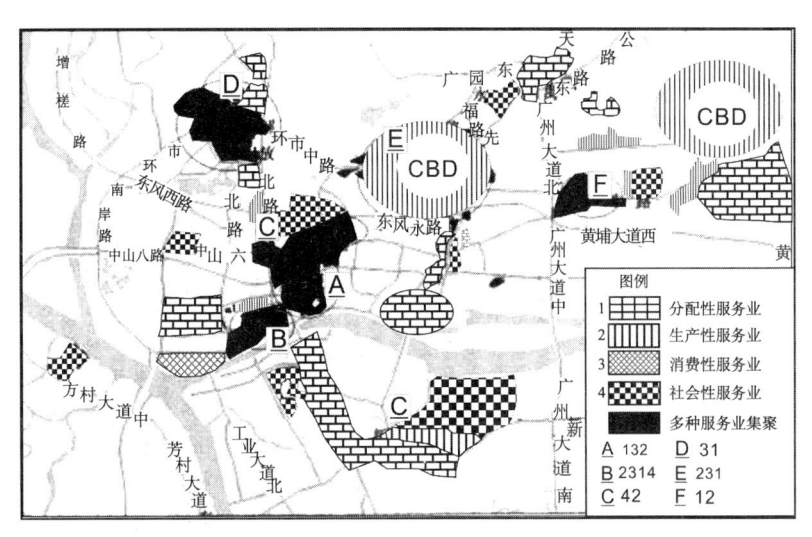

图7—14 广州市服务业基本单位的空间分布

中心的分配性服务业集聚区；东风中路—广卫路一带行政办公集聚区；从中山五路—北京路—北京南路—海珠广场一带的零售商业集聚区；沿江西—长堤——德路一带多种服务类型集聚区；沿环市东—东风东路—先烈路—恒福路一带呈集聚的金融办公与科研密集区。此外，天河北—体育西—体育中心一带已形成办公金融高级商务集聚区。

四、基于人口普查的广州市服务业就业空间分析

2000年第五次人口普查的统计口径细分到了服务业第四级分类，为服务业四分法的应用提供了可能。广州市原老八区四大类服务业的就业规模与密度的空间分布情况见表7—11。为了从微观空间层面进一步了解广州服务业就业人口的空间分布特征，以解释其内在规律，运用MAPinfo7.8版本，以广州市街镇边界图，对广州市原八区99个街镇的服务业就业规模和密度进行空间分析，试图总结出广州市不同类型服务业空间布局特征及空间集聚程度。

表7—11 2000年广州市老八区服务业就业密度与规模比较

单位：人/平方千米

服务业类型	东山区	荔湾区	越秀区	海珠区	天河区	芳村区	白云区	黄埔区
生产性服务业	192	104	151	36	27	11	2	6
	3104	1165	1335	3031	3907	454	1641	640
分配性服务业	493	704	543	211	115	106	25	58
	7970	7835	4793	17418	16642	4545	22775	6228
消费性服务业	217	138	212	61	53	31	7	14
	3733	2240	1884	5476	5696	1320	7051	1658
社会性服务业	627	460	508	138	98	60	13.57	26
	10136	5117	4484	11401	14267	2594	12302	2842

资料来源：据《广州市第五次人口普查统计资料》计算。

注：本分类法不包括农林牧渔服务业、地质勘察水利管理业和其他服务业。

(一) 2000年广州市各类服务业就业规模与密度的空间分析

1. 生产性服务业

广州市老八区生产性服务业就业比重较高的区有天河区(22.96%)、东山区(16.61%)和海珠区(16.25%)等;生产性服务业就业密度较高的区为东山区(219)和越秀区(178),其次为荔湾区(90)和天河区(49)。

以广州市老八区街镇为基本单元分析生产性服务业就业规模与密度,发现生产性服务业就业规模最高的街区为原东山区黄花岗街道(628)、天河区石牌街道(620)和天河南街道(513)、海珠区赤岗街道(421)、东山区梅花村街道(404)和东湖街道(402)等。此外,规模在200~400之间的街区主要分布在东山区、越秀区、天河区的西部、北部、中部和海珠的北部沿江一带,从空间分布看,生产性服务业高规模街区集中分布在老城区和天河新中心区,空间连续性较强。

生产性服务业就业密度最高的街区为东山区建设街道(317.98),越秀区光塔街道(300),东山区大东街道(298.06),越秀区诗书街道(261.22),东山区梅花村街道(255.70)、珠光街道(245)、农林街道(235.78),越秀区广卫街道(226.87)、六榕街道(223.53),天河区沙河镇(218.05)、越秀区大新街道(214.75)、东山区华乐街道(207.38)、天河区天河南街道(204.38)。总体而言,生产性服务业就业高密度街区集中分布在东山区、越秀区以及天河区的北部和中部,东山、越秀等老城区空间集中连片,天河区、海珠区的两个高密度街区呈空间分离状态(图7—15)。

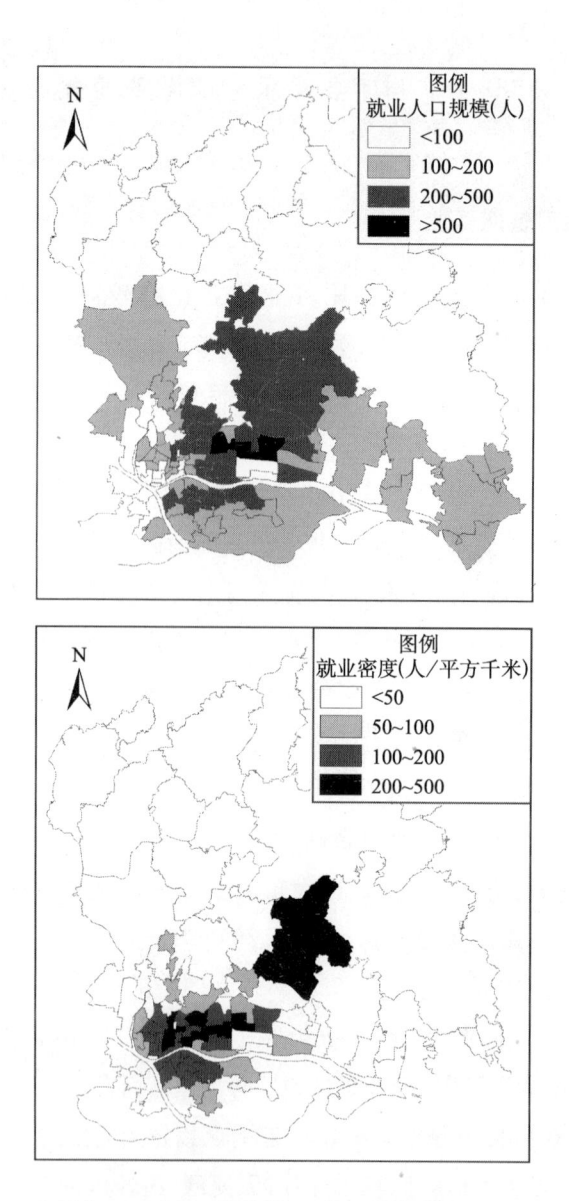

图 7—15 广州市 2000 年生产性服务业就业规模及就业密度的空间分布

第七章 大都市服务业区位演变及布局特征

综合分析广州市生产性服务业就业的规模与密度分布状况,发现两者在中心城区东山、越秀和天河区的西部北部有较大的空间重叠性,高密度街区空间聚集程度更高,主要因为东山区的黄花岗分布有中国科学院和广东省科学院、广州大学、广东工业大学等,以及研发机构密集的黄花岗科技园区,以计算机综合服务、科学研究与技术服务职能为主;环市东中央商务区、人民南、一德街、大新街、广卫、农林下路等街区相对集聚分布着银行、证券、保险等金融机构和房地产等生产性服务业机构,越秀区的东风路、建设街等分布着众多规划、建筑设计、房地产的咨询与设计研究机构。

生产性服务业就业高规模与高密度在边缘区呈现空间分离状态,高就业规模和高密度的区域在城市中心区以外空间上局部集聚、相对分散。这与天河高等学校和科研机构分布相耦合,石牌地区分布有暨南大学和华南师范大学,五山地区分布有华南理工大学、华南农业大学、广东省农业科学院等,海珠区的新港西街道有中山大学、广州美术学院,昌岗街分布有仲凯农学院、滨江路有分布较为密集的科研机构。

总体而言,金融保险、办公商务等生产性服务业呈高度集聚的区位特征,老城区就业密度高,专门水平高,而边缘区很低;而科学研究与技术服务相对分散,依托大学而局部集聚,就业规模较大,这与第五章理论分析基本吻合。

2. 分配性服务业

从广州市老八区空间分布看,分配性服务业就业密度较高的区有荔湾区(704)、越秀(543)、东山(494),其次为海珠区(211)与天河(1 150)、芳村区(106)。分配性服务业就业比重较高的区如白云区

(19.46%)、海珠区(14.8%)与天河区(14.27%)等,分配性服务业高密度区集中分布在传统中心城区,密度从中心向边缘递减。分配性服务业高规模区则主要分布在广州市边缘区,空间分布相对分散。分配性服务业就业高密度区和高规模区在空间上呈分离状态。

以街镇为空间单元分析,分配性服务业的高规模区海珠区新窖镇(3 633)、白云区同和镇(3 105)、白云区三元里街道(2 229)、天河区石牌街道(2 173)、白云区石井镇(2 004)。此外规模在1 000~2 000之间的街镇主要分布在天河区的沙河、东圃,白云区西部的新市、新景街道,矿泉街道,松洲街道,棠景街道,黄埔区的南岗镇、黄埔街道,芳村区的东教镇、石围塘街道,海珠区西部的南石头、凤阳、昌岗街、道龙凤街道。此外老城区东山越秀区还零星分布着登峰街、黄花岗街、东湖街和珠光街等,总体上看,高规模街区在空间上分布较为分散,呈离心状同心圆分布特征,中心城区分布少,外围地区分布有一定的连续性,这与车站、码头等交通枢纽设施的分布有较为密切的联系。

分配性服务业就业高密度区主要有天河区沙河镇(1 495)、东山区珠光街(1 265),荔湾区逢源街道(1 197)、华林街道(1 176)、岭南街道(1 075),越秀区诗书街道(1 157)、光塔街道(1 151)、越秀区大新街道(1 141)、东山区大东街道(1 041)、荔湾区龙津街道(1 002)。从总体空间分布看,高密度街区主要集中分布在老中心城区荔湾区、越秀区、东山区和天河区有零星分布,老城区的高密度街区相对集中连片,只有天河区的沙河相对分离。这与老城区人口密集、批发和零售商业密集有着密切的关系。

综合分析分配性服务业就业的高密度和高规模街区空间分布特征,发现两者在空间上呈现较为明显的分离状态(图7—16)。

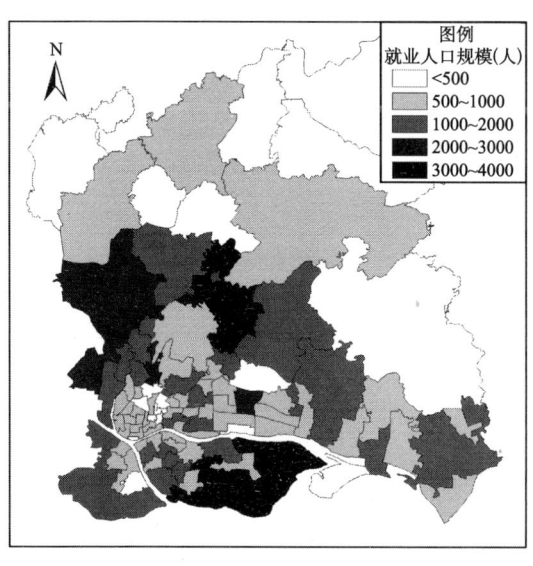

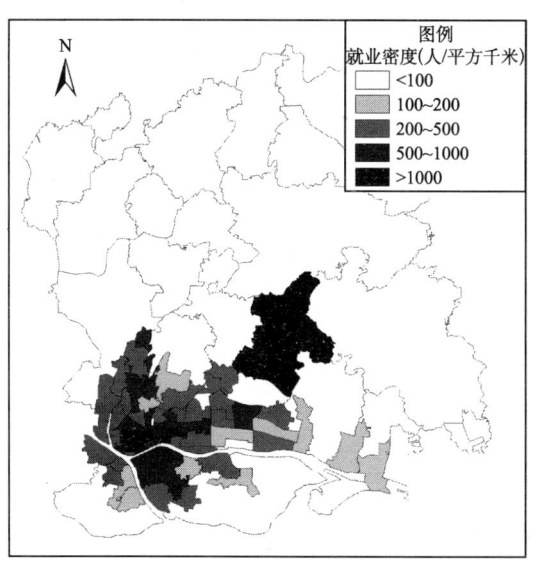

第七章 大都市服务业区位演变及布局特征 375

图7—16 2000年广州市分配性服务业高规模和高密度街区的空间分布

高规模街区呈离心分散状局部聚集、总体分散分布在城市边缘区和城市入口处。这与分配性服务业内部不同行业的空间分布特征相联系。交通运输与批发、仓储业等分配性服务业倾向于布局在城市边缘区与非核心区,依托交通运输服务设施布局,如火车站(流花街)、黄埔港口、白云区的罗冲围汽车站、芳村码头(洪德街)和窖口车站、越秀汽车站、德政南路、海珠汽车站、天河客运站等就业规模较大。

高密度街区相对集中在老城区,老城区的北京路—中山五路(其从业人员密度高达4.56万人/平方千米)、上下九—第十铺、天河城—购书中心和正佳广场、海珠区的江南大道等地区是零售商业机构最为密集的区域,此外岭南街、人民街—德街和诗书街的密度也很高(大于2万人/平方千米)。东湖街、华乐街等因批发零售行业与就业人口密度较大,而相对集聚分布。

总体而言,分配性服务业因内部行业差异而有不同的区位特征,交通运输服务业一般依托交通设施布局在交通节点或城市边缘区呈布局集聚区位;而零售商业则一般呈高度集聚状态分布在城市的商业中心区或次中心区,符合前面的服务业区位选择与布局的理论。

3. 消费性服务业

消费性服务业就业比重高的市辖区主要有白云(17.99%)、天河(14.53%)、海珠(13.97%)等三区,分布在广州市老城区的外围地区,这与人口规模和消费性服务业机构分布有一定的关系;消费性服务业就业高密度的街区为东山区(217)、越秀区(212)、荔湾区(138),其次为海珠区(61)与天河区(53)等,在空间分布上仍聚集在老城区,就业高规模与高密度区在空间上呈分离状态。

第七章 大都市服务业区位演变及布局特征

从街镇单元的层次分析,消费性服务业就业高规模与高密度街区在空间上基本叠合(图7—17)。消费性服务业也存在中心区就业密度高、外围区密度较低的现象。消费性服务业就业密度高的街区在空间上比较分散,在越秀、东山、荔湾等老城区都有分布,街镇尺度的就业高密度街区与高规模街区基本吻合,体现了其依托于人口较均匀分布的特征。具体而言,沿江的人民街和沙面街是广州消费性服务业就业密度最高的街区,主要以星级宾馆和餐饮企业集聚而突出;此外,北京路—北京南路—北京街的旅馆和餐饮较为密集,以餐饮职能和居民服务为主。流花街、华乐街等是消费性服务业规模最

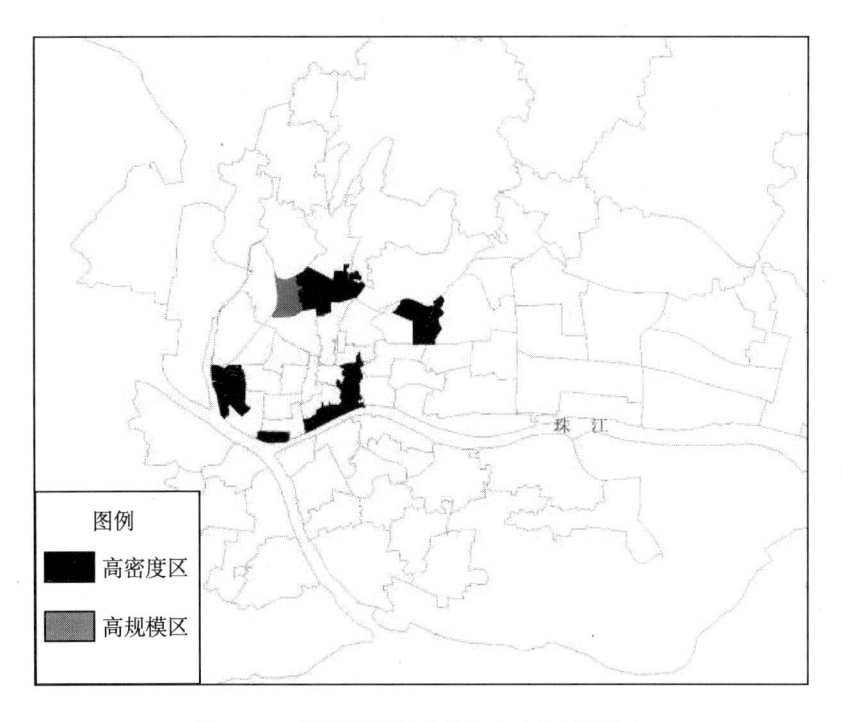

图7—17 消费性服务业就业密度与规模分布

大的街区,其中旅馆服务就业人口最突出。此外环市西的旅馆职能也较突出。荔湾的宝华街也因广州酒家和莲香楼等老字号而集聚了较多餐饮业人口。上述分析表明,高级商务或星级旅馆一般布局在城市商务中心或次中心区,与其他生产性服务业呈依附集聚区位;而一般的餐饮业在空间上分布较为均衡,依托人口分布。

4. 社会性服务业

以广州市区县为行政单元,分析社会性服务业就业密度与规模的空间分布特征,得出高规模区为天河(17.26%)、白云(14.90%)、海珠(14.04%)与东山(12.38%)等区,与各区的总人口规模、服务业就业人口规模和社会服务机构的分布有密切联系。社会性服务业就业密度高的区有东山(627)、越秀(508)、荔湾(460),其次为海珠区(138)与天河(98),这与广州市服务业人口密度分布、国家党政机关和社会团体基本单位的空间分布有着密切联系,老城区东山区、越秀区、荔湾区等是广东省和广州市政府及各直属部门集中分布的区域。社会性服务业的就业规模与就业密度在空间分布上不太吻合。

从街镇为单位的空间层次看,社会性服务业就业高规模街区有天河区石牌街道(2 550)、白云区同和镇(2 020),此外规模在2 000人以下的还有东山区的黄花岗街道(1 666)、登峰街道(1 472)、东湖街道(1 411),海珠区赤岗街道(1 352)、新窖镇(1 251)、天河区沙河镇(1 317)、五山街道(1 200);规模超过1 000以上的街区还有白云区的三元里街道、石井镇,东山区的农林街道、梅花村街道、大东街道,天河区的天河南街道、海珠区新港街道等。总体而言,社会性服务业的高规模街区空间分布较为分散、不连续,主要分布在城市中心区的外围地带,呈多核集聚区位,天河区、白云区、海珠区和东山区等都有分布。

社会性服务业高密度街区主要有东山区农林街道(1 050)、大东街道(1 034)、越秀区诗书街道(1 024)、天河区沙河镇(990)、东山区建设街道(947)、越秀区光塔街道(939)、东山区珠光街道(829)、华乐街道(813)、越秀区广卫街道(712),此外,密度超过500的街区主要分布在东山区、越秀区、荔湾区、海珠区的西北部滨江一带。从空间分布上看,高密度街区集中分布在传统中心城区东山、越秀、荔湾区,海珠区西北部滨江一带,其密度变化是由市中心区向外围递减,但天河区的高密度街区沙河镇和石牌街在空间上相对独立,与老城区不连续。

社会性服务业就业最高规模街区分布,主要分布在中心区以外,主要依托于大学、医院、政府机构和军队等社会服务设施,因而就业规模庞大。天河区的石牌街分布着暨南大学、华南师范大学、华师附中、113中学、暨大附中等多见教育机构,天河区的五山街道则分布有华南理工大学、华南农业大学及相关附属教育事业机构;而白云区的同和街则分布着省市单位10余个、部队单位9个、南方医科大学等大专院校9所、中小学校4个、医院2家等,因而社会服务业就业人口规模较大;东山区历来是政府机关、事业单位、文化艺术单位、基础教育学校密集,发展水平高的老城区。海珠区的赤岗街道也分布着广东商学院、广东教育学院及中专、中小学等教育事业单位,新港街道则分布着中山大学、广东轻工业职业技术学院及中小学多所教育机构。

社会性服务业就业高密度街区集中分布在传统中心城区东山区、越秀区等,主要因为这是一个以公共行政职能、基础教育和文化艺术职能为主的区域,东山区农林街、大东街、越秀区的广卫街省政

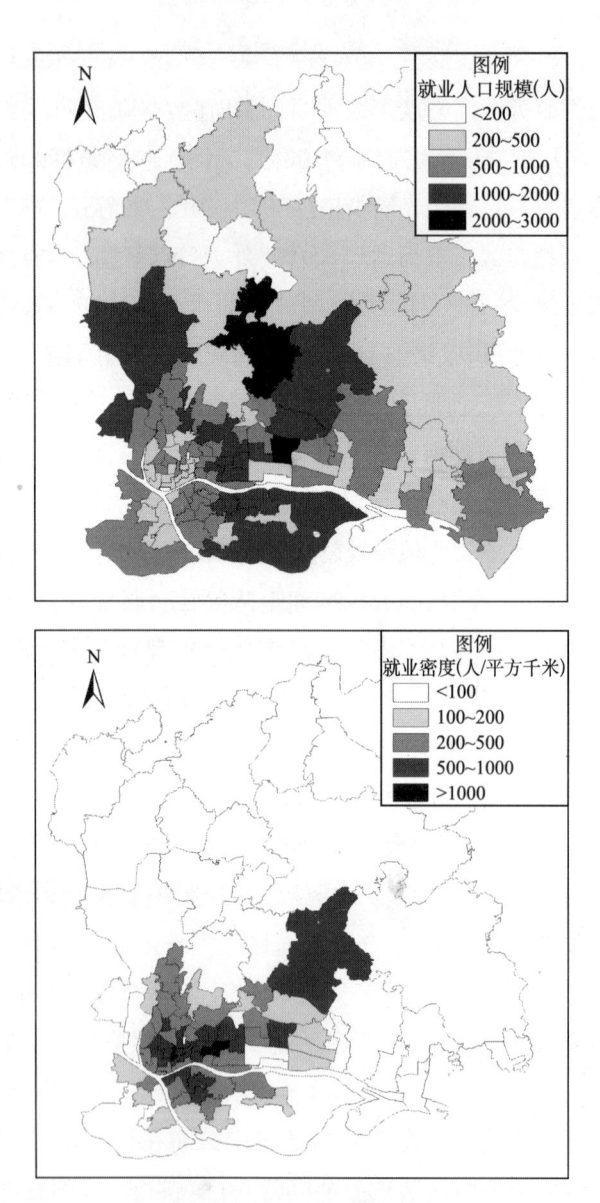

图 7—18 2000 年广州市社会性服务业高规模和高密度街区的空间分布

府、市政府及其所属机构高度集聚的区域;越秀区的诗书街、光塔街、东山区的珠光街道、华乐街、大新和一德、人民街一带也有着高就业密度特征,主要以卫生体育、社会福利、文化教育、广播电影电视等社会服务业为突出职能。此外,沙面街的国际组织机构管理(使馆区)、东华街的卫生体育和社会福利就业密度高,职能相当突出。

总体而言,广州市的社会性服务业就业相对集中分布在老城区和以外的边缘区,公共管理服务业一般位于中心区,呈集聚分布特点,其他社会福利等也呈较高程度集聚,高等教育则相对偏居一隅,呈集聚区位。与第五章的社会性服务业布局理论分析比较,广州市体现出明显的集聚分布特征。

(二) 2000年广州市服务业基础性功能空间分析

为了进一步考察广州市2000年服务业内部各行业基础性功能的空间分布状况,以广州市原市区范围的老八区的街道或镇为基本地域单元,计算每一个街镇单元的各类服务业区位商,并运用Mapinfo7.8进行空间分析。需要说明的是,由于2000年人口普查的行业人口分类中,消费性服务业合并在分配性服务业和社会性服务业中,没有单独列出,故在下列分析中,没有"消费性服务业"一类。

1. 生产性服务业

从空间分布上看,生产性服务业基础性功能最强的街镇主要分布在老城中心区——原东山区(黄花岗—环市东、农林下路—东山口)、越秀区(东风路一带)和天河区(体育中心—天河北、五山一带)、海珠区的新港路(中山大学)一带。生产性服务业区位商最高的街区为天河区的天河南街道(3.23)、东山区的黄花岗街道(3.09)。此外,区位商大于2的街区有越秀区的洪桥街道(2.99)、海珠区新港街道(2.97)、东山区梅花村街道(2.81)、东山区建设街道(2.73)、越秀区六榕街道(2.61)、天河区五山街道(2.49)、天河区林和街道(2.36)、东山区白云街道(2.35)、华乐街道(2.33)、东湖街道(2.28)、农林街道(2.24)、广卫街道(2.16)、大东街道(2.05)、越秀区东风街道(2.05)等,表明这些区域的生产性服务业相对于其他区域而言,更具有区域影响力和辐射力(图7—19)。

基础性功能最强的生产性服务业街区在空间上主要聚集在广州市老城中心区和天河新中心区,依托于广州市环市东和天河体育中心——天河北商务中心区(CBD)而布局;基础性功能较强的边缘区生产性服务业街区由于依托大学、科研机构等,在空间上表现出局部集聚,总体分散的布局特征。这与生产性服务业就业高密度街区的分布有类似特征。

2. 分配性服务业

分配性服务业区位商大于1的街区在广州市老城区东山、越秀、荔湾、海珠和新中心区天河区、外围区白云区、芳村区和黄埔区,呈相对均衡的分布特点。区位商大于1.5以上的街区主要有矿泉街道(1.9)、三元里街道(1.8)、岭南街道(1.77)、荔湾区多宝街道(1.67)、人民街道(1.63)、华林街道(1.61)、逢源街道(1.56)、北京街道(1.55)、站前街道(1.53)、黄埔街道(1.52)、石围塘街道(1.52)、沙东街道(1.51)、同德街道(1.5)、珠光街道(1.5)等。

分配性服务业大致分为两类。一类是交通运输仓储服务业。这类服务业在空间上一般依托交通干线和主出入口、汽车站、火车站、码头等交通枢纽设施,如白云区的三元里街道、同德街道,天河区的

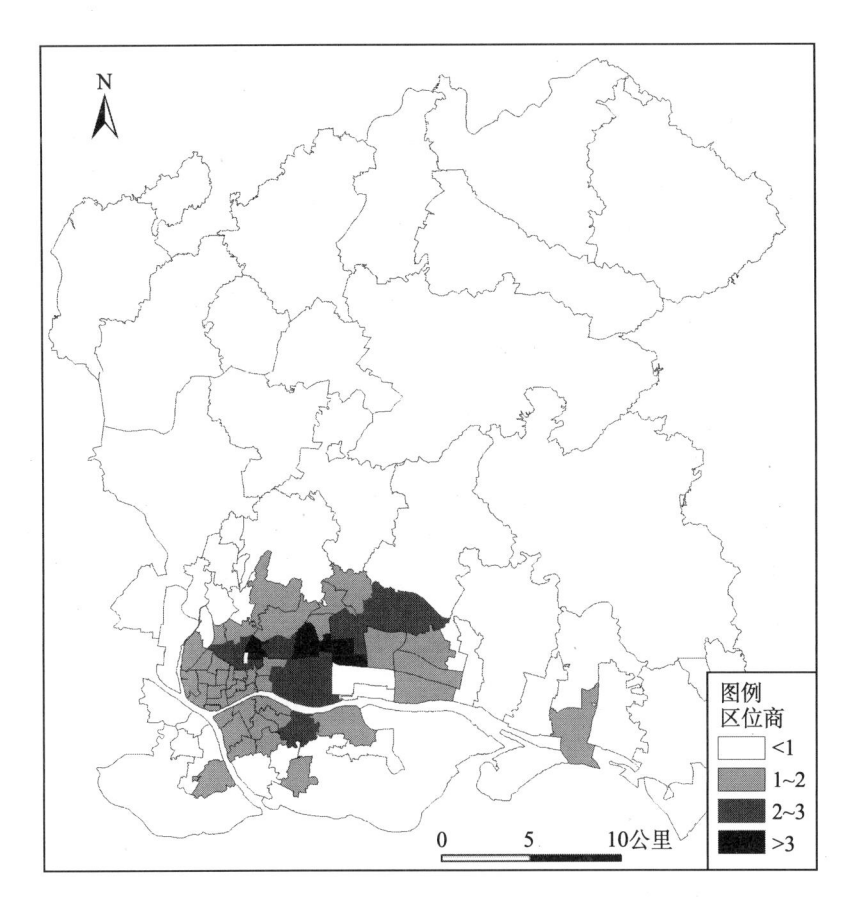

第七章　大都市服务业区位演变及布局特征　　　383

图 7—19　2000 年广州市生产性服务业区位商大于 1 的街区分布

沙河街道、黄埔区的黄埔街道、芳村区的石围塘街道、荔湾区的站前街道等都有汽车站、火车站或港口码头的分布,因而分配性服务业区位商较高,基础性服务功能较强,在空间分布上相对均衡(图 7—20)。

另一类是批发零售贸易住宿餐饮业。广州市老城区历来就是人口密集、传统商业服务发达的区域。荔湾区拥有著名的上下九—第

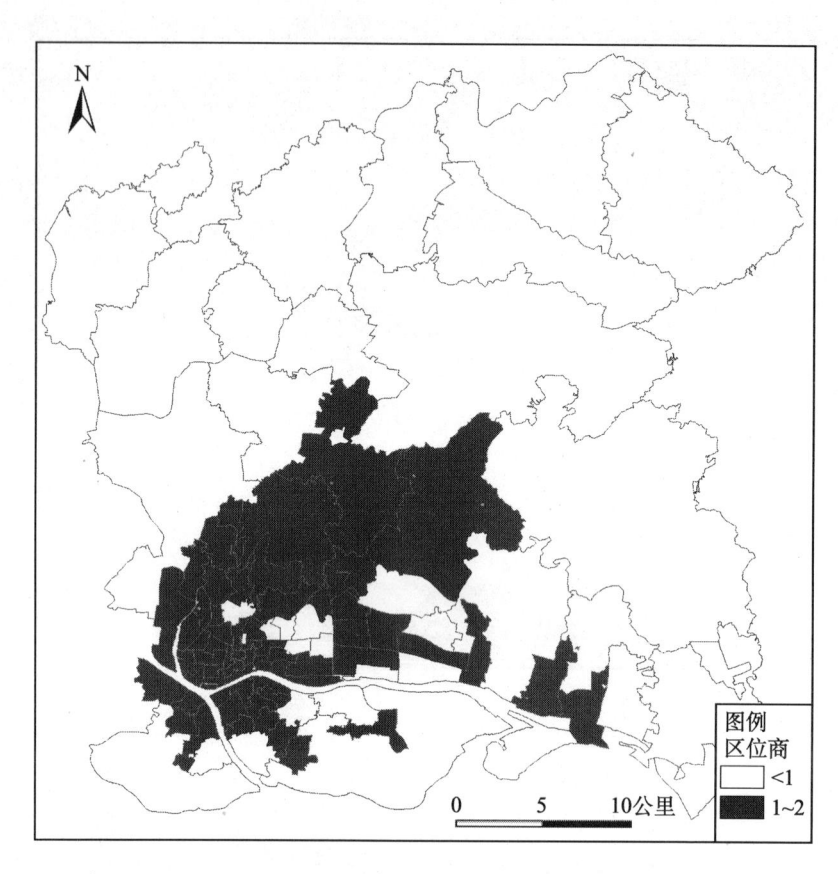

图 7—20 2000 年广州市分配性服务业区位商大于 1 的街区分布

十铺商业街及各类专业市场、星级宾馆、餐饮业等,越秀区的人民路—北京路是华南地区有名的商业步行街,另外还有中华广场等多个大型购物广场,东山区也有东山口—农林下商圈,而新中心城区—天河区分布着天河城、购书中心、宏城广场、正佳广场等现代化大型购物中心,海珠区西北部滨江地带、江南大道中商业服务设施密集等等,这些区域都是广州市辐射力较强的市级或区级商业中心区,批发零售餐饮和住宿功能齐全,因此区位商较高,在空间布局上相对均衡。

3. 社会性服务业

社会性服务业区位商大于 2 的街区为越秀区的流花街道(2.52)、海珠区新港街道(2.44)、东山区农林街道(2.41)、荔湾区沙

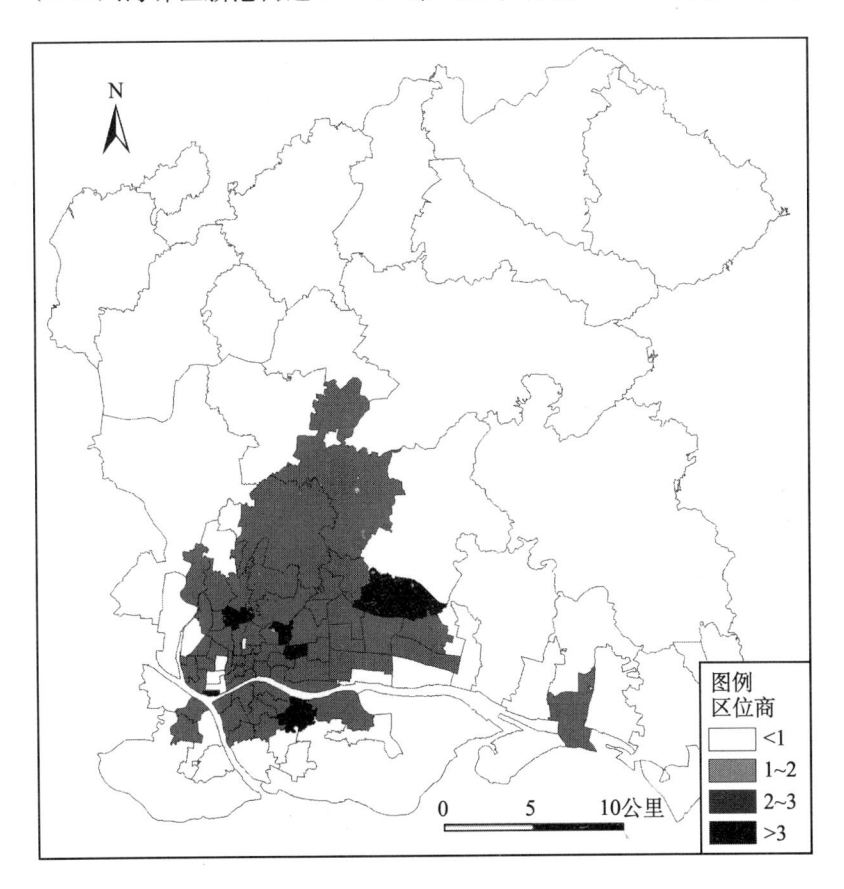

图 7—21　2000 年广州市社会性服务业区位商大于 1 的街区分布

面街道(2.23)、东山区华乐街道(2.21)、天河区五山街道(2.18),空间布局分散,彼此独立而不连续,与中心城区关联性不强;区位在1~2之间的街区则相对均衡地分布在老城中心区和新城中心区及其边缘地带,在空间上相对集中连片,包括东山、越秀、荔湾几乎全部,白云区的中南部、海珠区的西北部及中部滨江地带,另外还包括芳村区和黄埔区的区政府所在街区(图7—21)。

从本书前面的分析可知,社会性服务业一般包括卫生体育社会福利、教育文化艺术广播电影电视业和国家党政机关社会团体服务业等,从图中可以反映出,海珠区的中山大学、天河区五山街的华南理工大学等在高等教育科研方面具有明显的基础性功能,东山区的农林街和华乐街因分布着密集的省市党政机关而具有较强的基础性功能,沙面历史上是外国使馆密集的区域,至今仍然是国际组织分布集中的区域,因而具有较强的基础性功能和区域影响力。此外,社会性服务业作为城市基本的服务设施和机构,一般具有随着人口的分布而相对均衡布局的特点,但在我国集权式政府的社会,社会服务设施在空间上布局仍呈现一定程度的空间集中。

第三节 服务业区位形成的原因与机制

一、历史基础与文化因素

1. 建国前广州市发达的分配性服务业和消费性服务业的空间布局特征奠定了广州市服务业区位的基础。

广州市从公元前214年建城,迄今已有两千多年的历史,是岭南文化的中心,城市发展从时间上没有间断,城市中心的空间位置一直

第七章 大都市服务业区位演变及布局特征

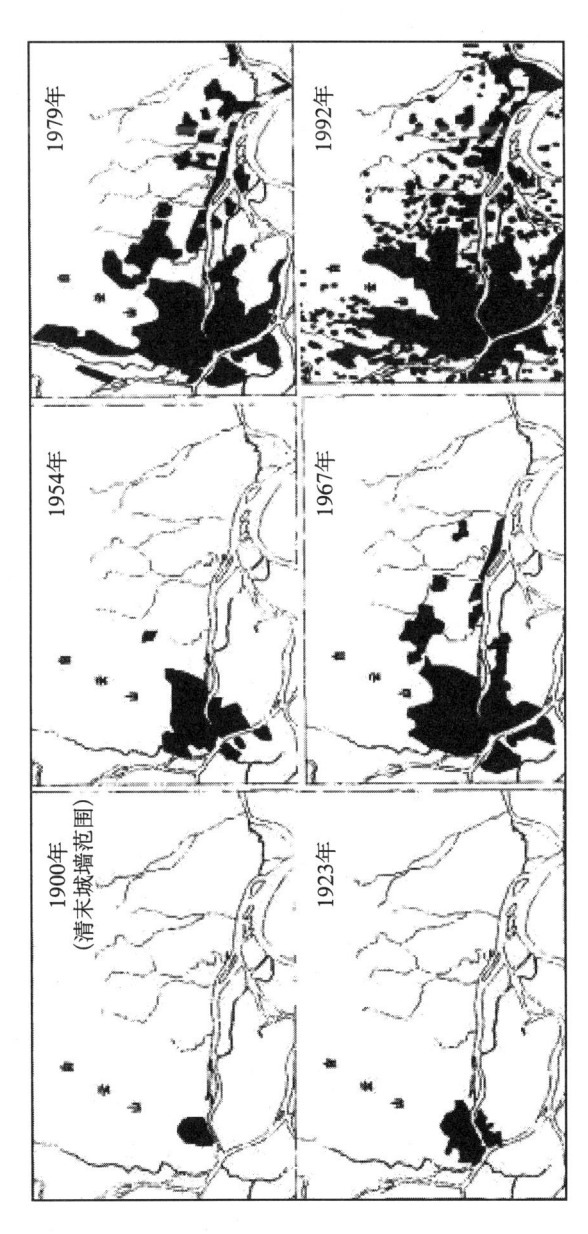

图 7—22 广州市城市建成区历史演变过程
（资料来源：胡华颖，1993）

没有改变。隋唐时期,广州市是对外贸易的重要港口,是海上丝路的桥头堡,城市中有三大商业区,中心是老城区,大致范围由西面的华宁里到东边的小北路,由北面的越华路到中山路,一千多年以前的商业中心与现代商业中心空间位置相当接近。明清时期广州作为中国唯一的外贸口岸,传统服务业获得极大发展,形成了中山五路—北京路、人民南—长堤、上下九—第十铺三个全市的传统商贸餐饮服务业中心。1937年爱群大厦的建成带动了近代金融业在沙面等地的兴起,而早期的岭南大学(位于海珠下渡)和中山大学(天河石牌)等大学所在地奠定了现在高等教育的空间布局基础。三个商业中心奠定了广州市现代服务业空间的基本格局。这是广州市老城区服务业高度密集的历史原因。

2. 计划经济时期广州市以公有制为主体的服务业有计划地布局是影响服务业现代区位格局的重要因素。

在计划经济时期,广州市服务业发展经历了一个特殊的阶段。工业化导向型发展使得部分服务业(如部分消费性服务业和公共服务业)的内部化,在空间上呈依附布局;传统的商业服务业仍然集中在原有的老城区,这一时期大量的交通与公共基础设施建设决定了与之相关的服务业的空间布局。如交通运输火车站、汽车站等建设决定了分配性服务业的基本格局,而华南理工大学、华南师大、暨南大学等高校的布局决定了现在的高教区位。这是形成广州市目前服务业空间分布的重要因素之一。

3. 重商务实的岭南文化对广州服务业区位的影响。

广州市服务业的空间格局脱胎于历史的轨迹,尽管商业中心开始东移,但历史遗留的商业繁华区北京路、上下九仍是现代广州的核心商业区。今天的商业网点布局延续了过去的空间形态,历史上形成的人文环境、人口环境和市场环境等是商业布局的综合条件。广州市自古崇尚经商,商业意识已渗透到市民的思想深处。广州人经济务实的作风、敏锐的市场洞察力、兼容并蓄的开放姿态,为广州市商业发展营造了良好的历史文化氛围。现代的商业业态和营销理念在广州易于被吸收和发扬,得益于长期形成的商业文化氛围。但另一方面,商业文化中急功近利的思想意识也在一定程度上阻碍了商业长远的发展。

城市的生活习惯和消费传统、价值观念等是决定广州市商业网点布局的深层次因素,如广州人喝早茶、夜茶的习惯,餐饮业应该迎合这种社会传统与习俗。现代商业发展要充分体现所在地域的历史底蕴和文化特色,采取保存、利用、创新等途径来承接历史文脉,塑造独特的商业景观、商业文化与商业形象。

二、制度因素与城市规划

在由计划经济向市场经济转型背景下的广州,政策因素对服务业的区位选择仍然有着十分明显的影响。

第一,服务业中相当一部分行业属于国有,如生产性服务业中的四大国有银行、保险业,部分房地产企业(如珠江投资公司等)、科研研究机构等。分配性服务业中的交通运输服务业(如铁路运输、公路运输、航空运输、港口运输等)、物流业仓储、邮政通讯(如邮政、移动和电信等),消费性服务业中的政府投资的宾馆酒店(花园酒店、广州大厦等),社会性服务业中的大部分行业等,这些企业或部门所有权和经营权属于国家。因而政府或政府利益的代表者拥有对企业区位的决策权利,它们的区位选择成本较小,不完全受市场规律的支配,甚至完全独立于市场之外。

第二，广州虽然早在1992年实行了土地有偿使用制度，对于经营性土地来说，计划经济时代的土地划拨方式已经被土地出让与拍卖的方式所取代，大多数经营性用地一般由企业和个人根据其付租能力和效用最大化原则，通过市场与地租原则自主选择土地区位。但土地国有的产权属性没有改变，特别是旧城改造和城中村改造过程中，许多土地产权的归属问题仍有很大的争议，因而土地价格市场并非完全的市场，制度影响使得土地市场存在许多"盲区"，因而不同所有制形式的服务业主体在区位空间竞争时，国有属性的垄断行业可以通过政府的政策干预途径获得其区位，而排挤非国有服务业，也可以通过制定土地市场准入制度和价格体系而排挤非国有竞争对手，从而影响服务业的区位空间格局。

第三，城市规划和政府的指令性安排决定城市服务业的基本空间格局。我国的城市规划体制是一个从上到下的垂直管理体制。我国城市规划法规定了城市规划的任务是："城市人民政府为了实现一定时期内城市经济社会发展目标确定城市性质、规模与发展方向，合理利用城市土地，协调城市空间布局和各项建设的综合部署和具体安排"，可见，城市规划具有明显的计划与行政特点。其对服务业区位选择的影响，主要是通过确定城市的土地利用的性质与类型、功能分区、数量比率等来限制或影响服务业区位选择，特别是城市公共服务设施在城市规划中有着更为具体的安排。在城市规划的宏观安排下，服务业在特定的有限范围内进行区位选择，因而形成特定的服务业空间格局，如天河新区CBD的早期开发、珠江新城的开发、大学城的建设等。

2000年广州市番禺、花都撤市建区后，《广州市城市建设总体战略概念规划》确定了"南拓、北优、东进、西联"的城市空间发展战略。

广州市服务业发展与布局必须以此为指导,遵循其所确定的城市发展战略、城市规划战略等核心内容,制定服务业发展规划,逐步推动中心城区商业服务业向东向南发展(图7—23)。

三、市场因素与地价因素

一方面,改革开放以后,在市场的推动下,广州市服务业获得了快速发展,随着人们生活水平的提高,对服务业的需求也日益增加,首先来自于生活与消费领域的需求大大增加,使得广州市具有良好基础的商业贸易服务和餐饮生活服务快速增长。在利润的刺激下,原来依附于工业企业或机关单位的服务业逐步独立出来,根据人口的分布和社区发展,重新选址布局。老城区的低层次服务业,为了规避高地价的压力、环境的恶化和足够的用地等,开始向外拓展,寻求新的发展空间,寻求集聚效应的高级服务业仍留在中心区,并在地租理论和空间区位竞争的作用下,形成了以老城区、天河新区等为代表的服务业集聚功能区、传统服务业逐步向外扩散的服务业空间格局。内部市场力量是服务业区位选择的主要动力。另一方面,改革开放以来,广州市服务业中的外资、合资等比重不断提高,主要体现在零售业、商业等领域。它们在区位选择方面一般集中在城市的中心、次中心或重要的节点枢纽位置,对整个服务业空间格局起着一定的影响。

(一) 人口分布与消费市场

人口密度与分布是服务业布局及其等级设置的重要依据,人口密度大,居民购买力强,相应地要求消费性服务业和分配性服务业网点数量及其规模大。根据国内外商业布局的经验,5 000人以下的

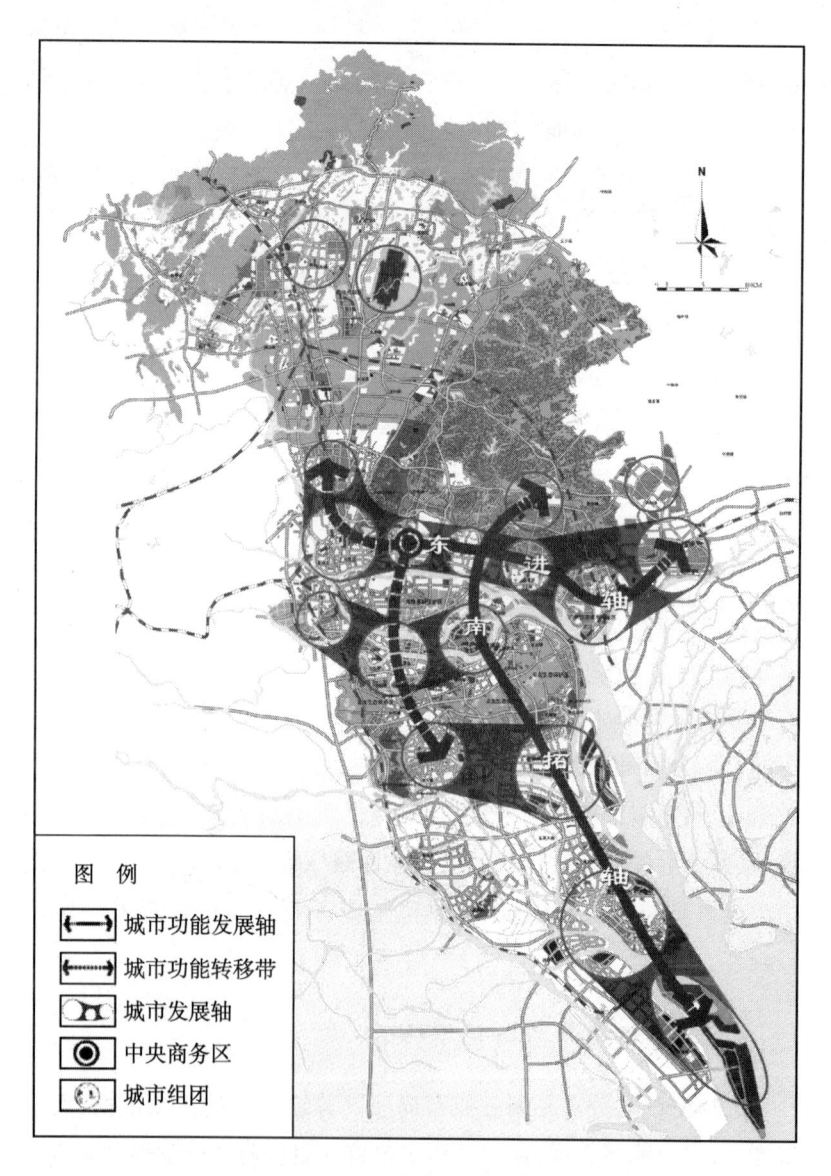

图 7—23　2001～2020 年广州市城市的空间结构与拓展

居民小区应设置一些小型超市、新鲜食品店、肉菜市场等满足居民日常需求的社区型商业网点。如果人口达到10万以上,应该设置区域性购物中心、超大型超市、商业街等。老城区人口密集,商业消费需求旺盛,地铁站点的设置比较密集,站点周围的商业网点规模和数量比人口密度偏低的黄埔区和白云区的大。

经统计分析,广州市各区社会消费品零售总额与人口数相关系数为0.798,在p值0.005上显著相关,说明两者相关性比较强。从图7—24上也可以看出两者的走向较为一致,人口数量大的区,其社会消费品零售总额相对较大,如东山、荔湾和越秀等区。

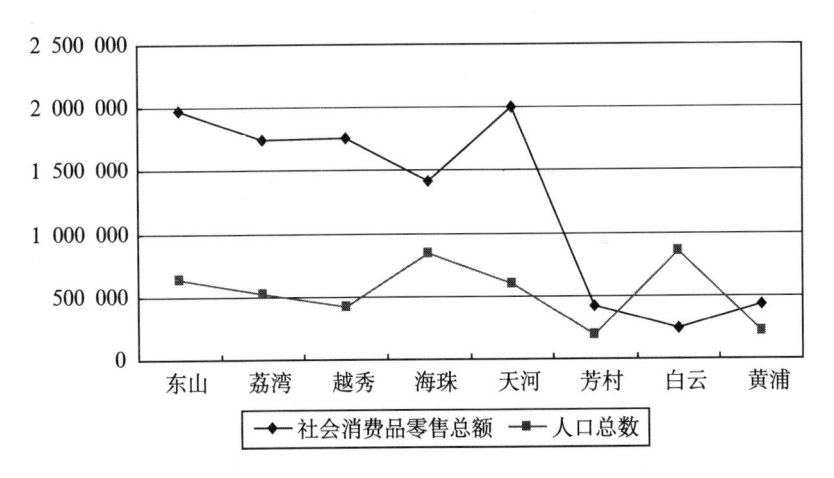

图7—24 2000年广州市八区总人口与社会消费品总额相关分析

(二) 地价因素

不同的经济活动对地价的支付能力不同,因此地价的变化相应地会导致土地利用方式的置换。与其他行业相比,大中型零售商业和办公等生产性服务业是属于利润最高的行业,地价支付能力也最高,地价是影响服务业区位选择的重要因素之一。

交通可达性是影响地价的基本因素,城市道路与轨道交通便捷程度对周边地区地价有很大的影响。城市道路和轨道沿线地区由于交通便捷,空间关联性好,土地可带来的收益增加,因而地价相对较高。在交通合理区,尤其是步行合理区,土地集约化程度、土地利用收益、土地需求和稀缺程度等方面高于城市的其他地区,在激烈的市场竞争下,产生附加值最高的生产性服务业和大型零售业等才能获得最大的收益,以支付现有的最高地价。因此,生产性服务业和大型零售办公业一般集聚在城市中央商务区。如图7—25所示,综合用地基准地价从高到低基本上呈同心圆分布,广州市交通便利,有地铁连接的东山区和体育西、天河北地区基本上处在地价最高地段,地价处在1~3级地价内。而围绕城市中心区的次中心区域,除了赤岗和琶洲位于相对较低地价段外,其他地区都处于1~3级地价内。这些地区内主要分布着大量的消费性服务业,批发、零售等分配性服务业和大型公共服务设施等社会性服务业。再往外围地区,地价则是4~6级不等。从土地利用类型看,则主要分布着批发仓储业、次级公共服务设施等社会服务业。

四、交通设施因素

交通是服务业空间布局的基本需求之一,是引导服务业空间布局的重要外部力量。人口的迁移和产业的扩散一般都是需要依赖一定的路径才能完成。而在迁移过程中沿交通干线或者节点布局是一种十分普遍的现象。特别是城市商业网点的发展与交通网络的完善有着密切的关系。近年来广州市积极构筑高快速路和快速轨道为核心的都市圈"双快"交通体系,形成了以新白云国际机场、广州港口体

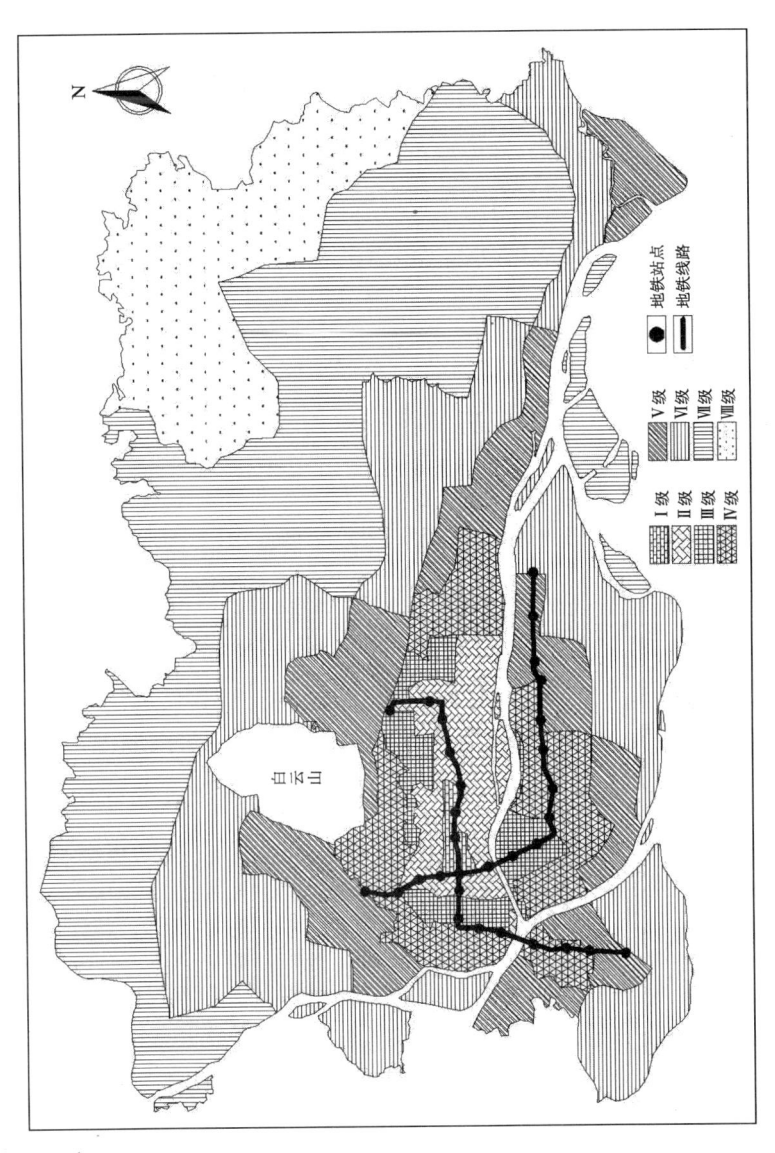

第七章 大都市服务业区位演变及布局特征

图 7—25 2003年广州市基准地价综合用地级别

系、城际快速铁路为龙头,以高快速道路交通为基础,以公共交通为主体、以轨道交通为骨干的大都市交通格局。交通设施的改善一方面提升了现有服务业的区位可达性,同时也引导着不同类型服务业沿线路和节点进行布局,随着城市空间的拓展,向东部地区和南部地区转移。此外,交通是导致服务业郊区化的重要因素之一,从广州市番禺区华南板块房地产的开发可以看出,郊区的可达性提高,零售业商业和消费服务业等逐步向郊区扩散,并在局部地区集聚,形成服务中心。

(一)轨道交通对现有服务业空间布局的影响

地铁对服务业,尤其对零售商业区位产生重大影响,影响城市服务业与商业空间。广州地铁 1 号线的开通带来了沿线商业的繁荣,从东向西将广州市五大都会级商业区连接起来:天河商业区、东山商业区、大东门商业区、北京路商业区、西关商业区。地铁 1 号线开通初期,沿线仅有天河城购物中心,随后的短短四年内(1998~2002年),涌现了沿线四个大型购物中心,即 1999 年的中华广场、2001 年的中旅商业城和恒宝华庭,2002 年的中泰广场、康王商业城等。地铁 2 号线的开通也迅速刺激了沿线商业的发展,如市二宫的蓝色快线、江南西的万国广场、客村站的丽影商业广场等区级商业中心,今后随着地铁网络的形成,更多的地铁商业会发展起来。

地铁在强化了老城中心商业区的同时,促使了商业重心向东移,这与城市中心的东移基本同步。如广州地铁 1 号线开通后,打通了城市东西向通道,加强了天河和芳村与老城区的联系,天河城天南百货和吉之岛 7 月份商业销售额分别比上年净增长了 43% 和 20%,在天河体育中心站形成了由天俊商业街、正佳广场、宏城广场、天河商贸城、吉之岛百货、天河购物中心等大型购物中心,天河购物中心将成为广州市几大商业区中规模最大、业态最现代等第一大商业区,商业重心逐步向东移。

居住的郊区化,必然要求建设商业配套服务设施,而导致商业郊区化,美国许多城市郊区大型的购物中心就是属于此类。广州市地铁在促进商业向商业区进一步集聚的同时,也促进了商业的郊区化。与国外相似的是,广州商业的郊区化都是以居住郊区化为先导的,如洛溪桥的建成,带动了广州华南板块大型房地产项目的开发,拥有广州碧桂园、丽江花园、华南新城等国内著名楼盘,地铁3号线在此设立了大石、汉溪等站点,番禺区政府规划在地铁3号线大石出口处建立一个华南片区的大型现代商业服务中心,在汉溪站出口处建立汉溪现代商贸中心。可见,地铁对广州市商业服务业郊区化的带动是非常巨大的。

随着轨道交通网络的完善,商业圈之间的物流互动,东西城区购物人流的渗透都得到加强,旧城区的商业地位重新得到回归,新城区的商业更是如虎添翼。由此带动的"轨道经济带"将快速膨胀。广州地铁1号线开通后,广州现代化大都市商业格局初步形成;地铁2号线规划刚一亮相,就拉动了海珠区、白云区的楼盘销售和商业网点的发展;而地铁3号线也导致了海珠区、番禺区的楼价再次攀升和南部商业设施的增加和商业中心的形成。

(二) 未来广州市轨道交通建设

为实现城市交通与重大基础设施、重大支柱产业、土地开发等相配套,实现与新机场、广州新客站、国铁、珠江三角洲城际轨道交通的衔接,以及综合考虑投资强度和可实施性,2005年广州市城市轨道

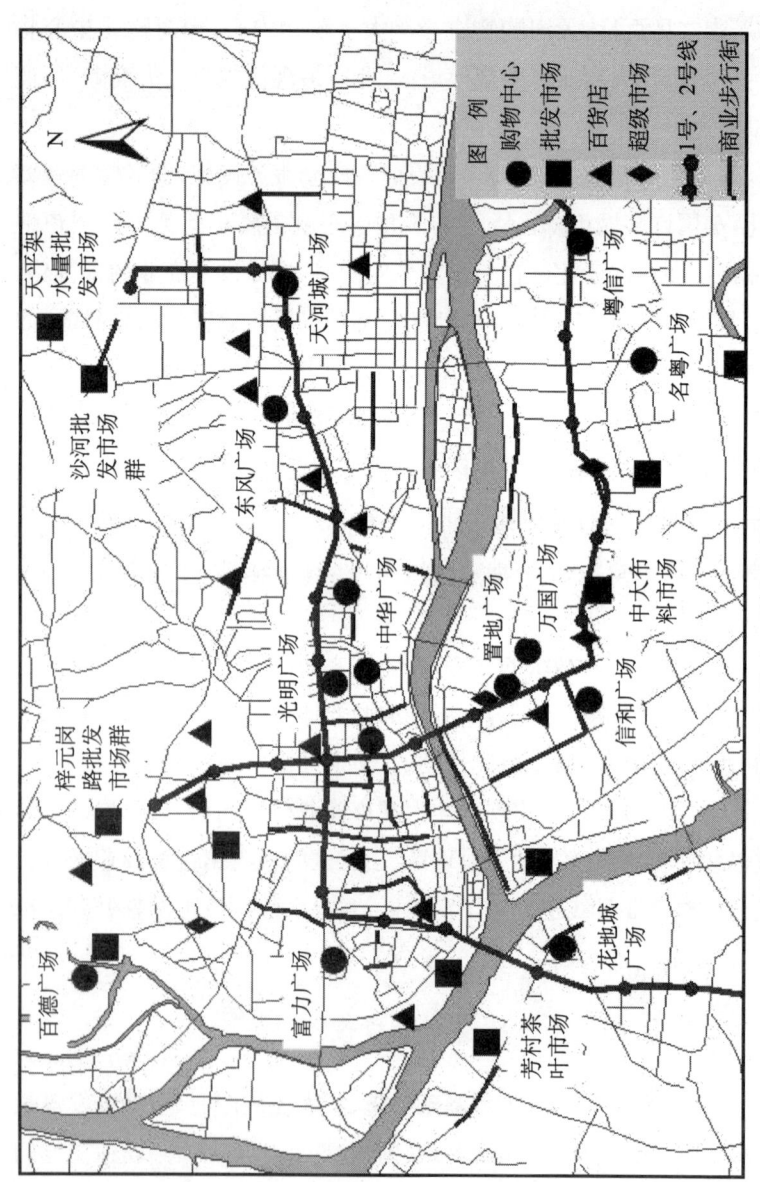

图 7—26 轨道交通影响下的广州市商业服务业服务网点分布

交通建设规划调整为：至 2010 年，包括 1 号线、2 号线、3 号线、4 号线、5 号线、6 号线、7 号线、8 号线、9 号线（9 号线的建成时间为 2013 年 12 月），共九条线路，长度 255 公里，164 座车站规模的城市轨道交通线网。广州市 2010 年前将建成 255 公里的轨道交通线路，包括 8 条线的城市轨道交通线网。其余线路，即地铁 9 号线、10 号线、11 号 A、B 线、12 号线、13 号线计 210 公里，以及广佛线、广珠线、广深线等城际轨道交通计 40 公里将在 2010 年之后陆续建成通车。

轨道交通线网规划及近期建设规划的出台，要求地铁沿线服务业布局应充分利用地铁带来的人流集散的特点，紧密依托地铁线路的走向、站点的设施及建设时序。在空间上合理布局和安排各类商业服务设施，根据线路的土地利用特征、主导功能、人口规模、产业结构和消费水平等，确定不同类型服务业的规模、业态组合与建设时序，并构筑以地铁线为依托商轴和以地铁站为依托的服务业综合功能区。在"南拓、北优、东进、西联、中调"的城市空间宏观发展战略指导下，以广州市概念规划、轨道交通规划、商业网点规划等规划政策指引为导向，实施以点托线、以线带面的地铁商轴发展战略，形成地铁商业网点空间结构为"一区二轴四线"的网络型地铁商业网点空间格局。

五、信息技术因素

信息技术对服务业区位的影响主要是通过网络技术和各种现代化信息传输手段的综合利用，使得个人之间、企业或组织之间的联系更加快捷方便，面对面接触的减少、交通成本的节约、效率的提高等等，改变了传统的距离对企业行为、个人行为等影响方式，使得时空压缩，从而导致了公司、个人、政府、机构等空间组织行为发生了变化

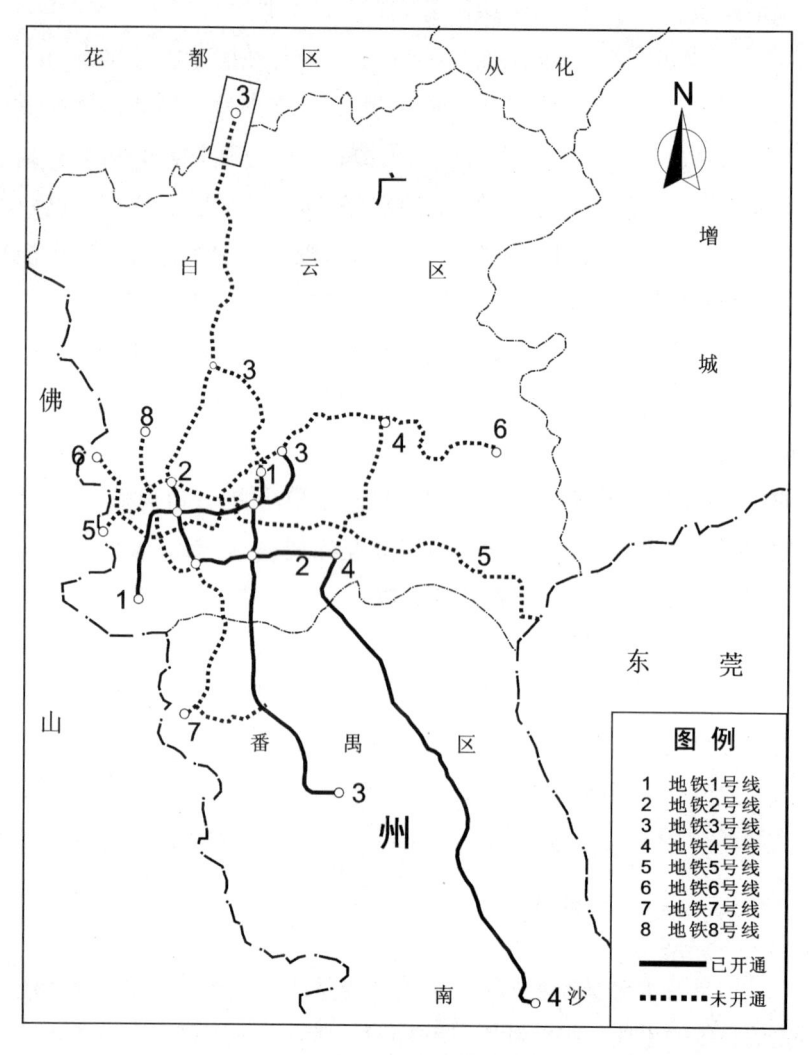

图 7—27 广州市轨道交通线网规划

(甄峰,2001),使企业或单位在区位选择时对交通设施的依赖性、对顾客的依赖性等降低,企业在任何信息通达性好的地方布局成为可能。信息技术对广州市服务业区位选择的影响主要体现在:一方面,信息技术的发展导致了信息技术依赖型生产性服务业的高度集聚,如环市东、天河新区高级生产性服务业的生产性服务业就业人口和基本单位集聚上升;同时老城区传统服务业就业人口和基本单位比重下降,逐步向外扩散。另一方面,信息技术的影响,提升了边缘区的信息区位条件,使得广州城市人口与产业的郊区化出现。2000年以后,随着广州市地铁网络化的形成,以及手机的普及和宽带网络的覆盖等信息技术的发展,服务业的布局在广州市内的区位选择更加灵活自由,中心城区服务业就业人口和机构将逐渐减少,随着广州市东进南拓的空间发展,广州市外圈层将形成北部花都区、新白云国际机场空港服务业集聚区、东部罗岗制造业—服务集聚区、南部新火车客运站综合物流商贸服务集聚区、南沙重化工业与港口服务集聚区、西部花地新城生活服务业聚集区等区域级服务业集聚中心。同时广州市都会区内部也将形成四大商务型服务业集聚区:珠江新城中央商务服务业聚集区、大学城科教研发文化型服务业聚集区、琶洲会展商务型服务业集聚区、广州新城行政办公商务型服务业集聚区。

第四节　服务业布局的总体特征

一、广州市服务业基本单位空间分布特征

老城区的生产性服务业比重下降,而新城市中心区天河的比重快速上升,边缘区比重很小且略有下降;生产性服务业基本单位的空

间集聚程度虽然有所下降但仍十分明显。

分配性服务业的总体分布是从集聚走向逐步均衡,城区与城区之间的差距逐步缩小,主要分布在中心城区和新城市中心区,基础设施好的边缘区也逐步增长。

消费性服务业基本单位开始从集聚分布状态走向逐步均衡的空间格局,老城区基本单位比重略有下降,集聚程度仍然很高,新城市中心区天河区比重上升,边缘区除了白云区略有增长外,其他区变化较小。

社会性服务业基本单位在老城区的集聚逐步减弱,外围区域白云区和天河区增长较快,说明社会性服务业随着人口增长、规模扩大而逐步发展。

二、广州市服务业就业人口空间分布特点

第四次和第五次人口普查和基本单位的数据分析表明,广州市老城区服务业就业人口比重下降,天河新中心区和外围区逐步上升,服务业人口逐步由集聚走向扩散,空间差异逐步减小。

关于广州市老八区服务业基础性功能特征。各区服务业内部各行业的区位商变化看,东山、越秀、荔湾和海珠区等老城区的生产性服务业基础性地位有进一步提高的趋势,而天河区反而略有下降。老城区的分配性服务业和消费性服务业基础性地位略有下降,而黄埔等外围区略有提高;社会性服务业的基础性地位,老城区呈总体上升趋势,天河区略有下降。

关于广州市街镇层面的服务业就业规模及密度分布特征。从街镇单元进行分析,广州市服务业就业规模及密度、基础性功能的空间分布特征如下:

生产性服务业高规模街区集中分布在老城区和天河新中心区,呈双核结构。高密度街区集中分布在东山区、越秀区以及天河区的北部和中部,东山、越秀等老城区空间集中连片,天河区、海珠区的两个高密度街区呈空间分离状态。两者在边缘区呈空间分离状态,高就业规模和高密度的区域在城市中心区以外空间上局部集聚、相对分散。

分配性服务业高规模街区中心城区分布少,外围地区分布有一定的连续性,呈离心分散状,局部聚集、总体分散分布,高密度街区主要集中分布在老中心城区,相对集中连片,新中心区天河区有零星分布,相对分离。

消费性服务业的就业密度高的街区在空间上比较分散,在越秀、东山、荔湾等老城区都有分布,街镇尺度的就业高密度街区与高规模街区基本吻合,体现了其依托于人口较均匀分布的特征。

社会性服务业的高规模街区空间分布较为分散、不连续,主要分布在城市中心区的外围地带,呈多核集聚区位。高密度街区集中分布在传统中心城区东山、越秀、荔湾区,海珠区西北部滨江一带,其密度变化是由市中心区向外围递减,外围高密度区的分布依托教育设施而在空间上相对独立。公共管理服务业一般位于中心区,呈集聚分布特点,其他社会福利等也呈较高程度集聚,高等教育则相对偏居一隅,呈局部集聚的区位特征。

三、广州市服务业区位选择的总体特征

通过对广州市街区各类服务业就业人口的就业密度与空间分布的分析,得出了各类服务业的基本区位特征及规律:生产性服务业一般具有集聚区位特点,金融保险房地产等办公活动倾向于布局在城市的CBD,科学研究与技术服务、计算机等往往呈局部集聚区位,如

依托高等院校分布。分配性服务业由于行业的性质不同,有多种区位类型:交通运输设施一般布局在城市的外围或交通节点附近,呈依附集聚区位;大型零售业或专业性商业街等位于城市的中心商务区或次中心区高度集聚;批发业与物流业一般在城市的边缘区依托交通设施呈局部集聚。消费性服务业中,高级旅馆和商务性星级酒店一般布局在城市的商务中心区或次中心区;一般零售餐饮业和居民服务业在区域上相对分散,依托人口分布,但集聚仍然明显。社会性服务业中,高级行政管理中心在城市的中心区或次中心区一般呈明显集聚区位;社会福利、卫生体育、广播电影电视等行业相对比较均衡,但仍然呈一定的集聚分布规律;高等教育文化等则依托大学局部集聚。

四、广州市服务业区位形成机制

总体而言,广州市不同类型服务业的区位总体格局是集聚型区位,扩散的趋势还不明显,老城区集中了各种类型的服务业,服务业分布的区域差异十分明显。特别是消费性服务业和社会性服务业的过度集聚将不利于整体城市的服务业分布格局的优化,难以形成理想的服务业空间格局,也不利于城市空间结构的优化和城市的健康发展。分析其形成的机制,其中历史因素是影响广州市服务业区位格局形成的基础和前提,制度因素则是形成服务业区位格局的关键因素,城市规划的作用对城市服务业空间格局有着明显的导向作用,对未来服务业空间格局影响深远;交通设施对服务业区位的空间引导力正在日益凸现,决定了服务业空间格局的基本骨架;此外,信息技术因素也对服务业区位的影响发生潜移默化的作用,是导致服务业总体扩散的主要原因(图7—28)。

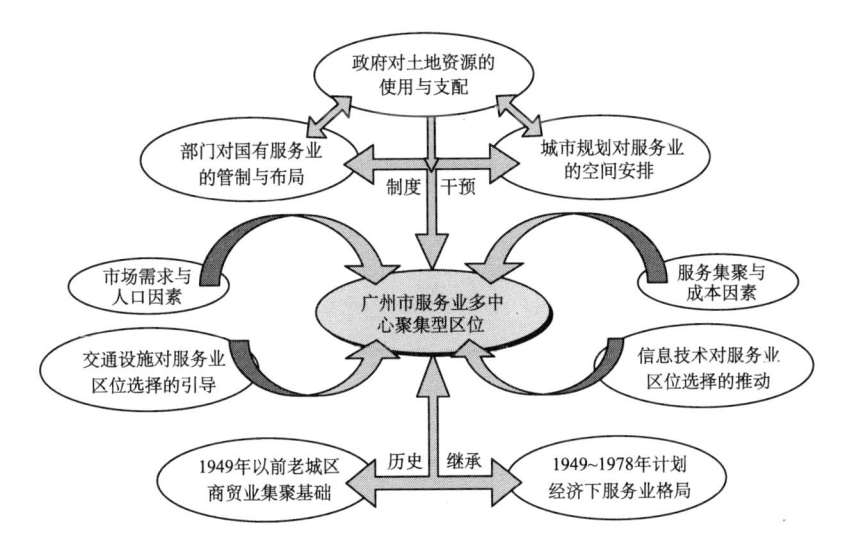

图 7—28　广州市服务业空间布局及区位选择形成机制综合分析模型

第八章 研究结论与展望

第一节 本书的主要结论

本书主要围绕服务业区位理论,进行了六个方面的探索工作。首先,探讨了服务业分类方法、区位基本概念及理论体系的构成,对国内外服务业区位研究的成果进行了归纳总结和评述。其次,总结和分析了大都市服务业发展的特征与趋势。第三,构建了服务业区位因素体系理论。第四,探讨不同类型服务业的区位选择特征、因素、模式及区位类型。第五,通过问卷调查对服务业区位因素理论进行检验。第六,分析总结了广州市服务业空间演变及区位类型,检验前面的理论。

一、我国服务业分类的探讨

服务业是西方国家对第三产业的普遍称法,目前国外对服务业的分类法有很多,其中流传较广的是依据服务业产品的功能及所使用的对象的辛格曼四分法:将服务业分为生产性服务业、分配性服务业、消费性服务业和社会性服务业。改革开放以来,我国学者和政府一直使用"第三产业"称法,其内部分类是1985年国家颁布的第三产业四层次划分法。但随着经济的发展和时代的进步,服务业出现的多样化和高级化趋势，国内对第三产业的分类已经越来越不能反映第三产业发展的实际情况，也无法很好地跟国际接轨，而且四层次划分法本身就存在标准不统一、分类模糊等缺陷。2002年我国颁布了新《国民经济行业分类》，在三级分类中与国际标准产业分类实现了基本对接。但二级分类法仍然无法统一。为了便于研究，本书采用了西方服务业四分法，结合我国的第三产业内部行业分类，将其归并到服务业四分法中，从而解决了服务业分类不科学、无法与国际研究对比的难题，并将其应用到理论与实证分析中。

二、国内外大都市服务业结构、层次及发展趋势的对比

分析表明，纽约、伦敦和东京等国际大都市的服务业综合发展水平高、结构层次高级化，其服务业一般具有如下特点：第一，服务业高度集聚，在产业体系中主导绝对主导地位；第二，服务业的结构与功能完善，服务业经济实力强大；第三，金融保险、房地产业和商务服务业等生产性服务业占据整个服务业的主导地位；第四，信息密集服务业和生产性服务业发展迅速，成为策动地区增长，主导城市发展的核心产业。随着时代的发展，出现了高层次生产性服务业集聚强化、新兴服务业不断涌现、生产性服务业国际贸易比重越来越高等特点。

分析表明，我国三个大都市上海、北京与广州的服务业结构特征已经出现了经济服务化倾向，但北京、上海、广州的服务业结构层次偏低。生产性服务业的就业与增加值比重上升很快，并占据越来越重要的地位，内部结构特征出现了高级化发展趋势。信息化推动着服务业内部的高级化，生产性服务业逐步成为我国大都市发展的新动力。

三、大都市服务业区位因素体系

区位因素是区位理论体系中的重要组成部分,工业区位论的创始者韦伯首先提出了区位因素的概念及分类,并构建了工业区位因素,后来米勒等也提出了工业区位因素的分类。随着信息技术的进步,以知识、技术为基础的区位因素正在取代传统要素型工业区位因素,服务业在性质与功能上与工业相去甚远,虽然国内外学者对服务业区位因素的分析作出了许多贡献,但迄今为止,还没有一个学者对区位因素进行系统的分类,并进行理论阐述。

(一)服务业区位因素体系

本书将服务业区位因素纳入到服务业理论体系中,进行系统思考和综合分类,首先考虑到区位因素的复杂性、多样性与统一性,注意到了信息技术影响下区位因素的变化,结合服务业本身的特性和要求,提出了服务业区位因素体系:经济因素、空间因素、科技因素和人文因素四大类,再将四大类因素分为八类二级区位因素:市场与集聚因素、劳动力与人才因素;交通通信因素、空间与环境因素;科技创新因素与创新环境因素;政治制度与历史文化因素。并根据其相互关联性,构建了服务业区位因素的菱形结构图,从而使区位因素分类走向系统化和综合化。

(二)区位因素对服务业影响途径、程度和机制

本书不仅仅停留在此,并进一步对四大类区位因素进行了深入分析与讨论,在基于交易—成本理论、新古典经济学的理论、制度经济学、地租理论等支持下,对各具体的区位因素影响服务业区位选择

的途径、机制等进行了深入分析,并提出了相关模型或机制。

1. 经济因素是服务业区位选择的基本因素,它是解释服务业区位行为的着眼点,包含市场与集聚因素(提出了服务业集聚与城市增长模型、服务业集聚的边际成本与边际效益模型);劳动力与人才因素等。

2. 空间因素包含交通可达性因素、通讯与信息区位因素(提出了交通与信息因素对服务业区位选择的影响模型)、空间因素(土地与空间结构因素,提出了市场机制下土地因素影响服务业区位选择模型)与环境因素(宏观空间与微观环境)等。

3. 科技(创新)因素包含科技创新要素(知识、技术、信息与人才)和创新环境(制度、资金和市场),提出了创新环境形成模型。

4. 人文因素包含制度因素(经济体制、土地制度、政府管制因素和政府管理效率与形象等),提出了不同经济体制与土地所有制下服务业区位选择模型与社会文化因素(社会安全、邻里与社区文化、历史文化因素等)。

(三) 服务业区位选择的四大动力机制

在分析四大类因素对服务业区位选择影响的基础上,总结出了影响服务业区位选择的四大动力机制,包括政府宏观调控力、市场经济驱动力、技术创新推动力和交通设施引导力。并解释各个动力机制影响服务业区位选择的机制与模式。指出了政府因素是普遍存在的重要区位影响力量,市场力量是区位选择的根本驱动力,技术创新是外部推动力;而交通引导则是空间导向力。

四、服务业区位特征、影响因素及区位选择模式

(一)四大类服务业区位选择特征、影响因素及区位选择模式

1. 生产性服务业。具有生产要素高等级、高投入、高风险、高产出等特点,区位选择要求有中心集聚特点;高等级生产性服务业高度集中在城市CBD或城市次中心位置的区位特点和其分支机构部门集聚分布在次中心等特点;本书深入剖析了易达性因素、集聚因素、信息技术因素、创新因素和声誉等对生产性服务业的影响途径、机制及程度方式等;最后提出了生产性服务业区位选择模式图。

2. 分配性服务业。分配性服务业的行业特性有"物流、商流、信息流与人流"等"四流"特征,分配性服务业与生产、消费环节所构成联系紧密的空间关系;分析了不同类型分配性服务业区位选择要求;总结了交通运输、物流仓储、邮电通讯、批发业和零售业等不同类型分配性服务业区位布局的规律。探讨了其区位因素:易达性因素、市场因素、信息技术因素、土地与空间因素、历史与制度因素等对分配性服务业的影响机制、方式及程度;最后总结出各因素共同作用下的区位选择一般模式。

3. 消费性服务业。消费性服务业的行业特征是提供最终消费服务,与消费者密切接触、消费的层次不同等特点。分析了不同类型服务业的不同区位选择要求,即高等级旅馆接近CBD,低层次旅馆和其他消费性服务业接近消费者和人口布局。根据其要求,归纳总结了不同类型消费性服务业的布局规律。高档消费服务接近CBD或次中心,低层次服务业随人口而分布。从市场因素、可达性因素、

集聚因素和空间环境、其他因素等方面分析了它们对消费性服务业区位选择的影响。最后提出了消费性服务业区位选择模式。

4. 社会性服务业。首先分析其含义、构成和公共、半公共产品等行业属性,指出了其非经济性和非排他性等特点。分析了其公平与效率、充足性、易达性和经济性等区位要求。归纳出几种区位类型:依托人口分布和居住的均衡区位、中心性与集聚区位、历史区位和离心区位等。分析了公平与效率、制度因素、可达性、历史文化等区位因素,总结出社会性服务业区位选择模式。

(二)服务业区位选择的区位因素、区位模式和区位类型总结

1. 不同类型服务业区位的总体特性。四类服务业是服务经济体系中的有机成分,它们之间相互关联、相互制约。服务业区位因素是不同类型服务业的区位因素空间叠加的结果,它们共同导致了服务业的空间格局。不同类型服务业区位动力机制是不同的,但又是相互联系的,各个区位因素和动力机制决定了不同服务业的区位布局规律,各类服务业区位布局特征在空间叠加从而形成了城市内部服务业区位格局。

2. 综合服务业的区位,可分为集聚型区位(包括中心集聚型区位、次中心集聚区位和局部依附集聚区位)、依托人口的均衡式区位类型、离心区位(离心型集聚与离心分散)、历史区位、随机区位等,它们可以对应不同的城市空间。如集聚型区位可以对应CBD或城市次中心,均衡型对应居住区,离心型区位对应郊区或边缘区,历史区位则对应具体的历史建筑和遗迹等。

五、服务型企业(单位)区位选择实证研究及结果

广州市服务型企业(单位)的问卷调查分析表明,服务企业主体普遍认识到区位选择的重要性,服务型企业自主区位决策的比率占据主导地位,市场的力量对区位选择发挥着重要的影响作用,并且服务业区位主体的区位选择越来越趋于理性。但政府的力量仍起着不可忽视的作用,政府的影响力较西方国家更明显。

信息技术对服务业的区位选择显现出较为明显的作用,信息技术和电子商务在生产性服务业中应用最为广泛,其次是分配性服务业,消费性服务业和社会性服务业应用较少;相反,面对面传统接触方式在消费性服务业和分配性服务业(零售业)中比重最高,生产性服务业则较低。

上述两点基本上与第四章和第五章的区位因素理论分析基本一致,不同的是广州市服务业区位选择仍受制度影响更强烈、对区位认识程度不足,信息技术影响还停留在较低层次。

生产性服务业的区位条件最优,其次是消费性和社会性服务业,分配性服务业区位条件较差。区位效果与不同区位决策方式与区位要求的相吻合。

从实证中归纳总结看出,影响生产性服务业的区位因素中,可达性是主导因素,市场与集聚居于其次,再次为空间因素和科技创新因素,对比理论分析,信息技术的影响明显偏弱;分配性服务业的区位因素中,市场因素和人文因素影响显著,交通与空间因素居于其次,信息技术和政府管制等因素也有不可忽视的作用,其中,社会安全因素十分显著使之与国外理论差别明显;消费性服务业主要受市场与空间因素的影响显著,其次是交通与社会安全因素,第三是经济因

素,信息技术影响很弱,基本上与理论分析相互耦合。社会性服务业的主导区位因素为制度因素与文化因素,其次是空间因素与人口分布,再次是市场因素,此外信息技术也产生一定影响,实证与理论分析基本吻合。总体而言,人文因素(制度与安全)与可达性、空间因素是影响广州市服务业区位的关键因素,体现制度的普遍影响。这些都与理论存在一定的差别。

六、服务业的空间演变及区位类型

伴随着服务业的发展,广州市服务业的空间布局也在不断的调整变化之中,中心老城区一直是历史上服务业的集聚分布区。而建国后至改革开放时期,服务业发展一度停止,商业服务业中心一直保留在原来的位置,社会性服务业和分配性服务业在东部和南部有一定发展。改革开放以来服务业进入快速发展轨道,服务业在城市内部同时存在集聚与扩散两者运动形态,传统服务业与服务人口开始从老城区向外扩散,生产性服务业则在老城区、环市东、天河北中心区出现集聚强化的趋势,是广州市服务业区位区别于国外一般经验的典型特征。

通过广州市街区各类服务业就业人口的就业密度与空间分布,得出了各类服务业的基本区位特征及规律。生产性服务业一般具有集聚区位特点,但金融保险房地产等办公活动倾向于布局在城市的CBD,而科学研究与技术服务、计算机等往往呈局部集聚区位,如依托高等院校分布。分配性服务由于行业的性质不同,有多种区位类型:交通运输设施一般布局在城市的外围或交通节点附近,呈依附集聚区位;大型零售业或专业性商业街等位于城市的中心商务区或次中心区高度集聚;批发业与物流业一般在城市的边缘区依托交通设施呈局部集聚;消费性服务业中,高级旅馆和商务型星级酒店一般布局在城市的商务中心区或次中心区;一般零售餐饮业和居民服务业在区域上相对分散,依托人口分布,但集聚仍然明显;社会性服务业中,高级行政管理中心在城市的中心区或次中心区一般呈明显集聚区位;社会福利、卫生体育、广播电影电视等行业相对比较均衡,但仍然呈一定的集聚分布规律;高等教育文化等则依托大学局部集聚。分析的结果与理论分析基本吻合。

总体而言,广州市不同类型服务业的区位总体格局是集聚型区位,扩散的趋势还不明显,老城区集中了各种类型的服务业,服务业分布的区域差异十分明显,这与理论存在差异。特别是消费型服务业和社会性服务业存在过度集聚。分析其形成的机制,其中历史因素是影响广州市服务业区位格局形成的基础和前提,制度因素则是形成服务业区位格局的关键因素,城市规划的作用对城市服务业空间格局有着明显的导向作用;交通设施对服务业区位的空间引导力正在日益凸现,决定了服务业空间格局的基本骨架;此外,信息技术因素也在对服务业区位的影响发生潜移默化的作用。

第二节 本书的贡献及问题的讨论

一、本书对服务业地理学的贡献

服务业区位理论研究在学科范畴上,归属于服务业地理学的理论研究,同时也属于理论地理学中区位论的研究内容。相对于农业区位论和工业区位论而言,服务业区位理论是一个崭新的课题,在综述部分发现,国外关于服务业区位的研究大多数是从一个微观的角

第八章 研究结论与展望

度,通过实证来归纳出某些零碎的理论,对于整个服务业区位理论体系的构建意义有限,从综合的角度对服务业区位理论进行系统综合研究的成果寥寥无几,虽然也存在着一些比较全面的综合研究,但都是一些不同类型服务业行业的简单罗列,缺乏系统性、综合性。国内关于服务业地理学的综合研究则基本属于空白。国内对服务业区位的研究成果更少。已有的一些研究也是在借鉴西方成熟的理论,从某个角度进行实证研究。本书对服务业地理学贡献可以从以下几个方面来分析。

构建了服务业区位因素体系,将其纳入服务业区位理论体系中,有助于服务业地理学核心区位理论体系的构建和完善,推动服务业地理学发展。

1. 从区位理论体系入手,寻找服务业区位理论在区位理论体系中的位置。然后在分析服务业行业基本属性及内部分类的基础上,分析影响服务业区位的根本因素。

2. 根据系统性与综合性、联系性与独特性等要求,按照其影响服务业区位的方式、程度、机制等,将错综复杂的服务业区位因素分为经济因素、空间因素、科技因素和人文因素四大类。

3. 然后深入分析各类因素对不同类型服务业影响的方式、程度与机理。从个性中去寻找共性和规律,然后归纳总结,提升为服务业区位因素的一般理论体系。

为服务业地理学的研究乃至分析城市内部空间,提供了一种解构的研究方法与范式,丰富和发展了服务业地理学的研究方法。

通过对服务业区位的影响因素分析,以此作为突破口,利用解构的方法来揭示不同类型服务业区位形成的内在机理,在此基础上,综合归纳,通过系统分析,得出不同类型服务业区位特征与模式,并推导出各类服务业在区位因素综合作用下形成区位选择结果——空间类型,然后再归纳出服务业区位的一般类型,落实到城市地域,就形成特定的服务业空间格局。这虽然在地理学中运用较多,但在服务业地理学中尚没有先例。因此,研究方法具有开创性。

实证调查方法和评价模型的构建也同样丰富和发展了服务业地理学的研究方法,可以为同类研究提供借鉴。

运用行为学的理论指导,在服务业分类及区位因素理论指导下,构建了区位评价指标体系,运用特尔菲法,计算出区位因素的权重;并在此基础上运用层次分析法,构建总体评价模型与单项评价模型,提出了区位选择的概念模型。最后运用主成分分析法等综合数量方法,使得研究的手段更先进,结论更科学、客观,可为同类研究提供借鉴。

二、进一步讨论的几个问题

(一) 服务业的分类问题

服务业分类一直是困扰学术界的一大难题。众所周知,服务业所涵盖的内容包罗万象,错综复杂,信息技术使服务业日益多样化,新兴服务业不断涌现。而传统服务业的内容也在发生变化,而且信息化使得现代服务和商品无法分离。本书所采用的分类法毕竟是西方的分类法,虽然它解决了国内分类法所不能解决的标准化与科学性问题,但是我国目前所采用的第三产业内部行业分类法还无法完全与之相配套,比如我国第三产业中的社会服务业包含了社会服务业、个人服务业、信息咨询和计算机应用等行业,统计时无法从中剥离,导致四分法的适用性不强。另外,我国的服务业发展程度较低,分类体系较落后是与经济发展相适应的。西方服务业的发展水平、结构等都远远超过我国,实用性受到一定的局限。

(二)服务业区位理论与因素体系分类

服务业与农业、工业相比,差异性与多样性更加典型,虽然农业和工业都拥有成熟的区位理论,但服务业能否构建统一的理论模型仍值得怀疑。因为服务业的多样性与差异性使得很难用一种理论模型将所用的类型都纳入其中。即使是同一子行业。不同规模、不同所有制属性,其区位选择的特征与规律都是不同的,如生产性服务业内部的差异仍然十分明显

同样,区位因素也是十分复杂的,区位因素的分类也存在着科学性和全面性、代表性等问题,区位因素体系已经将所有服务业区位因素都纳入进来了,是否可以解释所有类型的服务业区位现象,这些都有待进一步研究检验。

(三)关于广州市服务业区位与一般服务区位的一致性讨论

服务业区位选择及空间类型在不同社会经济背景下,必然有着相同和不同的特点。在完全的市场经济条件下,市场的力量在服务业区位选择中起主导作用;在计划经济体制下,制度力量起主导作用,两者存在明显的差异。广州市作为我国转型时期的大都市,政府干预的力量逐步弱化,仍然在许多方面产生直接或间接的影响。作为一个具有两千多年历史的传统商业名城,历史因素是服务业空间格局的基础;加上交通与信息技术的进步等等,这些因素共同决定着服务业的区位选择与空间格局,并形成特定的空间类型。一方面,与

一般服务业区位选择有着某些相同的规律性;另一方面,与一般服务业区位存在明显的差别。这种一致性与非一致性矛盾并存的现象,需要更多的研究案例来加以支撑。

(四) 信息技术影响下的服务业区位研究需要进一步强化

首先,国内外关于信息技术影响下的服务业区位研究主要集中在生产性服务业领域,关于流通服务业、消费服务业与社会公共服务业等区位选择模式与布局规律需要进一步研究和总结,研究领域需要进一步拓展。其次,由于服务业的多样化及差异性,国内外对信息技术影响下的服务业区位研究是零星的,系统性和综合性不强,因此需要加强服务业区位的系统性和综合性研究,以推动服务业区位论的发展。第三,国内外研究虽然考虑到了信息技术因素对服务业区位的影响,但仅仅只把信息技术看做是一种区位因素而已,因此需要进一步加强信息技术对服务业区位选择影响的方式、途径、程度及结果等进行系统分析,以反映信息技术条件下服务业区位选择本质规律。因此,加强信息技术影响下的服务业区位研究,揭示信息技术对服务业区位选择、空间布局的影响程度、影响方式及影响结果,总结出信息技术影响下的服务业区位理论模式及空间布局规律,既是指导城市服务业进行科学区位选择、合理布局、促进服务业健康快速发展的实践需要,也是推动我国服务业区位理论和服务业地理学发展的需要。

参考文献

1. Abraham S. George and C. William Schroth. 1991. Managing Foreign Exchange for Competitive Advantage. *MitSloan Management Review*, 32(2), pp. 105-116.
2. Adrew N. White. 1979. Accessibility and public facility location. *Economic Geography*. Vol. 55, No. 1, pp. 18-35.
3. Alan W. Evans. *Urban Economics*. Shanghai: Oriental Press, 1992. (伊文思:《城市经济学》,上海远东出版社,1992年)
4. Alexander, Ian C. 1979. *Office Location and Public Policy*. Longman: London.
5. Alexander, Ian C. 1980. Office Dispersal in Metropolitan Areas I: A Review and Framework for Analysis. *Geoforum*, 11, pp. 225-247.
6. Alfred Weber. 1909. Trans. by J. Friendric. 1929. *Alfred weber's Theory of the Location of Industries*, University of Chicago Press.
7. Alonso William. 1964. *Location and Land use*. Cambridge, Mass: Harvard University Press.
8. Austin C. M. 1974. The evaluation of urban public facility location: an alternative to cost-benefit analysis. *Geographical Analysis*. No. 6, pp. 135-45.
9. Armstrong R. B. 1972. *The office Industry: patterns of Growth and Location*. MIT Press: Cambridge.
10. Babcock F. M. 1932. *The Valuation of Real Estate*. New York: McGraw-Hill.
11. Barras, R. 1983. A Simple Theoretical Model of the Office Development Cycle. *Environment and Planning A*, Vol15, pp. 1381-1394.
12. Barranson, J. 1996. Transfer of technical knowledge by international corporations to developing economics. *American Economic Review*, May, pp.

259-261.
13. Barry Lentnek, Mitchell Harwitz, Subhash C. Narula. 1981. Spatial choice in consumer behavior: towards a contextual theory of demand. *Economic Geography*, Vol. 57, No. 4, pp. 362-372.
14. Bateman, Michael. 1985. *Office Development: A Geographical Analysis*. St. Martin's Press: New York.
15. Beaverstock, J. V., P. J. Taylor and R. G. Smith. 1999. A. Roster of World Cities. *Cities*, Vol. 16, No. 6, pp. 445-458.
16. Beaverstock, J. V., R. G. Smith, P. J. Taylor, D. R. F. Walker and H. Lorime. 2000. Globalization and World Cities: Some Measurement ethodologies. *Applied Geography*. Vol. 20, pp. 43-63.
17. Bell, Daniel. 1974. The Coming of Post-Industrial Society. New York: Harper Colophon Books.
18. Berry, B. J. L, Garrison, W. L. 1958. A note on Central Place Theory and the Range of a Good. *Economic Geography*, Vol. 34, pp. 304-311.
19. Berry, B. J. L, Tennant, R. J. 1963. *Chicago Commercial Reference Handbook*. University of Chicago Press.
20. Berry, B. J. L. 1967. *Geography of Market Centers and Retail Distribution*, Englewood Cliffs, NJ: Prentice-Hall.
21. Berry, B. J. L. and Parr, J. B. 1988. *Market Centers and Retail Location: Theory and Application*. Prentice Hall, New Jersey.
22. Bigman, D. and ReVelle, C. 1978. The theory of welfare considerations in public facility location problems. *Geographical Analysis* Vol. 10, pp. 229-240.
23. Borgers, A. W. J. and H. J. P. Timmermans. 1986. City Centre Entry Points, Store Location Patterns and Pedestrian Route Choice Behaviour: A Micro-Level Simulation Model. *Socio-Economic Planning Sciences*. 20: 25-31.
24. Browing, H. C. & Singelmann, J. 1975. *The Emergence fo a service Society*. Springfield: National Technical Information Service.
25. Bryson, J. R. & Daniels. P. W. 1998. *Service Industries in the Global Economy*, vol, I, II; Edward Elgar Publishing Limited.
26. Burnley, I. H & Murphy, P. A. 1995. Residential location choice in sydney's perimetropolitan region. *Urban Geography*, Vol. 16, No. 2, pp. 123-143.

27. Burgess, E. W. 1925. *Growth of the City*, in *The City*, R. E. Park, E. W. Burgess and R. D. McKenzie, Chicago: University of Chicago Press.
28. Burrows, E. M. 1973. Office Employment and the Regional Problem. *Regional Studies*, No. 7. pp. 17-31.
29. Button, K. J. 1976. *Urban Economic: Theory and Policy*. The MacMillan Press, London.
30. Cadwallader, Martin. 1975. A Behavior Model of Consumer Spatial Decision Making. *Economic Geograph*, Vol. 51, No. 4, pp. 339-349.
31. Castells, M. 1989. The Informational City: Informational Technology, Economic Restructuring and the Urban-Regional Process. Oxford: Blackwell.
32. Cevero, Robert. 1989. America's Surburban Centers: A Study of the Land-Use Transportation Link. U. S. Department of Transportation: Washington, D. C.
33. Cervero, R, Wu K-L, 1997. Polycentrism, commuting, and residential location in the San Francisco Bay area. *Environment and Planning A* Vol. 29(5), pp. 865 - 886.
34. Cho, Cheol-Joo. 1990. *The Equity-efficiency Trade-off Model for the Optimum Location Pattern for Public Facilities: the Case of Medical Care Dacilities (Facility Location)*. (Phd Dissertation). The Florida State University.
35. Christaller, W. *Central Places in Southern Germany*. New Jersey: Prentice Hall, 1966.
36. Church, R. L. and ReVelle, C. 1976. Theoretical and computational links between the pmedian , location set-covering and the maximal covering location problem. *Geographical Analysis* Vol. 8, pp. 406-415.
37. Clapp, John M. 1980. The Intra-metropolitan Location of Office Activities. *Journal of Regional Science*, Vol. 20, pp. 229-257.
38. Clapp, John, M. 1992. The Intrametropolitan Location of Office Activities. *Journal of Regional Science*. 20: 387-399.
39. Converse, P. D. 1949. New Laws of Retail Gravitation. *Journal of Marketing*, Vol. 14. pp. 379-384.
40. Cox, Kevin. 1973. Conflict, power and politics in the city: a geographical view. New York: McGraw-Hill. editor, 1979: *Location and public problems. A political geography of the contemporary world*. Oxford: Blackwe.

41. Cox, Kevin. and Johnston, R. J. 1982. Conflict, politics and the urban scene: a conceptual framework. In Cox, K. and Johnston, R. J editors, *Conflict, politics and the urban scene*. HarlowL: Longman, pp. 1-19.
42. Daganzo, C. F. 1995. Properties of link travel time functions under dynamic loads. *Transportation Research*. 29B. 93-98.
43. Daniels, P. W, 1975. *Office Location*. London, Bell Press.
44. Daniels, P. W, 1982. An Exploratory Study of office Location Behavior in Greater Seattle. *Urban Geography*, No. 3, pp. 58-78.
45. Daniels, P. W. 1983. Modern technology in provincial offices: some empirical evidence. *Service industrial Journal*, 3. pp. 21-41.
46. Daniels, P. W. 1985. *Service Industrial: a Geographical Appraisal*. London: Mathuen.
47. Davies, R. L. 1972. *Maketing Geography: with Special Reference to Retailing*. London: Methuen.
48. Dawson, J. A. 1980. *Retailing Geography*. London: Croom Helm.
49. Dear, Michael, J. 1977. Contextual Factors in the Demand for Mental Health Care. *Economic Geography*, Vol. 53, pp. 223-240.
50. Dear, M. J. 1978. Planning for mental health facilities: a reconsideration of public facility location. *International Science Review*, No. 3, pp. 93-111.
51. Dear, M. J. and Taylor, S. M. 1982. *Not on our street: community attitudes to mental health care*. London: Pion.
52. Deborah Leslie. 1997. Abandoning avenue: the relocation of advertising services in New York city. *Urban Geography* Vol. 118, No. 7, pp. 568-590.
53. Deitz, Richard Mark. 1995. *A joint model of residential and firm location in urban areas*. PH. D Dissertation. State University of New York at Binghamton.
54. Deupree, Robert G. 1937. *The Wholesale Market for Fresh Fruits and Vegetables in Baltimore*. PHD Dissertation. The Johns Hopkins University.
55. Dicken, P. & Lloyd, P. E. 1990. *Location in Space-Theoretic Perspectives in Economic Geography*, New York: Harper Collins Publisher.
56. D M W N Hitchens, P N O'Farrell, C D Conway. 1996. The competitiveness of business services in the Republic of Ireland, Northern Ireland, Wales, and the South East of England. *Environment and Planning A*,

Vol. 28, pp. 1299-1313.
57. Edwards Lynne. 1983. Towards a Process Model of Patterns in the City Center: A London Example. *Regional Studies*, No. 2, pp. 69-85.
58. Eiichi Taniguchi, Michihiko Noritake, Tadashi Yamada. 1999. Optimal size and location planning of public logistics terminals. *Transportation Research E* Vol. 35, pp. 207-222.
59. Emily, Talen. 1997. The social equity of urban service distribution: an exploration of park access in Pueblo, Colorado, and Macon, Georgia. *Urban Geography* Vol. 18, No. 6, pp. 521-541.
60. Ferguson, Matthew Earle Crozier. 1997. *Location Decisions of Producer Services in a Commercially Transformed Area (British Columbia)*, MA. Dissertation, Simon Fraser University (Canada).
61. Feyzan, Beler, Erkip. 1997. The distribution of urban public services: the case of parks and recreational services in Ankara. *Cities*, Vol14, No6. pp. 353-361.
62. Friedmann, J. & Wolff, G. 1982. World City Formation: An Agenda for Research and Action. *International Journal of Urban and Regional Research*, No. 6, pp. 309-344.
63. Friedmann, J. 1986. The World City Hypothesis. *Development and Change* Vol. 17, No. 1, pp. 69-84.
64. Friedmann, J. 1995. *Where We Stand: A Decade of World City Research*. Cambridge: Cambridge University Press.
65. Garretson, S. P. 2000. Successful Site Selection: A case Study. *IIE Solution*, Apr, Vol. 32, No. 4, pp. 33-37.
66. Geoffrey De Verteuil. 2000. Reconsidering the legacy of urban public facility location theory in human geography. *Progress in Human Geography*. Vol. 24, No. 1, pp. 47-69.
67. Gerrard, Ross Allen. 1995. *The Location of Service Facilities Using Modeling Sensitive to Response Distance, Facility Workload, and Demand Allocation*. PHD. University of California at Santa Barbara.
68. Gershuny, J. & Miles, I. 1983. *The new Service Economy: The Transformation of Employment in Industrial Societies*. London: Frances Pinter.
69. Ghosh Avijit, Graig Samuel. 1984. A Location-Allocation model for the analysis for Facility Planning in a Competitive Environment. *Geographical*

Analysis, Vol. 16, No. 1, pp. 39-51.
70. Ghosh Avijit, Sara L, Malaffety. 1986. Multipurpose Shopping and Location of Retailing Firms. *Geographical Analysis*, Vol18, No. pp. 215-225.
71. Goddard, J. B. 1967. Changing Office Location Patterns within Central London. *Urban Studies* No. 4, pp. 276-285.
72. Goddard, J. B. 1971. Office Communications and Office Location: A Review of Current Research. *Regional Studies*, No. 5. pp. 263-280.
73. Goddard, J. B. 1975. *Office Location in urban and Regional Development*. Oxford University Press: London.
74. Goe, W. R. 1990. Producer Services, Trade and the Social Division of Labour. *Regional Studies*, Vol 24, No. 4. pp. 327-342.
75. Golledge, R. G., Timmermans. H., 1986. *Applications of Behavioral Research on Spatial Problem I*: Cognition.
76. Golledge, R. G., Stimson. R. J. 1967. *Spatial Behavior: Geographical Perspective*. New York: The Gilford Press.
77. Gregory, D. 1988. Location theory. In Johnston, R. J. Gregory, D. and Smith D. M. editors, *The Dictionary of human geography*, New York: Free Press.
78. Gwo-Hshiung Tzenga, Mei-Hwa Tenga, June-Jye Chenb, Serafim Opricovicc. 2002. Multicrit-eria selection for a restaurant location in Taipei. *Hospitality Management* Vol. 21, pp. 171-187.
79. Haig, R. M. 1926. *Towards an Understanding of the Metropolis II : The Assignment*. Regional Plan Association of New York: New York.
80. Haig, R. M. 1927. Toward an understanding of the metropolis. *Quarterly Journal of Economics*, No 40. pp. 402-434.
81. Hall, Peter. 1966. *The World Cities*. New York: McGraw Hill.
82. Hall, Peter. 1984. *The World Cities*. London: Weidenfeldand Nicolson.
83. Hall, Peter 1998. *Cities in Civilization: Culture, Innovation and Urban Order*. London: Weidenfeld and Nicolson.
84. Harris, C. D. and Ullman, E. L. 1945. The Nature of Cities, *The Annuls of the American Academy of poLitical and Social Science*, (242):7-17.
85. Hayter R. and Watts H. D. 1983. The geography of enterprise: a reappraisal. *Progress in Human Geography*, Vol. 7. No. 1. pp. 157-181.
86. Herbert Cater and G. Rowley. 1966. *The Central Business District of Car-*

diff. Institute of British Geograhers, Transactions.
87. Heskett, J. L., W. E. Sasser, L. A. Schlesinger. 1996. *Service Value Chain.* Harvard Business School Press.
88. Hill, R. C. and J. W. Kim. 2000. Global Cities and Developmental States: New York, Tokyo and Seoul. *Urban Studies*, Vol. 37, No. 12, pp. 2167-2195.
89. Homer Hoyt. 1939. *The Structure and Growth of Residential Neighborhoods in American Cities.* Washington DC: Federal Housing Administration.
90. Hoover, E. M. and Vernon, Raymond, 1959. *Anatomy of a Metropolis: The Changing Distribution of People and Jobs Within the New York Region.* Harvard University Press: Cambridge.
91. Hotelling, H. 1929. Stability in Competition. *Economic Journal*, Vol. 39. No. 153. pp. 41-57.
92. http://www.stats.gov.cn/2006/10/10.
93. Illeris, Sven. 1996. *The Service Economy, a Geographical Approach.* Roskilde University, Denmark. John Wiley & Sons Ltd. England.
94. James Hartridge III, Underwood. 1973. *A Study of The Location of Wholesale Trade in The United States From 1929 to 1967.* PH. D Dissertation. Indiana University.
95. James W, Harrington. 1995. Producer service research in U. S regional studies. *Professional Geographier*, 47(1):87-96.
96. Jean-Claude Delaunay and Jean Gadrey. 1992. *Services in Economic Thought: Three Centuries of Debate.* Boston: Kluwer Academic Publishers.
97. Jennifer R Wolch. 1981. The location of service-dependent Households in urban areas. *Economic Geography*, Vol. 57, N0. 1, pp. 52-67.
98. Jiang Qun. 1994. *Location of Service Industries in the United States, 1977-1987.* MA. Dissertation. Michigan State University.
99. Jossef Perl, Peng-kuan Ho. 1990. Public Facilities Location under Elastic Demand. *Transportation Science*, Vol. 24, No. 2. pp. 117-136.
100. John Fortney. 1996. A cost-benefit location-allocation model for public facilities: an econometric approach. *Geographical . Analysis*, Vol. 28, No. 1. pp. 67-92.

101. Katouzian, M. A. 1970. *The Development of the Service Sector: A New Approach*, in Oxford Economic Papers, 22(3), November.
102. Kim Hun-min. 2004. A Comparative Study ON Industrial Competitiveness OF World Cities. *International Review of Public Administration*, Vol. 9, No. 1, pp. 57-69.
103. King, A. D. 1990. *Global Cities: Post-Imperialism and the Internationalisation of London*. London: Routledge.
104. Kutay, Aydan. 1986. *Technological Change and Spatial Transformation in an Information Economy*. PH. D Dissertation, Carnegie-Mellon University.
105. Lake, R. 1987. *Resolving locational conflict*. New Brunswick, NJ: Rutgers University Press, Center for Urban Policy Research.
106. Lale Berkoz. 1998. Locational preferences of producer service firms in Istanbul. *European Planning Studies*, Vol. 6, No. 3, pp. 333-349.
107. Langston, P. Clarke, G P. Clarke. D B. 1997. Retail saturation, retail location, and retail competition: an analysis of British grocery retailing. *Environment and Planning A*, No. 29, pp. 77-104.
108. Launhardt, W. 1872. Commercial routing of roads and railroads. *Zeitschrift des Hannoverschen Architekten- und Ingenieurvereins*, pp. 515-534.
109. Launhardt, W. 1885. Mathematisch Begrundung der Volkwirtschaftslehre, Engelmann, Leipzig;. translated by Schmidt, H. *Launhardt's Mathematical Principles of Economics*, Edward Elgar.
110. LeeYu. 1979. Anearest-neighbor spatial-associationmeasure forthe analysisof firm interdependence. *Environment and Planning A*, 169-176.
111. Luigi Salvaneschi. 1996. *Location, Location, Location, Oregon*. United States: The Oasis Press.
112. Louise Crewe. 2000. Geographies of retailing and consumption, Progress in *Human Geography*, Vol. 24, No. 2, pp. 275-290.
113. Lupul, Max Erast. 1963. *The San Francisco-Oakland Wholesale Market for Frozen Fruits and Vegetables*. PHD Dissertation. University of California at Berkeley.
114. Lyssa Jenkens. 1996. *Office Location in a Post-industrial Urban Environment*. Avebury Ashgate Publishing Ltd.

115. Manners, Gerald. 1974. The Office in Metropolis: An Opportunity for Shaping Metropolitan American. *Economic Geography*, No. 50. pp. 93-110.
116. Marcus Berliant, Shin-Kun Peng and Ping Wang. 2006. Welfare analysis of the number and locations of local public facilities. *Regional Science and Urban Economics*, Vol. 36, No. 2. pp. 207-226.
117. Martin Desrochers, Patrice Marcotte, Mihnea Stan. 1994. *A Congested Facility Location Problem*. http://citeseer.ist.psu.edu/desrochers94congested.html.
118. Markusen. 1986. Factor Movements and Commodity Trade as Complements. *Journal of International Economics*, Vol. 13, pp. 341-356.
119. Markku. Tykklainen. 1989. Technological Adance in a Core-periphery System. *Geoforum*, Vol. 20, No. 1, pp. 37-49.
120. Manners, Gerald. 1974. The Office in Metropolis: An Opportunity for Shaping Metropolitan America. *Economic Geography*, Vol. 50, pp. 93-110.
121. Matthew, Malcolm, R. 1993. The Surburbanization of Toronto Offices. *The Canadian Geographer*, Vol. 37, pp. 293-306.
122. Meador, Rowe Morgan. 1958. *An Analysis of the Little Rock Metropolitan Area Wholesale Market with Special Attention Given to Some Practices of Wholesalers within the Market*, PHD Dissertation. University of Arkansas.
123. Melkote, S. and Daskin, M. S. 2001. An Integrated Model of Facility Location and Transportation Network Design. *Transportation Research*, Vol. 35, No. 6, pp. 515-538.
124. Melaniphy John C. 1992. *Restaurant and Fast Food Site Selection*. New York: Wiley.
125. McAllister, H. J. 1976. Equity and Efficiency in Public Facility Location. *Geographical Analysis*, No. 8, pp. 47-63.
126. McKenzie. R. D. 1933. *The Metropolitan Community*. NewYork: McGraw-Hill.
127. Michael P. Johnson, Arthur P. Hurter. 1998. An Optimization Model For Location of Subsidized Housing in Metropolitan Areas. *Location Science*, No. 6, pp. 257-279.

128. Michalak, W. Z. and Fairbairn, K. J. 1993. The Producer Service Complex of Edmonton: The Role and Organization of Producer Service Firms in a Peripheral City. *Environment and Planning A*, No. 25, pp. 761-777.
129. Morshidi, S. 2000. Globalising Kuala Lumpur and the Strategic Role of the Producer Service Sector. *Urban Studies*, Vol. 37, No. 12, pp. 2217-2240.
130. Murphy, R. E. & J. E. Vance. 1954. Delimiting the CBD. *Economic Geography*, No. 30, pp. 189-222.
131. NcNee, R. B. 1960. Functional geography of firm, with an illustrative case study from the petroleum industry. *Economic Geography*, No. 34.
132. Neil Carn. 1986. *Real Estate Market Analysis*, pp. 180.
133. Noritake M., Kimura S. 1990. Optimum Allocation and Size of Seaports. J. Waterway, Port, Coastal and Ocean. *Eng. ASCE*, Vol. 116, No. 2.
134. O'hare, D. J. 1977. Location of Firms within a Square Central Business District. *Journal of Political Economy*, Vol. 85, pp. 1189-1207.
135. Orloff, C. S. 1977. A Theoretical Model of Net Accessibility in Public Facility Location. *Geographical Analysis*, No. 9, pp. 244-256.
136. Peter F. Colwell, Carolyn A. Dehring, Geoffrey K. Turnbull. 2002. Recreation Demand and Residential Location. *Journal of Urban Economics*, Vol. 51, pp. 418-428.
137. Phillips. David. 2001. *Contact Requirements and Producer Services*. PhD Dissertation. State University of New York at Buffalo.
138. Pivo, Gary. 1990. The Net of Mixed Beads: Suburban Office Development in Six Metropolitan Regions. *Journal of the American Planning Association*, Vol. 56, pp. 31-49.
139. Potter, R. B. 1981. Correlates of the Functional Structure of Urban Retail Areas: An Approach Employing Multivariate Ordination. *Association of American Geographers*, Vol. 33, No. 2, pp. 208-215.
140. Potter, R. B. 1982. *The Urban Retailing System: Location, Cognition and Behavior*. Gower and Retailing and Planning Associates.
141. Pred A. 1967. *Behavior and Location: Foundations for a Geographical and Dynamic Location Theory*, Part I Lund, C. W. K, Gleerup.
142. Pred A. 1977. *City Systems in Advanced Societies*. London, Hutchinson.
143. Qing Shen. 2000. New Telecommunications and Residential Location

Flexibility. *Environment and Planning A*, Vol. 32, pp. 1445-1463.
144. Rees, John. 1978. Manufacturing Headquarters in a Post-Industrial Urban Context. *Economic Geography*, Vol. 49, pp. 1-24.
145. Reilly. W. J. 1931. *The Law of Retail Gravition*. Knicherbocker Press.
146. R Cervero K-L Wu. 1997. Polycentrism, Commuting and Residential Location in the San Francisco Bay Area. *Environment and Planning A*, Vol. 29, pp. 865-886.
147. Robbins, Sidney N. and Terleckyj, Nestor E. 1960. *Money Metropolis: A Locational Study of Financial Activities in the New York Region*. Harvard University Press: Cambridge.
148. Robert J. Bennett, Colin Smith. 2002. The influence of location and distance on the supply of business advice. *Environment and Planning A*, Vol. 34, pp. 251-270.
149. Sabourin, Paul David. 1998. *The Intra-metropolitan Location of Producer Services: A Case Study of the Advertising Industry in the Twin Cities (Minneapolis-St. Paul, Minnesota)*, PhD. Dissertation, University of Minnesota.
150. Sassen, Saskia. 1994. *Cities in a World Economy*. Thousand Oaks CA: Pine Forge Sage.
151. Sassen, Saskia. 1995. *On Concentration and Centrality in the Global City*. Cambridge: Cambridge University Press.
152. Samuelson, P. A. 1954. The Pure Theory of Public Expenditure. *The Review of Economics and Statistics*, No. 36, pp. 387-389.
153. Samuel Nunn. 2000. The Intra-metropolitan Distribution of Computer Services Employment 1982 and 1993. *Urban Geography*, Vol. 21, No. 5, pp. 406-427.
154. Sarnecki Candice-Kristi. 1998. *Office Location Patterns: A Comparison of Office Location Patterns in London and Hamilton Ontario to the model of Toronto Ontario*[PHD]. University of Windsor.
155. Schriner, J. A. 1999. Prepare for location decisions. *Industry Week*, Vol. 248, pp. 20.
156. Scott, A. 1959. The Australian CBD. *Economic Geography*. 35(4): 290-314.
157. Scott, A. 1983. Industrial organization and the Logic of intra-metropolitan

location I : Theoretical considerations. *Economic Geography*, 59 (3): 233-250.
158. Scott, A. 1986. Industrial organization and location: Division of labor, the firm, and spatial process. *Economic Geography*, 62, (3). 215-231.
159. Simmons, J. 1964. *The Changing Pattern of Retail Locations* . Research Paper. No. 92, University of Chicago, Department of Geography.
160. Smith, D. M. 1977. *Human geography: a welfare approach*. New York: St Martin's Press.
161. Sydney C K, Chu, Lisa Chu. 2000. A modeling framework for hospital location and service allocation. *International Transactions in Operational Research*, No. 7, pp. 539-568.
162. Tauchen & Helen, Witte, Anne D. 1983. An Equilibrium Model of Office Location and Contact Partterns. *Environment and Planning A*, Vol. 15, pp. 1311-1326.
163. Taylor, Peter J. 1995. *World Cities and Territorial States: the Rise and Fall of Their Mutuality*. Cambridge: Cambridge University Press.
164. Tammy Drezner. 1998. Facility Location in Anticipation of Competition. *Location Science*, No. 6, pp. 155-173.
165. Taylor, P. J. 2000. World Cities and Territorial States under Conditions of Contemporary globalization. *Political Geography*, Vol. 19, pp. 5-32.
166. Taylor, Peter J., D. R. F. Walker, and J. V. Beaverstock. 2002. Firms and Their Global Service Networks. in Saskia Sassen, ed., Global Networks, Linked Cities.
167. Teitz. Michael. B. 1968. Toward a Theory of Public Facility Location. *Paper of the Regional Science Association*, Vol. 21, pp. 35-51.
168. Teitz M. B, Bart P. 1968. Heuristic Methods for Estimating the Generalized Vertex Median of a Weighted Graph. *Operations Research*, Vol. 16, pp. 955-61.
169. V. Fuchs. 1968. *The Service Economy*. National Bureau of Economic Research, New York. .
170. Vence, J. E. 1970. *The Merchants World: the Geography of Wholesaling*. Englewood Cliffs. Prentice-Hall.
171. Vahaly, John, Jr. 1970. The Location of Office and Service Activity in Nashville-Davidson County. *Land Economics*, Vol. 52, pp. 479-492.

172. Von Thünen. J. H(1826). 1966. *Isolated State: An English Edition of Der Isolierte Staat*. Oxford: Pergamon Press.
173. W. Richard Goe. 2000. The role of contact requirements in producer services location. *Environment and Planning A*, Vol. 32, pp. 131-145.
174. Watts, H. D. 1987. *Industrial Geography*. Longman Scientific & Technical.
175. William Yacovissi, Clifford R. Krn. 1995. Location and History as Determinants of Urban Residential Density. *Journal of Urban Economic*, Vol. 38, pp. 207-220.
176. Willamson, Oliver. 1985. *The Economic Institutions of Capitalism: Firms, Markets and Relational Contracting*. New York: The Free Press.
177. Wolch, J. and Geiger, R. 1983. The distribution of urban voluntary resources: an exploratory analysis. *Environment and Planning A*, No. 15, pp. 1067-1082.
178. Wolpert, J. 1970. Departures from the usual environment in location analysis. *Analysis of the Association of American Geographers*, Vol. 60, pp. 103-15.
179. Yu Zhou. 1998. Beyond ethnic Enclaves: Location Strategies of Chinese Producer Service Firms in Los Angeles. *Economic Geography*, Vol. 74, No. 3, pp. 228-251.
180. 〔德〕阿尔弗雷德·韦伯著:《工业区位论》,商务印书馆,1997年。
181. 埃德加·M.胡佛著:《区域经济学导论》,商务印书馆,1990年。
182. 安成谋:"城市零售商业网点布局初步研究",《经济地理》,1988年第2期。
183. 安成谋:"兰州市商业中心的区位格局及优势度分析",《地理研究》,1990年第1期。
184. 〔德〕奥古斯特·勒施著,王守礼译:《经济空间秩序—经济财货与地理间的关系》,商务印书馆,1995年。
185. 白光润:"微区位研究",《上海师范大学学报》(自然科学版),2003年第3期。
186. 保继刚:"大型主题公园布局初步研究",《地理研究》,1994年第3期。
187. 保继刚:"深圳、珠海大型主题公园布局研究",《热带地理》,1994年第3期。
188. 保罗·贝尔琴、戴维·艾萨克、吉恩·陈:《全球视角中的城市经济》,吉林人民出版社,2003年。

189. 冰河、史永亮:"基于模型技术的城市居住空间分布格局分析",《武汉大学学报》(工学版),2003年第3期。
190. 蔡国田、陈忠暖、林先扬:"广州市老城区零售商业服务业区位类型特征及发展探析",《现代城市研究》,2002年第5期。
191. 蔡建明:"世界城市论说综述",《国外城市规划》,2001年第6期。
192. 蔡建明、薛凤旋:"界定世界城市的形成:以上海为例",《国外城市规划》,2002年第5期。
193. 曹嵘、白光润:"城市交通的零售商业区位效应探析",《上海师范大学学报》(自然科学版),2002年第3期。
194. 柴彦威:《城市空间》,科学出版社,2000年。
195. 陈福义、范保宁:"商业地理学的研究对象和科学性质",《经济地理》,1985年第2期。
196. 陈佳骆:"关于商业地理学的研究对象和任务问题",《经济地理》,1984年第4期。
197. 陈建斌:"会展中心的区位选择与发展对策",《重庆工商大学学报》,2003年第3期。
198. 陈景进:"非公有制经济对广州城市发展和空间结构的影响",中山大学硕士学位论文,2003年。
199. 陈涛:"圆形城市商品销售的空间受限模式",《人文地理》,1994年第2期。
200. 陈宪:《国际服务贸易——原理·政策·产业》,立信会计出版社,2000年。
201. 陈殷、李金勇:"生产性服务业区位模式及其影响机制研究",《上海经济研究》,2004年第7期。
202. 陈忠暖、甘巧林等:"昆明市(主城区)商业地域结构研究",云南省教委科研基金资助项目,1997年。
203. 陈忠暖、陈颖、甘巧林等:"昆明市城市商业地域结构探讨与调整刍议",《人文地理》,1999年第4期。
204. 陈忠暖、程一均、何劲耘:"城市零售商业服务业区位类型划分的探讨",《经济地理》,2001年第2期。
205. 程文、赵天宇:"城市边缘区大型公共设施的规划",《城市问题》,2003年第1期。
206. 程海燕、施建刚:"房地产市场区位性及其投资影响分析",《房地产市场》,2000年第1期。
207. 大卫·李嘉图著,周洁译:《政治经济学及赋税原理》,华夏出版社,2005年。

参考文献

208. 董昕:"城市住宅区位及其影响因素分析",《城市规划》,2001年第2期。
209. 杜德斌、崔裴、刘小玲:"论住宅需求,居住选址与居住分异",《经济地理》,1996年第1期。
210. 段成荣、谭砢:"城市公共文化设施规划研究",《人口研究》,2002年第6期。
211. 段霞:"世界城市的基本格局与发展战略",《城市问题》,2002年第4期。
212. 戴胜德、姚迪、刘博敏:"公司总部办公选址的因子分析",《城市规划学刊》,2005年第3期。
213. 戴胜德、姚迪:"总部办公区位分布与选址规律研究",《现代城市研究》,2006年第6期。
214. 方远平、闫小培:"1990年以来我国沿海中心城市服务业特征与趋势比较研究",《经济地理》,2004年第5期。
215. 范炜:"南京市主城居住空间区位优势度分析",《新建筑》,2001年第6期。
216. 冯云廷:《城市聚集经济》,东北财经大学出版社,2001年。
217. 傅军:"主题公园区位选址分析",《南方建筑》,1999年第3期。
218. 高兹:《海港区位论》,经济管理出版社,1984年。
219. 高松凡:"历史上北京城市市场变迁及其区位研究",《地理学报》,1989年第2期。
220. 葛公文:"试论主题公园的布局条件及其规划设计理念",《陕西教育学院学报》,1999年第1期。
221. 广州市政府、广州市规划局:"广州市城市建设总体战略概念规划报告",2000年。
222. 广州市政府、广州市规划局:"广州市轨道交通规划",2004年。
223. 广州市经贸委:"广州市地铁沿线商业网点发展规划",2006年。
224. 顾朝林、甄峰、张京祥:《集聚与扩散:城市空间结构新论》,东南大学出版社,2000年。
225. 郭柏林:"上海市发奶网络空间结构模式的探讨",《地理科学》,1993年第2期。
226. 郭柏林:"上海市奶业空间结构的演变及优化",《地理学报》,1995年第4期。
227. 郭柏林:"城市农产品购销网络空间结构模式",《地理研究》,1996年第3期。
228. 郭柏林:"连锁超市空间结构模式",《人文地理》,1997年第1期。
229. 郭崇义:"上海市外商投资零售企业区位选择研究",《商业经济与管理》,

2003年第1期。
230. 郭崇义、戴学珍:"北京市外商投资零售企业区位选择研究",《经济地理》,2002年第6期。
231. 郭鸿懋、江曼琦、陆军等:《城市空间经济学》,经济科学出版社,2002年。
232. 国际统计信息中心:"国际大都市信息化水平测算与比较研究",《统计研究》,2003年第7期。
233. 郭杰:"建设现代化国际大都市研究综述",《财经问题研究》,1995年第9期。
234. 管驰明、崔功豪:"1990年代以来国外商业地理研究进展",《世界地理研究》,2003年第1期。
235. 官莹、张素丽:"北京市集贸市场空间分布特征研究",《人文地理》,2003年第18期。
236. 广州市第三产业普查办公室:《广州市第三产业研究》,广州出版社,1996年。
237. 何晓群:《现代统计分析方法与应用》,中国人民大学出版社,1998年。
238. 侯学钢、宁越敏:"生产服务业的发展与办公楼分布相关研究的动态分析",《国外城市规划》,1998年第3期。
239. 侯学钢、宁越敏:"上海市办公楼区迈向21世纪发展的规划设想",《城市规划汇刊》,1998年第5期。
240. 侯学钢:"上海办公楼空间规划影响因子的综合评价",《上海市城市规划》,1999年第2期。
241. 胡华颖:《城市·空间·发展——广州城市内部空间分析》,中山大学出版社,1993年。
242. 胡志毅、张兆干:"城市饭店的空间布局分析",《经济地理》,2002年第1期。
243. 黄少军:《服务业与经济增长》,经济科学出版社,2000年。
244. 黄锡缪:"传染病医院及应急医疗设施设计",《建筑学报》,2003年第7期。
245. 黄秀琳:"大型主题公园布局研究",《莆田高等专科学校学报》,1999年第4期。
246. 黄亚平:《城市空间理论与空间分析》,东南大学出版社,2002年。
247. 侯锋:"西方商业地理学的基本内容",《经济地理》,1988年第1期。
248. 贾鹍鹏:"城市银行网点布局与选址研究",中山大学硕士论文,2003年。
249. 江曼琦:《城市空间结构优化的经济分析》,人民出版社,2001年。
250. 金建、杨希纯:"信息化是建设国际大都市的基础",《岭南学刊》,1995年第

2 期。
251. 赖铭洲:"台商在大陆投资区位选择之研究",国立中山大学大陆研究所硕士论文,1997 年。
252. 李飞:《零售革命》,经济管理出版社,2003 年。
253. 李冠霖:《第三产业投入产出分析》,中国物价出版社,2002 年。
254. 李江帆:《第三产业经济学》,广东人民出版社,1990 年。
255. 李今勇:"上海生产性服务业发展研究",复旦大学博士论文,2005 年。
256. 李善同、陈波:"世界服务业发展趋势",《经济研究参考》,2002 年第 11 期。
257. 李善同、华而诚:《21 世纪初的中国服务业》,经济科学出版社,2003 年。
258. 李小建、李国平等:《经济地理学》,高等教育出版社,1999 年。
259. 李新阳:"上海市中心城区餐饮业区位研究",同济大学硕士论文,2006 年。
260. 李振泉、李诚固、周建武:"试论长春市商业地域结构",《地理科学》,1989 年第 2 期。
261. 李翠敏、吕迅:"上海办公楼区位研究初探",《上海师范大学学报》(自然科学版),2005 年第 1 期。
262. 刘继生、张文奎、张文忠:《区位论》,江苏教育出版社,1994 年。
263. 刘胤汉、刘彦随:"西安零售商业网点结构与布局探讨",《经济地理》,1995 年第 2 期。
264. 梁鸿:"上海市医疗设施布局的研究",《中国卫生事业管理》,1995 年第 5 期。
265. 林耿:"广州市商业业态空间形成机理研究",中山大学博士论文,2002 年。
266. 林耿、闫小培、周素红:"消费因素影响下广州市大型百货商店的发展",《热带地理》,2002 年第 1 期。
267. 林耿、闫小培:"广州市商业功能空间结构研究",《人文地理》,2003 年第 3 期。
268. 林锡艺:"广州市服务业区位研究",中山大学硕士论文,1999 年。
269. (台)林美淑:"连锁业展店店数评估模式之研究",私立中原大学企业管理学系硕士论文,2000 年。
270. 刘继生:"行为区位论的初步研究",《人文地理》,1992 年第 3 期。
271. 刘助仁:"国际性城市理论问题纵观",《城市规划会刊》,1994 年第 5 期。
272. 刘荣增:"跨国公司与世界城市等级判定",《城市问题》,2002 年第 2 期。
273. 罗力仁:"连锁便利商店店址选择评估模式之研究—运用模糊 AHP 法",台湾国立中正大学硕士论文,2001 年。
274. 罗守贵:"高校布局的区位条件分析",《江苏高教》,2000 年第 1 期。

275. 罗萍、向德平:《社区导论》,武汉大学出版社,1995年。
276. 陆大道:《区位论及区域研究方法》,科学出版社,1988年。
277. 陆大道:《区域发展及其空间结构》,科学出版社,1995年。
278. 吕飞、徐苏宁:"城市居住小区区位选择研究",《哈尔滨建筑大学学报》,2002年第4期。
279. 吕玉印:《城市发展的经济学分析》,三联书店,2000年。
280. 曼纽尔·卡斯泰尔:《信息化城市》,江苏人民出版社,2001年。
281. 缪磊磊、闫小培:"知识经济对传统区位论的挑战",《经济地理》,2002年第1期。
282. 马春:"世界生产性服务业发展趋势分析",《江苏商论》,2005年12期。
283. 宁越敏:"上海市区商业中心区位的探讨",《地理学报》,1984年第2期。
284. 宁越敏:"上海市生产性服务业与办公楼区位研究",《城市规划》,2000年第8期。
285. 彭希哲、梁鸿:"人口分析的原则与方法在上海浦东金桥高级生活园区医疗设施布局中的应用",《市场与人口分析》,1995年第2期。
286. 沈谷宏:"资讯产业厂商区位选择关键要素与策略之研究",国立成功大学硕士论文,2002年。
287. 时臻、白光润:"浅析上海市大卖场的空间区位选择",《人文地理》,2003年第4期。
288. 世界银行:《1999、2000世界发展报告》,中国财政经济出版社,2001年。
289. 宋泓明:"大都市经济的支配力",《上海综合经济》,2003年第3期。
290. 宋家泰、顾朝林:"论地理学现代区位研究",《地域研究与开发》,1987年第2期。
291. 苏重基:"现代企业区位选择研究",四川大学博士论文,2002年。
292. 孙鹏、王兴中:"西方国家社区环境中零售业微区位论的一些规律(一)",《人文地理》,2002年第2期。
293. 孙鹏、王兴中:"西方国家社区环境中零售业微区位论的一些规律(二)",《人文地理》,2002年第3期。
294. 汤建中、盛强:"全球区位论初探",《世界地理研究》,1999年第3期。
295. 万军、刘秀莲:"世界产业结构发展及调整趋势",《中国社会科学院院报》,2006年第7期。
296. 王成志、金彩虹:"世界城市的经济形态与空间布局",《世界经济研究》,2003年第7期。
297. 王德、张晋庆:"上海市消费者出行特征与商业空间结构分析",《城市规划》,2001年第10期。
298. 王冠贤:"广州市物流企业空间布局研究",中山大学硕士论文,2003年。
299. 王辑慈:《创新的空间》,北京大学出版社,2001年。
300 王玲:"改革开放以来广州生产性服务业的发展与空间分布研究",中山大学硕士论文,1997年。
301. 王启仿、闵一峰:"大城市居住房地产区位演变趋势探讨",《国土资源科技管理》,2001年第1期。
302. 王益洋:"城市居民住宅需求与区位选择",《现代城市研究》,1996年第4期。
303. 韦惠兰、白建明:"人口分布与医疗卫生设施的布局配套",《市场与人口分析》,1996年第4期。
304. 〔美〕维克托·R.富克斯著,许微云、万慧芬等译:《服务经济学》,商务印书馆,1987年。
305. 吴季松:《知识经济》,北京科学技术出版社,1998年。
306. 吴郁文、谢彬、骆慈广等:"广州市城区零售商业企业区位布局的探讨",《地理科学》,1988年第3期。
307. 吴宇华:"北京市新市区商业网点布局初探",《经济地理》,1991年第2期。
308. 仵宗卿:"北京市商业活动地域结构研究",北京大学博士论文,2000年。
309. 仵宗卿、柴彦威:"商业活动与城市商业空间结构研究",《地理学与国土研究》,1999年第3期。
310. 仵宗卿、柴彦威:"论城市商业活动空间结构研究的几个问题",《经济地理》,2000年第1期。
311. 仵宗卿、戴学珍、戴兴华:"城市商业活动空间结构研究的回顾与展望",《经济地理》,2003年第3期。
312. 仵宗卿、戴学珍:"北京市商业活动空间结构研究",《城市规划》,2001年第10期。
313. 夏丽丽:"科技进步对区位论发展影响之初探",《经济地理》,1999年第5期。
314. 肖玲、陈忠暖:"广州大学城选址布局的区位条件分析",《华南师范大学学报》(自然科学版),2002年第2期。
315. 徐玮、张伟峰:"银行空间布局与竞争战略选择",《上海金融》,2003年第6期。
316. 徐险峰:"广州市区快餐连锁业区位选址研究",中山大学硕士论文,1994年。

317. 许学强、周一星、宁越敏:《城市地理学》,高等教育出版社,1997年。
318. 许学强、周素红、林耿:"广州市大型零售商店布局分析",《城市规划》,2002年第7期。
319. 徐放:"北京市的商业服务地理",《经济地理》,1984年第1期。
320. 薛德升、李郇:"广州市未来居住区热点区位分析",《热带地理》,1995年第1期。
321. 薛求知、孙蛟:"跨国公司地区总部的区位选择",《世界经济情况》,2006年第12期。
322. 颜辉武、涂超、陈顺清:"基于GIS的城市公共设施规划分析模型的研究",《苏州城建环保学院学报》,2001年第2期。
323. 闫小培:"信息产业对广州城市发展的影响初探",《经济地理》,1994年第3期。
324. 闫小培:"信息产业与世界城市体系",《经济地理》,1995年第3期。
325. 闫小培:"信息网络对企业空间组织的影响",《经济地理》,1996年第3期。
326. 闫小培:"西方地理学界关于信息产业与城市发展研究述评",《人文地理》,1998年第3期。
327. 闫小培:《信息产业与城市发展》,科学出版社,1999年。
328. 闫小培、许学强:"广州城市基本—非基本经济活动的变化分析",《地理学报》,1999年第4期。
329. 闫小培:"广州信息密集服务业的空间发展及其对城市地域结构的影响",《地理科学》,1999年第5期。
330. 闫小培、方远平:"全球化时代城镇体系规划理论与模式探新",《城市规划》,2002年第6期。
331. 闫小培、姚一民、陈浩光:"改革开放以来广州办公活动的时空差异分析",《地理研究》,2000年第4期。
332. 杨遴杰:"零售型电子商务企业配送中心选址模拟研究",《经济地理》,2003年第1期。
333. 杨盛元:"大城市居住区位演变浅议",《经济地理》,1996年第2期。
334. 杨吾扬:《区位论原理》,甘肃人民出版社,1989年。
335. 杨吾扬:"北京市零售商业与服务业中心和网点的过去,现在和未来",《地理学报》,1994年第1期。
336. 杨吾扬、梁进社:《高等经济地理学》,北京大学出版社,1997年。
337. 杨瑛:"广州市区大型百货商店发展与空间布局研究",中山大学硕士论文,1998年。

参考文献

338. 杨瑛:"20年代以来西方国家商业空间学理论研究进展",《热带地理》,2000年第1期。
339. 姚一民:"改革开放以来广州办公活动及空间分布研究",中山大学硕士论文,1997年。
340. 叶蜀君:"快速交通建设与居住选址决策的研究",《铁道经济研究》,2002年第1期。
341. 余向洋、王兴中:"城市社区环境下商业性娱乐场所的空间结构研究",《人文地理》,2003年第2期。
342. 〔德〕约翰·冯·杜能著,吴衡康译:《孤立国同农业和国民经济的关系》,商务印书馆,1986年。
343. 张丙军、宋绪钦:"郑州零售商业网点布局初探",《地域研究与开发》,1993年第2期。
344. 张家维:"资讯服务业区位选择之研究",国立中山大学硕士论文,2002年。
345. 张金锁、康凯:《区域经济学》,天津大学出版社,2000年。
346. 张润鹏:"广州市中心区写字楼功能与空间分布研究",中山大学硕士论文,2002年。
347. 张水清:"商业业态及其对城市商业空间结构的影响",《人文地理》,2002年第5期。
348. 张素丽、佘幼宇、官莹:"北京市商品交易市场的分布特征与发展趋势",《经济地理》,2001年第6期。
349. 张文忠、刘继生:"关于区位论发展的探讨",《人文地理》,1992年第3期。
350. 张文忠:"大城市服务业区位理论及其实证研究",《地理研究》,1999年第3期。
351. 张文忠:《经济区位论》,科学出版社,2000年。
352. 张文忠:"城市居民住宅区位选择的因子分析",《地理科学进展》,2001年第3期。
353. 张雅雯、谢静琪:"台湾地区服务业的区位分布及店址选择因素之探讨",http://www.lm.fcu.edu.tw/files/20050520。
354. 张亚斌:《中国所有制结构与产业结构的耦合研究》,人民出版社,2001年。
355. 赵勤:"世界服务业发展趋势及对黑龙江的启示",《边疆经济与文化》,2004年第6期。
356. 赵新民:"试论城市餐饮企业区位条件的作用及变化",《扬州大学烹饪学报》,2002年第2期。
357. 甄峰:"信息技术影响下的区域空间重构与发展模式研究",南京大学博士论文,2001年。
358. 郑琴琴:"国际大都市服务业发展研究",《中国第三产业》,2003年第5期。
359. 郑京淑:"跨国公司地区总部职能与亚洲地区总部的区位研究",《世界地理研究》,2002年第1期。
360. 褚劲风:"试论全球城市的基本特征",《人文地理》,1996年第2期。
361. 中华人民共和国国家统计局:《国际统计年鉴》,中国统计出版社,2005年。
362. 周璐红:"区位因素对城市地价影响的分析",南京师范大学硕士论文,2002年。

后　　记

　　服务业区位研究是国内地理学研究的前沿课题,迄今为止,系统研究成果尚不多。闫小培教授在前期从事信息产业、服务业和城市发展等研究积累的基础上,于2001年获得国家杰出青年科学基金资助,系统开展了"服务业地理学的理论与方法研究"。"服务业区位理论与实证研究"是该项目的子课题之一,并作为方远平的博士论文选题。本书是在方远平的博士论文基础上进一步修改完善的成果。

　　在本书写作过程中,中山大学城市与区域研究中心的许学强教授、魏清泉教授、司徒尚纪教授、刘琦教授、郑天祥教授、薛德升教授、王爱民副教授、曹小曙副教授、林耿副教授,华南师范大学的陈忠暖教授、华中师范大学的刘盛佳教授、西安外国语大学的王兴中教授等多位专家提出许多宝贵意见,在此对诸位专家表示衷心感谢。

　　感谢曹小曙副教授为本书的出版所付出的辛劳。感谢商务印书馆的颜廷真博士对书稿的修改提出宝贵意见和建议,他的严谨态度和敬业精神令人钦佩,本书的顺利出版离不开他的热情帮助。

　　本书是国内从综合、系统角度研究大都市内部服务业区位问题的第一本著作,期望通过本书的出版,能对服务业区位研究起一个抛砖引玉的作用。限于作者的知识水平和能力，本书难免存在错漏和不足，敬请读者朋友和同仁批评指正，待日后继续深入研究和探索。

作　者

2007 年 10 月